중국의 상업 혁명

19세기 중·서 상업 자본주의의 전개

중국의 상업 혁명—19세기 중·서 상업 자본주의의 전개

초판 1쇄 발행일 2001년 11월 28일
초판 2쇄 발행일 2003년 11월 15일

펴낸이   유재현
글쓴이   하오옌핑(郝延平)
옮긴이   이화승
기획편집 강주한 이효숙 임혜선
마케팅   안혜련 임중혁 장 만
디자인   강주한
인쇄   한영문화사
제본   명지문화

펴낸곳   소나무
등록   1987년 12월 12일 제2-403호
주소   121-230 서울시 마포구 망원2동 472-15 금풍빌딩 6층
전화   02-325-4660
팩스   02-325-4649
전자집   www.sonamoo.or.kr
전자우편 soltree@chollian.net

ⓒ 이화승 2001
KDC 912.06
ISBN 89-7139-536-2 93910

소나무 머리 맞대어 책을 만들고, 가슴 맞대고 고향을 일굽니다

중국의 상업 혁명

19세기 중 · 서 상업 자본주의의 전개

하오옌핑(郝延平) 지음 · 이화승 옮김

초합공우체
소나무

■ **일러두기**

1. 이 책은 하오옌핑(郝延平)의 『The Commercial Revolution Nineteenth-Century China
   ; The Rise of Sino-Western Mercantile Capitalism』(캘리포니아대학교, 1986)을 우리
   말로 옮긴 것이다.

2. 이 책에는 모두 2개의 [지도]와 18개의 [표], 16개의 <그림>이 있다. 그 가운데 [지
   도]와 [표]는 원서에 있는 것을 그대로 따른 것이고, <그림>은 옮긴이가 원저자의
   동의를 얻어 한국 독자들의 이해를 돕기 위해 옮긴이와 편집자가 골라 넣은 것이다.

3. 외래어를 표기할 때 우리 발음과 같은 것은 괄호 없이 병기하였고, 우리 발음과
   다른 것은 괄호 ( ) 안에 묶어 병기하였다.

4. 각 나라의 외래어 표기는 교육인적자원부가 정한 '외래어 표기 용례'에 따라 표기
   하였다. 이 가운데 중국어의 황허(黃河)·전강(鎭江) 등 2자로 이루어진 강 이름
   의 경우 황허강·전장강으로 읽지 않고, 황허·전강으로 표기하였으며, 주강(珠
   江)과 주강(九江)은 발음상의 혼란을 피하기 위해 주강(珠江)·쥬강(九江)으로 표
   기하였다.

5. 이 책은 원본의 각주를 모두 실었으며, 옮긴이가 독자들의 이해를 위해 필요하다
   고 생각한 경우 '옮긴이 주'를 달았다. 이 때 주석의 번호를 달리하지 않고, 끝에
   '―옮긴이'라고 표시하였다.

6. 본문에 나오는 괄호 ( )는 원저자의 설명이고, 괄호 [ ]는 옮긴이의 설명이다. 간혹
   괄호 ( )와 ( )를 중복해서 사용해야 할 때 표기상의 혼란을 피하기 위해 뒤의 괄
   호 ( )를 괄호 [ ]로 표기하기도 하였으나, 이 부분들은 대개 한자나 외래어를 병
   기하기 위해 단순하게 사용된 것이므로 옮긴이의 설명과 쉽게 구분할 수 있다.

7. 각 나라의 지명과 인명의 경우에 원어를 처음에 나올 때 한 번씩만 병기하기로
   하였으나, 각 장이 바뀔 때 문장의 내용 이해와 독자들의 이해를 위해 필요할 경
   우 반복 병기하였다.

1986년 이 책이 출판된 뒤 아시아에서 중국에 이어 한국에서도 독자들을 만날 수 있게 된 것을 대단히 기쁘게 생각합니다. 특히 중국에서는 정치적인 고려로 인해 원제목에서 '자본주의'를 빼고 『중국 근대 상업 혁명』만으로 출판하였는데, 한국어판에서는 원서대로 『19세기 중·서 상업 자본주의의 전개』라는 부제까지 표기함으로써 비로소 완전한 면모를 갖추게 되어 그 기쁨은 더하였습니다.

나는 중국의 상업 변화를 역사적으로 세 번에 걸친 상업 혁명이라는 커다란 맥락에서 짚어 보았습니다. 이 세 번의 상업 혁명은 송대宋代와 만청晚淸 그리고 현재에 진행되고 있으며, 이들이 가지고 있는 몇 가지 공통적인 특징에 주의할 필요가 있다고 생각합니다. 첫 번째 특징은 이러한 상업 혁명들이 지리적으로 일정한 방향성을 띠고 있다는 점입니다. 송대에는 쓰촨(四川)에서 장난(江南)으로, 만청 시기에는 장난에서 화난(華南)으로 그리고 현재는 타이베이(臺北)에서 주하이(珠海), 홍콩(香港), 광저우(廣州), 하이난섬(海南島) 등으로 진행되고 있습니다. 이러한 현상은 역사적으로 중국 문명의 중심이 점차 남쪽으로 이전하는 추세와 맥락을 같이하고 있습니다. 두 번째, 이 혁명에서 해양의 역할이 대단히 중요하였다는 점입니다. 특히 연해 해운과 해외 무역이 이 혁명들의 중요한 원동력이 되었습니다. 세 번째, 송대에는 아라비아 상인, 만청 시기에는 유럽 상인 그리고 현재에는 미국 등 외국 상인에 의한 외부적 여건이 중요한 영향을 미쳤다는 점입니다.

이러한 외적인 요소는 또한 중국의 대외 개방의 정도와 비례하고 있다는 점도 그냥 지나칠 수 없을 것입니다. 중국의 대외 개방에 관해서 중국 사학계에서는 근대에 중국 정부가 쇄국 정책을 고수하였다는 관점을 견지하고 있지만, 나는 명초明初 이래 쇄국이나 개방 등 대외 정책이 일종의 '내외 순환內外循環'의 형태로 반복되고 있었다고 생각합니다. 약 56년에 걸친(1628~1683) 명·청 교체 시기의 쇄국 정책은 내부 지향적 형태(內向型)를 띠었지만, 해금解禁이 풀린 후의 75년 동안(1684~1759)은 점차 외부 지향적 형태(外向型)로 전환되고 있었음을 알 수 있습니다. 난징조약(南京條約)으로 문호가 강제적으로 개방된 뒤 1937년의 제2차 중일전쟁中日戰爭으로 내부 지향적 형태로 바뀌었다가, 1978년 덩샤오핑(鄧小平)의 개혁·개방으로 다시 외부 지향적 형태로 바뀌었습니다. 중국 대륙의 개혁·개방으로 대외 정책이 바뀌면서 타이완(臺灣)과 홍콩 등 화인경제권華人經濟圈은 모두 외부 지향형에 속하게 되었습니다. 정부가 내부 지향적 정책을 고수하였을 때에는 상업뿐 아니라 사회의 여러 방면이 모두 커다란 제약을 받아야만 했는데, 이 책에서 토론하고 있는 만청 시기의 상업 혁명을 이러한 '내외 순환'의 관점에서 본다면 상업 혁명의 역사적 의의는 더욱 명확해질 것이라고 생각합니다. 이러한 측면에서 본다면 전후戰後의 한국 역사도 더욱 의미가 새로울 것입니다. 과거 반세기 동안 외부 지향적 개방형을 추구했던 남한과 내부 지향적 쇄국형의 북한이 보인 결과가 매우 상반된 모습으로 나타나고 있기 때문입니다.

이 책을 한국말로 옮긴 이화승 박사는 오랜 기간 중국 문화 속에서 학문적 기초를 닦고, 최근의 중국 사회 경제사 분야에서 괄목할 만한 연구 업적을 이루고 있는 학자입니다. 특히 상점간의 조직을 통해 중국 전통 상인의 자호 상점을 다룬 논문은 이미 널리 인용되고 있으며, 중국 상인의 발자취를 추적하고 있는 다양한 연구들도 역시 주목을 받고 있습니다. 이번 기회를 통해 중국의 상업과 상인 연구가 한국의 동행同行들에게 공명을 얻을 수 있기를 희망합니다.

2001년 10월

테네시주 녹스빌에서 하오옌핑(郝延平)

　　최근 중국학 연구 분야에서 자본주의와의 접목은 중요한 테마 가운데 하나이다. 70년대 사회주의 학자들에 의해 대두된 중국 자본주의 맹아론은 자료의 취사 선택과 해석에 따른 오랜 논쟁을 불러일으켰다. 자칫 '체제'라는 울타리를 뛰어넘지 못할 것 같던 냉전 시대의 담론들이 『중국 근세 종교 윤리와 상인 정신』[위잉스(余英時) 지음, 정인재 옮김, 대한교과서주식회사]에 이르러 비로소 새로운 토론의 장을 넓힐 수 있었던 것은 참으로 다행스런 일이었다. 노도처럼 몰아치는 명대明代의 거대한 시대적 변화를 중국의 전통적 사상인 유儒·불佛·선禪에 담아 펼치는 차분한 전개는 깊은 인상을 남겨 주었다.

　　『중국 근세 종교 윤리와 상인 정신』이 집요하게 '베버Max Weber'의 논리와 '대결'해 가는 인상을 지울 수 없다면,『자본주의 역사와 중국의 21세기』[황런위(黃仁宇) 지음, 이재정 옮김, 이산]는 좀더 근원적으로 자본주의에 대한 물음을 통해 중국과 자본주의를 이야기하고 있다. 저자는 명대의 재정과 세수稅收에 관한 연구를 통해 얻은 전통 경제 체제에 대한 탁월한 인식을 바탕으로 "중국이 오랜 기간 끊임없이 요동치는 변화를 통해 '장기 혁명長期革命'을 진행해 왔으며, 지금 자본주의라는 정교한 시스템과의 만남을 예약하고 있다"고 하였다. 자본주의의 본질과 다양한 사례별 연구를 위해 지은이는 베니스에서 시작하여 네덜란드, 영국,

미국, 독일, 일본을 아우르는 세계 자본주의의 변천 과정을 통해 나타난 자본주의의 기본 요건들을 21세기의 중국이라는 시공간으로 연결시킴으로써 우리로 하여금 또 다른 새로운 영역과 마주할 수 있게 해 주었다.

이러한 작업과 더불어 하오옌핑(郝延平) 교수의 『중국의 상업 혁명 ─ 19세기 중·서 상업 자본주의의 전개』는 가장 직접적이고 세밀하게 바로 '중국의 상업 자본주의'를 겨냥하고 있다. 지은이는 18~19세기 중·서 상업사를 연구하면서, 특히 두 문화권이 만나는 교점에 많은 힘을 기울여 왔다. 지은이의 첫 번째 연구서인 『19세기 중국의 매판買辦 ─ 동·서양의 교량』(Harvard East Asian Series, 1971)은 중·서 교역에서 매우 첨예한 역할을 수행하면서도 정부나 중국 사회에서 상대적으로 소외되어 있던 매판에 대한 치밀하고 깊이 있는 연구였다. 매판은 개항 항구에서 중·서 상인들 간의 교역을 주선하고 분쟁이 벌어졌을 때 조정을 담당하였으며, 서양인들에게는 중국을 알리는 창구 역할을 하는 동시에 중국인들에게는 서양인들을 대표하는 역할을 하였다. 이들은 정부의 통제를 받지 않는 중국 최초의 독립 상인으로, 중국 초기 산업화의 선구자적 역할과 함께 새로운 문화를 전달하는 역할을 하였지만 지금까지 이에 대한 연구는 '매판 매국론'을 외치던 좌파 사학자들의 논지에 밀려 있었던 것이 사실이다. 이러한 상황에서 하오옌핑 교수의 견실한 사료 이용과 탁월한 분석은 연구자들에게 새로운 시각을 제공해 주었다. 이 연구가 상이한 두 문화권과 거대한 시스템 속의 한 계층에 관한 연구였다면, 이 책은 이들이 속해 있던 집단들이 구체적으로 활동하던 시장과 시스템에 관한 더욱 광범위한 연구일 것이다. 즉 아편전쟁을 전후해서 중국 연해가 내륙과 연결하여 세계 시장과 이어지는 새로운 환경 속에서 구축한 시장과 그 시장을 움직이는 주체인 상인, 이들이 창조해 내는 새로운 상업 시스템과 금융 제도 그리고 서양 회사들의 중국에서의 역할에 대한 세밀한 연구이기 때문이다.

그 동안 발표된 많은 연구들을 볼 때, 서양과의 접촉 과정에서 중국 정부가 보인 더디고 둔탁한 대응과 중국이 입은 경제적 침해에 대한 지적 등이 대부분을 차지하고 있었다. 하지만 이 책은 현장에서 불리한 비경제적 요소를 최대한 배제한 채 '중・서 공생(Sino-Western Symbiosis)'의 기초 위에서 구체적으로 빠르고 민첩하게 대응하는 민간 경제에 의한 이른바 '상업 혁명'을 조명함으로써 중국의 전통 체제가 내재하고 있는 '힘'을 이야기하고 있다. 결국 어떠한 상황에서도 끊임없이 상대적 변화를 수용하며 자신의 위상을 새롭게 창조해 가는 중국의 고된 여정旅程이 '시장市場'을 통해 역력히 묘사되고 있는 것이다.

더욱 중요한 사실은 이 부분에 관한 그 동안의 연구들이 주로 중국측 자료에 의존하고 있었지만, 사실 당사자인 중국측 인사들이 남긴 자료는 많지 않았다는 것이다. 오히려 다른 일방이었던 서양측은 외교관과 상인, 선교사, 여행가들이 남긴 훨씬 풍부한 자료들을 가지고 있으면서도 충분히 인용하지 못하거나, 서양 학자들이 인용하였다 하더라도 서양의 입장을 옹호한다는 비판 때문에 취사 선택의 범위가 제한적이었다는 사실이다. 이 책은 중국측 자료와 함께 다량의 서양측 자료들을 충분히 대비하여 당시의 실체적인 모습을 좀더 완전하게 조명하면서, 이 과정에 관한 '의부론(Dependency Theory)'이나 '세계 경제 체제론(World-Economy System)' 등 다양한 세계사적 관점에 대해 중국의 위치와 입장을 분명히 하였다는 점에서 그 가치가 있다. 따라서 아편전쟁을 전후한 중국 사회 경제에 대한 이해의 폭을 한층 더 넓힐 수 있을 것이다.

미국이나 유럽에서 활동하는 1세대 중국인 학자들의 중국학 연구는 우리에게 시사하는 바가 크다. 이들은 중국의 전통적 사고에 익숙하면서도 서양의 자료와 이론에도 깊은 성찰을 보여 줌으로써, 자칫 문화적 특성이나 과학적 이론의 공방 속에서 한쪽으로 치우치지 않는 균형 감각을 전해 주고 있기 때문이다. 최근 이들의 연구가 새롭게 주목받는 것도 이러한 배경과 무관하지 않을 것이다.

그러나 이러한 필요성에도 불구하고 이 책에서 표현의 전달 등에 미숙함이 나타난다면 그것은 모두 옮긴이의 책임이라는 점을 밝혀 둔다.

항상 격려와 배려를 잊지 않으시는 이화여대 전인영 교수님께 깊은 감사를 드린다. 또 어려운 여건에서도 출판을 결정해 준 소나무 출판사 식구들도 잊을 수가 없다. 마지막으로, 역사학 선진으로서 한국의 동행들에게 조금이나마 좋은 여건으로 자료를 제공해 주고자 호의를 베풀어 준 저자 하오옌핑 선생의 마음씀은 오랫동안 기억에 남을 것이다.

2001년 11월
自閒齋에서 이화승

제1장 도론導論

　19세기 중국은 서양과 경제적 교류를 통해 상업 자본주의를 발전시켜, 결국 상업 혁명을 일으키게 되었다. 18세기 후반부터 중국 연해沿海 지역에 형성된 경제 환경은 새로운 경제 시스템을 탄생시켰고, 1820년대부터 1980년대까지 시장의 형태와 금융 시스템, 상업 도시, 해운업과 경영 방식 등에 거대하고 빠른 변혁이 진행되었는데, 그 효과는 거의 혁명과도 같은 것이었다. 이러한 변혁은 그 구조와 기능면에서 과거 몇 세기 동안의 전통적인 모습과 크게 다른 양상을 보여 주었다. 나는 이 책에서 이 상업 혁명이 미치는 범위와 강도, 특징 등의 고찰을 통해 이것이 중국 경제와 사회에 미친 영향에 대해 논의해 보고자 한다.

　'자본주의'라는 말은 매우 모호하고, 현 시대와는 다른 당대當代만의 개념을 가지고 있다. 현대적인 이 용어(약 1870년에 시작된)는 넓은 의미에서 20세기 초에 유행하기 시작하였으며(마르크스는 거의 이 용어에 주의하지 않았다), 아주 널리 사용되었던 만큼 남용된 사례도 적지 않았다. 이에 관해서는 많은 논쟁이 있지만 나는 몇 가지 이유로 '자본주의'라는 용어를 사용하려 한다. 첫째, 16세기 이후 세계 여러 곳에서 복잡한 경제 구조들이 여러 이름으로 성행하고 있을 때, 이 용어가 그렇게 많이 사용되었다는 것은 나름대로 필요가 있거나 같은 목적이 있었기 때문이라는 생각에서이다. 둘째, 이 용어를 사용하는 더 큰 이유는 아직까지는 더 적합한 용어를 찾지 못했기 때문이다.[1]

나는 자본주의가 사유 재산 제도를 인정하고, 개인 기업이 이익을 추구하기 위해 자유롭게 경쟁할 수 있으며, 소비자들은 선택의 자유를 가질 수 있다는 특징을 지닌 경제 제도라는 점에서 이 용어를 사용할 것이다. 이 제도가 산업보다 무역에 무게를 둘 경우에는 '중상 자본주의(mercantile capitalism)' 또는 '상업 자본주의(commercial capitalism)'라고 한다. 비록 자원 분배 경제학資源分配經濟學이나 자원 운용 경제학資源運用經濟學에서는 자본주의에 대해 비판적 견해를 가지고 있겠지만, 일반적으로 자본주의는 생산과 교환에서 큰 효율성을 지닌 메커니즘이라고 생각한다. 자본주의에 대한 비난은 이 제도가 낭비를 조장하고 불평등하며 소수의 개인에게 경제가 집중된다는, 주로 도덕적이고 문화적인 이유에서 비롯되지만, 어떤 결함이 있다 하더라도 자본주의가 근대 세계를 엄청나게 변화시켰다는 것만은 부정할 수 없을 것이다.[2] 그렇다면 중국과 서양 간의 무역, 즉 중·서 무역은 어떻게 중국의 상업 자본주의 발전을 촉진시켰으며, 상업 혁명은 중국의 경제 발전에 어떤 영향을 미쳤을까?

어떤 의미에서 '혁명'이라는 용어가 적절하지 않을지도 모른다. 왜냐하면 중국 연해 지역의 사람들이 다만 그 시작을 느끼지 못하고 있었을 뿐, 이미 오랜 시기에 걸쳐 무역에서는 기본적으로 변화가 진행되고 있었기 때문이다. 중국뿐 아니라 서양에서도 상업 혁명은 모두 장기간에 걸친 경제 발전의 결과였다. 중국은 1683년 만주족滿洲族이 중원을 통일한 이후 오랫동안 평화와 번영을 구가했다. 즉 높은 경제 발전과 인구 증가, 지역 간의 교역 확대, 빠른 도시화 그리고 수공업의 발전 등으로 이른바 18세기 '중화 태평 성대(Pax Sinica)'를 이룩하였던 것이다. 반면 서양의 경우에는 유럽에서 자본주의가 실시되면서 한 세기 반에 걸친 경제력 안정을 바탕으로 강력한 에너지를 구축한 뒤, 1750년을 전후하여 전 세계로 세력을 뻗치기 시작하였다. 18세기의 유럽은 페르낭 브로델Fernand Braudel의 표현대로 '보편적으로 경제가 가속화되었던 시기'이며, 거대하고 장기적인 경제 발전이 시작된 시기였던 것이다.3)

19세기의 중국 경제사를 연구하는 학자들은 산업체, 특히 해운·광산·면방직·철도·군수 산업 등의 연구에 많은 성과를 거두었지만4), 상대적으로 상업 발전에 관한 연구는 소홀하였다. 이러한 현상은 자료에서도 나타나 공업·농업·수공업 분야에서는 많은 자료들이 나왔지만, 상업 분야의 경우에는 많지 않았다.5)

중·서 경제 관계 연구에서 먼저 언급할 부분은 광저우(廣州) 시스템 시기(1757~1842)이지만6), 아편전쟁阿片戰爭 이후의 상업에 관한 연구는 많지 않다. 이는 중국과 서양의 초기 접촉 과정에서 부분적인 해답을 찾을 수 있다. 많은 사람들이 중·서 무역은 중국의 '개방'이라는 점에서 중요한 의미를 찾지만, 사실 중국이 '개방되었다'고 하자 그 역사적 의미에는 더 이상 관심을 갖지 않았다. 더욱이 경제 발전의 관건은 상업이 아닌 산업이라고 주장하는 관점도 이런 경향을 부채질하였다. 그러나 나는 아편전쟁 이후 중·서 무역은 양측 관계에 지속적이고 적극적인 작용을 하여 산업화 과정을 통해 분명하게 중국의 경제 발전을 증진시켰다고 생각한다.

경제 발전 때문이 아니더라도 상업은 그 자체만으로도 연구해 볼 가치가 있는 영역이다. 만약 한 사건의 역사적 의의가 '얼마나 많은 사람들에게 영향을 미쳤는가'에 따라 결정된다고 한다면, 19세기의 중국에서 가장 중요한 의의를 갖는 것은 산업이 아니라 상업이기 때문이다. 특히 상업의 여러 영역 가운데 기업이 갖는 의미는 더욱 중요하여 기업의 투자액과 고용인의 수, 가치의 증가, 수입의 분배 등에서 볼 때 상업 활동이 산업을 지배했다는 것을 쉽게 이해할 수 있을 것이다. 중국 근대 경제에서 가장 많은 이익을 창출한 것도 제조업이 아닌 무역과 금융업이었으며, 무역에서도 농업과 수공업 등 전통 부문의 생산이 제조업의 생산을 능가하였기 때문이다.

만청晩淸 시기에 무역이 안정적으로 발전할 수 있었던 것은 인구 증가와 부의 축적 이외에 전문화가 지속적으로 진행되어 많은 인구가 상업 시스템에 유입되었다는 점도 지나쳐서는 안 될 것이다. 이러한 추세는 연해 지역에서 가장 뚜렷하게 나타났고[지도 1], 몇 가지 이유로 이 지역에서 19세기 상업 자본주의의 싹이 움트기 시작했다. 우리가 '조약條約 시스템'이라고 하는 새로운 환경은 사유 재산과 여기서 생산된 부 그리고 수입의 불균형을 철저하게 보호해 주었다. 자본의 축적은 기업의 저축, 이익과 더욱 긴밀하게 연결되었고, 예금과 대출을 전문으로 하는 신용 기관 — 은행 — 이 출현하게 되었다. 결국 연해 지역은 중국을 지배하는 전통 유가儒家 사회의 핵심에서 비교적 멀리 떨어져 있어 사유 재산의 형성에 별다른 간섭을 받지 않았고, 이익을 얻는다는 것 역시 사회적이나 도의적으로도 커다란 비난을 받지 않을 수 있었다.[7]

전형적인 연해 상인들은 무역업은 물론 때로는 전통적 금융 기관을 운영하거나 투기를 하기도 하였다. 이들은 시장의 필요에 따라 움직였으며, 가장 잘 팔리는 물건만 취급하였다. 또 노동 시장보다는 상품 시장에서 새로운 영역을 개척하면서, 공장을 세우기보다 교환의 메커니즘을 개선시키는 데 더욱 주력하였다. 따라서 중·서 무역은 충분한 자금을 공급하고 신용 대출로 인한 저금리로 시장 개척을 유도하였지만 경영상의 위험성과 불안정성이 상존하였고, 경쟁 또한 치열하게 전개되었다. 이 같은 과정을 통해 연해 지역에서 자본주의는 수입과 수출, 해운업의 발전으로 나날이 번성하게 되었다.

〔지도 1〕 19세기 중국의 주요 상업 지역

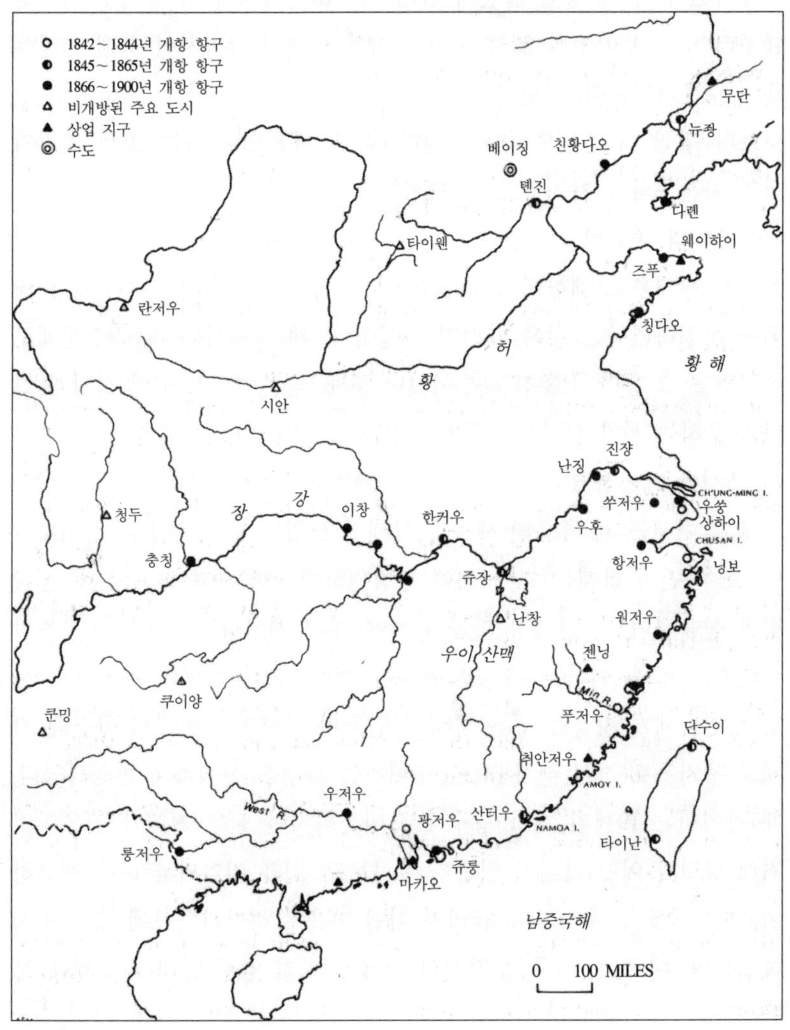

자료 : Murphey, 『The Outsiders』.

이 책을 쓰면서 나는 현존하는 개항 항구의 상업에 관한 여러 자료를 참고하였다. 먼저 상업 발전에 관해서는 18세기 후반의 광저우 시스템 때부터 1842년 이후의 조약 시기를 거쳐 19세기 말까지의 오랜 기간에 대해 토론하였으며, 이런 의미에서 이는 기존의 중·서 관계에 관한 연구보다 훨씬 더 광범위하다고 생각한다.8) 다음으로 나는 연해 지역의 상업 자본주의가 가지고 있는 명확한 특징을 살펴보았다. 자유 무역은 자본주의의 중요한 특징이다. 광저우 시스템 시기에 중국의 대외 무역 창구는 광저우로 제한되어 공행公行과 영국 동인도회사東印度會社가 영업을 독점하였다는 것은 알려진 사실이다. 제2장에서는 그 중요성에도 불구하고 그 동안 소홀히 다루어졌던 문제, 곧 중국 '상인'의 성장과 그와 대응하는 서양 산상散商(개별 상인)의 문제를 다루면서 이 관점에 대해 문제를 제기하였다.

제3장에서는 세 종류의 새로운 화폐의 도입과 사용 과정을 살펴보았다. 또 아편의 화폐 기능에 대해 광범위하게 논의하고 화폐의 총 공급량을 산출하여 그 경제적 파급 효과에 대해 평가하였다. 아울러 '쑤저우(蘇州) 시스템'이라는 새로운 제도를 설명하고, 이런 환경 속에서 서양 상인들에게 자극을 받은 중국 상인들이 상하이(上海)에서 아편을 가지고 쑤저우로 가서 생사生絲를 구매하는 과정을 상세하게 논의하였다. 제4장에서는 19세기 개항 항구에서 이루어지던 신용 거래가 전통적인 거래 방법과 어떤 차이가 있는가 살펴보고, 연해 지역의 금리를 계산하여 그 추세를 살펴본 뒤에 금리가 어떤 이유로 하락하는가에 대해 분석하였으며, 이 현상이 중국 전체의 경제에 미친 영향에 대해 논의해 보았다.

제5장과 제6장에서는 가장 중요한 상품이었던 아편의 수입과 차茶의 수출에 관한 많은 자료를 토대로 시장의 발전에 대해 설명하였다[지도 2 참조].

[지도 2] 19세기 중국의 주요 상품 생산 지역

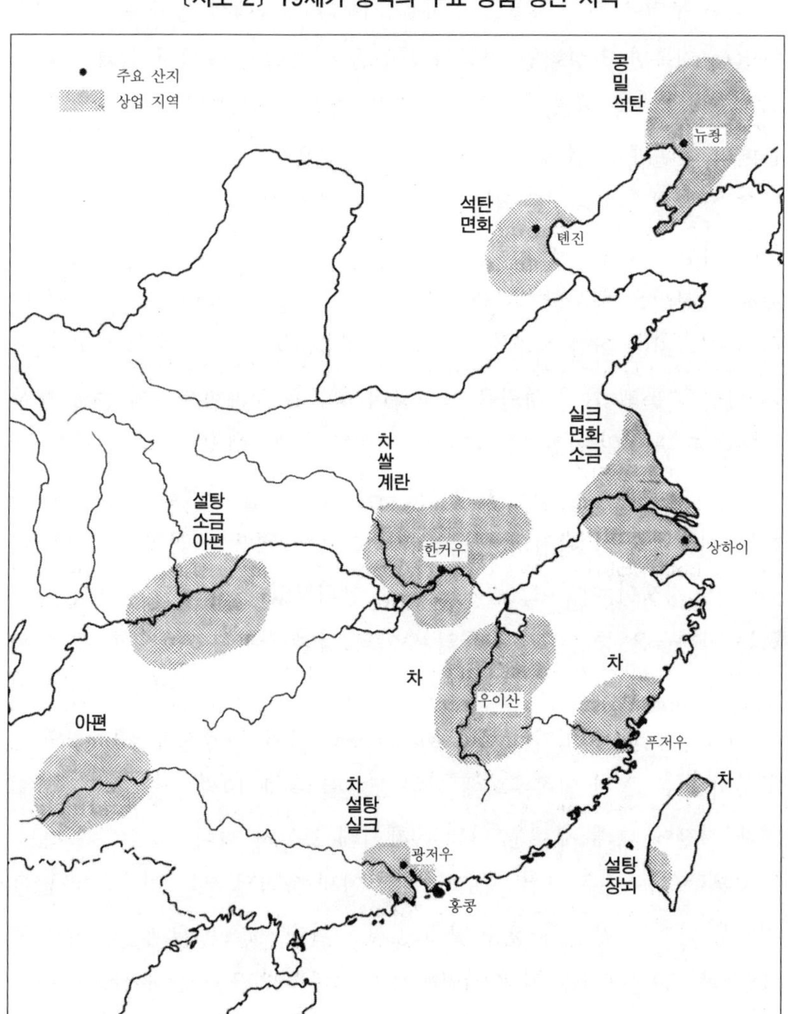

자료 : Murphey, 『The Outsider』, 「Tea and Silk in East Asia」, 105쪽, 상하이.

차 무역의 성장은 농산품의 상품화를 의미하는 것이다. 이 장에서 나는 아편 무역에 관한 새롭고 상세한 기록과 내륙에서 생사와 차를 수집하면서 기록한 일상적인 업무일지 등을 참조하여 옵션 무역과 장래에 대한 전망, 계약 거래, 선先 계약금을 지불하던 거래 방식, 새로운 국내 판매망과 판매 기법 등에 대해서도 서술하였다.

경쟁이 없으면 자본주의는 있을 수 없다.9) 사람들은 중국에 있는 서양 무역상들이 중국 대외 무역의 상당 부분을 담당하면서, 상품 공급에 대해 독점권을 행사함으로써 서로간의 경쟁을 자제하여 중국 대외 무역에 극단적인 억압 작용을 하였다고 주장하였다. 이들은 수출할 때에는 담합을 통해 가격 하락을 유도하여 생산을 억제함으로써 중국 생산자들에게 손해를 입혔다는 주장도 하였다. 같은 이치로 수입할 때에는 순수한 경쟁이 아닌 높은 가격으로 수입에 영향을 미쳤다는 것이다. 제7장에서는 이러한 관점의 신뢰성에 대해 살펴보고 외국 무역상들 사이에 과연 경쟁이 이루어졌는가에 대해 살펴보았다. 중·서 관계를 연구하는 학자들은 중국인과 외국인 사이의 영업 경쟁에 대해서만 많은 관심을 쏟아 왔지만,10) 나는 내국인·외국인을 막론하고 연해 지역에 있는 모든 상인 - 사업가(merchant-businessmen) 사이의 경쟁에 주목하였다. 따라서 나는 경제 민족주의에 관한 토론을 통해 19세기 중국과 서양의 경제 경쟁에 대해 새로운 의견을 제시해 보고자 한다.

자본주의는 사유 재산 제도와 이로 인해 축적된 부를 이용하여 많은 이익을 남기는, 생산과 상품 및 노동의 교환에 기초한 경제 시스템이다. 제8장과 제9장에서는 연해 상인들이 어떻게 이익을 얻는지 살펴보았다. 다른 학자들도 이미 언급한 바 있지만,11) 나는 중국과 서양 상인 사이의 공생 관계(symbiotic relationship)에 대해 다방면에 걸쳐 자세하게 논의하였다. 또 많은 기록들을 이용하여 합작 무역과 중국인이 외국인의 명의를 이용하는 방법에 대해서도 자세하게 논의하였다. 이 밖에도 중국인이 외국 기업에 투자한 총 액수를 산출하여 실제 거두었던 수익률이 얼마인지 산출해 보았다. 마지막으로 중국의 경제 발전을 저해한 결정적 요소가 자본의 부족 때문이었다는 기존의 관점에 대해서도 검토해 보았다.

상업 자본주의의 또 다른 특징은 시장의 확장에 따라 지속적으로 증가하는 경영상의 위험성과 불안정성이지만, 중국 근대 경제사를 연구하는 학자들은 이 문제에 대해 아직까지 깊이 있고 광범위한 토론을 하지 못하고 있다. 따라서 제10장과 제11장에서는 중국에서 활동하던 미국과 영국 회사들의 기록을 근거로 시장 파동과 투기, 경영 손실, 파산과 금융 위기 등에 대해 설명하고, 이러한 현상들을 더 넓은 사회적 · 경제적 관점에서 고찰하고자 하였다.

중 · 서 무역을 상세하게 살펴보면서 나는 세계 자본주의에서 논점이 되는, 중국의 사회와 경제에 관련된 문제들을 밝히고 싶었다. 첫 번째 논점은 봉건주의에서 자본주의로 발전하는 역사의 과도기적인 문제로, 여기에 대해서는 이미 1950년대 중반에 서양의 마르크스주의자들이 치열하게 토론한 바 있다.[12] 중국도 물론 영향을 받았지만, 이 문제에서 중국과 더욱 밀접한 것은 과도기라는 시간이나 그 성격의 문제가 아니라, 중국의 고유한 자본주의 맹아의 문제일 것이다. 서양과 밀접한 무역 관계를 맺기 이전에, 중국이 특히 수공업과 농산품을 중심으로 스스로 자본주의를 향해 발전할 수 있는 가능성을 가지고 있었을까?

중국 대륙의 많은 사람들은 15~16세기에 시작된 자본주의의 맹아가 건륭제乾隆帝가 통치하던 시기(1736~1795)를 통해 안정적으로 발전하였다고 단언한다. 상당한 수와 규모를 갖춘 방직업과 도자기업, 전통적 광업 등 수공업의 출현으로 농산품의 상품화가 눈에 띄게 발전하는 등 국내에서 일찍부터 원시 자본주의가 발전한 것으로 미루어, 설령 19세기에 서양과의 활발한 무역이 없었다 하더라도 중국은 스스로 자본주의 사회로 발전할 수 있었다는 것이다.[13] 그러나 유감스럽게도 이 이론은 시기적으로 1800년 이전에 국한되어, 국내의 기존 요소들이 자본주의 성숙 시기에 일으켰던 실제 작용에 대해서는 거의 주의를 기울이지 못하였다. 나는 중국의 경제 제도가 19세기에 중·서 상업 자본주의의 추진에 미쳤던 영향에 대해 서술하고, 합리적인 역사 관점으로 이 문제를 살펴보고자 한다.

두 번째 논점은 경제 제국주의에 관한 것으로, 이 문제는 중국의 역사와 당대의 국제 관계 연구에 미치는 영향 때문에 이미 상당한 관심을 불러일으킨 바 있다. 발전론發展論과 현대화론現代化論이라 일컬어지는 이러한 이론들은 지난 몇 십 년 동안 서양 학술계를 지배하면서, 경제 변혁은 모든 국가가 반드시 거쳐야 할 단계적인 과정이라는 주장을 고착시켰다. 무엇이 한 단계에서 다른 단계로 단계적 발전을 하게 하는 것인지 또는 한 국가의 현대화 과정은 왜 다른 나라보다 더욱 긴 시간을 요하는 것인지에 대한 연구들이 진행되었다.[14] 이 이론들에 따르면 경제 발전의 여부는 전통 사회의 특정한 사회적·정치적·문화적 요소들에 의해 결정되며, 서양은 이러한 비非산업 국가의 경제 발전을 촉진시키는 데 가장 중요한 영향을 미쳤다는 것이다. 이러한 전통 사회에 관한 연구 방법은 근대 중국의 발전이 완만했던 이유를 설명해 주는 것이며, 또 일본이 성공적으로 산업화를 이룬 데 대한 적절한 비유이기도 하다.[15]

1960년대 중반 이후 신新마르크스주의자들은 국제 자본주의의 영향에 대해 다시 논의하기 시작하였다.[16] 비교적 설득력 있는 관점에서 '종속론從屬論'이 제기되었는데, 이 이론에 따르면 서양의 자본주의가 제3세계 국가들을 강제적으로 그들의 경제 위성국으로 만들거나 식민지화하였으며, 이러한 구조에서 종주국의 발전과 위성국의 낙후는 필연적인 것으로서 위성국이 발전하지 못하는 정도는 과거에 그들이 서양 종주국과 어느 정도의 관계를 맺고 있었는가와 정비례한다는 것이다. 따라서 위성국이 발전하지 못하는 것은 관행이나 전통 때문이 아니라 바로 자본주의 때문이라는 것이다.[17]

1970년대 중반 이후 '세계 경제'에 관한 토론은 더욱 확대되고 심화되는 추세이다.[18] 이매뉴얼 월러스틴Immanuel Wallerstein은 우리가 하나의 세계, 곧 하나의 자본주의 세계에서 생활한다는 관점에서 현대화론에 이의를 제기하였다. 그는 우리가 하나의 현대화된 세계에서 사는 것이 아니라 하나의 자본주의 세계에 사는 것이며, 이 세계가 지속적으로 움직이는 것은 성취감보다는 이익을 추구하기 때문이라고 주장했다.[19] 브로델이 제시한 모델을 따라, 월러스틴의 세계 경제는 핵심과 주변 그리고 그 중간의 세 층면을 가지고 있으며, 현대의 세계 시스템은 16세기 유럽에서 시작된 자본주의 세계 경제 체제를 취하고 있다고 한다. 그 때부터 유럽의 자본주의 국가들은 다른 지역을 자신들의 경제 세력 범위로 끌어들여 19세기가 끝나기 전까지 유럽 이외의 대부분 지역이 유럽의 주변이 되었다고 하였다.[20] 그리고 중국을 연구하는 서양의 학자들 가운데 많은 사람들이 이 이론에 동조하였다.[21] 그렇다면 과연 종속론과 세계 경제 이론이 근대 중국에 과연 얼마나 적용될 수 있을까? 외국 상인들은 실제로 그들의 라이벌이었던 중국인들이 도저히 극복할 수 없을 정도로 우월했을까? 그들은 경제적으로 중국을 약탈했는가? 나는 중국에서 경제 제국주의가 존재했는지, 또 그 구체적인 유형이 존재했는지 도출해 봄으로써 근대 제국주의를 좀더 명확하게 이해하고 싶었다.

마지막으로 상업 연구를 통해 중국 근대사에서 개항 항구의 중요한 역할에 대해 알아보고자 하였다. 중국 근대사는 종종 서양에 대한 중국의 반응이라고 알려져 왔다.[22] 그러나 『케임브리지 중국사』처럼 많은 학자들이 만청 시기에 베이징(北京)의 시각으로 새롭게 청나라를 바라보는 등 이미 중국이 가지고 있던 역량을 인식하고 개항 항구에 대한 새로운 평가를 시도하고 있다. 이 책은 전통적인 중·서 관계의 시각이 아닌, 1800년 전후에 청나라가 아시아의 중심이라는 관점에서부터 논의를 시작하였다.23) 로즈 머피Rhoads Murphey는 인도가 캘커타처럼 바뀌고, 일본이 근대화 과정에서 스스로의 의지대로 움직일 수 있었던 것에 반해 중국은 일관되게 서양이 추구하였던 목표에 저항했다고 하였다. 그 결과 중국은 혁명의 소용돌이에 빠졌으며 개항 항구로 대표되는 발전 모델은 포기할 수밖에 없었다는 것이다.24)

무역의 발전과 기술의 진보는 중국의 사회 구조와 제도에 근본적인 변화를 일으키게 하였다. 사실상, 마르크스주의자와 다른 많은 사람들이 사용하는 '자본주의'라는 용어는 특정한 제도 및 질서를 의미하며 정치적·도덕적 색채가 강렬하였다. 나는 이러한 관점보다는 경제적 의미를 견지하고 싶었다. 물론 상업 발전에 대한 연구가 그것이 처한 사회 및 경제 환경과 완전히 분리될 수 없겠지만, 이 책에서는 중·서 상업 자본주의의 흥기와 활력에 중점을 두었으며, 중국 경제 발전과 연해 지역의 상업에 관한 일반적이고 구체적인 분석과 상업 자본주의의 비경제적인 부분에 대해서는 되도록 논의를 피하고자 하였다.

근대 중국에서 서양의 침략자들은 우리가 지금까지 중국측에서 얻을 수 있는 것보다 훨씬 많은 양의 자료를 남겨 놓았다. 서양의 외교관과 상인, 그 밖의 많은 사람들이 편지·문장·서적을 통해 자신들이 국제 무역을 새로운 영역으로 확장시키는 과정에서 남긴 업적과 느낌 등을 기록으로 남겼지만, 이들과 같이 일했던 중국인들은 자신들의 견해와 경험을 기록으로 많이 남겨 놓지 않았다. 따라서 중국측의 자료가 서양에 비해 적을 수밖에 없는 것은 당연한 일이다.

이 책은 서양의 기록, 특히 영국 케임브리지대학교 도서관에 소장된 자딘매디슨사(Jardine, Matheson & Co.)의 자료와 미국 하버드대학교 상학원商學院에 소장된 포브스사(Forbes & Co.), 러셀사(Russell & Co.), 오거스틴 허드사(Augustine Heard & Co.) 등의 자료 그리고 매사추세츠주州 밀턴에 있는 중국무역박물관에 소장된 호관浩官의 편지, 런던에 있는 기록보관국의 정부 공식 서한 등을 기초로 하였다.

이 연구는 중국과 서양의 무역에 관한 세밀하고 구체적인 기초 연구인 동시에 무역의 확대와 경영 메커니즘에 관련된 것으로서, 이러한 상업 활동의 구체적인 사항은 경제 발전이라는 커다란 범주에서 고찰하여야 할 것이다. 논의의 주제는 중·서 상업 자본주의 형태를 통해서 살펴본 근대 중국의 상업 혁명과 새로운 시장 시스템, 경제 조직 및 사회 관계 등과 이를 통해 알 수 있는 것들이다. 또 새로운 시각으로 중국 고유의 자본주의의 맹아와 경제 제국주의, 개항 항구가 중국 근대사에서 수행한 중요한 역할 등에 관해서 논의하고자 하였다.

제2장 연해의 자유 무역

자유 무역은 상업 자본주의를 구성하는 중요한 요소이다. 그러나 광저우 시스템 시기(1757~1842)의 중국 대외 무역에 관한 일반적인 시각은 무역이 광저우 한 곳으로 제한되고 엄격한 독점이 이루어졌다는 점에서, 같은 시기에 서양에서 성행하던 자유 방임과는 분명히 다르다는 것이었다. 또 이 독점적인 광저우 시스템은 중국과 영국의 양국 정부가 공동으로 실시한 것이며, 상인들도 이를 인정하였다는 견해도 있다.[1] 그러나 영국과 미국의 두 나라 상인들이 남긴 자료를 자세히 살펴보면 이러한 결론이 꼭 사실과 부합하지는 않는다.

광저우와 공행 이외의 무역

공행은 광저우에서 중국과 서양 각국 사이에 진행되는 무역을 책임지고 있었다. 서양 무역상들은 1820년대와 1830년대에 광저우가 당시 세계에서 국제 무역에 편리함을 제공하는 가장 좋은 항구 가운데 하나라고 여겼다. 그러나 중국의 대외 무역이 광저우 한 곳으로만 제한된 것은 아니었고, 또 공행이 완전히 독점한 것도 아니었다. 공행은 무역을 독점할 수 있는 기관이 아니었기 때문이다.

광저우 이외의 자유 무역

중국의 대외 무역은 청대 초기에는 국내의 동란으로 금지되었다가 1684년에 타이완(臺灣)을 평정하고 이듬해부터 해금解禁 정책을 실시하여 사실상 이미 자유 무역이 이루어지고 있었다. 이후 75년 동안 유럽 상인들은 중국 연해의 항구에서 자유롭게 무역에 종사할 수 있었고, 광저우는 이러한 여러 항구 가운데 하나였을 뿐이다. 설사 광저우 시스템 시기의 무역이 명목상으로는 광저우 한 곳으로 제한되었다고 하더라도 이 곳이 결코 중국의 대외 무역을 독점하지는 못하였다.

예를 들면, 1557년 포르투갈은 주강(珠江) 입구에 있는 작은 반도 마카오를 조차租借하여2) 중국인과 무역을 시작하였다.3) 법률적으로 다른 외국인들은 마카오에서 무역을 할 수 없었지만, 자딘매디슨사의 자료에 따르면 영국의 이 대기업은 마카오에서 대규모 무역 거래를 하였다. 수년 동안 이 회사는 바레투B. Barretto라는 포르투갈 사람을 고용하여 회사의 무역 업무를 위탁 관리하였으며,4) 한여름에는 광저우에 있는 다른 서양 상인들도 이 곳에 거주하면서 사교 활동을 하였다. 19세기에 불법적인 아편 무역이 성행할 때, 마카오는 아편 수출의 주요 항구로서 중국 대외 무역의 상당 부분을 차지하였는데, 마카오에서 외국 상인들의 활동이 왕성해지자 1820년대에 영국과 포르투갈 상인들은 서로 이익을 차지하기 위하여 격렬한 마찰을 빚기도 하였다.5)

마카오 이외에도 중국과 서양 상인들은 푸젠성(福建省) 연해의 샤먼(廈門)에서 인도와 동남아시아를 상대로 무역을 하였다. 법률상으로 샤먼은 스페인과의 무역만 허가되었지만, 스페인은 광저우와 푸젠을 통한 필리핀과의 범선帆船 무역에서 더 많은 이익을 얻을 수 있었으므로 이 부분에 주력하였다. 스페인은 샤먼에서의 무역에 소극적이어서(1810~1830년에 겨우 한 척의 스페인 선박이 왔을 뿐이다),[6] 자딘매디슨사의 자료에 따르면 영국의 많은 개별 상인들이 광저우 상인과의 협조하에 스페인의 깃발을 걸고 샤먼에서 거래를 했다고 한다. 한 예로, 자딘매디슨사의 선임자였던 빌Beale과 매그니악Magniac[7]은 1806년 11월 광저우 상인과 합작으로 애나펠릭스Anna Felix 호를 빌려 인도에서 샤먼까지 원면原綿을 실어 날랐고,[8] 스페인의 이리사리사(Yrissari & Co.)의 사업 파트너였던 제임스 매디슨James Matheson 역시 1823년에 같은 방법으로 산세바스티안San Sebastian 호에 아편을 싣고 샤먼에 와서 나흘 간 머물기도 하였다.[9] 그 무렵 혈기 왕성하던 청년 제임스 매디슨은 정기적으로 샤먼과 마닐라를 오가며 아편 이외에도 여러 가지 상품을 거래하였다.[10]

1821년 광저우 당국이 황푸(黃埔) 지역에서 불법 아편 무역을 몰아내자 중국 연해에 새로운 밀무역 시스템이 형성되었다. 영국의 개별 상인들은 아편을 실은 배를 링딩양(伶仃洋)이나 진싱먼(金星門), 홍콩(香港) 등지의 섬으로 옮겼고, 이 지역을 근거지로 하여 무역은 점차 북방의 연해 지역까지 확대되었다. 링딩섬(伶仃島)은 밀수된 아편을 광저우로 운반하는 중심지가 되었고, 또 말굽은(말굽 모양으로 생긴 은銀 덩어리)과 아연 등 희귀 금속을 중국 내륙에서 몰래 반출할 때 이 곳을 경과함으로써 광저우를 통과할 때 내야 하는 세금을 피해 갔다.[11]

따라서 1842년 이전에 광저우가 중국의 대외 무역을 독점하지 않은 것은 분명하였다. 설사 우리가 마카오와 샤먼에서 행해진 무역의 총액이 얼마인지는 모르더라도, 링딩양을 중심으로 한 밀무역이 중국의 대외 무역에서 관청官廳이 명의상 독점하는 광저우 시스템 이외의 지역에서도 행해지고 있었다는 점은 의심할 여지가 없었다. 1832년 광저우에서는 금지된 아편이 전체 수입액의 절반 이상을 차지하였다는 점이 이를 더욱 분명하게 증명해 준다.12) 그 무렵 광저우의 지역 신문인 『광저우기록신문(廣州紀錄報, Canton Register)』의 리스트에 오른, 홍콩에 등록된 38척의 선박 가운데에는 아편을 운반하는 쾌속선들도 있었다. 이 배들은 1832년 중국에 온 이후 링딩양 이외의 지역으로는 운항한 적이 없었으며, 이 밖에 헤라클레스Hercules 호 같은 폐선 몇 척도 몇 년째 링딩양에 정박한 채 이동하지 않고 있었다.13)

공행 독점의 정도

공행은 때로 일치된 행동을 보이기도 하였지만 영국의 동인도회사처럼 엄격하게 독점권을 행사할 수 있는 기관은 아니었다.14) 공행의 상인인 행상行商은 대단히 느슨한 상인 조직으로서 대체로 다음과 같은 세 가지 상황에서 단체 행동을 하였다. 첫째, 그들은 단체로 정부에 돈을 헌납해야 하는, 바오샤오(報效)라는 관례가 있었다. 둘째, 그들 가운데 하나가 거래에서 손해를 입어 채무를 이행하지 못하면 공행은 공동 책임으로 돈을 걷어 외국인 채권자에게 빚을 갚아야 했다. 셋째, 그들은 제한적이지만 외국 상인들을 감독하고 단속해야 하는 책임이 있었다. 그러나 구성원들이 돈을 걷을 때, 공행은 모두를 만족시키기에 충분한 조정자로서의 역할을 하지는 못하였고, 또 이런 규칙이 모든 파산 사건에 자동적으로 적용되는 것은 아니어서 결국 매번 조정을 거쳐야 했다. 더 중요한 것은 그들이 외국 상인들을 단속하는 데에는 일치된 행동을 보였지만, 외국 상인들과 사업을 할 때에는 반드시 그렇게 하지는 않았다는 점이다.

이렇듯 공행은 어느 정도의 공동 활동에만 관여했을 뿐, 서양에서 말하는 상인 길드나 '감독 기관'은 아니었다. 공행의 구성원들은 거래를 할 때 모두 자신의 자본과 신용으로, 자신이 속한 상점의 이익을 위해 일할 뿐이었으며 어떤 연합의 지분도 없었다. 1780년에 반포된 법령에 의해 행상은 거의가 공동으로는 거래에 참여하지 않았고, 오히려 대부분의 경우 서로가 경쟁 상대일 뿐이었다. 결국 청 정부가 공행 제도를 만든 것은 독점을 위해서라기보다는 재정 수입을 늘리고 외국 상인들을 단속하기 위해서였다는 것이 더 적절한 해석일 것이다. 따라서 정부의 이러한 두 가지 목적만 만족시킨다면 행상은 얼마든지 자유롭게 거래를 할 수 있었다.

또 행상이 모든 거래의 독점권을 가진 것도 아니어서 광저우의 대외 무역도 독점하지 못하였다. 사실상 자유 무역은 공행말고도 합법과 불법을 넘어서 더욱 활발하게 이루어지고 있었다. 행상이 주요 화물을 장악하고 있었지만 포호鋪號라고 하는 '행외行外의 상인'들도 중국에 거주하는 외국인들이 필요로 하는 물건을 취급할 수 있었다. 광저우 당국은 이들이 취급할 수 있는 상품을 의복이나 부채, 우산과 밀짚모자 등으로 제한한다고 하였지만 사실상 그들은 훨씬 많은 양의 필수품을 취급하였고, 때로는 이들이 취급하는 수량이 너무 많아서 어쩔 수 없이 행상의 명의로 거래를 하고 관세를 내는 경우도 있었다.

소수의 부유한 행상들은 포호들과 왕래가 없었지만, 가난한 행상들은 오히려 그들이 중간에서 수수료를 받고 자신의 명의나 각종 시설을 빌려 주기를 원하기도 하였다. 1800년대 초, 광저우에서 영국의 개별 상인들이 공행이 아닌 포호들에게 대황大黃·육계肉桂·장뇌樟腦 등의 약재를 사들이는 것은 '이미 오래되고 보편적인 일'이었다.[15] 또 어떤 영국인들은 이러한 '거리의 중국인'들로부터 직접 물품을 구입하기도 하였는데, 1800년대 초에 제임스 매디슨은 광저우에서 푸젠성의 취안저우(泉州)로부터 온 포호와 긴밀한 관계를 유지하면서 필요한 물품을 구입하고, 1804년에는 '상당히 점잖고 재력이 있는' 포호와 면화 구입 계약을 체결하기도 하였다.[16] 또 1820년대에 윌리엄 자딘William Jardine이 처음 광저우에 왔을 때도 행상보다 오히려 포호에게 구입한 물품이 더 많

았다.[17)

포호들의 불법 거래도 성행하였다. 그들은 행상처럼 여러 명목의 세금 부담이 없었기 때문에 차나 생사, 토포土布(황갈색의 질긴 중국 전통 베) 등을 행상보다 낮은 가격으로 팔아서 행상의 이익을 침범하기도 하였다. 미국 상인들이 영국 물품을 가지고 포호들과 생사·차를 교환 거래하자 포호들도 점차 시장의 경쟁에 뛰어들게 되었다.

그 결과, 동인도회사의 대리인들은 행상의 특권을 존중하였지만, 영국의 개별 상인들과 미국 상인들은 포호와 거래하는 것이 행상보다 더 많은 이익을 얻을 수 있다는 것을 알았다. 1820년대의 생사 거래에서 영국의 개별 상인들은 중국 정부에서 허가한 것보다 더 많은 양을 포호에게 구입하여 링딩양을 통해 몰래 가지고 나갔다. 매그니악사(Magniac & Co.)는 1820년대에 '공행 이외의 포호들과 특수한 관계'를 유지하면서 많은 이익을 남기고 있었다.[18) 미국 상인들도 '매우 광범위'하게 포호들과 거래했는데,[19) 보스턴의 퍼킨스사(Perkins & Co.)는 1820년대 말부터 1830년대 초에 걸쳐 예싱(葉興)이라는 '행외의 상인'과 상당한 규모의 비단을 거래하였다고 하였다.[20) 많은 포호들은 이들과 주로 생사와 토포, 돗자리 등의 여러 가지 물품을 거래하여 많은 돈을 벌 수 있었다.[21)

이처럼 공행 이외의 자유 무역이 갈수록 성행하자, 동인도회사는 영국과 미국 무역 상인들의 과도한 성장을 막기 위해 간섭을 하지 않을 수 없었다. 1828년 3월, 동인도회사는 '감독 회의'를 열어 포호들의 불법 무역에 관해 협의한 결과, 양측은 광둥성(廣東省) 세관 감독의 감독하에 만약 행상이 포호에게 명의를 빌려 주면 처벌하고, 공행에서 할당한 교역량을 취소하도록 하였다. 그러나 이익에 대한 유혹을 거부하기란 어려운 일이어서, 비록 불법이었지만 영국의 개별 상인과 미국 상인, 중국 포호와 경제력이 취약한 행상들은 자유 무역에서 얻는 이익 때문에 '협의를 지키지 않았다.'[22)

광저우 당국의 단속에도 불구하고 포호들의 불법적인 행외 무역은 계속되었다. 1817년에 총독總督이 200명이 넘는 포호를 적발하고 그들의 화물을 몰수하였지만, 갈수록 규모가 커지자 마침내 당국은 1820년에 결국 행상들에게 위협이 되지 않고 또 행상들이 원하지 않는 무역에 한해 거래를 하도록 허가할 수밖에 없었다.23) 1828년 7월, 청 정부는 미국과 영국 상인들의 압력으로 포호들에 대한 제한을 더욱 완화함으로써 중국 비단과 수입된 면綿 제품 등 많은 물품에 대해 합법적으로 거래를 할 수 있게 되었고, 행상은 대외 무역에서 값싸고 잘 팔리는 물품에 대해 명목상으로만 독점을 유지할 수 있었다.

이 시기에는 중국의 범선 무역도 활발하게 지속되었다. 샤먼에서 동남아시아로, 닝보(寧波)에서 연안의 해안선을 따라 동북에 이르는 범선 무역은 중국 연해 상업의 중요한 부분을 차지하였다. 특히 중국과 태국 간의 조공朝貢 무역이 계속되었는데, 이 노선을 통해 방콕에서 중국으로 쌀이 운송되었다.24) 외국 상인들은 이러한 무역에 직접 참가하지 않았지만 촉진제 역할을 하였다.

항각 무역港脚貿易과 영국의 산상散商

서양의 입장에서 볼 때, 영국의 동인도회사가 대 중국 무역에서 비록 지배적인 위치에 있었지만 그렇다고 모든 것을 통제할 수 있었던 것은 아니었다. 그리고 이 위상조차도 항각 무역과 산상들에 의해 도전을 받게 되었다.

항각 무역의 성장

항각 무역은 원래 산상들이 동인도회사가 특별히 허가한, 아프리카의 희망봉(Cape of good Hope)에서부터 인도양과 아시아 지역을 포함하는 몇 곳의 상업 지역에서 행하는 무역을 말하는 것으로, 17세기 말부터 시작하여 19세기 중엽에 기선汽船이 출현할 때까지 계속되었다.25) 이 무역은 처음에는 인도에 집중되었지만 중국에서 더 많은 이익을 얻게 되자 중국으로까지 확대되었다.

항각 무역과 영국 산상의 성장으로 동인도회사의 통제력은 점차 약화되었다. 일반적으로 동인도회사는 동양에서 상업적 특권을 향유해 왔고, 적어도 1834년 이전까지는 대 중국 무역에서 합법적으로 독점적 지위를 차지하였다. 비록 1813년의 '특허령特許令'으로 인도에 대한 독점적 위치는 막을 내렸지만, 런던에 있는 이 회사의 이사회는 여전히 조심스럽게 광저우에 대한 무역 독점을 비호하고 있었다. 이사회는 영국 산상들이 중국에 거주하는 것을 허가하지는 않았지만 실제 상황에서는 법과 상당한 거리가 있었다. 여러 가지 새로운 요소들 때문에 항각 무역과 자유 상인들이 성장하게 되었고, 자유 무역은 심지어 어느 정도까지 회사의 내부에서도 진행되고 있었다. 회사가 처음부터 지배인(大班)에게 자신의 신용을 이용하여 대리인의 자격으로 산상 무역에 참여하는 것을 허락하였기 때문이다. 1776년 지배인이었던 피고W. H. Pigou가 물품 구입 대금으로 런던 환어음을 발행하는 대신 회사에 7만 7,367냥을 납부하고, 이듬해에 23만 5,539냥을 납부했던 것을 보면 이러한 무역이 상당한 규모로 진행되었음을 알 수 있다.26)

18세기 후반 영국 내에서 중국 상품에 대한 인기가 높아 구매량이 증가하였다. 동인도회사가 광저우에서 수출한 차는 1761년에 260만 파운드에서 1800년에는 2,330만 파운드로 증가하였고,27) 생사의 수출량도 급증하자 상대적으로 중국에도 많은 물건을 수출하기를 원하였다. 그러나 중국인들은 영국 제품이 그다지 필요하지 않았으며, 특히 광저우는 더운 기후 때문에 영국의 모직 제품이 더욱 인기가 없어 다른 물품들로 무역 수지의 균형을 맞출 필요가 있었다. 중국에 대한 무역 역조 현상은 동인도회사가 인도에서 거두었던 수출 초과와는 분명히 다른 양상이었다. 인도의 경우에는 몇 세기 동안 방직품을 주로 수출해 왔지만, 1813년 영국 산상들이 인도 무역에 뛰어들자 인도에는 영국 맨체스터의 면제품이 주류를 이루게 되었기 때문이다.

항각 무역은 중국과 인도에 대한 영국의 무역 수지 역조를 보완해 주었다. 처음에는 원면을 실어 왔고, 나중에는 인도에서 광저우로 아편을 가져와 중국·영국·인도를 잇는 삼각 연결대를 형성하는 등의 중요한 역할을 하였기 때문이다. 1833년 영국과 중국 간의 무역액은 1,100만 달러였고, 인도와 중국 간의 무역액은 3,200만 달러였으며, 1817년부터 동인도회사의 독점이 끝났던 1834년까지의 17년 동안 광저우에서 수입한 영국 상품의 75%가 항각 무역을 통한 것이었다.[28]

따라서 다음과 같은 순환 무역 시스템이 형성되었다. 즉, 중국은 영국에 생사와 차를 수출하고, 영국은 인도에 면 제품을 수출하였으며, 인도는 중국에 원면과 아편을 수출하였다. 이 순환 시스템은 한 방향을 향해 돌고 있었다. 광저우는 영국의 면 제품을 필요로 하지 않았고, 영국도 인도의 아편이 필요하지 않았으며, 인도도 중국의 차를 거의 사지 않았다. 차는 동인도회사에서 취급하였고, 중국의 다른 상품들도 인도에서는 거의 이익을 내지 못하였다. 이러한 상황에서 삼각 무역을 지속적으로 진행시키기 위해서는 금융상의 조정이 필요하게 되었다.

광저우에서 동인도회사는 날로 증가하는 항각 무역이 제공한 인도의 계좌를 이용하였다. 인도의 계좌는 항각 무역에서 얻은 수입을 회사의 광저우 계좌에 입금하고, 런던 이사회나 인도의 영국령 회사에서 지급 승인을 한 환어음과 교환하는 것이었다. 그러나 항각 무역의 수요가 회사가 생사와 차를 구매할 수 있는 액수를 초과하자 또 다른 방식이 필요하게 되었다. 따라서 다른 송금 수단, 즉 '선적 화물을 담보'로 한 단기 대출과 동인도회사의 신용장, 중국 무역상에 대한 미국의 신용 대출 협정(credit arrangement) 등을 이용하게 되었다. 그러나 항각 상인들이 가장 원했던 것은 말굽처럼 생긴 순 은덩어리, 곧 문은紋銀이었다. 중국은 백은 수출을 금지했지만 항각 상인들은 여러 방법으로 광저우만 하구에서 아편과 백은을 교환하여 가져갔고,29) 이렇게 하여 항각 무역은 인도와 영국 간의 송금 방법까지 포함하여, 중국·영국·인도 사이의 삼각 무역에 필수 불가결한 요소가 되었다.

영국의 산상 : 대리상代理商

산상은 광저우 무역의 새로운 활력소였다. 진취성이 뛰어난 영국 상인들은 동인도회사의 간섭에서 벗어나기 위해, 1780년대부터 유럽의 다른 나라 명의로 광저우에 머물면서 '대리상'을 구성하여 런던과 인도 상인들을 대신해서 상품을 위탁 판매하고 수수료를 받거나, 자비로 해운에 투자하여 중개인으로서 화물의 운반 및 보관, 결제와 송금 등을 처리해 주고 수수료를 받았다. 1800년에 이미 40여 개의 대리상이 있었으며, 그들은 선단船團을 구축하고 보험 회사를 설립하여 금융 업무까지 담당했다.30) 1820년대에 이런 대리상들이 성행함에 따라 1824년에 설립된 매그니악사는 1832년 유명한 자딘매디슨사로 성장하게 되었다.

18세기 중엽, 동인도회사는 꾸준히 인도와 중국의 무역을 경영해 왔으나 항각 무역은 점차 산상 무역으로 변해 갔다.31) 이론상, 산상은 단지 회사에서 영업 허가증을 받은 것뿐이었지만, 이것은 '독점이라는 장벽에 균열이 생기기 시작했음'을 증명하는 것이었다.32) 1813년에 발효된 특허령으로 인도 무역에 대한 동인도회사의 독점이 폐지되어 새로운 전기를 맞은 영국 산상들은 빠르게 인도에 대리상을 설립하였다.33) 광저우의 산상들은 더욱 신속하게 1827년『광저우 기록과 시세(廣州紀錄報與行情表, Canton Register and Price Current)』라는 신문을 창간하고, 중국에서 그들의 목소리를 대변하였다. 항각 무역은 빠른 속도로 성장하여 1828년에 이르러서는 산상 무역도 사실상 모두 이 방식으로 전환되었다.34) 산상은 이론상으로 그들이 동인도회사의 영업 허가증을 받은 것뿐이라는 사실에 아랑곳하지 않고, 1830년부터는 동인도회사의 권위에 도전하기 시작하였다. 그들은 동인도회사가 중국과 인도, 영국 간의 환율을 통제하는 것에 강한 불만을 표시하고, 정부에 대하여 동인도회사보다 더 강력한 정치적 지지를 요구하였다. 1830년 12월 중국에 있는 47명의 영국 산상들은 하원에 청원서를 제출하여 행상의 저효율성에 대한 불만을 토로하고, 영국 대표가 베이징에 영구적인 거처를 마련할 것과 '중국 연해의 부속 도서를 확보할 것'을 건의하였다.35) 이처럼 1820년대 이후에 산상들은 중국에서 더욱 자유롭게 활동할 수 있는 지역을 찾고 있었다.

산상의 중요성은 다른 여러 곳에서도 찾을 수 있다.

첫째, 동인도회사는 차로 인해 중국과의 무역 역조가 발생하자 면화와 아편을 취급하는 산상의 존재가 더욱 필요하였던 것이다. 동인도회사는 산상이 얻은 수익을 이용하기 위해 고정 환율로 화물을 구매하도록 하고, 광저우에서 산상들에게 현금을 받아 장부 결제를 통해 인도로 송금할 수 있는 등의 조치를 취하였다.36)

둘째, 1819년에 싱가포르가 자유항이 되자 동인도회사는 항각 무역을 통제하는 것이 더욱 어려워졌다. 즉, 이전에는 영국 산상들이 화물을 중국에서 영국으로 운송하는 것이 불법이었지만, 싱가포르라는 자유항이 생김으로써 이 곳을 통과하는 방법을 이용했기 때문이다. 중국 화물을 먼저 싱가포르에 하선시키고 새로운 선하 증권(주문 명세서)을 런던의 화물 인수자에게 발행한 뒤, 화물을 다시 원래의 선박에 실어 영국으로 보내면 되었다. 1831년 연말까지 계절마다 4척의 영국 상선이 런던과 광저우를 운항하면서 모두 싱가포르를 경유하였고,37) 그 수량도 갈수록 증가하였다. 이렇게 산상이 법률상의 각 규정을 적절하게 활용함으로써 동인도회사가 독점하던 영·중 무역은 타격을 입게 되었다.

셋째, 중국에서 미국 상인들이 성장하자 영국 산상들은 동인도회사에 대해 일정한 재정적 독립을 요구하였다. 그들은 회사의 도움으로 광저우에서 판매한 아편과 면화의 대금을 런던에 보내면서 1778년부터 1830년대까지 이 대금에 대해 회사로부터 신용 대출을 받았다.[38) 그러나 1820년대 이후 많은 미국 상인들이 광저우에서 활동하자, 그들은 회사의 수표나 어음 대신 런던에서 교환되는 미국 어음이나 수표로 바꿔줄 것을 요구하였다.

산상의 강점은 친족이라는 유대 관계에서 생기는 끈끈하고 강력한 친밀감을 바탕으로 한 절대적 충성심과 책임감이라는 무기였다. 인도 상인이든 영국에서 온 무역상이든 동방에서의 상업은 긴밀한 혼인 관계와 가족이라는 집단을 바탕으로 발전하였다. 특히 영국 상인들은 사업 파트너들끼리 가족 내의 통혼通婚을 통해 친척 관계를 형성함으로써 그들의 회사 이름에서 암시하는 것보다 훨씬 강력한 유대감을 지니고 있었다. 자딘매디슨사의 동업자 가운데 7명이 이 회사 창업자의 조카들인 것만 보아도 이 회사가 바로 산상 발전의 축소판인 것을 알 수 있다.[39)

영국 산상은 중국과 영국의 두 곳에서 발전한 무역 형태라는 점에서 더욱 강력한 힘을 발휘하였다. 즉, 중국뿐 아니라 영국의 맨체스터 역시 동인도회사의 독점을 반대하였기 때문이다. 기계 공업의 발전으로 맨체스터의 제조상들은 동인도회사의 독점이 새로운 시장의 개척에 장애가 된다고 생각하자, 공청회를 통해 이를 널리 알리고 청원서를 제출하여 독점 반대 운동을 전개하였다. 1813년부터 시작된 이 운동은 1829년에 더욱 힘을 얻어 1834년에 결국 독점 폐지를 이끌어 내게 되었다.[40)

중국측에서 본다면 영국 산상이 회사의 통제에서 벗어난다는 것은 바로 아편 무역의 발전을 의미하였고, 홀링워스 매그니악Hollingworth Magniac, 데이비드슨W. S. Davidson, 제임스 매디슨과 윌리엄 자딘 등은 모두 이를 통하여 돈을 번 사람들이었다. 1817년 이후, 청 정부가 다시 금지령을 선포하자 동인도회사는 직접 아편 무역에 참여하지는 않았지만 허가증을 받은 사람이나 산상들에게 더욱 적극적으로 아편 무역에 참여하도록 부추겼다. 처음에는 동인도회사가 광저우와 황푸에서 상인들과 협조하면서, 1821년 주강(珠江) 부근에서 무역이 금지되자 대부분 밀수로 들여와 링딩섬 내의 '선박 집결지'를 통해 판매하였는데, 이 때에는 광저우에 있는 동인도회사의 '상관商館'에서도 이를 파악하지 못한 상태에서 거래가 이루어지기도 하였다.

영국의 유명한 대리상 가운데 자딘매디슨사와 덴트사(Dent & Co.) 등은 연해에서 아편 거래를 하던 대표적인 산상들이었다. 자딘매디슨사는 처음에는 인도 아편을 취급하고 판매 가격의 3%를 수수료로 받다가, 1832년 이후에는 스스로 상당한 규모의 아편 선단을 형성하였다. 1824년 제임스 매디슨이 연해에서 처음 거래를 시작한 뒤, 다른 산상들도 이를 따라하자 가격이 하락하였다. 자딘은 새로운 시장을 개척하기 위해 1832년에 6개월 동안 쾌속선 실프Sylph 호를 타고 상하이와 톈진(天津)까지 돌아보았다. 푸저우(福州)와 취안저우 해안의 실사를 마친 뒤, 1836년 말에 자딘매디슨사는 12척의 선박으로 선단을 구성하여 연해에서의 거래를 '합법적인 시스템'으로 만들어 갔다.[41] 덴트사도 비슷한 방법으로 빠르게 성장하였는데,[42] 1826년 이 회사는 퍼킨스사로부터 나일Nile 호를 빌려 로버트 포브스Robert B. Forbes 선장에게 링딩양에서 아편을 운송하게 하였다. 1826년 12월 말, 이 배가 홍콩과 링딩양 사이의 바다에 정박하자, 덴트사는 이 배를 이용하여 광저우의 아편 상인들에게 아편을 팔았다. 다음 해에 덴트사는 연해에서 자딘매디슨사와 경쟁하면서 나일 호 이외의 다른 배에서도 아편을 판매하였는데, 이런 방

법을 '연해 시스템'이라고 하였다.43)

1839년까지 아편 무역은 놀랄 만큼 증가하여, 1834년에 동인도회사가 문을 닫을 때까지 연간 무역액이 1,000만 달러에 달하였다.44) 1838년 광저우의 외국 상인들은 얻을 수 있는 최대 한도의 아편을 구입하여 어떤 망설임이나 도덕적인 가책도 없이 판매하였다. 아편 무역에 참여하지 못한 상인들은 단지 '자금이 충분하지 못하거나 신용이 부족하여 아편을 팔 수 있는 형편이 못 되었기 때문일 뿐' 다른 이유는 없었다.45)

동인도회사와 비교해서 산상들은 더욱 시장의 자유 경쟁에 의지하는 편이었다. 양측 모두 광저우에서는 행상과의 거래나 물건을 주문할 때 서면 협의를 할 필요가 없다는 등의 공동의 상업 관례를 따랐지만, 어떤 면에서는 확실한 차이가 있었다. 먼저 그들은 행상을 대하는 방식이 달랐다. 동인도회사는 공행을 하나의 기관으로 보고 행상의 경력에 따라 차의 양을 안배하고 모두에게 같은 가격으로 계약하였다. 그러나 산상은 행상들이 제시한 가장 좋은 가격을 선택하고 계약도 별도로 하였다. 자딘매디슨사의 자료에 따르면, 인도의 산상들은 그들의 화물을 광저우의 서로 다른 대리인에게 위탁하고, 이 대리인들은 다시 이 화물들을 자유롭게 다른 행상에게 팔았다. 보험 회사는 선박마다 들인 경비와 위험에 따른 담보로 700달러씩 받았지만 이 거래가 꼭 이익을 낼 수 있는 것은 아니었다.46) 모스Morse는 외국 중개상들이 화물을 오직 '보험에 가입'한 행상에게만 팔았다고 했는데, 이는 잘못된 말이었다.47)

실제 거래에서도 산상은 동인도회사와 달랐다. 동인도회사는 항상 영국과 인도의 수출품을 생사·차와 바꾸는 '물물 교환 방식'을 택하였는데, 이는 회사가 먼저 행상의 생사·차에 대한 가격을 결정한다는 것을 의미하였다. 이러한 물물 교환 방식은 모스가 『크로니클스Chronicles』에서 "모직 제품과 차를 교환하였다"고 말한 데에서도 알 수 있다.48) 그러나 산상은 차를 사지 않았기 때문에 그들은 시장에서 수입품, 그 가운데에서도 주로 아편을 가장 높은 가격으로 팔고 현금을 받았다.

기타 자유 상인

동인도회사의 독점은 영국 사람에게만 적용된 것으로, 중국에서 활동한 영국 국적 이외의 상인들은 모두 독립적인 자유 상인들이었다. 18세기 후반부터 영국 이외에 덴마크·포르투갈·독일의 배들도 중국에 왔고, 또 어떤 영국 상인들은 동인도회사의 간섭을 받지 않기 위해 영국 국기를 달지 않고 활동하기도 하였다. 광저우의 어떤 영국 산상들은 1828년부터 1834년까지 이런 방법으로 차를 리스본과 함부르크, 보르도, 코펜하겐 등의 유럽 도시로 보냈다.[49] 18세기 후반과 19세기 초의 광저우에서는 영국 상인 이외에 미국 상인들의 역할을 주목할 필요가 있다.

자유 무역상 - 미국 대리상

중·미 무역은 18세기 후반부터 시작되었지만 1820년대에 이르러서야 미국 대리상들도 영국 상인들만큼 관심을 끌게 되었다. 미국 회사들 가운데 가장 규모가 큰 러셀사는 1824년에, 두 번째 규모의 올리펀트사(Olyphant & Co.)는 1828년에 설립되었다. 중국과 미국 간의 직접 무역은 1784년 '중국 여제(Empress of China)' 호가 뉴욕을 출발하여 광저우에 도착하면서 시작되었으며, 이 배는 다음 해 5월에 미국으로 돌아갔다. 그 뒤 얼마 지나지 않아 토머스 랜들Thomas Randall이 팔라스Pallas 호에 5만 달러어치의 차를 싣고 돌아갔다. 무역량이 증가하자 세일럼·보스턴·뉴욕·필라델피아 등이 주요 교역 항구로 떠올랐고,[50] 케이프 혼을 돌아 태평양을 건너 광저우로 가는 태평양 노선이 주로 이용되었다. 모피 상과 남아메리카 상인들이 이 노선을 특히 선호하였으며, 간혹 때를 놓친 배들도 있었다.51)

미국이 대 중국 무역에서 항상 이익을 올렸던 것은 아니며, 전체 대외 무역에서 차지하는 비중도 그다지 크지는 않았다.52) 영국과 비교하면 미국 정부는 동아시아에서 소극적인 방관 자세를 취하면서 수시로 무역의 중단과 재개를 반복하였다. 그러나 몇 가지 이유로 주변 상황이 유리해지자 1784년부터 대 중국 무역이 급격히 증가하여 광저우에서 영국 다음가는 교역 국가로 성장하였다. 여기에는 첫째, 장기간 계속되던 나폴레옹 전쟁 동안 미국의 중립적 자세가 미국 상인들에게 커다란 도움이 되었고, 둘째, 미국 해군과 상인의 모험 정신, 민첩한 기지 등도 중요한 작용을 하였다. 로버트 포브스 같은 해군과 존 쿠싱John P. Cushing, 존 포브스John M. Forbes 같은 상인들은 미국 대외 무역의 중심지인 보스턴 및 뉴욕 출신으로서 의심할 바 없는 당대 최고의 인재들이었다. 1842년까지 미국의 대 중국 무역은 소수의 진취적인 대리상들, 곧 퍼킨스사 · 러셀사 · 오거스틴허드사 · 웨트모어사(Wetmore & Co.) · 올리펀트사 등이 장악하고 있었지만, 가장 중요한 것은 미국 상인들은 진정한 기업가의 자유정신을 기반으로 영국 상인들처럼 특권을 가진 한 회사의 통제를 받지 않았다는 사실이다. 예를 들면, 영국 상인들은 미국의 북서 연해 지역에서 가죽 제품을 거래할 때에도 동인도회사의 허가를 받아야 했을 뿐 아니라 화물을 중국에서 판매한 뒤에도 곧바로 중국 상품을 구매하지 못하고 현금을 회사에 입금시켜야 했으며, 회사는 이들에게 12개월 만기의 런던 어음을 지급했을 뿐이었다. 이에 비해 미국 상인들은 광저우에서 물물 교환을 통해 가죽 제품을 팔아 20%의 높은 수익을 올렸고, 또 화물을 자신들이 원하는 지역으로 모두 운송할 수도 있었다. 그들은 미국으로 돌아가기 전에 중국 물품을 유럽으로 가져가 다시 장사를 하였다. 동인도회사의 통제를 받는 영국 상인들이 이러한 경쟁에서 밀리는 것은 당연한 일이었다.

미국의 대 중국 무역은 미국이 필요로 하는 상품을 얻는 과정이었으므로 산 것만큼 많이 팔지는 못하였다. 그들이 구입한 것은 주로 차와 토포였으며, 그 밖에 자기瓷器와 모자·돗자리·방석·설탕·약재 등도 있었다. 상대적으로 그들은 광저우에서 인삼과 단향목檀香木을 팔았으며, 많은 양은 아니었지만 가죽 제품도 중요한 수출 상품이었다. 가죽 제품은 공급이 충분했고 가격도 싸서 미국 상인들은 이것으로 그들이 필요로 하는 중국 상품과 물물 교환을 하였는데, 초기부터 1830년대 초까지 미국이 광저우에서 판매한 가죽 제품의 총액은 1,500~2,000만 달러에 달하였다.53) 1830년을 전후로 한 시기에는 중국인들이 식용으로 선호하는 해삼이 큰 호응을 받았다. 4년 후 미국 영사는 본국에서 제조한 질 낮은 직물 제품들이 이미 중국을 거쳐 마닐라로 수출되었다고 보고하였다.54) 그러나 공급이 충분하지 않아 어려움이 많았다. 하와이의 단향목은 이미 고갈되었고, 인삼과 해삼은 제약이 많았으며, 북서부의 가죽도 이미 유행이 지나 1820년 이후에는 감소하기 시작하였다. 게다가 면화 무역은 아직 초기 단계에 머물러 있었다. 그렇지만 미국인들은 여전히 생사와 차를 구입하였기 때문에 무역은 대부분 일방적으로 진행되고 있었다.

이러한 상황에서 미국 상인들은 자연스럽게 광저우의 금속 화폐에 주목하게 되었다. 1824년 뉴욕의 한 무역상은 한 해 동안 중국에 131만 1,057달러어치의 상품을 수출하였는데, 그 가운데 90만 달러가 금속 화폐였다. 그는 또 35만 6,407달러에 달하는 영국 상품을 수출하였지만, 미국의 가죽 제품과 인삼이 차지한 분량은 6만 달러 정도에 불과했다고 한다.

1852년의 자료에 따르면 미국은 1784년 이래 중국에 1억 8,000만 달러의 백은을 수출하였으며, 미국 항구에서는 1805년부터 1818년까지 7,000만 달러에 달하는 백은이 수출되었다는 기록이 있다.55)

미국 상인과 아편 무역

일방적 무역과 함께 금속 화폐의 수출은 증가하였지만, 이러한 상황은 오래 계속되지 않았다. 미국 상인들은 중국에서 잘 팔리는 상품이 필요했고, 그들 역시 아편에서 그 해답을 찾았기 때문이다.56) 따라서 1820년대부터는 아편 거래에 직접 뛰어들어 이익을 얻었고, 태환 제도의 발전으로 런던 어음이 사용되자 금속 화폐의 수입은 점차 줄어들었다.57) 영국과 비교한다면 미국 상인의 아편 거래량은 많지 않았다. 거래는 1805년부터 시작되었지만, 1820년까지 아편은 총 무역액의 10% 정도를 차지하는 미미한 상태에 머물러 있었다.58) 그들은 영국처럼 인도의 아편 시장을 지배하지도 못했고, 많은 상품을 취급하는 인도 상인들과의 전통적인 유대 관계도 없었기 때문에 직접 아편 무역에 뛰어들어 돈을 번다는 것은 어려운 일이었다. 또 그들은 초창기의 무역 개척 과정에서 아편을 운송하는 데 필요한 많은 금융 자본과 해운 설비도 갖추지 못했다.

그러나 19세기 초에 미국 상인은 중국에서 아편 무역을 하는 비영국 非英國 국적의 서양 상인들 가운데 가장 활발하게 활동하였다. 영국인 린지H. H. Lindsay는 "미국인들이 아편 무역에 종사하지 않는다는 일반적인 인식은 잘못된 것이다. 소수의 예외를 제외하고는 모든 미국 상인들이 아편 무역을 하고 있으며, 링딩섬과 연해 일대에는 미국의 보급선이 많이 있다"고 하였고,59) 메드허스트W. H. Medhurst 목사도 "중국에서 약재(아편) 무역을 하는 영국과 미국의 상인들은 모두 전력을 다해 매달리고 있다"는 말로 이 의견을 뒷받침하였다.60) 사실상 미국 상인은 영국 산상과 함께 중국 시장에 인도 아편을 가져옴으로써 터키 아편을 축출하였다. 중국에서 왜 터키 아편의 수요가 줄어들었는지는 확실하지 않지만 미국 회사의 자료에서 나타나듯이 질 좋은 인도 아편의 수입이 급증하였기 때문인 것으로 추정된다. 1838년 봄 이후에 터키 아편은 중국 시장에서 자취를 감추었고, 그 때부터 영국 상인은 미국이 인도에서 아편을 구입하는 것을 허용하였다.[61)]

올리펀트사 등 극소수의 회사를 제외하고, 러셀사와 오거스틴허드사 등 규모가 큰 대다수의 미국 회사들이 모두 아편 무역을 하였다. 러셀사가 아편 무역을 시작한 것은 전신前身인 퍼킨스사 때부터로, 이 회사의 경영자들은 이 무렵 아편 무역을 하지 않기로 협의를 했지만 1820년대 초에 로버트 포브스 선장을 내세워 링딩섬에서 아편 무역을 하였다.[62)] 러셀사가 설립된 이후에는 독자적인 선단을 구축하고 노선을 확보하여 대규모의 거래를 하였다. 1830년대 중반에 러셀사의 로즈Rose 호는 북동 연해까지 진출하여 아편을 팔았다.[63)] 그러나 러셀사의 아편 무역은 국내 여론의 비난과 아편 무역을 반대하는 선교사들의 강력한 저항에 부닥치게 되었다. 일반적으로 개항 항구에서는 저명한 외국 상인이 영사 업무를 겸하는 관례대로 러셀사의 수뇌였던 폴 포브스Paul. S. Forbes가 영사를 겸하였지만, 이 회사가 대규모로 아편을 거래한다는 사실이 밝혀진 1854년부터는 더 이상 이 회사에서 미국 영사가 선임되지 않았다.[64)]

미국의 또 다른 대기업인 오거스틴허드사도 처음부터 아편을 취급하였고, 이후 해운업에도 진출하였다. 1830년대 초, 이 회사는 주로 터키 아편을 취급하다가 곧바로 인도 아편으로 바꾸었다.[65)] 1840년 아편전쟁 동안 영국 자딘매디슨사의 아편 무역은 크게 확장되었다.[66)] 4년 뒤에 범선 돈주앙Don Juan 호를 월세 1,000달러에 빌려 동해 연안에서 286 상자의 질 좋은 인도 아편 백피토白皮土를 광저우의 750달러보다 비싼 820달러에 팔았으며,[67)] 1846년부터 1854년까지 이 회사의 레이디헤이스Lady Hayes 호는 진싱먼에서 아편을 거래하기도 하였다.68) 이처럼 두 회사는 인도 상인의 대리인 또는 독립 상인의 자격으로 약재(아편)의 판매, 저장, 전매 등을 취급하였다.69)

1834년 이후의 자유 무역상

1834년 동인도회사의 독점이 폐지된 이후 모든 외국 상인들이 대외 무역에서 완전한 자유를 누리게 됨에 따라 광저우의 상업은 많은 발전을 하였다.70) 차의 수출은 1832년 4,475만 8,481파운드에서 5년 뒤에는 5,901만 3,058파운드로 증가하였으며, 생사의 선적량은 1830~1833년에 매년 2만 1,727포대에서 1837년에는 4만 9,988포대로 늘어났다. 아편의 수입도 1832년 1,300만 달러에서 1837년에는 2,000만 달러로 증가하는 등 1831~1837년의 수출과 수입이 모두 상당한 규모로 성장하였다[표 1].

〔표 1〕 광저우 무역의 성장(1831~1837년) (단위 ; 멕시코 은화)

	연 도	영 국	미 국	합 계
수 입	1831~1832	20,520,027	238,685	22,903,712
수 입	1836~1837	34,435,622	321,4726	37,650,348
증 가		13,915,595	831,041	14,746,636
수 출	1831~1832	13,216,483	5,999,732	19,216,215
수 출	1836~1837	25,339,284	9,527,139	34,866,424
증 가		12,122,801	3,527,407	15,650,208

자료 : Morse, 『Conflict』, 168쪽.

〔표 2〕 광저우의 외국 상인 증가

	동인도회사a	영국 자유 상인	합계	미국 상인	기타	상인 총수	회사 수
1826	20	5	25	19	32	76	1
1831	20	12	32	21	30	83	6
1837	0	158	158	44	11	213	18

자료 : Morse, 『Conflict』, 제4권, 128~254쪽. 『Chinese Repository』, 제5권, 426쪽. a ; 영국동인도회사와 관련 있는 상인.

또 앞의 [표 2]에서 보듯이 1834년 이후 광저우에서 활동한 외국 '자유' 상인들의 수도 빠르게 증가하였다. 동방에서 역동적인 힘을 가진 세력으로 떠오른 산상들은 영국의 동인도회사 대신 새로운 기회를 찾아 장밋빛 미래를 꿈꾸면서 반쪽의 자유에 만족하지 않았다. 사실상 중국에서 자유 무역에 대한 이러한 열망이 결국 1834년에 동인도회사의 '독점'을 폐지하게 할 수 있었으며, 이것이 1839~1842년의 아편전쟁도 촉발시켰다고 할 수 있을 것이다.

1820년대는 무역 자유화로 가는 중요한 시기였다. 이 시기에 영국인과 미국인들은 대 중국 무역을 위한 강력한 경제 기구를 설립하였고, 맨체스터의 제조상들은 더 자유로운 무역을 위해 긴밀하게 움직였다. 중국에서는 광저우 시스템을 적절하게 이용하는 포호 외에 서양 상인들이 빠르게 증가함에 따라 회사의 매판買辦이 성장하게 되었다. 구식의 선박 매판(외국 선박에게 양식과 잡화를 제공하는 상인)에 비해 회사 매판은 서양 대리상의 중국인 재무 총관財務總管과 사무 보조 역할을 하였다. 이들은 주어진 재량에 따라 자신이 직접 직원을 고용함으로써[71] 1842년 '조약 시스템'이 형성되기 이전에 광저우의 자유 무역을 발전시키는 데 중요한 역할을 하였다.

사실상 중국의 연해 무역은 이미 상당히 자유로웠지만 그 배후에는 다음과 같은 기본적인 사실이 전제되었다. 즉, 18세기 후반 이후로 영국인의 차와 중국인의 아편에 대한 수요는 급격한 성장을 보였지만, 이러한 경제 성장은 중국의 금융 제도가 개선되어 신용에 의한 메커니즘이 더욱 세밀하게 완비되지 않는 한 꾸준히 지속될 수 없었다는 점이다.

제3장 새로운 화폐

18세기 중국과 서양에서는 경제 발전으로 인해[1] 과거 어느 때보다도 광범위하게 화폐가 필요하였지만, 중국은 청대 중엽까지 여전히 효율적인 교환 수단이 부족하였다. 백은(주로 은덩어리나 말굽의 형태로 사용)과 동전(네모난 구멍이 있는 원형의 금속)을 사용하는 복본위 제도複本位制度는 많은 결함을 지니고 있었다.

첫째, 화폐의 수량은 두 금속의 생산량에 따라 결정되는데, 정부가 이를 효과적으로 통제하지 못함으로써 화폐가 유통 수단임에도 불구하고 시장의 수요에 따라 원활하게 공급되지 못하는, 사실상 불완전한 제도였다. 둘째, 두 화폐 사이의 (이상적인) 관계는 정부가 은 1냥兩에 동전 1000문文이라고 고시하였지만, 실제 시장에서는 변동이 너무 커서 언제나 거래상의 위험과 불안을 안고 있었다. 셋째, 전통적으로 복본위 제도는 일관성이 결여되어 있었다. 백은은 표준화된 규격 없이 덩어리로 유통되어 가치가 중량과 색깔로 정해졌다. 나중에는 화폐를 교환해 주는 사람의 감정鑑定에 의해 표준이 결정되었지만, 이 역시 감정자의 표준이 일정하지 않았다. 따라서 화폐의 중량과 색깔에 따라 수백 가지의 계산 방법이 나타났다. 같은 이유로 동전은 여러 종류의 금속으로 주조되었고, 중량과 질량은 더욱 각양각색이었다. 금융계에서는 서로 다른 은과 동전이 사용되었고 서로 간에 교환율도 천양지차였다. 또 많은 양의 화폐가 필요할 때, 이 두 화폐는 모두 불편하고 운반 비용 또한 만만치 않았다.2) 결국 은화와 지폐 그리고 특수한 상품 등 세 가지 새로운 형식의 화폐가 도입되어, 연해부터 내륙까지 점차 광범위하게 사용되었다.

은화銀貨의 도입

스페인 은화는 16세기에 중국에 들어왔지만, 녹여서 백은으로 만들지 않고(저장하거나 보석으로 지니기에 편리한) 중량에 따라 유통되었다. 18세기 후반에 이르러 서양에서 차를 마시는 습관이 보편화되자 은화의 수입도 크게 증가하였다. 중국의 각 금융 분야에서 금속 화폐가 반드시 은덩어리보다 편리한 것은 아니었지만, 중국의 복잡한 복본위 제도에 비해 수입 은화는 형태와 중량, 색깔 등에서 이미 상당히 표준화되어 있었으므로 전통적인 교환 수단으로 사용되던 은괴나 은 조각보다 편리하다고 여겼기 때문이다. 19세기에 은전銀錢이 광범위하게 사용되어 은덩어리를 대신하게 되었고, 작은 단위의 거래에서도 계산 단위의 은량銀兩을 대체하게 되었다. 중국에서는 많은 종류의 은화가 유통되었지만, 1850년대 중엽 이전에는 스페인 은화와 멕시코 은화가 표준 화폐로 간주되었다.

스페인 은화

16~17세기에 유럽은 아메리카 지역에서 많은 금·은을 얻어 황금

은 보유하고 백은은 다시 아시아로 수출하였다. 스페인 은화는 중국인들이 '번양(本洋 ; 표준 은화)'이라고 일컬었던 것으로서, 1565년 스페인에게 정복된 필리핀 군도를 통해 16세기 후반에 중국으로 유입되었다. 이때 사용된 금속 화폐는 페세타peseta로서 8개가 한 조로 이루어진 것이었다.3) 마닐라와 중국의 남부 지방 사이에서 생사 무역 등이 활발하게 이루어지자 무역의 규모도 크게 확대되었다.4) 17∼18세기 초에 유럽은 아시아와 무역 역조 상태에 놓여 있었다. 네덜란드와 영국 등 유럽 무역상들이 대량으로 생사와 차 그리고 중국의 예술적 품격이 담긴 칠기나 자기 등을 구매함으로써 더 많은 스페인 은화가 인도와 동인도를 통해 중국으로 유입되었다.5) 18세기에 스페인 은화는 광둥성과 푸젠성에서 이미 보편적인 교환 수단으로 사용되었다. 이후 유통 범위는 저장성(浙江省)과 장쑤성(江蘇省) 등 북쪽 지방으로까지 확대되었으며, 얼마 뒤에는 카를로스Carlos 은화(스페인 은화의 일종으로 1759∼1788년 카를로스 3세 때와 1788∼1808년 카를로스 4세 때 주조됨)도 대량으로 유입되어 1853년 이전까지 광저우에서, 또 1857년 이전까지 상하이에서 표준 화폐로 사용되었다. 1840년대 초에 스페인은 이러한 금속 화폐의 주조를 중단하였지만 중국인들은 이를 저장하여 사용하다가, 1850년대 이후에야 비로소 멕시코 은화로 대체되었다.6)

스페인 은화는 최초로 중국에 수입된 이후 일정한 중량과 우수한 품질이 인정되어7) 18세기 후반까지 광둥성과 장쑤성 연해에서 널리 사용되었다.8) 19세기 초의 25년 동안 카를로스 은화는 '광저우에서 대외 무역에 사용되는 기본 화폐'로 통용되었고,9) 연해의 각 성省과 연해에 가까운 광시성(廣西省)·구이저우성(貴州省)·장쑤성·저장성·즈리성(直隷省) 등 다른 곳에서도 유통되었다.10) 1830년에는 사용하기 편리하고 일정한 질량 때문에 국내 시장의 신임을 얻어 일부 지역에서는 세금으로 받을 정도였다.11) 많은 영국 상인들이 증명하였듯이 난징조약(南京條

約)이 체결된 뒤로 은화는 국내에서 교환 수단으로 더욱 널리 사용되었다.12)

1850년대에는 카를로스 은화와 멕시코 은화가 같이 유통되었지만 상인들은 전자를 더 선호하였다.13) 유명한 미국 상인 허드 주니어A. Heard, Jr.도 조약 시스템 하에서 처음 20년 동안 카를로스 은화가 상하이와 내륙 지방의 향촌에까지 유통되었음을 지적한 바 있으며,14) 정부에서도 세금을 은화로 징수하자 저장성 일대에서는 더욱 널리 사용되었다.15)

상하이에서도 카를로스 은화가 통용되었으며, 외국 상인들은 이를 더욱 선호하였다. 1856년 8월 11일 자딘매디슨사의 알렉산더 퍼시벌 Alexander Perceval은 "스미스케네디사(Smith Kennedy & Co.)는 은화로만 결제한다"고 하였으며, 심지어 길먼사(Gilman Bowman & Co.)까지도 은화만 고집하여 중국 상인들이 이 회사를 '편애'하기까지 하였다.16) 상하이 이외에도 남쪽 지방에서 프리미엄까지 붙는 현상이 나타나자 은화는 수시로 상하이에서 광저우로 운송되었다.17)

18세기에 카를로스 은화가 보편화되자, 광저우에서는 태환할 때 은화의 백은 함량보다도 높은 프리미엄을 지불해야 하는 일이 관례화되었다. 1815년에도 마찬가지여서, 동인도회사의 자료에 따르면 말굽은의 가격이 은화보다 7~8%나 낮다고 하였다. 일반적으로 말굽은은 그 순도가 은화보다 8% 높다고 알려져 있는데, 만약 사람들이 광저우에서 말굽은을 구입하여 캘커타로 가지고 가서 팔면 말굽은과 은화 사이에는 15~16%의 차익이 발생하는 것이다.18) 실제로, 은화를 중량이 아닌 수량으로 계산할 경우 말굽은을 수출해서 은화와 교환하는 효과가 있었다. 도광제道光帝는 말굽은의 유출을 방지하기 위해 1829년에 은화 수입을 금지하고, 물가는 은화의 수량이 아닌 중량과 색깔로 계산한다고 선포하였지만,19) 감정을 거치지 않은 은화가 은 함량의 가치보다 높은 가격으로 통용되는 일이 계속되었다.

카를로스 은화는 내륙에서도 높은 프리미엄을 받았다. 중국 중부의 생사 상인들은 카를로스 은화의 가치를 10~15% 높게 평가하였다.

거래가 성행할 때인 1830년대에 러셀사는 30%의 프리미엄을 받고 한 행상에게 6만 달러어치를 판매하였고,[20] 이러한 상황은 이후로도 몇 십 년 동안이나 계속되었다. 19세기 초에는 감정을 받지 않은 약 40만 개의 카를로스 은화가 안후이성(安徽省) 우후(蕪湖) 지역에서 유통되기도 하였다.[21]

은화의 프리미엄은 대부분 행상이 미국 무역 상인을 편애한 데에서 생긴 것인데, 이는 미국에서 주로 수입한 물품이 스페인과 멕시코, 남아메리카의 은화였기 때문이다. 우빙젠(伍秉鑒)이라는 이름의 원로 행상 호관浩官은 때때로 보스턴의 존 쿠싱의 위탁으로 카를로스 은화를 팔았다.[22] 은화와 동전의 교환율은 다음의 수치가 가리키는 것처럼 카를로스 은화의 가치 상승을 증명해 준다.[23]

날 짜	은화 1달러에 대한 동전의 태환 가격
1851. 1. 4	1,320
1851. 5. 9	1,470
1851. 9. 19	1,500
1852. 3. 26	1,520
1852. 5. 14	1,500
1855. 4. 7	1,800
1855. 6. 1	1,859
1855. 6. 27	1,900

바꿔 말하면, 1851년부터 1855년 6월까지 은화는 동전에 비해 가격이 44% 상승한 것이었다.

카를로스 은화의 유행은 외환율의 변동에서도 볼 수 있다. 카를로스 은화 한 개의 내재 가치는 4실링 2펜스였는데, 1852년 말에 수출상들은 런던 시장의 6개월 만기 어음으로 4실링 6펜스에서 4실링 10펜스까지 구입함으로써 8~16%의 프리미엄을 얻을 수 있었다. 이 때가 평화로운 시기여서 적당한 한도를 유지했다는 점이 인상적이다. 왜냐 하면 전쟁 중이나 화폐가 부족할 때에는 높은 프리미엄을 각오해야 하기 때문이다. 예를 들면, 상하이가 태평천국군太平天國軍과 소도회小刀會의 소요로 1853년부터 1856년까지 전란에 휩싸였을 때, 이 지역의 태환율은 6실링에서 7실링 9펜스까지 파동쳤으며 내재 가치보다 44~86%나 높게 유통되었다.[24] 멕시코 은화는 1850년대 중반 이전까지 중국 남쪽 지방에서 상당한 위치를 차지하고 있었지만, 카를로스 은화가 여전히 멕시코 은화보다 광범위하게 유통되었다. 두 화폐의 내재 가치가 같더라도(416 그레인grain, 순도 .900), 카를로스 은화가 더 높은 가격을 받았다. 1856년 9월 15일에 상하이에서 카를로스 은화 1달러는 7실링 9펜스에 거래되었지만, 같은 해 9월 27일 광저우에서 멕시코 은화 1달러는 겨우 4실링 11펜스에 거래되었다.[25]

카를로스 은화가 부족하여 태환할 때 프리미엄이 계속 상승하였기 때문에, 1857년 봄 상하이에서는 은화 대신 은량銀兩이 표준 계산 단위로 사용되기도 하였다. 1863년에 카를로스 은화는 이미 '은량의 비율에 따라 계산'하였지만, 거래할 때 사용하기 편리하고 내륙으로 갈 때 휴대하기도 간편해서 프리미엄이 계속 존재하였으며, 때로는 실제 은의 함유 가치보다도 15% 이상이나 높은 가격으로 거래되었다.[26]

멕시코 은화

1821년에 스페인으로부터 독립한 멕시코는 1824년부터 은화를 주조하기 시작하였다. 이 은화는 표면에 독수리 무늬가 새겨져 있어 중국에서는 '잉양(鷹洋)'이라고 하였는데, 1850년대 이후 수량면에서 이미 스페인 은화를 추월하였다.27) 홍콩에서는 1842년에 이미 표준 화폐가 되었으나, 중국 본토에서는 아직 완전하게 받아들여지지 않았다. 미국 상인 허드 주니어는 조약 시스템 기간의 처음 10년 동안 "멕시코 은화는 아주 완만한 속도로 그리고 주로 염가로 사용되었다"고 하였다.28) 1853년 이후 멕시코 은화는 광저우에서 스페인 은화 대신 표준 화폐로 인정되었고, 연해 지역에서도 광범위하게 사용됨으로써 스페인 은화보다 가치도 상승하였다.29)

1863년, 홍콩 총독 헤라클레스 로빈슨Hercules Robinson은 멕시코 은화가 홍콩의 유일한 법정 화폐로서 광저우와 상하이에서도 널리 유통되고 있다고 지적하면서 "중국 중부의 생사 생산지에서는 오로지 멕시코 은화로만 결제되고 프리미엄도 아주 높다"고 하였다.30) 미국의 선교사이자 외교관인 웰스 윌리엄스S. Wells Williams도 현지를 돌아본 뒤에 같은 의견을 나타내었다. 1863년 상하이에서는 "이전에는 카를로스 은화를 선호하여 흠 없이 깨끗한 멕시코 은화를 푸대접하였지만, 지금은 멕시코 은화가 오히려 더 높은 가격을 받는다"31)는 기록이 있다. 또 저장성 등 연해 지역에서는 세금으로도 징수하였다.32)

생사와 차의 생산지에서 멕시코 은화가 보편적으로 사용됨으로써 개항 항구의 중국 및 서양 상인들은 말굽은으로 은화를 구입한 뒤 내륙에 가서 다시 물건을 구매해야 했다. 자딘매디슨사 상하이 지사의 존슨F. B. Johnson은 1868년 3월 중국 상인 아친(阿欽)에게 대출해 주면서 "1만 냥을 은화로 바꿔 무양향(穆洋鄉)에 가서 아리(阿李)에게 닝저우궁푸차(寧州工夫茶)를 구입하도록" 하였는데, 이는 "내륙이 양쯔강(揚子江) 유역의 항구보다 동전이 싸기" 때문이었다.33) 생사 구입에 관련된 다른 기록에 따르면 존슨은 1869년 생산지의 생사 가격이 "멕시코 은화에 따라 결정된다"고 언급하였다.34)

1870년대 이후에는 내륙에서 면화를 구입할 때에도 멕시코 은화를 사용하였다. 이 화폐들이 내륙에서 유용하게 사용되자, 개항 항구의 상인들은 생사·차·면화가 판매되기 이전에 값이 오를 것을 예상하여 대량으로 투기성 매입을 함으로써[35] 정치적으로 혼란한 시기에도 막대한 이익을 취하였다.[36] 1887년 멕시코 은화는 개항 항구뿐 아니라 광둥·광시·푸젠·타이완·산둥·즈리 등지와 같은 연해 지역과 동북 지방 등 내륙에서도 널리 사용되었고,[37] 19세기 말에 매매가 활발했던 내륙 지역에서는 더욱 환영을 받았다.[38]

따라서 멕시코 은화도 카를로스 은화처럼 프리미엄이 형성되었다. 1850년대 초, 멕시코 은화가 광저우에서 표준 화폐가 됨으로써[39] 카를로스 은화와 거의 동등한 가치를 유지하였고, 1850년대 후반과 1860년대 초에 태평천국군이 기승을 부리자 사람들은 함량보다 높은 프리미엄을 주고 멕시코 은화를 구입하였다.[40] 멕시코 은화의 프리미엄은 남부 지방이 양쯔강 유역보다 높았으므로, 자딘매디슨사의 댈러스A. G. Dallas는 이 차액을 노리고 상하이에서 구입하여 광저우나 홍콩으로 가서 되팔기도 하였다.[41] 1860년대 중반 이후에 서양 무역상들이 일본 요코하마(橫浜)에서 생사를 구입할 때 멕시코 은화를 사용함에 따라 중국에서는 공급 부족 현상이 나타났다. 일본에서 생긴 새로운 유통 과정은 중국의 은화와 말굽은의 가격 형성에 영향을 미치게 되었으며, 이는 멕시코 은화에 유리한 작용을 하였다.[42]

그 밖의 은화

19세기에 중국에서 주로 사용된 화폐는 멕시코 은화와 카를로스 은화였지만, 다른 은화들도 다양한 경로로 중국에 유입되었다. 홍콩 은화도 그 가운데 하나인데, 이는 홍콩 총독 로빈슨이 홍콩에 조폐창造幣廠을 설립할 것을 제안한 뒤, 1863년 영국 왕실의 승낙하에 만들어지게 되었다. 홍콩의 조폐창에서 1866년 5월 1일부터 은화를 주조하기 시작한 이후, 막대한 비용 때문에 1868년에 문을 닫기 전까지 2년 동안 약 200만 개의 은화를 주조하였다.43) 나중에 일본인들이 이 기계 설비를 6만 달러에 구입하여 오사카(大阪)에 조폐창을 세웠다. 그리고 이 곳에서 일본 은화가 주조되어 중국 연해와 홍콩 및 동남아시아 등지에서 유통되었다. 1871년부터 1897년까지 이 조폐창에서 1억 6,500만 개 이상의 일본 은화가 주조되었고, 그 가운데 1억 1,000만 개 이상이 외국으로 보내졌다.44)

멕시코 공화국은 1868년에 멕시코 은화의 도안을 바꾸었다. 이 새로운 은화는 1872년 상하이에서 구화폐보다 함량이 1.5% 높은 것으로 공식 감정되었고,45) 1875년 말에 중국 세관은 새로운 멕시코 은화로 관세를 납부할 수 있도록 허가하였다.46)

1885년에는 사이공 은화(piastre de commerce)가 발행되어 이후 10년 동안 1,300만 개가 주조되었다. 그러나 이 은화는 너무 무거워서(420그레인, 순은 378그레인 함유) 보관용으로 쓰이거나 용해시켜 사용하는 것 이외에는 그다지 중요한 작용을 하지 못하다가 1895년에 중량을 줄이기도 하였다.47)

사이공 은화에 비해 미국의 무역 은화(trade doller)는 중국 연해 경제에서 중요한 작용을 하였다. 이 은화는 미국 내의 수요를 충당하고 남는 백은을 활용해 보자는 의도로 1873년 의회의 승인을 받아 만들어진 것으로서, 중량과 만듦새가 뛰어나 멕시코 은화보다 경쟁력이 있었다. 처음에는 중국으로 운반하는 비용을 멕시코 정부가 징수한 백은 수출 관세 8%에서 남은 금액으로 충당하려고 하였다. 1876년 의회에 보고된 바에 따르면, 이 은화는 미국 내에서 사용하는 법정 화폐가 아니라 단지 수출을 위해 발행한 것이었으며, 샌프란시스코의 조폐창에서 하루에 약 2만 개를 주조하였다. 비록 이 은화의 궁극적인 용도는 측정하기 어렵지만 상당한 수량이 중국 연해로 운반되었고, 그 곳에서 환영받았다는 점만은 분명하다. 이 화폐는 상당한 프리미엄을 지니면서 때로는 멕시코 은화보다 높은 가격으로 통용되기도 하였으며, 정식 감정을 거친 뒤에 중국 정부의 승인을 얻었다. 광둥성·광시성·푸젠성·저장성 당국은 1870년대 중반 이후 이 화폐의 위조를 금지하였다. 이 화폐는 미국 내의 반대 여론으로 1887년에 주조가 중단되었고, 중국에 남아 있던 분량도 오래지 않아 모두 용해됨으로써 19세기 말 이전에 자취를 감추었다.48)

외국 은화 이외에 개항 항구에서는 각종 외국 화폐들도 통용되었다. 1843년 샤먼에서는 영국의 실링과 6펜스짜리 동전이 중량에 따라 유통되었다. 1868년 1실링은 멕시코 은화 25센트로 계산되었고, 홍콩의 10센트짜리 동전은 8~9개가 은화 1개와 거래되었으며, 1프랑은 20센트에 매입하여 25센트에 팔렸다.49)

18세기 말 이후에 무역이 발달하자 중국도 자체적으로 은화를 주조하였다. 내륙에서 주조된 것도 있지만 대부분은 연해 지역에서 주로 외국 은화를 모방하여 활발하게 주조되었다. 이러한 은화들이 1830년대 이후 광둥성·푸젠성·저장성·장쑤성 등지에서 대량으로 제조되어 유통되자,50) 1890년대에 영국·네덜란드·일본의 베이징 주재 공사들이 총리아문總理衙門에 중국에서 주조한 모방 화폐들이 자국이나 식민지 등지로 수출된다고 항의하였고, 이에 따라 1896년에 세관이 새로운 규정을 만들어 주조를 금지하였다.51)

중국 관청에서도 은화를 주조하였다. 린쩌쉬(林則徐)가 장시성(江西省) 순무巡撫로 재직할 때(1832~1837)52) 중량이 비교적 무거운 은화를 주조하였고, 푸젠성에서도 도광道光 연간(1821~1850)에 은화를 주조하였다. 연해 지역, 특히 타이완(臺灣)에서도 1827년과 1845년, 1853년에 비슷한 화폐를 주조하였다. 또 1878년 원저우(溫州) 세관은 타이저우(臺州)와 원

저우에서 은화를 주조하였으며, 원저우 은화를 세금으로 받을 준비도
되어 있었지만, 초기의 관청 은화는 수량도 많지 않고 신뢰도도 떨어졌
으므로 외국 은화보다는 낮은 가격으로 유통되었다.[53]

근대식 기계를 이용하여 중국 은화를 대규모로 주조한 것은 광둥성
에서 시작되었다. 량광[兩廣 ; 광둥성과 광시성] 총독總督 장즈둥(張之洞)은
1887년 광저우에 조폐창을 건립하고 황제의 허락을 받아 1889년부터
발행하기 시작하였다. 이 조폐창에서는 매일 200만 개를 주조하였으며,
하루에 은화 10만 개를 생산할 능력을 갖춘 당시 세계 최대의 조폐창
가운데 하나였다. 조폐창의 뛰어난 성과를 바탕으로 광저우 은화는 곧
관세로 납부할 수 있는 법정 화폐로 인정되었다. 은화 이외에 이 곳에
서 주조된 4종류의 보조 화폐도 연해 지역에서 적절하게 사용되었다.[54]

계산 단위로서의 은화

중국에서 은화는 교환 수단으로 광범위하게 사용되었을 뿐 아니라
은량과의 경쟁에서도 점차 계산 단위로서 확고한 위치를 차지하게 되
었다. 중국의 계산 단위는 은량으로서, 은화는 여러 화폐들 가운데 하나
일 뿐이었다. 물론 소규모 거래에서는 은화(元 ; 위안)로 계산하지만 파
는 사람은 반드시 태환의 위험성을 고려해야만 했다. 규모가 큰 거래는
일반적으로 은량으로 계산하고, 은화는 그 날의 태환율에 의해서만 거
래되었다. 이런 제도 아래 은화는 일반적으로 사용되는 화폐이면서도
신문과 은행에서 고시하는 시장 태환율에 따라야 했으므로 단지 말굽
은의 보조 역할에 머물렀다. 그러나 은화는 결코 단순한 보조 화폐가
아니라, 임의 결정이나 금속 함량에 따라 부분적으로 은량의 가치를 지
니고 있었기 때문에 지불 수단으로서 말굽은보다 더 환영받았고, 중국
의 화폐 제도에서 중요한 역할을 수행하였다.

청대 말기, 연해 지역에는 몇 종류의 은화 계산 단위가 있었다. 가장

간단한 계산 단위는 표준 은화로서 표준 화폐의 표면 가치로 계산하는 것이었는데, 이는 수량이 풍부하여 정상 화폐로 간주되었다. 그러나 표준 은화의 수량이 부족해지고 많이 유통되지 않아 화폐로서의 기능을 이행할 수 없을 때에는 가상 은화제假想銀貨制가 발달하기도 하였다. 1857년 직전의 상하이가 바로 그러했는데, 이는 극단적인 경우로서 말굽은이 부족하자 은화가 유일한 백은 화폐로 통용되었다. 정상적으로 계산한 은량이 순수한 가상 화폐가 됨에 따라 태환을 포함한 모든 결제가 백은으로 이루어졌다. 다만 소규모 거래에서만 일상적으로 은화를 계산 단위로 하여 가격을 표시하였다.55)

개항 항구에서는 은화를 계산 단위로 하여 지역간 결제도 가능하였고, 내륙에서는 생사와 차를 구입할 수도 있었다. 따라서 개항 항구에서 생사와 차의 판매가 절정기에 이르렀을 때 은화에 높은 프리미엄이 형성되었으며 남부 지방, 특히 연해 지역에서 널리 통용되었다.56) 화난(華南) 지역의 어떤 도시에서는 은화 공급이 충분하여 계산 단위로 사용되었고, 화폐로 사용되던 말굽은도 은화의 가격으로 계산하기도 하였다. 그 밖에 은량으로 가격을 표시하는 지역에서는 금속 화폐의 수급 변동에 따른 가격 변화에 맞추어 은화로 결제하면 되었다.

한 연구에 따르면 쑤저우에서는 1780년대부터 상품 가격이 차츰 은량이 아닌 은화로 표시되기 시작하였다고 한다. 푸젠성 연해에서는 1789년 푸젠성·저장성 총독(閩浙總督)의 상소에 의해 화물 운송 비용도 은화로 계산하였으며, 1828년 바오스천(包世臣)은 장쑤성과 저장성 지방의 무역이 모두 이와 비슷한 방식으로 진행된다고 보고하였다.57) 1842년 난징조약이 체결된 뒤로 이 방법은 더욱 보편화되었다. 1846년에 덴트사의 조지 브레인George T. Braine이 연해 지역의 아편과 생사 무역에 대해 언급하면서, "은화는 현금과 실물 등 모든 교역에서 가치를 확정하는 수단으로 인정되었다"고 말한 것이 좋은 예이다.58) 또 다른 영국 관리는 은화를 액면가로 하는 전장錢莊의 수표가 1845년 푸저우에서 "자유롭게 통용되었다"고 하였다.『노스차이나헤럴드*North China Herald*』(약칭 NCH, 중국 명칭은『北華捷報』)는 1856년에 같은 이유로 상하이에서 유통되는 은표銀票의 대부분이 은화로 표시되고 있으며, 또 상하이에서 대규모 거래는 여전히 전통적인 은량으로 계산하지만 대부분의 소매상들은 이미 은화를 계산 단위로 사용한다고 보도하였다.[59]

19세기 중엽에 은화가 상업 이외의 부문에서도 중요한 계산 단위였음을 명백하게 증명하는 사실은, 광둥성에서 장쑤성에 이르는 연해 지역의 각 성에서 하급 관리와 군인들의 월급 및 세금을 은화로 지불하였다는 점이다. 이러한 목적으로 은화를 액면가로 하는 지폐가 19세기 후반에 각 성의 관은전국官銀錢局에서 발행되었고, 1906년에는 호부은행戶部銀行에서도 발행되었다.[60] 그러나 은량은 여전히 중국 대부분의 지역에서 지배적인 계산 단위의 위치를 차지하고 있었고, 한 세기가 지나도록 은량과 은화가 서로 계산 단위가 되기 위해 쟁탈전을 벌였다. 1910년 5월 27일 황제는 교지를 내려 은량을 관청의 계산 단위로 하는 것을 폐지하는 동시에 무게 0.72 쿠핑량庫平兩과 순도 .900인 은화를 채택하는 은본위제를 선포하였고,[61] 그 해 관청의『재정설명서財政說明書』도 은화를 계산 단위로 사용하여 작성되었다.[62] 따라서 1911년부터는 모든 정부 예산 서류가 은화를 계산 단위로 하여 작성되었다.[63]

지폐와 은행 수표(어음)의 사용

지폐는 중국에서 오랜 역사를 가지고 있지만 수량과 유통량은 극히 제한적이어서 13세기 이후부터 급격히 쇠퇴하였고, 16세기 이후에는 사실상 유통되지 않았다.[64] 그러나 19세기에 들어와 다시 유행하기 시작하여 청대의 화폐 제도에서 중요한 위치를 차지하게 되었다. 정부가 오랫동안 지폐를 독점해 왔던 것과는 대조적으로 19세기에는 민간의 전장과 상점에서 은표를 발행하여 지폐 및 동전과 함께 사용하였다.

청대 초기는 중국 화폐 제도에서 복본위 제도가 정점에 이른 시기로서 은량과 동전이 같이 유통되었지만, 지폐는 사용되지 않았다. 새 왕조인 만주족 정권은 1651년부터 1661년까지의 10년 동안 아주 적은 양의 지폐를 발행한 바 있다.[65] 19세기 초에 개인 상점들이 은표를 발행하여 널리 사용되자, 전통적인 복본위 제도는 정부의 참여 없이 백은과 동전, 지폐가 혼재하는 형식으로 바뀌어 갔다. 외국 회사와 은행이 지폐의 유통에 중요한 역할을 하였지만, 근대식 은행은 1897년이 되어서야 비로소 탄생하였다.

중국 사표私票

사표란 중국의 개인 영업소에서 발행한 지폐를 말한다. 18세기 말부터 19세기 초에 주로 전장과 전당포, 오래된 잡화점에서 '은표' 또는 '전표錢票'라는 이름으로 발행되어 백은과 동전 대신 널리 사용되었다. 재미있는 사실은 청 정부가 1853년에 지폐를 발행하면서 '은표'와 '전표'라는, 개인 영업소에서 발행한 지폐와 동일한 명칭을 사용했다는 점이다.

공공 경제 부문과 달리 사표는 중국의 상업 혁명에 결정적인 작용을 하였다. 청 정부에서 발행한 지폐는 일반인들이 반기지 않아 오히려 사표가 중국 근대 화폐 제도에서 중요한 역할을 하였던 것이다. 특히 군사적으로 비상 시기마다 중앙 정부에서 지폐를 발행했지만 수명이 짧았고, 19세기 후반에 들어 여러 성의 관영 은전호官營銀錢號에서 태환한 지폐도 사표와 비교하면 그 수량이 아주 미미하였다. 1899년에야 비로소 정부가 설립한 근대식 은행에서 지폐를 발행하였다.[66]

중국에서 지폐가 사용된 기원은 근대 초기 유럽의 상황과 크게 다르지 않다. 처음에 지폐는 창고 보관증처럼 전장이나 전포錢鋪에서 손님들의 백은이나 동전을 보관하면서 발행한 영수증이었다. 전포에서는 재물을 보관하다가 손님이 영수증을 가져오면 내주었는데, 이 영수증이 시장에 유통되어 무거운 화폐보다 훨씬 원활하게 사용되었다. 은표와 전표는 전포에서 충분한 지급 준비금을 가지고 있는 한 안전했기 때문에 무겁고 부피가 큰 화폐보다 편리하게 사용할 수 있었다. 전포 주인은 단지 자금의 일부분만 있으면 손님의 요구에 응할 수 있으며, 나머지는 안전하게 빌려 주고 이자를 벌 수 있다는 사실을 알게 되었다. 그래서 많은 전장과 점포들은 보관하고 있는 영수증들을 한꺼번에 태환하지 않는다는 전제하에 지폐를 발행하여 수요에 응하게 되었다. 이러한 지폐들은 신용 어음이 되어 일부는 일종의 약속 어음의 성격을 띠기도 하였으며, 정기 예금과 같은 구실을 하였다.67)

개인이 발행한 지폐, 특히 전표는 18세기 말에 이미 사용되었지만, 19세기 초까지만 해도 널리 유통되지 않았다. 일반적으로 북방에서는 전표가 많이 사용되고, 남방에서는 은표가 중요한 위치를 차지하였다. 베이징에서는 1810년에 전표가 이미 보편화되었으며, 1852년에는 징청 전장(京城錢庄)의 전표가 500전 이상의 거래에서 사용되기도 하였다. 1820년대에 산시성(山西省)과 산시성(陝西省)의 견실한 사업가들이 발행한 지폐는 20~30년 동안이나 유통되었지만, 단 한 푼의 동전도 태환할 필요가 없을 정도였다. 그러나 쓰촨성(四川省)에서는 사표가 남발되어 총독이 중앙 정부에 유통 금지를 건의하기도 하였다.68)

남동 지역의 연해 무역에서는 사표가 더 널리 사용되었다. 1841년 상하이에서는 콩·보리·면·포 등이 모두 은표로 거래되었다. 당시의 영국 관리들에 따르면 1845년 푸저우에 있는 약 100개의 전장에서 세 종류의 지폐, 곧 전표·은표·은원표銀元票가 모두 자유롭게 유통되었다고 한다. 사실상 지폐가 보편적으로 사용된 것은 금속 화폐를 태환할 때 붙는 프리미엄 때문이었다.69) 1853년의 총독 보고서에 따르면, 푸젠 성에서 상업적인 거래를 할 때 말굽은과 제전制錢, 전표가 함께 사용되 었지만 "최근 몇 년 사이에는 십중팔구가 전표를 사용한다"고 하는 내 용이 이러한 상황을 뒷받침해 준다.70) 동시에 서양 무역상들도 전장의 수표를 지불 수단으로 이용하였다. 예를 들면 1859년 데이비드새순사 (David Sasoon & Co.)는 이 지폐로 황금을 구입하였으며,71) 1862년에 한 외국 보험 회사는 보험료로 받기도 하였다.72)

1860년대에는 여러 지역에서 개인이 발행한 지폐가 널리 사용되었다. 실제로 견실한 전장에서 발행한 지폐는 잘 유통되어 태환할 때 프리미 엄을 얻기도 하였다.73) 발행한 지폐의 준비금이 모두 사용되는 것도 아 니어서 발행 기관의 대출 능력은 더욱 증대되었으며, 이에 따라 전장은 항상 이익을 남길 수 있었다. 이러한 현상에 대해 19세기 중엽에 영국 의 어떤 무역상은 "중국인들이 지나치게 많이 전장을 설립하는 경향이 있다"는 말로 우려를 나타내기도 하였다.74)

1860년대 이후 중국의 대외 무역은 빠르게 증가하여 개항 항구의 전 장은 그 숫자와 총 자본금 등에서 모두 괄목할 만한 발전을 하였다. 예 를 들면, 광저우의 전장은 1873년의 68개에서 1930년에는 120개로 증가 하였다. 텐진의 경우에도 1867년에 100개의 표호票號 및 은호銀號가 있 었으며, 그 가운데 40개의 자본금은 1만 냥, 다른 40개는 4,000냥, 나머 지 20개는 더 규모가 작은 2,000냥이었는데,75) 1899년에는 표호 및 은 호가 300개를 넘음으로써 전체 숫자로만 본다면 공전空前의 황금기를 누렸다.76) 한커우(漢口)는 전장이 발전한 또 하나의 개항 항구로서 1870 년대 후반에 약 20개의 산시(山西) 표호와 50개의 전포가 있었는데,77) 이 가운데 40개가 1880년대 초에 대규모의 표호로 발전하였다.78) 개항 항구 가운데 규모가 가장 컸던 상하이는 1858년부터 1903년까지의 45

〔표 3〕 상하이 전장의 수(1858~1911년)

	중국인 거주지		외국인 조계		
	수량	백분율	수량	백분율	총수
1858					120
1873	80	44	103	56	183
1874	30	38	48	62	78
1876	42	40	63	60	105
1883	23	40	35	60	58
1886	31	55	25	45	56
1888	25	40	37	60	62
1903	23	28	59	72	82
1904	26	30	62	70	88
1905	30	29	72	71	102
1906	33	29	80	71	113
1907	35	32	76	68	111
1908	37	32	78	68	115
1909	23	23	77	77	100
1910	17	19	74	81	91
1911	14	27	37	73	51
평균	31.3	33.7	61.7	66.3	94.7

자료 : 『노스차이나헤럴드』, 1858년 6월12일 182쪽. 『上海錢莊』 30쪽, 32쪽, 94쪽. 통계는 저자가 산출한 것임.

년 동안 전장의 평균 자본은 3배, 자본 총액은 4배로 늘어났다. 이들은 대외 무역과 긴밀한 관계를 맺고 절대 다수가 외국 조계租界에 개설되었으며[표 3], 톈진도 이와 비슷한 추세였다.79)

전장들은 정교하고 복잡한 방법을 이용하여 위조 지폐를 방지해야 했다. 그들은 단단한 황동 인쇄판으로 찍은 뒤 붓글씨로 가격과 발행 일자, 위조임를 쉽게 판별할 수 있는 독특한 글자들을 써넣었다. 형태와 크기가 다른 도장에 정교한 조각 등을 새긴 뒤, 붉은색이나 검은색 인

주를 묻혀 곳곳에 찍었으며, 모서리 주변의 여백에는 위조를 방지하기 위한 가장 믿을 수 있는 방법으로서 어음을 유통시키기 직전에 여러 가지 형태의 간단한 글귀를 적어 넣기도 하였다.[80]

서양 지폐

중국에서 활동한 서양 상인들과 은행도 지폐를 발행하여 유통시켰다. 제2장에서 언급했듯이, 19세기 초에 실제로 광저우에서 활동한 모든 대리상들이 은행 업무를 병행하였다. 1848년 이전까지 중국에는 서양과 같은 전문적인 은행이 없었으므로 외국 상인들은 반드시 스스로 금융 업무를 처리해야 했다. 이에 따라 대리상들은 자금을 모으는 일부터 대출과 송금, 그 밖의 각종 태환 업무도 취급했다. 또 이들은 근대 은행들이 취급하는 부수적인 업무, 즉 여행하는 상인들에게 신용장을 개설하여 신탁인이 되거나 재산 집행, 투자 업무까지도 담당하는 은행가이기도 했다. 아편전쟁 중에 영국 관리들이 자딘매디슨사와 금융 거래를 한 것이 좋은 예이다.[81] 어떤 저명한 미국 상인은 훗날 "초기에는 모든 대리상이 바로 자신의 은행이어서 자신의 재력 범위 이외에는 달리 자금을 융통할 수 없었다"고 술회한 바 있다. 그 결과 "많은 자본을 가진 오래된 대리상이 실질적인 독점을 취하였고", 이러한 방식 때문에 미국인은 대 중국 무역에서 국내 은행의 금융 지원에 의존할 필요가 없었다.[82]

조약 시스템 하에서 모든 서양 대리상들은 실제로 어느 정도의 은행 업무를 제공하였다. 예금과 송금은 아주 편리하고 보편화되었으며, 자딘매디슨사는 중국어와 영어로 된 지폐를 발행하여 현지에서 유통시켰다.[83] 주요 회사들이 처음부터 개인 은행 역할을 함으로써 소규모 회사들이 대 중국 무역으로 진입하는 데 뛰어넘기 어려운 장애물이 되었다. 1873년, 러셀사의 에드워드 커닝엄Edward Cunningham(1823~1889)은 다음과 같이 회고하였다.

> 20~25년 전(1848~1853) 한 미국 회사를 포함하여 유명한 회사들은 활발하게 태환 업무를 취급하였다. 그들은 이름 없는 회사와 영국 자본 사이에서 중개 역할을 하였으며, 런던 어음을 사서 배서한 뒤에 돈을 지급하고 이 어음을 다시 영국 돈으로 바꾸기도 하였는데, 이러한 업무 능력은 어떤 영국 은행보다도 뛰어났다.[84]

1842년 이후, 연해 지역에서 경제가 활성화되자 수출입 무역에 필요한 자금을 제공할 전문적인 금융 기구 설립이 추진되었고, 서양 은행들이 개항 항구에서 업무를 개시하였다. 1843년 영국 왕실이 인가한 오리엔탈은행(Oriental Banking Coperation)이 홍콩에 지점을 개설한 이후 1848년 상하이에 지점을 개설함으로써 중국에서 영업을 시작한 첫 번째 외국 은행이 되었다. 뒤를 이어 1854년 인도상업은행(Mercantile Bank of India)과 1857년 차터드은행(Chartered Bank of India, Australia, and China), 1864년과 1865년에 홍콩과 상하이에 후이펑은행(滙豊銀行, Hongkong and Shanghai Banking Coperation) 등이 등장하여 오히려 오리엔탈은행은 왜소해졌다. 1848년부터 1872년까지 12개의 서양 은행이 상하이에 지점을 설립하였다. 한 미국 무역상은 근대적 은행이 설립됨으로써 대 중국 무역의 거래 방식에 중대한 변화가 일어났다고 말했다.

> (1854년 이전에) 중국에는 한 개의 은행밖에 없었고, 그마저 지극히 보수적이어서 실제로 별 영향력이 없었다. 이후 많은 은행들이 새로 등장하였고 — 1864년 상하이에만 12개가 설립되었다 — 이 은행들은 …… 거래에 혁명을 일으키는 가장 효과적인 수단이었다. …… 예컨대, 만약 은행들이 작은 대리상들에게도 (훗날처럼) 도움을 주었다면 푸저우에서 특정 회사가 그토록 오랫동안 (내륙의 차 구매에서) 독점을 유지하지는 못했을 것이다.[85]

서양 은행의 발전으로 대리상들이 담당해 오던 은행 업무는 막대한 타격을 입었다. 1850년대 초부터 오리엔탈은행은 주로 외국환 어음 업무를 담당하였는데, 1852년 어떤 외국 무역상은 "이 은행은 상하이에서 일반인들이 말하는 은행의 역할이나 업무를 제대로 수행하지 못하고 있다. 외국환 어음을 취급하는 딜러 역할은 상인의 업무이지 은행이 해야 할 업무는 아니다"라고 비난하였다.[86] 또 대리상들이 자금을 충당하는 데 중요한 역할을 하던 중국인과 외국인들의 예금은 더 신뢰를 주는 은행으로 옮겨갈 수밖에 없었다. 오거스틴허드사의 경우, 1862년 봄에 7만 달러에 달하는 예금이 빠져나갔다.[87] 그 해 6월에 러셀사의 커닝엄은 이러한 은행들과 경쟁하기 위해서는 회사의 예금 이자율을 연 6%에서 8%로 올려야 한다고 역설하였고, 결국 1865년 짧은 기간에 이자율이 연 12%까지 뛰어올랐다.[88]

중국에서 활동한 서양 은행들은 중국 이외의 지역에서 자본을 모집하거나, 중국 내의 예금 등 몇 군데의 자금줄을 가지고 있었다. 개인들의 자금 이외에도 대다수 은행들은 자국 정부의 국고 대리인을 겸하고 있었고, 대출 담보물에 대한 중국 관세와 염세鹽稅의 관리도 맡고 있었다. 이러한 예금은 엄청난 액수로서, 후이펑은행만 해도 1860년대에는 600만 달러, 1870년대에는 2,200만 달러에 달하였다.[89] 또 지폐도 발행하여 청 왕조가 최후를 맞기까지 몇 십 년 동안 연해에서 널리 유통되었다. 중국의 외국 은행은 반드시 자국 내의 지폐 발행에 관한 규정을 준수해서 황금이나 백은을 지급 준비금으로 가지고 있어야 했지만, 실제로 100% 준수할 것을 요구하지는 않았으므로 지폐의 발행이 은행의 대출 능력을 강화시켰을 뿐 아니라 중국 내의 화폐 공급량을 엄청나게 증가시켰다.

홍콩과 상하이에서 발행된 서양 은행의 지폐는 위안(元)과 량(兩)으로 표시되어 연해 지역에서 보편적으로 사용되었다. 1852년 푸젠성에서는 이 지폐들과 중국 사표가 같이 사용되었고, 1870년대 후반까지 저장성과 장쑤성을 비롯하여 남방의 다른 성에서도 널리 통용되었으며, 1880년대 양쯔강 유역의 항구 도시 한커우에서는 액면가대로 유통되었다. 사실상 은행 지폐가 보편화되자, 홍콩에서 발행된 지폐는 1876년 액면가보다 0.75~0.8%의 프리미엄이 붙었고, 서양 은행은 청 정부에 지폐 발행 한도를 늘려달라고 요구하였다.[90] 이처럼 19세기 말까지 외국 은행의 지폐는 중국 통화 시스템에서 중요한 부분을 차지하였다.

은행 수표(어음) : 당좌 수표(往來帳)와 계좌 이체(過戶帳)

전장과 서양 은행이 두 종류의 은행 수표를 제공함으로써 복본위 제도의 복잡성이 최저 한도까지 줄어 화폐 공급이 원활하게 되었고, 이에 따라 지불 방법이 더욱 편리해졌다. 그 첫 번째 형태는 앞에서 논의했던 지폐이고, 나머지 한 종류는 당좌 수표(卽期帳戶往來)로서 화폐의 수요를 충족시키고 지불 수단으로 이용되기도 하였다.

당시 사용된 당좌 수표로는 첫째, 은행 수표가 있다. 이것은 중국과 외국 은행의 고객들이 보편적으로 사용하였고, 때로는 중국의 전통적 금융 기관에서 발행하는 '은표'와 유사한 점도 있었다.[91] 서양 대리상들도 이와 비슷한 방법을 이용하여 1860년대 이후 비록 제한적이기는 했지만 자신들의 자금을 수시로 매판에게 위탁하고, '매판은 매판 수표를 발행하여 은행처럼 환어음이나 수표를 태환'했기 때문에 일상적인 거래를 할 때 반드시 현금이 있어야 할 필요는 없었다.[92] 모든 외국 대리상들도 이를 인정하였으며, 간혹 기간이 3일짜리도 있었지만 일반적으로 즉시 지급하였다. 대리상들은 직원들에게 월급을 줄 때에도 현금 대신 매판이 지불을 약속한 수표로 주었는데, 매판은 현금이 있어도 직원에게는 거래할 때 받은 외상 영수증을 주었다. 이 영수증은 상대방 상인이 매판에게 지불해야 할 대금이어서 화폐와 같은 가치를 지녔기 때문이다.93) 그러나 은화의 가치를 표면가로 하는 지폐가 상하이에 널리 유통되자 1889년 이후에 이러한 '영수증'은 자취를 감추었다.

둘째, 닝보에서 발전한 계좌 이체 방식이 있다. 이 방식은 아편전쟁 이전에 중국에서 사용된 신용 대출 방식 가운데 가장 선진적인 유형으로서, 거래할 때 대금을 계좌 이체를 통해 지불함으로써 현금이 필요하지 않았다. 즉, 전장의 계좌 이체를 통해 자동으로 다른 고객의 계좌에 전달되는데, 쌍방이 양해하면 수표도 사용할 필요가 없었다.94) 조약 시스템 하에서 이 방식은 연해 콩 무역의 중심지인 뉴좡(牛莊)에서도 이용되었다. 뉴좡에서는 전장의 동의를 거쳐야 하는 투지透支 계좌 방식이 있었는데,95) 이는 손으로 직접 쓰는 독일의 '부흐겔트buchgeld(book money)'와 비슷한 것으로서96) 규모가 큰 거래에 대단히 편리하였다.

아편의 화폐 기능

화폐의 기능을 가진 세 번째 형식은 아편이었다. 이론적으로 어떤 상품이라도 교환 수단으로 사용되거나 지불 수단으로 인정되면 화폐의 기능을 가졌다고 할 수 있다. 그러나 실제로는 소수의 상품만이 여기에 해당되고, 얼마나 편리한가도 중요한 기준이 될 것이다. 엄격하게 말하면 아편은 상품일 뿐 화폐는 아니었으며, 19세기 초에는 특히 그러했다. 그러나 연해와 내륙에서 생사와 차를 구입할 때 아편이 교환 및 지불 수단으로 널리 사용되었으므로 넓은 의미에서 본다면 일종의 화폐 기능을 가지고 있었다고 할 수 있다.

아편의 화폐 기능

청대 말기에 아편은 많은 사람들이 찾게 됨에 따라 지불 수단으로도 널리 사용되었다. 아편은 상품이었지만 물물 교환이 가능하기 때문이었다. 중국의 대외 무역에서 아편의 중요성은 1852년 홍콩의 지방관 미첼W. H. Mitchell이 본국 외무부에 보낸 보고서에서 "우리는 중국인들에게진정 그들이 원하는 물건을 주지 못했다. …… 그들의 닫힌 마음을 열기 위해서는 아편만이 오직 유일한 '열려라 참깨'이다"라고 기록한 데에서도 잘 나타나 있다.[97] 물건을 몸에 지니고 여행해야 하는 상인들에게 아편은 특히 중요했다. 만청 시기에 선원이나 짐꾼들이 여행중인 상인이 지닌 화물의 무게를 재어 보고 백은이라고 판단되면 가차없이 살해한 뒤 물건을 빼앗는 경우가 많았기 때문이다. 아편은 무게로 따지면백은보다는 가치가 덜 나갔지만, 같은 값어치의 동전보다는 엄청나게가벼웠다. 따라서 아편은 부피와 무게에서 살해의 위험에서 벗어날 수있는 방편으로 이용되었고,[98] 이에 따라 노련한 상인들은 아편을 몸에지니고 다녔으며, 1870년대부터 1880년대까지 중국 남방 상인들은 백은대신 아편을 선호하였다.[99] 심지어 베이징으로 과거 시험을 치르러 가던 젊은이들도 도중의 경비로 아편을 사용한 것을 보면 아편의 화폐 기능이 대단히 중요했었다는 것을 알 수 있다.[100]

1850년을 전후하여 홍콩에서는 아편이 상점 주인이나 수공업자, 노동자들 사이에 현금 대신 사용되었다. 미첼은 비망록에서 "…… 이 상점의 주인은 아마 고향에서 돈을 빌려 온 것 같은데, 이자와 원금 상환용으로 아편을 보냈다"고 언급하고, 홍콩에서 대륙으로 송금할 때에도아편이 이용되었다고 하였다.[101] 이는 홍콩의 회사들도 마찬가지여서오거스틴허드사의 경우에도 1850년대에 아편을 '화폐로 간주하여 한항구에서 다른 항구로 옮기는 수단'으로 이용하였다.[102]

아편뿐 아니라 아편을 살 때 작성한 청구서도 화폐로 간주되었다.1840년대 후반에 한 영국 상인은 "아편 청구서는 일정량의 화폐를 의미하며, 최후에 그 가치가 실현되는 것은 현금이 아니라 아편이었다. 이와 같이 청구서는 일종의 임시 화폐 역할을 하였다"고 하였다.[103) 1850년대까지도 이러한 상황은 계속되어, 상하이에서 외국인들이 중국인에게 생사와 차를 구입할 때 백피토 청구서를 대금으로 지불하는 것은 흔한 일이었다.[104)

연해와 내륙에서 모두 아편이 교환 수단으로 사용되었다는 사실은 아편의 화폐 기능을 더 잘 증명해 주는 것이다. 외국 상인들은 대량의 아편을 싣고 해안선을 따라 남쪽에서 북쪽으로 운송하면서 개항 항구에서 아편으로 차를 구입하는 것이 더 편리하다는 것을 알게 되었다. 1850년대 초, 태평천국으로 인하여 상하이 무역이 침체되었을 때에도 자딘매디슨사와 덴트사 등 외국 상인들은 여전히 아편을 거래하였고, 아편으로 차를 구입하는 등 아편상들이 시장을 지배하였다. 1853년 한 영국 관리는 "최근 아편을 가지고 있는 사람과 부유한 자본가, 중국에 물건을 위탁한 맨체스터의 몇몇 회사만 구매력이 있어, 이들만이 부분적이나마 거래를 할 수 있다"고 하였다.[105)

자딘매디슨사는 1855년부터 푸저우의 대리인인 토머스 라켄Thomas Larken과 조지 피셔George V. W. Fisher를 통해 아편으로 차의 대금을 지불하였다. 이따금 위험할 때도 있었지만 대체로 거래는 순조롭게 이루어졌다. 1856년 8월에 토머스 라켄은 전징궁푸차(珍京工夫茶)를 상자당 9.2냥에 138상자, 라오푸궁푸차(老福工夫茶)는 13.5냥에 324상자, 우허궁푸차(五和工夫茶)는 12.5냥에 150상자를 구입하고, "1담擔(1담은 약 63.55kg)에 520달러로 계산하여 백피토 6상자를 지불했다"고 하였다.[106) 1860년 이후 자딘매디슨사는 적극적인 성격의 매클라우드M. A. Macleod를 푸저우의 새 대리인으로 임명하면서 아편 사용을 더욱 확대하였다.[107)

상하이 대리인이던 댈러스도 1850년대에 아편으로 생사를 구입하였다.[108) 아편의 수요가 줄어들자 댈러스도 어려움을 겪었지만,[109) 다른 방법으로는 생사와 차의 비용을 지불할 수 없었으므로 중국 상인들도 어쩔 수 없이 아편을 취급하게 되었다.

내륙의 아편

내륙에서도 아편이 교환 수단으로 사용되었다. 서양 상인들의 행동 반경은 아직 개항 항구로 제한되었지만, 그들은 매판이나 대리인들에게 대량의 아편을 주고 내륙에서 생사와 차 또는 다른 상품들과 교환해 오도록 하였기 때문이다. 1880년대 이전에는 차의 수요가 가장 많았고, 상하이에서는 내륙의 수매를 조절하였다. 댈러스는 1840년대 후반부터 1850년대 초까지 회사의 매판인 양팡(楊坊)에게 아편을 대출해 주었다.[110] 또 상하이의 덴트사도 광저우의 차상茶商인 셰지(協記)에게 아편을 대출해 주고 내륙에서 차를 구매하도록 하였다. 셰지는 덴트사의 아편 선박인 에밀리제인Emily Jane 호가 1850년부터 1851년까지 우쑹(吳淞)에 정박해 있을 때 아편을 공급받았다. 1851년 "셰지의 계좌로 차를 대량 선적하기 위해" 대출해 주었다고 한 것으로 보아 이렇게 대출한 아편은 상당한 양이었을 것으로 보인다.[111]

외국 상인들이 내륙에서 차를 구매하기 위해 중국인에게 아편을 대출해 주는 방식은 1860년대에도 계속되었다. 자딘매디슨사의 파트너로서 상하이에 있던 제임스 휘틀James Whittall은 1863년 '고정적인 가격으로 차를 구입'하기 위해 한 중국 상인에게 '돈과 아편'을 대출해 주었다. 새로 거래한 이 상인에게는 많은 액수를 대출해 주지 않았지만,[112] '오랜 친구'인 유룽(又隆)의 경우에는 달랐다. 1863년 봄에 휘틀이 유룽과 그의 형제에게 많은 아편을 대출해 주자 이 영향으로 내륙의 차 가격이 상승하기도 하였다.[113] 1850년대와 1860년대에는 길먼사와 러셀사, 오거스틴허드사 등이 모두 이런 방식으로 중국인 차상들에게 아편을 대출해 주었다.[114]

외국 상인들은 푸젠성과 장시성 우이산(武夷山)의 차 생산 지역으로부터 약 300마일 떨어진 푸저우에서 대량으로 차를 구입하고 대금의 일부로 아편을 지급하였다. 푸저우는 실제로 1854년부터 차를 수출하기 시작했는데, 미국 상인 허드 주니어는 푸저우에서 내륙으로 아편을 보내는 것에 대해 "행상(공행) 제도가 폐지된 뒤, 외국인들은 차를 구입하기 위하여 푸저우에서 내륙 지역으로 대량의 현금이나 아편을 보내는 일이 일상화되었다"고 기록하였다.115)

1854년 이후 1860년대까지 자딘매디슨사는 이러한 방법으로 매판인 아친(阿欽)과 차상 아시(阿熙), 타이성(泰盛), 융타이(永泰), 퉁싱(同興) 등을 통해 대량으로 차를 구매하였다.116) 1855년 "아시가 향촌에 가지고 간 돈은 …… 약재(아편)를 포함하여 모두 44만 65달러"였으며,117) 다음 해에 아웨이(阿偉)라는 또 다른 차상에게 많은 아편을 주었는데, 그는 1만 달러어치의 아편을 푸젠성과 장시성 우이산 일대에 있는 차 생산지의 소규모 차상들에게 빌려 주었다고 한다.118)

자딘매디슨사는 매클라우드의 관리하에 1860년 이후 아편을 푸젠성 북서부의 차 생산지로 보내 차와 교환하는 거래를 확대하였다. 매클라우드는 주로 광저우 상인들, 특히 차 거래에 익숙한 아시와 타이성을 통해 다양한 판로를 개척하였으며, 내륙에서 아편의 수요가 크게 증가할 때 아주 유리한 조건으로 아편을 팔았다. 그는 1861년 5월 11일 홍콩에 "지금 시장의 상황을 고려할 때 아시와 타이성에게 최고의 가격을 제시할 때"라고 보고하였다.119) 그는 홍콩의 본사에 1861년 4월 6일 이후 푸저우에서 아편 거래가 갑자기 크게 증가하였고, 1상자당 30냥의 세금만 내면 합법적으로 거래할 수 있다고 보고하였다.120) 그러나 아편 공급이 늘자 내륙에서의 아편 구매력은 점차 줄어들었다.121)

푸저우에서는 아편 공급이 증가하였지만 내륙에서는 정치적 동란으로 수요가 감소하였다. 1850년대 후반부터 파죽지세를 떨치던 태평천국군이 1861년에 우이산의 차 생산지까지 진격하자, 타이성은 9월 9일 내류에서 아편으로 차를 사는 일은 이미 어려워졌으며,[122] 18일 뒤에는 아편 거래가 악화되고 있다고 보고하였다.[123]

쑤저우 시스템

1850년을 전후로 중국 상인들이 상하이에서 아편을 가지고 쑤저우의 생사 생산지로 가서 생사와 교환하는, 이른바 '쑤저우 시스템'이 탄생하였다. 이 제도는 1840년대 우쑹 지역의 아편 무역에서 파생한 것으로, 예를 들면 상하이의 중국 아편상은 먼저 자딘매디슨사에게 생사를 파는 현지의 생사 상인(絲商)에게 아편을 주고 나중에 우쑹에서 회사로부터 아편을 받았다. 아편을 교환의 매개수단으로 이용하는 이러한 거래는 생사와 아편을 취급하는 중·서 상인 모두에게 은을 사용했을 때의 태환 경비와 잡비를 절약시켜 주었다. 또 아편 및 생사 상인들은 모두 같은 동업 조합이나 동향회同鄕會에 속해 있어, 1858~1860년에 체결된 조약으로 아편 수입이 합법화되어 세금을 징수하기 이전까지는 이러한 합법(생사)과 불법(아편) 거래가 혼합된 무역이 순조롭게 진행될 수 있었다.

아편으로 생사를 교환하는 쑤저우 시스템은 1840년대 후반, 상하이의 광둥 상인이며 덴트사의 매판이었던 룽지(榮記)가 처음 시작하였다.[124] 댈러스는 1851년 4월 4일 자딘매디슨사의 홍콩 책임자에게 이 시스템에 대해 "배 한 척에 아편을 5상자 이상 실어 보내는 경우가 드물지만 위험은 분산시킬 수 있다. 아편을 우쑹에서 전해 주고 중량과 질량을 확인한 뒤 가격은 쑤저우에서 정한다. 대금은 2주 내에 이 곳에서 현금으로 계산하고 만약 토산품을 원하는 경우에는 대체할 수도 있다"[125]고 설명하였다.

외국 상인이 아편을 쑤저우로 보내는 또 다른 이유는 상하이에서는 아편으로 생사를 구입할 수 없는 경우도 있었기 때문이다. 자딘매디슨

<그림 1> 쑤저우의 번화한 모습.

사의 제임스 매캔드로James Macandrew는 1851년 2월 상하이에서 "백피토에 대한 수요가 아주 적어서 필요로 하는 생사 상인을 찾기 어렵다"고 하였다.126) 덴트사가 처음으로 쑤저우 시스템에서 성공할 수 있었던 것은 인도 상인과 린지사(Lindsay & Co.) 등 다른 외국 상인들이 바로 따라 했기 때문이었다.127) 자딘매디슨사도 우쑹에서 아편을 취급했고 댈러스 역시 "허난(河南) 사람들(광저우 사람을 가리킴)과 아편을 취급하는 다른 상인들도 쑤저우에 가서 생사를 구입하니, 나도 신중하게 이 제도를 고려하는 것 이외에 다른 방법은 없다고 생각한다"고 하였다.128)

쑤저우에서 아편으로 생사를 교환하는 방법이 생긴 뒤에 댈러스는 닝보 지역의 명망 있는 상인 타이지(泰記)와 협력하였다. 타이지는 상하이에서 생사를 대량으로 취급하고 있었으므로 댈러스는 1851년 4월 3일에 그를 처음 만나 만족스러운 대화를 나눈 뒤129) "그는 전문적인 아편상은 아닌 것 같다"는 느낌을 받았지만, 타이지가 생사 무역에서 쌓은 경험과 상하이에서 구축한 사업가로서의 명성만으로도 충분히 협력할 만한 상대여서 상하이의 다른 외국 상인들도 같은 목적으로 그에게 접근하였다. 댈러스는 "이 곳의 많은 외국 상인들이 그에게 적극적이고 어떤 상인들은 그와 합작하려고 전력을 기울이고 있지만, 그는 여전히 매킨지Mckinzie와 나와의 합작을 원하고 있다"는 자신감을 보였다.130) 타이지가 이처럼 자딘매디슨사와 합작하고자 했던 것은 영국 조계租界에 있는 이 회사의 건물에 거주하고 싶다는 단순한 이유에서였다.131)

1851년 아편으로 생사를 구입하는 것은 이제 막을 수 없는 추세가 되었다. 1850년 초에 타이지는 댈러스가 제안했던 쑤저우 시스템에 의한 거래를 거절한 적이 있지만, 1851년 4월에는 이 시스템이 생사 사업을 발전시킬 수 있는 더 좋은 기회를 제공할 수 있다고 생각하였다. 댈러스는 이에 대해 "지금 그는 쑤저우 시스템에 의지할 수밖에 없고, 이것만이 그가 살길이다. 현재 해운업이 한창이라 현금 여유가 없어 외국인들은 반드시 아편이나 다른 물건으로 계산하려 할 것이기 때문"이라고 설명하였다.132)

쑤저우 시스템 하에서 타이지는 아편에 손을 대었고, 자딘매디슨사 역시 위험 부담을 분담하게 되었다. 댈러스는 타이지에 대해 "그는 매우 성실하고 유능한 사람이다. 여행 도중에 강도를 만날 경우까지 대비하여 충분한 준비를 하는 사람"133)이라고 하였으며, 두 사람은 합작하여 아편과 생사 거래를 성공적으로 발전시켰다. 타이지는 자신감을 얻어 한 달 뒤부터는 모든 위험을 혼자 감당하게 되었다. 1851년 5월 3일 댈러스는 이렇게 기록하였다.

이 곳의 사정에 익숙해지자, 나는 가끔 시장 가격을 돌아보는 것을 제외하고는 쑤저우에 있을 필요가 없어졌다. 물건을 구매하는 일은 타이지가 잘 처리하고 있다. 여기서 가격이 결정되면 그가 책임을 지고 약재(아편)를 쑤저우로 운반하는데, 모든 것이 만족스럽다.134)

쑤저우 시스템은 아편과 생사의 거래였으므로 상하이에서 쑤저우로 아편을 보내는 일이 중요하였다. 이에 따라 타이지는 예전에 상하이와 쑤저우에 자신이 설립했던 완펑항(萬豊行)을 다시 복원하였다. 한때 유명했던 이 상호에 대해 댈러스는 "타이지가 최고인 것처럼 완펑항도 이곳에서 제일"이라고 만족감을 표시하였다.[135] 1851년 4월 말, 완펑항은 쑤저우에서 자딘매디슨사로부터 받은 백피토 340상자를 생사 대금으로 지불하고, 5월 3일 댈러스로부터 다시 103상자를 받아 생사를 구입하는 데 사용하였다. 4일 후 댈러스는 195포의 쑤저우 생사를 수령하여 "타이지와 거래를 마무리지었다."[136] 타이지의 활발한 활동은 의심할 바 없이 아편을 교환 수단으로 하는 거래가 나날이 증가하는 추세를 증명하는 것이었다.

그러나 타이지가 무한정 자딘매디슨사에게 생사를 공급한 것은 아니었다. 1851년 7월 25일 댈러스는 "타이지에게 500포 정도를 구입하도록 하였지만 본사에서 결재가 나지 않아 그를 재촉하지 못한 채 상황을 봐서 정하기로 하였다. 그는 지금 최상등품의 생사를 몇 포 가져왔는데 가격은 아직 정하지 못했다"고 보고하였다.[137] 타이지는 남는 생사는 상하이의 다른 외국 상인들에게 팔거나 자딘매디슨사의 선박을 이용하여 자신이 직접 유럽에 판매하기도 하였다.[138]

자딘매디슨사도 마찬가지로 쑤저우 시스템 하에서 타이지 이외의 다른 상인들과도 거래하였다. 댈러스는 상하이의 광저우 상인 아푸(阿福)와 접촉하였는데, 1851년 8월 20일에 쓴 편지에서 "지금 아푸는 관리로 활동하는 형제 우젠창(吳健彰)과 여기 머물고 있다. 그는 사업을 하지 않는다고 하지만 여전히 쑤저우의 아편 거래에 관심이 있는 것으로 보인다. 그가 자금력은 별로 없으니 소규모 거래를 해 볼 생각"이라고 하였다.[139]

1852년 타이지는 우쑹과 쑤저우 사이를 오가며 자딘매디슨사와 계속 협조하였다.[140) 1852년 봄, 댈러스와 타이지는 쑤저우의 사업을 크게 확장하자는 데 동의하였지만 타이지가 병에 걸리는 바람에 실현되지 못했다. 동시에 매판의 직책에 충실하던 아푸는 아편과 생사 거래에 전력할 수가 없었다. 1852년 9월 이후, 쑤저우 시스템을 지속시키기 위해 댈러스는 상하이의 광저우 상인 아룽(阿隆)과 합작하였고, 아룽은 자딘매디슨사의 질 낮은 백피토 40상자를 쑤저우로 가지고 가서 생사를 구입하였다.[141) 댈러스는 다른 중국 생사 상인들과도 거래를 하며 쑤저우 시스템을 유지시켰다.[142)

자딘매디슨사만이 쑤저우 시스템을 이용한 것은 아니었다. 미국의 러셀사와 영국의 린지사도 1850년대 초에 "정기적으로 쑤저우에 아편을 운송하였다."[143) 어쨌든 이 모든 거래는 맨 처음 쑤저우 시스템을 가동시켰던 덴트사로부터 시작되었다. 한 가지 예로 1851년 5월 20일까지 한 달 동안 덴트사는 쑤저우에서 20만 달러어치의 백피토와 생사를 교환하였다.[144) 1851년 5월 3일 댈러스는 상하이 중국 상인 사이의 아편 거래에 대해 "다른 중국 상인(타이지의 완평항을 제외하고)들도 아편으로 지불하여 현금이 필요 없다"고 하였다.[145) 따라서 아편은 쑤저우 시스템에서 화폐의 기능을 하였고, 이는 1850년대 상하이에서 태평천국의 봉기로 일시적으로 화폐가 부족하게 되었을 때에도 일상적으로 계속되었다.

새 화폐의 수량과 의의

1889년부터 1909년 말까지 광저우 조폐창에서 발행한 화폐의 총액은 은화 1,578만 2,427달러와 반원半元 22만 8,568개, 2각角 6억 3,121만 4,496개, 1각 1억 1,949만 4,896개, 5분分 261만 6,000개 등[146) 모두 1억

5,421만 9,894달러를 주조하였다. 다른 종류의 관청에서 발행한 화폐와 후베이(湖北)와 장난(江南) 지역에서 제조된 은화 등을 포함한다면 관청에서 발행한 화폐의 총액은 2억 달러 정도로 추정된다. 개인이 주조한 은화의 수량은 파악하기 어렵지만 멕시코 은화와 카를로스 은화의 프리미엄이 높았기 때문에 위조 화폐도 대량으로 나돌았을 것이다. 유럽에서 위조 화폐의 원판을 들여와 100명 이상의 기술자를 고용한 불법 회사가 있었다는 조사도 있었기 때문이다.147) 광둥성·푸젠성·저장성·장쑤성 등지에서 위조 화폐가 널리 유통되었음을 감안하면 19세기 말까지 총액은 4억 달러를 넘었을 것으로 보인다.

청대 말기에 도대체 얼마나 많은 외국 은화가 유통되었는지 확인하기는 어렵지만 그 수입 경로를 통해 액수를 산출해 볼 수도 있다. 17~18세기에 필리핀 군도를 점령한 스페인은 푸젠성과 광둥성에서 온 중국 상인들과 활발한 무역을 하였고, 최후에는 마카오의 포르투갈 사람들과도 무역을 하였다. 이러한 상황에서 스페인 사람들은 현재의 볼리비아·페루·멕시코 등지의 광산에서 채굴한 풍부한 은을 이용하여 각종 중국 물건들을 구입하였다. 활발한 무역을 통해 마닐라를 경유해서 중국인의 손에 들어온 백은은 200~300만 페소 정도이며, 200만 냥 정도라는 사람도 있다.148) 만약 매년 평균 스페인화로 100만 달러 정도를 수입했다면 19세기 초까지 총액이 적어도 2억 달러는 될 것이다.149) 은화 유입의 두 번째 창구는 유럽에서 인도로 와서 영국 동인도회사와 산상을 통해 선박으로 중국에 들어오는 경우이다. 채드후리K. N. Chaudhuri의 연구에 따르면 17~18세기에 이런 방식으로 5억 달러어치의 은괴가 유럽에서 중국으로 유입되었다고 하는데, 그럴 가능성은 매우 높았다.150)

세 번째는 미국 무역상들이 중국에 가져온 스페인과 미국의 은화이다. 스미스 호먼J. Smith Homan은 1844년 '왕샤조약(望厦條約)'이 체결되기

전에 1억 5,000만 달러가 이런 방식으로 중국에 수입되었다고 했다.151)

네 번째는 포르투갈 상인이 대량의 백은을 일본과 마카오에서 중국으로 운반한 경우로,152) 1840년대 아편전쟁 전까지 중국에 운반된 백은의 총액은 1억 5,000만 달러에 달하였다. 중국 세관의 통계에 따르면 1842년부터 1912년 청 왕조가 멸망할 때까지 70년 동안 멕시코와 일본의 은화를 포함해 약 3억 달러가 중국에 유입되었다고 하는데, 이것은 거의 확실한 것으로 보인다.153)

그렇다면 총액은 13억 달러인데, 그 가운데 약 1억 달러는 수입 직후에 용해되었고, 2억 달러는 아편 대금으로 외국에 지불되었으며, 또 1억 달러는 청대 말기에 용해됨으로써154) 남은 액수는 약 9억 달러이다. 이 은화 하나가 외국 보조 화폐의 20센트 정도에 상응한다면 그 가치는 약 1억 8,000만 달러에 달하며, 중국에서의 외국 은화의 총 가치는 10억 8,000만 달러에 달한다. 따라서 청 왕조가 망했을 때 중국에 있던 중국 및 외국의 은화는 모두 13억 2,000만 달러에 달한다[표 4].

새 금속 화폐에는 동전이 포함되었다. 1898년 광둥에서 주조한 '동원 銅元'은 동전에 대한 오랜 관념을 깨트렸다. 새 동전은 기계로 눌러 제작하였고 가운데 구멍을 뚫지도 않았다. 대부분 과거의 10문文짜리 동전을 대신하여 만들었고, 1문에서 100문까지 여러 종류가 있었다. 청대 말기까지 약 2,000억 개의 동전이 있었고, 그 가치는 1억 4,900만 달러에 달하였다.155)

지폐는 얼마나 발행되었는지 정확한 수량은 알 수가 없다. 펑신웨이(彭信威)의 통계에 따르면 냥兩으로 표시된 은량표銀兩票는 청 왕조가 멸망할 때까지 약 2,000만 냥이 있었다고 한다. 그러나 양롄성(楊聯陞)의 연구를 근거로 판단해 볼 때, 나는 적어도 3,000만 냥은 되리라고 생각한다. 은원표의 유통량을 약 5,000만 달러 정도로 보고, 동전과 동원의 유통량을 1억 3,400만 개에 1억 달러어치라고 보면 펑신웨이의 통계는

[표 4] 중국의 은화 수량(1919년) (단위 : 100만 멕시코 달러)

항 목	수 량
중국 관청 화폐	200
광저우 조폐소	154
기타 화폐	46
중국 개인 주조 화폐	40
외국 은화	900
필리핀을 경유한 아메리카 화폐	200
인도를 경유한 유럽 화폐	500
미국 화폐	150
일본과 멕시코	150
1842년 이후의 세계 각지 화폐	300
중국에서 용해된 액수	(200)
아편 대금으로 수출한 액수	(200)
외국 보조 화폐	180
총 액	1,320

자료 : Atwell, 『Notes on Silver』, 1~4쪽. 全漢昇, 『美洲白銀』, 449쪽. 彭信威, 『貨幣』, 879~882쪽. 『廣東財政說明書』, 7책, 50쪽. 楊端六, 『貨幣』, 280~281쪽. 통계는 저자가 산출한 것임.

근거가 있는 것이다.156)

중국에서 유통된 외국의 지폐는 후이펑은행이 1875년 발행한 190만 달러의 은원 지폐와 1890년에 발행한 650만 달러, 1900년에 발행한 1,250만 달러, 1912년에 발행한 2,480만 달러 등이다. 많은 은행의 지폐는 중국뿐 아니라 다른 나라에서도 유통되었고, 은행들도 중국에서만 유통되는 화폐는 발행하지 않아 청대 말기의 수량을 계산하기란 어려운 일이다. 펑신웨이는 1억 달러라고 계산하였지만, 이 속에는 자딘매디슨사와 같은 회사에서 발행한 약 1억 1,000만 달러의 지폐는 포함되지 않았다.157) 은정銀錠과 동전銅錢 같은 전통 화폐도 계속 유통되고 있었다. 20세기 들어 3억 4,700만 달러어치에 달하는 2억 5,000만 냥의 보

〔표 5〕 중국 화폐의 종류와 수량(1919년)

화폐 종류		수량	원 가치	백분율
새로운 화폐a			1,771	71
은화	중국 은원	240위안	240	9.6
	외국 은원	1,080위안	1,080	43.4
소계			1,320	53
동전	새 동전	20만 개	149	5.9
지폐	은량표	30냥	42	1.7
	은원표	50위안	50	2
	동전표	134	100	4
	외국 지폐	110위안	110	4.4
소계			302	12.1
구식 화폐			720	29
	은정	250냥	347	14
	동전	5만 개	373	15
소계			720	29
총 수			2,491	100

자료 : [표-4] ; Atwell, 『Notes on Silver』, 1~4쪽. Homan, 『Statistical Account』, 여러 곳에서 보임. 肖亮林, 『統計』, 128쪽. 彭信威, 『貨幣』, 879~897쪽. 王業鍵, 『貨幣』, 12~22쪽. 楊聯陞, 『Money』, 26쪽, 69쪽. 다른 통계는 저자가 한 것임. a ; 화폐로서의 아편은 포함되지 않았는데, 1880년대에 매년 소화된 아편의 가치는 약 5,100만 달러에 해당함.

은寶銀과 3억 7,300만 달러어치에 달하는 5,000억 문의 동전이 있었다.[158] 따라서 1910년까지 중국의 화폐 총액은 [표 5]에서 보이는 것처럼 25억 달러에 달했다.

이 통계는 아편의 화폐 기능을 제한적인 것으로 보고 아편은 고려하지 않은 것이다. [표 6]에 따르면 매년 인도에서 중국으로 운송된 아편의 수량은 1810년대는 약 460만 달러, 1820년대에는 970만 달러, 1830년대에는 1,320만 달러에 이르렀다. 난징조약 체결 이후 몇 십 년 동안 중국에서 아편 수요는 매년 1만 5,000상자에서 6만 상자까지 증가하였고, 돈으로 환산하면 1,800만 달러에서 3,500만 달러로 늘어난 것이다.[159]

〔표 6〕 중국의 아편 소비량(1810~1880년) (단위 : 100만 멕시코 달러)

	수입 아편	본국 아편	총수
1810년대	4.6	0	4.6
1820년대	9.7	0	9.7
1830년대	13.2	0	13.2
1840년대	18.0	0	18.0
1850년대	30.0	3.0	33.0
1860년대	35.0	8.0	43.0
1870년대	36.0	13.0	49.0
1880년대	34.0	17.0	51.0

자료 : 張馨保, 『林欽差』, 233쪽. Morse, 『Conflict』, 556쪽. 기타 계산은 저자가 한 것임.

이 밖에 중국의 아편 재배도 1870년대에 크게 증가하였다. 1877년 중국의 런던 주재 공사인 궈충타오(郭嵩燾)는 영국 외무부에 보낸 편지에서 "아편을 피우는 중국인들의 수가 날로 늘어나고 양귀비의 재배도 증가하고 있다"고 인정한 바 있다.[160] 만약 국내에서 재배된 아편의 양이 수입량의 3분의 1이라고 추정한다면 1870년대에 그 가치는 매년 약 1,300만 달러에 달하는 것이었다.

1880년대 초에 영국 영사는 아편 재배가 연해의 성에까지 보편화되었다고 보고한 바 있다. 1881년에 '현지의 약재 재배가 해마다 증가한다'고 하였는데,[161] 만약 1880년대의 생산량이 수입량의 절반 수준이었다면 국내에서 매년 생산된 아편은 1,700만 달러에 달하였다. 따라서 19세기 이전의 75년 동안 해마다 중국의 아편 소비량은 꾸준하게 증가하였던 것이다. 1810년대에는 500만 달러에도 못 미쳤지만 1880년대에는 5,000만 달러 이상으로 증가하여 70년 만에 10배 이상 늘어난 사실을 알 수 있다[표 6]. 모든 아편이 중국에서 화폐의 기능을 가졌다고는 할 수 없지만 상당 부분 최종적으로 소비되기 전에 교환 수단으로 이용되었던 것은 부정할 수 없는 사실이다.

모든 상품이 교환 수단으로 받아들여지는 것은 아니어서 아편의 화폐 기능은 더욱 중요하였다. 1850년대에 자딘매디슨사는 푸저우와 상하이에서 간혹 아편이 부족할 때, 영국산 포布로 우이산의 차와 쑤저우의 생사를 교환하려고 시도한 적이 있었다. 그러나 푸저우의 매클라우드와 상하이의 댈러스의 노력에도 불구하고 포는 부피가 너무 커서 내륙으로 운반하기 어려웠고, 더욱이 차가 생산되는 산 속에서는 더욱 불편하여 결국 실패하고 말았다. 게다가 내륙의 중국인들은 포를 필요로 하지도 않았다. 1850년대 초, 쑤저우 시스템이 시작될 때까지도 이러한 상황이 존속되었다고 본다면,162) 아편의 화폐 기능은 더욱 중요한 것이었다.

만청 시기에 여러 종류의 화폐가 존재하였다는 것은 무엇을 의미하는 것일까? 첫째, 청대 250년 가운데 화폐의 양은 8배가 늘었고 가치는 25억 달러에 달하였는데, 이렇게 방대한 화폐량은 유례가 없는 일이었다.163) 둘째, 같은 시기에 1인당 소지한 화폐량이 4.6위안에서 5.4위안으로 17% 이상 증가하였다.164) 이는 청대의 인구 급증을 감안하더라도 화폐 공급량의 빠른 증가를 말해 주는 것이다. 셋째, 새 화폐는 총량의 71%를 차지하였고, 그 가운데 은화의 가치는 13억 2,000만 달러로 총화폐량의 절반을 차지하였는데, 이는 평균적으로 모든 중국인이 1인당 약 3개의 은화를 가지고 있었다는 것을 말해 준다. 그러나 은화는 대부분 연해와 양쯔강 하류 지역에서 유통되었을 뿐, 중국 각지에서 보편적으로 사용되지는 못했다. 이 지역의 인구가 중국 인구의 3분의 1이라고 본다면, 고도로 발전한 이 상업 지역에서는 인구와 은화의 비율이 대략 1 대 9가 된다.

근대 중국 화폐의 발전에는 장단점이 있다. 18세기 후반부터 뚜렷하게 발전한 상공업 금융 부문에 근본적인 변화를 가져와, 화폐 제도를 통일적이고 민활한 방향으로 추진하였다. 이러한 발전의 첫 번째 지표는 수입된 은화가 중국 남방에서 북방으로 사용 범위를 넓혀 갔고, 상대적으로 말굽은의 사용은 줄어들었다는 점이다. 은화가 교환 수단과 계산 단위로 빠르게 받아들여진 것은 분명한 현상이었다. 사표의 보편적인 사용은 또 다른 발전을 나타내는 지표이다. 19세기 초, 백은 보유량은 아편의 수입으로 감소하였지만 아직 서양 은행의 지폐와 중국 은화, 근대식 동전은 중국 시장에 나타나지 않았다. 이러한 상황에서 사표가 금융 부문에서 성공적으로 유통되었다는 사실은 매우 인상적이며, 사표의 수량은 총 유통 화폐량의 3분의 1에 달하였다.165)

그러나 청 왕조가 멸망했을 때에는 화폐 가운데 금속 화폐가 상당 부분을 차지하고 있었다. 이는 서양 강대국들이 금본위 제도를 채택한 이후 중국에 백은을 대량으로 수출하였기 때문이다.166) 그러나 유구한 역사를 가진 금·은 복본위 제도는 여전히 중요한 역할을 하였다. 지폐는 총 화폐량의 12%밖에 차지하지 못하였는데, 이는 중국 상업 자본주의의 한계를 나타내는 것이다. 외국 화폐, 특히 은화와 지폐는 중국 화폐 공급의 대부분을 차지하여 거의 48%에 달하였다. 이러한 새로운 화폐의 조사 연구에 대해 나는 금융 발전에 관한 일부분의 내용만 서술하고 신용 대출에 관한 부분은 고찰하지 않았다. 실제로 금속 화폐와 화폐 대체품, 상업 증권 사이에 근본적으로 다른 절대적 차이점이란 존재하지 않았기 때문이다.167)

제4장 신용 거래의 확대

    중국 근대 상업 혁명에서 신용 거래의 확대는 화폐 제도의 개선과 견줄 수 있는 중요한 요인이다. 페르낭 브로델은 근대 자본주의가 신용 거래의 영역에서 "자발적으로 전개됨으로써", "자신만의 수단을 찾을 수 있었다"고 말한 바 있다.[1] 일반적으로 신용 거래란 쌍방간에 한쪽(빌려 주는 쪽)이 현실적 자원 — 화물, 서비스, 담보 또는 화폐 — 을 제공하고 다른 한쪽(빌리는 쪽)은 장래에 상환하겠다는 약속을 하는 것을 말한다. 중국에도 전통적인 신용 거래의 방식과 원칙이 있었지만 1820년대 이후 연해 지역에서는 신용 거래에 관한 새로운 요소들이 나타남으로써 그 방식을 근본적으로 바꾸어 놓았다.[2] 신용 거래에 관한 수단이 정교해지고 복잡해질수록 연해 지역의 상인들은 더욱 편리하게 이를 이용하였다. 더 중요한 것은 이 지역에서 화폐와 신용 거래의 확대는 낮은 금리를 이끌어 내어 거래량을 늘리는 데 도움이 되었다는 사실이다.

    19세기 초기의 20년 동안 중·서 무역은 상당 부분 현금 거래를 기초로 발전하였다. 특히 연해 지역의 아편 거래에서는 이런 현상이 더욱 심하여 링딩섬에서는 "상인은 견본품(아편)을 주고도 현금을 받았고 …… 절대로 외상 거래는 없었으며",3) 연해 아편 상인들도 "언제나 백은을 받고 아편을 팔았다"4)고 하였다. 현금은 바로 지불하는 것이 아니고 광저우에서 지불하였다. 러셀사는 간혹 가죽 제품이나 터키산 아편, 금 등으로 생사·차·돗자리 등과 교환하고 수수료를 받은 일도 있었지만 이것이 대출을 의미하는 것은 아니었다. 존 쿠싱은 포브스T. H. Forbes에게 중국인과 거래를 할 때에는 현금을 주라고 강조하였고,5) 따라서 외국 상인들이 수중에 대량의 백은을 가지고 있는 것은 이상한 일이 아니었다.6)

18세기 말에 신용 거래는 연해 지역에서 보편적으로 이루어지지 않았지만, 1820년대에는 분명하게 현금 대신 환어음과 유가 증권을 사용함으로써 대외 무역에서도 신용 거래에 의지하는 경우가 늘어났다. 이러한 변화에는 두 가지 원인이 있다. 첫째는 아편 무역이 증가하자 더 편리한 지불 방식이 필요했다는 점이고, 둘째는 편리하고 안전한 런던 환어음이 신용 거래를 더욱 용이하게 하였다는 것이다. 영국의 자유 상인들과 미국의 대리상, 공행 상인들이 모두 이를 이용하였으며, 1860년에 이르러 연해 지역에서 대규모의 거래는 모두 신용 거래로 이루어졌다.

환어음, 은행어음, 탁표拆票

1820년대에 런던 환어음은 런던에서 중국의 개항 항구까지 자금을 편리하게 전달함으로써 연해 지역의 신용 거래를 더욱 편리하게 하였다. 19세기 중엽에 이르러 각 개항 항구에 많은 서양 은행들이 설립되자 연해 상인들은 이 은행의 환어음을 이용하여 신용 대출을 받았다. 1860년대 이후에는 서양 은행이나 회사들이 전장을 상대로 '탁표'라고 부르는 단기 대출을 실시하기도 하였다.

환어음과 은행 어음

영국의 중국 전문가들은 1820년대에 중국이 대외 무역에서 현금보다
는 환어음 및 유가 증권에 대한 의존도가 높아진 것에 주의하였다.[7] 중
국의 거상巨商인 호관의 경우에서도 알 수 있듯이, 그는 어느 정도 미국
상인들의 영향을 받아 1820년대 후반부터 유가 증권이라는 새로운 금
융 수단으로 신용 거래를 이용하였다.[8]

19세기 초의 25년 동안, 미국은 중국에 대해 무역 역조를 기록하였다.
미국 상인은 자금이 달리고 물건을 팔아도 몇 개월 또는 1년 뒤에야 이
익을 얻을 수 있었기 때문에 현지에서 물건을 구매할 때에는 런던 환어
음이 필요하였다. 1827년부터 진취적인 미국 상인들은 베어링Barings과
브라운Browns 그리고 '3W'(위긴Wiggin, 와일드Wildes, 윌슨Wilson 가문)로 칭
하는 런던의 대 은행가들에게 신용장을 발행하고 대출을 받았다. 이 은
행가들은 신용장을 중국의 미국인 대리상에게 보내서 이것으로 물건을
구입하였다. 구입한 화물들은 다시 미국 상인이 판매한 뒤 원금과 이자
등을 런던에 송금하였다. 행상들은 미국 대리상으로부터 생사와 차의
대금으로 런던 환어음을 받아 이것으로 영국 상인에게 아편·모직물·
면직물을 구입하고, 영국 상인은 최종적으로 이 환어음을 런던에서 태
환하였다. 1827년부터 1833년까지 미국 상인들은 거의 900만 달러에 가
까운 환어음을 중국으로 보냈다.[9]

이러한 신용 거래는 1830년대에 더욱 확대되어 대리상들은 자신의
계좌를 이용해서 런던으로부터 직접 런던 환어음을 받았다. 예를 들면,
1828년 퍼킨스사의 다뉴브Danube 호는 "런던 베어링브러더스사(Baring
Brothers & Co.)의 6만 파운드짜리 신용장"을 가지고 보스턴에서 광저우
로 왔다.[10] 대리상은 미국 고객에게 물건을 구매하는 데 필요한 거액을

미리 지불하였다. 미국에 있는 상인은 런던에 돈을 빌릴 필요가 없이 자신의 계좌를 이용하여 대리상의 명의로 주문서를 발송하고 화물을 구입하는 데 필요한 경비와 이자, 대리상에게 수수료 등을 지불하는 데 동의하기만 하면 되었다. 대리상은 고객이 충분한 시간을 가지고 화물을 팔아 수익을 얻는다는 조건으로 런던의 환어음을 발행하였다. 그런 다음 고객은 대리상이 구입한 화물과 이자 및 수수료를 지급하고, 마지막으로 대리상은 화물을 구입하기 위해 발행하였던 환어음을 결제하였다. 때로는 고객이 직접 런던 은행에 원금과 이자를 지급하기도 하였다. 대리상은 비록 위험을 감수해야 했지만 수수료가 많았기 때문에 신용과 무역은 동시에 확대될 수 있었다.

조약 시스템 하에서 거래가 늘자 미국 무역상들은 런던의 환어음을 잘 이용하여 중국의 생사와 차를 구입하였다. 데이비드 자딘David Jardine이 1844년 홍콩의 도널드 매디슨Donald Matheson에게 "당신의 친구인 (러셀사의) 에드워드 킹Edward King을 포함한 미국인들은 차 거래를 하는 중국인들에게 환어음을 팔려고 한다"고 말했듯이 당시 광저우의 상황을 설명해 준다.[11] 1850년대에 런던의 은행들은 직접 중국에 있는 서양 회사(영국과 미국의 대리상)와 협력하여 러셀사나 오거스틴허드사 등 미국 회사에 대출해 주고, 중국에 있는 미국 회사들은 이렇게 받은 신용 대출로 그들이 선택한 사람에게 화물을 운송하는 데 필요한 환어음을 개설할 수 있었다.[12] 1861년 오거스틴허드사는 150만 달러가 넘는 물품을 구입하였지만 그 가운데 25%만이 회사의 자금이고 나머지는 신용 대출을 통해 마련하는 등 의존도가 매우 컸다.[13]

중국에 있는 어떤 대리상들은 심지어 런던의 은행에 신용 대출을 신청할 필요도 없이 회사를 통해 대출을 받기도 하였다. 영국의 대기업들은 종종 손해 볼 위험이 있는 시장에 투자하는 것보다는 차라리 자본이 필요한 다른 외국 상인들을 상대로 금융 사업을 하였기 때문이다. 자딘매디슨사는 1840년대와 1850년대에 많은 서양 상인들에게 생사와 차를 구입할 수 있는 자금을 빌려 주었다. 그 가운데 일부는 홍콩에서 상환되기도 했지만, 대부분은 런던에 있는 그 회사들의 대표가 90일 안에 자딘매디슨사의 런던 대표인 매디슨에게 상환하면 되었다.[14]

1860년대 이후 더 많은 서양 은행이 설립되어 은행의 환어음이 이전보다 더욱 빈번하게 사용되었다. 1885년 제임스 케스윅James J. Keswick은 상하이에서 자딘매디슨사의 한커우 지사에 전보를 쳐서 그 곳의 매판에게 "인도상업은행(Mercantile Bank of India)보다 유리한 조건으로 환어음을 얻도록" 지시하였다.[15] 중국 상인들도 외국 상인과 거래할 때 생사 및 차의 대금으로 이와 같은 환어음과 유가 증권을 더 선호하였다. 앞장에서 언급했던 상하이의 생사 상인 타이지는 1851년 12월 초에 터너사(Turner & Co.)에서 외상값으로 받은 2,500달러의 환어음을 다시 댈러스에게 팔기도 하였다.[16]

많은 중국인들은 서양 상인에게서 대출을 받을 때 편리하도록 특별히 환어음을 요구하기도 하였다. 유룽이 1863년 자딘매디슨사의 광저우 지사에 상하이에서 지불하는 4만 달러의 환어음을 요구하자, 3월 26일 매디슨C. S. Matheson이 홍콩 본사에 문의하였고,[17] 윌리엄 케스윅William Keswick이 흔쾌히 그 요구를 들어 준 일도 있었다.

자딘매디슨사는 1868년 광저우의 탕징싱(唐景星)에게 3,000냥,[18] 1870년에는 홍콩의 유룽에게 3만 냥,[19] 홍콩의 치룽쑹(祁容宋)에게 1만 냥을 대출해 주었는데,[20] 모두 그들이 원하는 대로 상하이에서 지급하는 3일짜리 환어음으로 주었다.

환어음은 조약 항구뿐 아니라 내륙 경제를 촉진시키는 데 있어서도 중요한 작용을 하였다. 즉, 19세기 후반에 남방 상인들은 윈난(雲南)의 물건 — 주로 아편과 차 — 을 육로를 통해 광시성의 우저우(梧州)로 운송하여 판매한 대금으로 홍콩의 환어음을 받아 다시 홍콩으로 와서 영국 랭커셔Lancashire 지방의 면포綿布와 면사綿絲를 구입한 뒤, 통킹만(東京灣)을 거쳐 우저우로 가져가는 홍콩의 환어음으로 내륙과 개항 항구를 연결하는 거래를 하였다.21)

탁표(콜론call loan, 단기 어음)

탁표(탁방拆放 또는 탁관拆款이라고도 함)는 1860년대 이후 외국 은행이나 외국 회사가 전장에게 단기로 자금을 대출해 주고 받은 약속 어음을 말한다. 이 어음에는 회사의 매판이 도장을 찍어(chop) 대출에 담보를 선다는 보증을 섰기 때문에 이 표를 탁표(chop loan)라고 하였는데, 이는 미국의 '콜론(요구불 단기 대출금)'이나 영국의 '콜머니(call money ; 요구불 단기 차입금)'와 비슷한 것이다.22) 1860년대와 1870년대에 탁표의 대출 기한은 2~10일이었으며, 연 이자율은 12~28%였다.23) 탁표는 1830년대에 인도의 백은을 광저우로 가지고 와서 높은 이익을 얻는 방법과 비슷하였다.

상하이 후이펑은행은 매판의 협조를 얻어 1860년대 후반부터 탁표를 사용하였다.24) 자딘매디슨사도 곧바로 이를 따라 하여 신용이 좋고 보증이 있는 소수의 전장이나 '전포錢鋪'에 투자하였는데, 높은 이자로 서양 상인들에게 빌려 주는 대출보다도 수익이 좋았다. 1868년 존슨은 "종종 여유 있는 현금을 중국 은행에 연이율 12~15%로 3일이나 7일 정도 단기 대출하는 것은 매우 안정적이다. 이런 어음은 어떤 은행에서도 1만~1만 5,000냥의 한도를 초과해서 할인할 수 없기 때문"이라고 말한 바 있다.25) 존슨은 투자에서 이익을 얻자 더욱 탁표에 관심을 보였다. 1869년 2월 1일, 홍콩에 "신중하고 정확하게 판단하기만 한다면 중국인과 금융 사업은 해 볼 만하다"고 했으며,26) 이를 증명하기라도 하듯이 5월 10일에 "세 군데의 전장에 10일 기한으로 연이율 15%에 5만 냥을 대출해 주었다"고 보고하였다.27)

상하이의 유명한 중국 상인들은 1871년의 금융 위기 때 서양 상인들의 단기 대출로 어려움을 넘길 수 있었다. 1871년 5월 29일에 아친(阿欽)과 아리(阿李), 탕징싱이 경영하던 상하이의 전장에 한꺼번에 지불 청구가 쇄도하자, 존슨은 홍콩의 윌리엄 케스윅에게 "아친과 아리, 탕징싱이 경영하는 전장에서 어려움이 발생하였지만 곧 극복할 수 있을 것이라고 믿는다. 아직 염려할 필요는 없으나 주변의 금융 상황을 주의 깊게 지켜보고 있다"고 보고하였다.[28]

다음 날, 탕징싱은 존슨에게 도움을 요청하였다. 존슨은 장부를 검사하다가 탕징싱이 매판으로 일하면서 회사의 자금 8만 냥을 부당하게 사용하였다는 것을 발견하고 경악하였지만 그를 도와 주지 않을 수 없었다. 1871년 6월 1일에 케스윅에게 "탕징싱과 은행의 자금 상태를 조사하여 상환 능력이 충분하다는 것을 알았으니 도와 주어야 할 것 같다"며 대출 허가를 요구하였고, 탕징싱이 부당하게 사용한 8만 냥 외에 다시 4만 냥을 대출해 주었다.[29]

탕징싱은 자신의 잇속을 챙기기 위해 부정을 저질렀지만 자딘매디슨사의 콜론은 계속되었다. 1874년 4월에 자딘매디슨사는 상하이 전장에 모두 2만 4,000냥의 콜론을 해 주고 1냥당 매일 2.5전의 이자를 받았다고 한다.[30] 회사가 콜론 업무를 계속한 것은 신설된 외국 은행들과의 경쟁을 염두에 두었기 때문이었다.[31] 독일의 렌터브로켈만사(Renter, Brockelmann & Co.) 등 다른 외국 회사들도 1870년대에 매판을 통해 수시로 콜론을 해 주었다.[32]

1878년 상하이 전장의 콜론 총액은 300만 냥에 달하였고, 19세기 말에는 100만 냥을 초과하였다. 20세기 초에 규모가 큰 전장은 70~80만 냥씩 취급하였지만,[33] 외국 회사들이 수시로 자금을 회수할 수 있도록 대출 기한을 2일 이내로 제한하려고 하자, 청대 말기의 마지막 10년 동안 콜론의 영향력은 점차 줄어들었다.[34]

〔표 7〕 상하이 외국 은행의 탁표(1911년) (단위 ; 냥)

서양 명칭	중국 명칭	국적	금액
Deusch-Asiatische Bank	더화(德華)은행	독일	397,800
Yokohama Specie Bank	정진(正金)은행	일본	305,400
Nationan City Bank of New York	화치(花旗)은행	미국	235,400
Banque de l'Indochine	둥팡후이리 (東方匯理)은행	프랑스	233,000
Nederlandsche Handel-Maatschappij	허란(荷蘭)은행	네덜란드	184,300
Bank of Taiwan	타이완(臺灣)은행	일본	182,000
Russo-Chinese Bank	다오성(道勝)은행	러시아	154,000
Banque Belge pour l'Etranger	화비(華比)은행	벨기에	128,000
총 계			1,820,000

자료 :『上海錢庄』, 90쪽. 楊聯陞,『Money and Credit』, 89쪽. 이 통계는 콜론 총액 가운데 일부분으로 후이펑은행, 차터드은행, 인도상업은행 등은 포함되지 않았지만, 이 은행들도 콜론 업무에 전력을 기울였다.『上海錢庄』, 38쪽 참조.

1911년 상하이의 거상인 예청중(葉澄衷, 1840~1899) 가문에서 경영하는 성다(升大)·옌다(衍大)·다칭(大慶)전장錢莊 등이 콜론으로 빚진 200만 냥 이상을 지불하지 못하고 도산하자 콜론 방식은 심한 타격을 입었다.[35] 다른 많은 전장들도 1911년 10월 신해혁명辛亥革命으로 인한 통화 긴축 때문에 파산하여 콜론을 상환하지 못하였다. 이 때까지 6개의 대규모 전장에서 8개의 외국 은행에 상환하지 못한 콜론은 182만 냥이었으며[표 7], 10월 18일까지 상환하지 못한 것도 881만 5,000냥에 달하였다. 비록 차츰 상환하여 11월 11일에는 448만 2,000달러로 줄어들기는 했지만, 1926년에 가서야 모두 상환할 수 있었다.[36] 이 사건과 근대식 은행의 발전 그리고 제1차 세계대전으로 중국에서는 외국 은행이 쇠퇴하고, 민국民國 시기에 콜론은 더욱 제한적으로 운용되었다.[37]

이처럼 콜론은 청대 말기에 연해 지역에서 자금의 유동성 문제를 완화시키는 데 보편적으로 사용되었던 수단으로, 특히 상하이 전장들은 현금 유동성의 확보와 새로운 업무의 개척이라는 측면에서 콜론에 대한 의존도가 매우 높았다. 그 무렵 한 전장의 평균 자본은 2~4만 냥이었지만 외국 회사로부터 100만 냥까지 콜론을 받을 수 있었다. 결국 콜론은 시장에서 얻을 수 있는 신용의 한도를 최대한 늘려 주었던 것이다.

장표莊票

전장의 역사는 18세기까지 거슬러 올라가지만 19세기 중엽 이후에야 비로소 중·서 무역에 직접 자금을 공급하는 역할을 하였다.[38] 1860년 이후 대외 무역의 증가로 전장의 역할은 특히 개항 항구에서 더욱 두드러졌다. 전장은 중국의 전통적 금융 기관으로서 환어음의 교환과 지방 은행의 두 가지 역할을 하였다. 전자는 표장票莊이나 산시 표호(山西票號)에서 많은 자금을 어음으로 교환하여 한 지역에서 다른 곳의 시장으로 옮기는 것으로, 이는 중요한 신용 수단이었다.[39] 지방 은행의 역할이라는 측면에서 남방에서는 전장(돈을 저금하는 곳), 북방에서는 은호銀號(은을 저금하는 곳)라고 하였다. 전장의 주요 기능은 자금을 선불해 주거나 각 지방에서 통용되는 서로 다른 화폐를 교환해 주는 것이었다. 앞장에서 말했던 것처럼, 전장은 그 지방에서 유통되는 화폐를 발행하고 때로는 계좌를 통한 송금을 취급하였는데, 이 두 가지는 모두 신용 수단으로 이용되었다. 그러나 중·서 상업 자본주의를 발전시키는 데 가장 적극적인 역할을 한 것은 바로 장표였다. 장표는 약속 어음과 비슷한 것으로서 고객이 물품을 구매하면서 발행하면 일반적으로 5일, 10일, 12일 이내에 대금을 결제하는 방식이었다.

국내 무역과 대외 무역

상인들이 물품을 구매할 때 수중에 충분한 현금이 없는데 파는 쪽에서는 어음 거래를 원하지 않을 경우도 있다. 이런 이유로 18세기에 견실한 일부 전장에서는 고객들에게 지급 수단으로 장표를 발행하였다. 이 장표는 기한이 만기되면 파는 쪽에서는 발행한 전장에 태환을 요구할 수 있었고, 거래의 한쪽인 사는 쪽에서는 서로 정한 기일 내에 전장에 원금과 이자를 상환하는 방식이었다.[40]

상하이 전장에서 발행한 장표는 '신표申票'라고 하여 19세기 중엽의 상업 혁명에서 적극적인 역할을 하였다. 1860년대 이후, 전장은 현지 상인들에게 장표를 이용한 신용의 한도를 늘려 주었고, 상인들은 이것으로 남동부 지역에서는 차와 생사를, 북방에서는 가죽 제품을 구입하였다. 내륙 상인들, 특히 후난성·쓰촨성·윈난성의 상인들은 장표를 가지고 상하이로 가서 수입품을 구입하였으며, 다른 개항 항구의 상인들도 역시 이러한 신용 수단에 의지하였다. 1881년 푸저우의 차 상인들은 자금의 90%를 현지 전장에서 빌리기도 하였다.[41]

전장은 아편전쟁 뒤에 중국의 대외 무역에서 매우 중요한 역할을 하였다. 1842년 이전에는 외국 상인과 중국 행상들이 서로를 잘 알고 있었기 때문에 그들 사이의 신용은 개인의 담보에 의지하거나 또는 담보조차도 필요로 하지 않았다. 그러나 조약이 체결되자 상황이 달라졌다. 빌려 주는 쪽과 빌리는 쪽이 서로를 잘 몰랐기 때문이다. 거래할 때 외국 상인은 중국 시장에 대해 전혀 아는 것이 없었으므로 중국 상인의 어음을 받지 않는 대신 다음과 같은 이유로 전장의 장표를 고집하였다. 첫째, 전장은 금융 기관으로서 상인 개개인보다 신뢰할 수 있었다. 둘째, 매판이 자신을 고용한 외국 상인에게 장표에 대한 보증을 섰기 때문에 수출입 상인들보다는 전장이 더욱 신뢰를 얻었다.[42] 마지막으로 장표는 만약 발행 기관이 상환할 능력이 없으면 외국 상인은 대신 보증인인 매판에게 돈을 받을 수도 있는 일종의 이중 보장이 있었다. 따라서 1846년부터 상하이의 서양 상인들이 장표를 중요한 신용 수단을 이용한 것은 당연한 결과였다.[43]

자딘매디슨사와 오거스틴허드사의 자료에 따르면 이러한 방법이 1840년대와 1850년대에 이미 점차적으로 받아들여지고 있었으며, 1860년 이후에는 필수적이었다고 한다.

1853년 상하이에서는 태평천국의 봉기로 통화가 부족하자 전장에서 발행한 장표의 역할이 더욱 두드러지게 되었다. 그 무렵 상하이에서 유통되던 카를로스 은화가 부족하여 "전장의 장표 사용이 늘어났기 때문이다."44) 그러나 몇 개월이 지나자 이 장표조차 구하기 어렵게 되어 수출입 업무는 위기를 맞게 되었다. 3월 5일, 상하이의 5대 영국 회사들은 영사에게 "전장이 이러한 편리를 거절하여, 수출입에 필요한 세금은 물론 물건을 팔아서 외국 상인에게 빚을 갚을 수도 없기 때문에 홍콩을 떠나려던 몇 척의 선박이 이미 억류되었다"며 불만을 토로하였다.45) 이처럼 청대 말기의 마지막 몇 십 년 동안 장표는 중국의 대외 무역에서 대단히 중요한 역할을 하였다.46)

상하이에서 발행한 장표는 수시로 다른 항구로 보내지기도 하였다. 자딘매디슨사는 자금을 송금할 때에도 장표를 이용하였는데, 1868년 4월 4일 한커우 대표 가워S. I. Gower가 상하이 지사에 '2만 3,000냥짜리 장표'를 받았다고 보고한 것이 좋은 예이다. 가워는 "곤란한 일이 생길 수도 있으니 이후 내게 보내는 모든 장표에 '(정부에서) 공인한 말굽은으로 지불함'이라고 써 달라고 했다. 말굽은은 대략 2%의 차이가 있어 2,000냥의 장표에 이렇게 써 놓지 않으면 마찰이 생길 수도 있기 때문"47)이라고 보고했다. 자딘매디슨사는 1870년대에 상하이와 홍콩 간에도 이와 같은 방법으로 자금을 송금하였다.48)

전장은 오랜 역사를 가지고 있고 경영자들은 장표에 무한 책임을 졌으므로 19세기에 나날이 증대하는 대외 무역에서 장표는 보편적으로 환영을 받았다. 1919년 루자오린(陸兆麟)은 상하이 전장에서 매년 발행하는 장표가 17억 냥 정도라고 추산하였는데,49) 만약 상하이의 발행량이 전국의 절반 정도를 차지한다면 전국에서 발행된 장표의 총액은 34억 냥에 달한다. 전장이 점차 확장되던 추세를 감안한다면, 청대 말기의 몇 십 년 동안 중국 전장에서 발행한 장표의 연간 총액은 약 30억 냥에 달한다고 할 수 있을 것이다.

서양 상인

서양 상인들도 수시로 중국 상인들에게 대출해 주었다. 회사는 중국 상인들을 '현지에 있는 친구'로 생각하고 현물 담보도 없이 단지 전장의 어음만으로도 대출해 주었다. 자딘매디슨사의 파트너들이 주고받은 편지에서 이러한 예는 쉽게 찾아볼 수 있다. 회사는 조약 체결 이전에는 거액을 행상들에게 빌려 주었고, 1842년 이후에는 중국 상인들에게 거액은 아니더라도 대출은 계속해 주었다. 1840년대와 1850년대에는 단기로 아편 상인이나 회사의 매판에게 자금을 빌려 주고, 또 이들을 통해 지방 관리들에게도 빌려 주었는데, 이 때 대부분 전장의 어음을 받고 대출해 주었다.[50]

개인 어음은 화물이나 장표를 담보로 하는 것보다는 안전하지 못하였다. 한 예로 자딘매디슨사의 광저우 지사는 1862년 예커창(葉克昌)이라는 사람에게 개인 어음을 받고 자금을 빌려 주었으나 1863년 1월 이후에 그의 행방이 묘연하였다.[51] 이 사건을 계기로, 회사는 1860년대 중반 이후에는 중국인에게 자금을 빌려 줄 때 반드시 전장의 어음을 담보로 하였다.

1849년 1월 광저우의 매클라우드는 어려움을 겪고 있는 두 중국 상인에게 경제적 도움을 주었고,[52] 1850년대에 자딘매디슨사도 아룽(阿榮)이라는 홍콩 상인에게 많은 자금을 빌려 주었다.[53] 상하이에서 중·서 상인들 간에 신용 거래는 더욱 중요하였다. 아룽은 상하이에서 자딘매디슨사에게 아편과 쌀을 사고, 생사와 차를 팔던 상인으로서 1840~

1850년대에 자딘매디슨사로부터 자주 대출을 받았다.54) 아룽이 1859년 9월에도 1,833냥의 대출을 받은 것으로 보아 이러한 대출은 일상적이었던 것으로 보인다.55) 차를 파는 또 다른 중국 상인 아하오(阿豪) 역시 회사의 대출에 힘입어 1850년대에 돈을 벌 수 있었다.56) 1857년 3월 7일 자딘매디슨사의 비망록에는 중국인들에게 대출해 준 10만 6,900달러의 내역이 빌려간 사람의 이름과 함께 기록되어 있다.57)

퉁위(同裕)	1,200달러
옌타이(顔泰)	400달러
뤄밍(羅明)	1만 5,800달러
쩌위안(澤源)	1만 3,300달러
파마오(發茂)	8,400달러
궁우(龔吳)	8,000달러
아훙(阿洪)	2만 3,400달러
구지(顧記)	7,200달러
아리(阿李)	1만 8,700달러
옌쿤(嚴坤)	7,800달러
아둔(阿屯)	2,700달러

몇 십 년 전과 비교하면 1860년대는 상업이 빠르게 발전하여 신용 확대가 이루어지던 시기였다. 1840년대 이전에 연해 지역의 아편 무역은 주로 현금으로 이루어졌지만 1850년대부터 자딘매디슨사는 푸저우에서 아편을 판매할 때에도 전장의 장표를 받았다. 1861년에 매클라우드는 이런 현상에 대해 다음과 같이 말했다.

> …… 당신은 현금으로 약재(아편)를 거래할 때 바로 돈을 받는다고 생각하겠지만 사실은 그렇지 않다. 실제로는 아편을 주고 며칠 뒤나, 심지어 몇 주일이 지나서야 (전장에서) 받는다.58)

  1868년 1월 31일, 자딘매디슨사의 존슨은 상하이에서 케스윅에게 "우리는 아퉁(阿同)에게 813냥과 2,677냥 등 두 차례 대출을 해 주었지만 겨우 1000냥짜리 전장 어음밖에 담보를 확보하지 못했다"고 보고했다.[59] 그 무렵 자딘매디슨사는 이지(怡記)와 또 다른 광둥 사람과 함께 전장을 경영하였는데, 1867년 이지가 전장의 자금을 남용하여 연말에 전장이 도산하였고,[60] 1868년 9월까지 회사에 20만 6,058냥이라는 거액의 빚을 지고 있었다.[61] 존슨은 아친과 탕징싱이 "빠른 시일 안에 일부라도 상환하겠다"는 답변을 본사에 전했다.[62] 야지(雅記)는 6월부터 9월까지 3,000냥을 갚았는데, 이 빚들은 모두 전장의 장표에 대한 것이었다.

  1869년 4월, 양쯔강 중류 지역의 차상들이 내륙에서 물품을 구매하기 위해 자딘매디슨사의 쥬강(九江) 지사에 긴급 대출을 요청하자 그 곳의 대표인 헨리 베버리지Henry Beveridge는 다시 상하이 지사에 도움을 요청하였고, 존슨은 즉시 5만 냥의 장표를 송금하였다.[63] 푸저우 지사에서도 대출 요구가 있었지만 존슨은 가지고 있는 외국 은행의 환어음이 얼마 없어 3만 냥만 송금하였다.[64]

  1870년대에 자딘매디슨사는 상하이에서 더성(德盛)이라는 산터우(汕頭)의 유명한 상인에게도 장표로 대출을 하는 등[65] 1875년 4월 30일까지 중국 상인들에게 13만 8,084냥을 대출하였고,[66] 6월 말까지 모두 32만 4,097냥을 대출하였다.[67] 그 내역은 다음과 같다.

저우완지(周萬記)	2,220냥
탕징싱(唐景星)	25,000
더선(德善)	300냥
젠선안(謙愼安)	4만 냥
아리(阿李)	2만 냥
훙칭공(洪慶恭)	3,000냥
카이창(凱昌)	4만 7,564냥

서양 회사들은 수시로 그들의 매판이 경제적 어려움을 극복하도록 자금을 빌려 주었다. 오거스틴허드사의 쥬강 주재 대표인 베버리지는 1866년 앨버트 허드Albert F. Heard에게 그의 매판 류수팅(劉述庭)이 '만약 돈을 갚지 못한다면', 얼마까지 돈을 빌려 주어야 하는가를 물었다.[68] 자딘매디슨사의 사정도 마찬가지여서 탕징싱의 경우에서도 알 수 있듯이 거액이 대출되었다. 이처럼 20세기 초에 많은 중국 상인, 특히 매판이었던 광둥 사람들은 여전히 전장의 장표를 이용하여 회사로부터 자금을 빌리곤 하였다.[69]

중국 상인

장표를 이용한 중국인과 외국인 사이의 원활한 신용 대출은 결코 일방적인 것만은 아니었다. 다시 말해 많은 자금을 가지고 있는 중국인들도 수시로 외국인에게 자금을 빌려 주었다. 1818년 몇몇 상인들이 미국 상인들에게 거액을 빌려 주었다는 사실이 알려지기도 했다. 호관도 그 가운데 한 사람으로, 1839년 광저우의 미국 상인 스노P. W. Snow가 경제적 어려움을 겪자 1840년 자원해서 8만 달러를 무이자로 빌려 주었다.[70] 또 다른 행상 리취안항(麗泉行)은 미국인과 신용 거래를 하면서 100만 달러에 달하는 손해를 입자 미국 대통령에게 진정서까지 보냈다. 그는 청 왕조의 법률을 위반하면서까지 미국인에게 자금을 빌려 주었지만 미국인들은 아주 하찮은 핑계를 대며 돈을 갚지 않거나 돈을 다른 사업에 전용하기도 하였다.[71]

아편전쟁 뒤에도 이러한 방식은 계속되었다. 1844년, 상하이의 광둥 상인 진우(金伍)와 친난(秦南)은 자딘매디슨사에 차를 외상으로 팔고 1845년 4월에야 회사에 지불을 요구하였다.[72] 1850년대에 중국인들은 회사에 현금과 아편 또는 '광저우와 인도에서 지불하는 환어음' 등 여러 가지 방식으로 자금을 빌려 주었고,[73] 회사는 이러한 일들이 1850~

1860년대에 '일상적인 일'이라고 하였다.[74] 자딘매디슨사는 자금이 풍족하기로 유명한 회사였지만, 자본이 적은 회사보다도 중국인의 신용 대출에 더 많이 의존하였다. 1851년 10월 11일, 댈러스는 상하이에 있는 외국 상인들의 재무 상황에 대해 언급하면서 "다른 외국 회사들은 모두 자금이 부족하여 어떤 사람들은 중국인들에게 거액의 빚을 지고 있다"고 하였다.[75] 이런 회사 가운데에는 비교적 규모가 컸던 린지사도 포함되는데, 당시 '중국인에게 3라크lak(30만 달러)에 달하는 거액을 빌렸다"고 알려졌다.[76]

1856년 러셀사가 중국의 전상錢商, 사상絲商과 차상들에게 40만 달러라는 거액의 빚을 졌다는 것은 알려진 사실이었다. 6월 5일 상하이에서 알렉산더 퍼시벌은 "중국인들 사이에 몇몇 외국 회사들이 채무를 상환할 능력이 없다는 소문이 있는데, 그 가운데 린지사와 러셀사가 포함된다는 말이 퍼져 있다. 특히 러셀사는 중국 전상에게 20만 달러, 사상에게도 20만 달러의 빚을 졌다고 한다"고 하였다.[77] 1860년대 이후 많은 중국인들은 러셀사 산하의 회사들과[78] 오거스틴허드사에 많은 투자를 하였다. 1855년 오거스틴허드사의 광저우 본사는 매판을 통해 14만 달러 이상을 빌렸고, 9월에는 탕마오(唐茂)에게 1년 기한으로 4만 5,000달러, 12월에 또 4만 5,000달러를 빌렸다. 1850년대 후반과 1860년대 초에도 이와 비슷한 대출이 계속되었다.[79] 1863년 이 회사 홍콩 지사의 앨버트 허드는 "스앙(仕揚)이라는 매판은 통이 큰 사업가니 …… 2만 3,000달러를 더 빌릴 수 있기를 바란다"고 하였다.[80] 1861년 그는 상하이에서 베이징으로 쌀을 운송하여 큰 이익을 남기는 사업을 하기 위해 계약금 6만 달러 가운데 10만 달러를 중국 상인에게 빌렸으며,[81] 이는 1870년대에도 계속되었다.[82]

전장은 장표를 이용하여 중국 상인들에게도 편리를 제공하였다. 1840년대 후반 광저우의 부상富商들은 종종 샤먼 또는 인근의 북방 상인들에게 자금을 대출해 주었다. 이들은 통상적으로 월 1%를 넘지 않는 정도의 이자를 받았지만, 연해 지역에서의 협력 관계를 유지하기 위해 돈을 상환하기 전까지 화물을 담보로 잡을 수도 있었고, 어떤 권리를 대변하기도 하였다. 이로 인해 원래 광저우에 집중되어 있던 중국 자본이 점차 샤먼과 상하이로 분산될 수 있었다.[83]

더욱 중요한 것은 전장의 장표가 내륙 지역, 특히 규모가 큰 개항 항구 주변에서 생사와 차를 구매하는 데 더욱 편리하였다는 점이다. 예를 들어 상하이에서는 아친과 아리, 탕징싱이 1860년대 후반부터 1870년대 초까지 세 곳의 전장을 경영하며 "향촌에서의 차 거래에 거액을 대출하였고",[84] 또 이 곳에서 가장 유명한 상인 쉬룬(徐潤)은 파산한 지 2년 뒤인 1886년에 재기를 도모하며, 후난성과 후베이성 등 내륙에서 차를 구매하기 위해 상하이의 여러 전장으로부터 6개월 기한으로 20만 냥이 넘는 자금을 빌리기도 하였다.[85]

차 생산지 부근의 푸저우와 한커우 등, 2선 격인 개항 항구에도 많은 전장들이 있었다. 규모는 비록 상하이보다 작았지만 생산지와 가까운 이점으로 현지의 상인들에게 많은 도움을 주었다. 한커우 전장에서도 1860와 1870년대에 장표 형식으로 현지의 차상에게 자금을 빌려 주었고, 그 가운데 공둔마오(公惇茂)와 신창타이(新昌泰)라는 두 전장이 특히 이 방면에 큰 영향력을 가지고 있었다. 신창타이는 1871년 5월에 1만 8,000냥,[86] 다음 해 3월에는 4,574냥을 대출하였다.[87] 그러나 20년 전과 비교하면 1880년대 전장의 대출은 매우 신중한 편이었다.[88]

대출과 저당

대출을 받을 때에는 어음 외에 채권자가 요구하는 특정 물품을 담보물로 제공하기도 하였다. 담보에는 여러 형식이 있었는데, 개항 항구의 주식이나 부동산 문서 등 특정한 가치가 있는 담보물을 요구하기도 하였다. 상인들은 화물의 저장과 운반을 위해 대출을 받을 때에는 화물이나 배에 선적된 화물에 대한 우선 저당권을 담보로 하고, 만약 계약을 위반하면 저당 잡힌 물건은 모두 채권자의 소유가 되는 방식이 일반적이었다. 1850년대 이후 서양 상인들은 수시로 내륙에서 중국 상인들에게 생사와 차를 구입하기 위해 거액을 대출해 주면서 차나 생사를 담보로 하였다. 또 중국 상인들은 회사측에 일정한 가격으로 생사와 차를 판다거나 시장 가격으로 먼저 물건을 확보할 수 있는 '우선 선택권'을 주기도 하였다.

저당

1850년대에 자딘매디슨사는 개항 항구 특히 상하이의 중국 상인들에게 물품을 저당 잡고 돈을 빌려 주었는데, 1859년 제임스 휘틀이 타이지와 아퉁에게 대출해 준 것이 좋은 예이다.[89] 1863년 샤먼의 차상 아페이(阿佩)도 홍콩의 본사에 "월 1%의 이자에 담보를 제공하고" 1만 달러의 대출을 신청하였다.[90] 같은 시기에 휘틀은 닝보의 상인 타이지에게 "그가 소유한 엄청난 가치"의 부동산을 담보로 하여 거액을 대출해 주었다.[91] 한커우에서도 1860년대와 1870년에 회사와 정기적으로 거래를 하던 유룽이 상당한 담보를 제공하고 대출을 받았다. 존슨은 회사가 1868년에 유룽의 "이전 채무에 대한 담보물을 확보하였다"고 하였다.[92] 유룽은 1870년대까지 계속 회사의 상하이 지사에서 돈을 빌렸고,[93] 지사와 홍콩의 본사에 수시로 "빚을 청산하겠다"고 하였지만,[94] 대출 기간이 만료된 뒤에도 사정이 좋지 못할 경우에는 이자까지 원금에 포함되어 대출을 계속 유지할 수 있었다.[95]

1860년대 후반, 자딘매디슨사의 매판 탕징싱은 아친, 아리와 같이 차상과 전장을 운영하여 1871년까지는 아주 번성하였다. 그 해 봄, 상하이에서 자딘매디슨사가 곧 철수할 것이라는 소문이 돌아 영업이 어려워지자 탕징싱은 5월 31일에 존슨에게 도움을 청하였다. 존슨은 탕징싱의 장부를 조사한 뒤, 회사가 그에게 관리를 위탁한 장표 가운데 아직 만기가 돌아오지 않은 8만 냥을 부당하게 할인한 것을 발견하고 놀랐다. 존슨은 즉시 홍콩의 본사와 연락을 취해 케스윅에게 한 번 더 탕징싱을 도와줄 것을 요청하였고, 케스윅은 다시 탕징싱에게 12만 냥의 거금을 대출해 주었다.96)

이 대출로 회사는 여러 가지 담보를 잡았다. 한커우에서 지불하는 3만 냥의 환어음과 역시 3만 냥짜리 전당포 어음 외에도, 존슨이 상하이와 전강(鎭江)에 있는 5만 냥어치의 '주식과 부동산'도 담보물로 잡았다.97) 탕징싱은 회사에서 4만 5,000냥을 대출 받으면서 모두 6만 2,000냥에 달하는 담보물을 제공하였던 것이다.98)

주식과 부동산 외에 서양 상인들은 중국 상인들이 일시적으로 외국인 창고나 항구에 맡겨 놓은 화물 등도 담보로 하였다. 1847년 오거스틴허드사와 상하이의 한 중국인 차상이 대출에 관한 협의서를 작성하였는데, 회사는 이 상인에게 개인이 발행하는 1,000달러 이내에서 대출을 해 준다는 내용이었다. 원금은 차를 팔아 상환하기로 하였으며 이자는 월 1%로 정했는데, 15일 이내에 갚으면 6개월로, 15일을 초과하면 1개월로 계산한다는 것이었다. 만기가 되거나 대출 액수가 1,000달러를 초과하면 회사가 대출 여부를 다시 결정하였다. 그러나 대출이 실시되면 차는 반드시 회사의 명의로 해야 하며, 차상은 매월 0.25%의 화재보험료까지 부담해야 했다. 대출액이 1,000달러를 초과하면 반드시 3개월 이내에 상환해야 하고, 지키지 못할 경우에는 회사가 차를 팔아 현금을 가져 갔으며, 회사의 대출금은 절대로 창고에 보관중인 차 가격의 절반을 넘지 않았다.99)

1860년대 초 이후 해운업의 발달로 창고가 늘어나자 자딘매디슨사는 창고에 보관중인 화물을 담보로 하는 대출을 확대하였다.[100] 회사는 아친 등 "현지의 오랜 친구들"과 거래하였고,[101] 1868년 샤먼 지사도 아커우(阿扣)에게 대출해 주면서 회사의 창고에 보관된 '당시 가장 좋은 차'를 담보로 잡았다. 또 회사는 아커우가 이자와 화재 보험료까지 지불하기로 하고 대출 만기를 연장해 주었는데,[102] 1870년까지 이러한 방법은 계속되었다. 1874년 4월분 상하이 지사의 회계 장부에 따르면, 그 달 순타이(順泰) 부두에 화물을 보관하고 있던 15명의 중국 상인에게 모두 6만 5,000냥을 연 이율 20%에 대출해 주었고, "홍칭궁(洪慶恭)에게 회사의 서쪽 창고에 보관중인 100포의 토포土布를 담보로 설정하고 2,000냥을 10%의 이자로 빌려 주었다"고 하였다.[103] 1875년 9월, 상하이 지사는 '부두를 담보로 대출해 주는 방법'을 시도하였다. 이 방법은 이자가 높을 뿐 아니라 '좋은 담보'까지 확보할 수 있었기 때문이다.[104]

또 다른 형태의 담보는 외국 선박에 선적되어 운반중인 중국 상인의 화물이었다. 상인들은 '화물을 담보로 유럽 자본에서 대출을 받고 이자는 운임비로 지불'하였다. 광둥성과 푸젠성 등지의 남방 상인들은 "이러한 방식의 신용 대출의 장점과 사용법을 잘 이용함으로써"[105] 강력한 경쟁력을 가진 상인들이 될 수 있었다. 자딘매디슨사의 자료에 따르면 이러한 신용 대출은 상하이가 대외적인 무역을 개방한 지 2년이 지난 1844년 12월에 이미 시작되었다. 상하이 대표인 댈러스는 이 방법이 특히 생사를 홍콩까지 운송하는 중국 상인들에게 많은 도움이 되었다고 하였다.[106] 1846~1847년에 많은 중국인 차상들이 내륙에서 차를 수매하였지만 개항 항구의 차 시장이 침체를 벗어나지 못하자 자딘매디슨사는 회사의 선박으로 수출할 수 있도록 저렴한 이자로 대출해 주고 원래 결제하던 날짜에 갚도록 하였다.[107]

1860년 자딘매디슨사는 자사의 선박을 이용하여 상하이에서 런던으로 교역하는 천융창(陳永昌)에게 운송중인 생사를 담보로 2,000파운드를 대출해 주었고, 다음 해에는 아친에게 리옹으로 운송하는 생사를 담보로 비슷한 대출을 해 주었다.[108] 이 회사의 푸저우 대표인 매클라우드도 이러한 방식에 흥미를 가져 '차상들에게 이러한 자금으로 차를 운송하도록' 권하였다. 그는 1861년 융타이(永泰)라는 상인에게 1만 달러를 대출해 주었으며,[109] 1866년 9월에 쥬강(九江) 지사는 아퉁에게 대출해 주고 아퉁은 4상자의 궁푸차(工夫茶)를 쥬강에서 런던으로 보냈다. 에드워드 휘틀Edward Whittall은 이 화물들에 대하여, 회사의 자금이 포함되어 있기는 하지만 화물은 절대적으로 아퉁의 소유라는 표현을 하였다.[110] 상하이의 유명한 상인 더성(德盛)도 수시로 운송중인 토산품 화물을 담보로 자딘매디슨사로부터 대출을 받곤 하였다.[111] 이러한 대출은 1870년대에 더욱 보편화되어 상하이 지사는 1875년 9월에 "여러 부두에서 이런 대출 신청이 많이 들어온다"고 하였고,[112] 회사의 자료에도 1880년대에 이러한 추세가 끊이지 않았다고 나타나 있다.[113]

내륙에서의 구매를 위한 대출

자딘매디슨사는 상하이에서 중국 상인들에게 차를 구매하도록 대출해 주었다. 1852년 댈러스는 아룽(阿隆)에게 '적절하게' 1,828달러를 대출해 주고, 상하이에서 차를 전문으로 거래하는 완평항에게도 대출해 주었다.[114] 1860년대 초에 회사가 대출해 주던 가장 중요한 차상은 구지(顧記)라는 상인이었다. 1864년 10월 7일, 케스윅은 "오늘 구지에게 먼저 말했던 카르타고Carthage 호에 실은 화물에 대한 대출과 같은 조건으로 은 200조(條)를 대출해 주었다. 거액이고 매우 중요한 교역이므로 허가해 주기 바란다"고 한 것이 좋은 예이다.[115] 1868년 1월, 존슨은 아룽에게 특별히 2만 냥을 대출해 주면서 "이 대출은 표면적으로는 차 구매를 위한 것이지만, 사실은 그의 재정적인 어려움을 덜어 주기 위한 것"이라는 설명을 덧붙였다.116) 3월에는 아친에게 특별히 무양차(穆洋茶)를 구입한다는 조건으로 1만 냥을 대출해 주었고,117) 아리에게는 4만 5,000냥과 2만 달러 등 세 차례에 걸쳐 거액을 대출해 주었다. 그 내역은 다음과 같다.118)

날 짜	둔시차 장부 (屯溪茶帳)	닝저우차 장부 (寧州茶帳)	무양차 장부 (穆洋茶帳)
3. 17	1만 냥	0	0
3. 21	0	2만 냥	2만 달러
3. 26	1만 냥	0	5,000냥

9월에 존슨은 다시 아리에게 둔시차(屯溪茶)와 무양차를 구입하기 위한 비용을 대출해 주었다.119)

미국의 러셀사와 오거스틴허드사는 1850년대 중반부터 푸저우에서 내륙의 차를 구매하기 위한 대출을 실시하였다. 허드 2세는 "2, 3월에 …… 이 작은 지역에 거액이 유입되었으나 5월이 되어도 차가 회수되지 않았다. 이런 거래는 위험 부담이 너무 컸다"고 술회하였다.120) 자딘매디슨사는 이러한 방식으로 1859년 3월 아시(阿熙)에게 2만 744달러를 대출해 주었다.121) 2년 후, 매클라우드는 세 사람의 차상에게 샹차(香茶)를 구입하는 조건으로 2만 4,000달러를 대출해 주었는데,122) 한 달 후에 그 가운데 한 사람이 중병을 얻는 바람에 매클라우드를 "매우 초조하게 하였다."123) 1863년 오거스틴허드사의 한커우 대표인 브리지스H. G. Bridges는 이 지역에서의 러셀사의 대출에 대해 "차상에게 대출해 주고 내륙에서 차를 가져오면 회사는 판매한 뒤 4%의 이익을 얻었다"고 하였다.124) 자딘매디슨사도 이러한 목적으로 1866년 유룽에게 2만 5,000달러의 거액을 빌려 주었으며,125) 액수는 작지만 아시(阿喜)를 포함한 다른 중국인들에게도 대출해 주었다.126) 중국인 차상들은 이러한 외국 회사의 자금으로 내륙의 차 산지에서 생산자들과 계약을 맺고 가격을 먼저 정한 뒤 일정한 계약금을 지불하였다.[127]

외국 상인들은 이 방식으로 생사도 구입하여, 양질의 생사를 확보할 수 있었다. 상하이가 대외 무역을 개방한 지 4년 후, 댈러스는 수시로 홍콩의 본점에 상하이에서의 생사 구입에 관한 대출을 보고하면서[128] 이 업무를 더 적극적으로 추진할 필요가 있는가를 물었고, 도널드 매디슨은 적극적으로 이를 지지하였다.[129]

댈러스는 본사의 지지를 받으면서 내륙의 생사를 구입하기 위한 대출을 계속 추진하였고, 1851년 상하이의 대다수 서양 회사도 이러한 방식을 따랐다. 자딘매디슨사는 다른 회사들이 따라오는 것을 방지하기 위해 신속하게 대출을 확대해 나갔다. 대출의 규모도 점차 커져 1851년에 타이지는 댈러스에게 10만 달러라는 거액을 요청한 일도 있었다. 댈러스는 이에 대해 "타이지가 원활한 영업을 위해 신청한 대출에 대해 약 4만 달러에 달하는 140포의 생사를 담보로 설정했다. 이 곳의 대다수 회사들은 모두 이러한 대출을 하고 가격도 유리하며, 이런 대출이 없다면 차나 생사를 일찍 얻는 것은 불가능하다"고 하였다.[130]

5월에 댈러스는 영국의 덴트사가 1년 동안 대출해 준 총액이 30만 달러이며, 린지사가 같은 목적으로 타이지의 이전 사무장에게 8만 달러를 대출해 주었다는 사실을 알고 나서 타이지에게 이미 대출한 10만 달러 이외에 5만 달러를 추가로 대출해 줄 예정이었다.[131] 자딘매디슨사의 상하이 지사는 간혹 고치(蠶繭 잠견) 구입을 위한 대출도 실시하였다. 이를 위해 1860년 둔신(惇信)과 진타이(金泰), 아리, 쩌위안(澤源), 파마오(發茂) 등의 상인에게 대출해 주었고,[132] 1년 뒤에도 이러한 기조는 변함이 없었다.[133]

자딘매디슨사는 1850년대부터 거래해 왔던 중국 상인 아리에게 생사 구입을 위해 대출해 주었는데, 1868년 4월 존슨은 상하이에서 "아리에게 차틀리스Tsatlees와 레드피콕스Red Peacocks를 구입하는 데 필요한 6만 달러와 2만 달러를 대출해 주면 좋은 조건으로 이자를 챙길 수 있다. 구매한 다음 달에 첫 배편으로 새로운 생사를 받을 수 있을 것"이라고 하였다.134) 9월에 존슨은 아리에게 '내륙에서 생사를 구입'하도록 5만 달러를 더 대출해 주었고,135) 더성에게는 '난징(南京)의 무명(本色土布 ; nankeen)'을 구입하도록 1만 5,000냥을 대출해 주었다. 1869년 5월, 존슨은 다시 아리에게 대출을 계획하면서 "지금 지방에 머물고 있는 메서Messer가 8만 달러의 자금을 가지고 있는데, 3만 달러를 추가로 지급하여 아리를 통해 고치를 더 구입할 수 있도록 하겠다. 성공을 낙관하며, 앞으로 아리에게 내륙에서 생사를 구입하도록 3만 달러를 더 대출해 줄 예정"이라고 하였다.136)

1860년대에 자딘매디슨사의 상하이 지사는 차와 생사 및 고치 구매를 위해 일상적으로 중국 상인들에게 대출해 주었다. 제임스 휘틀은 1860년 7월, 아리와 야지(雅記)에게 몇 차례 대출을 해 주었고,137) 3개월 뒤에 다시 패트리지Patridge 선장을 통해 야지의 대리인에게 6만 6,000냥을,138) 10월에는 2만 2,000냥을 대출해 주었다.139) 1861년 9월 13일 자딘매디슨사는 아리와 아퉁, 아친, 타이지, 둔신, 쩌위안 등의 중국 상인에게 비슷한 대출을 해 주었다고 한다.140) 1863년 초에 자딘매디슨사는 "전체적으로 회사의 자금이 많이 줄었다"고 할 정도로 야지에게 거액을 대출해 주었다.141)

1870년대 초, 외국 상인들이 위험을 감지하고 내륙에서의 구매를 위해 중국인들에게 해 주던 대출을 줄이기 시작하였는데, 1871년 6월 1일에 존슨은 상하이에서 이에 관해 다음과 같이 언급하였다.

나는 위험에 상응하는 이윤을 얻지 못하면 중국인들에 대한 대출을 결국 포기해야 한다고 생각한다. 따라서 중국 중개인들에게 우리의 자금 외에 다른 신용 대출을 광범위하게 이용하여 산지에서의 차 가격을 올리라고 하였다. 우리가 아무리 신중하더라도 수시로 상당한 손실을 피할 수 없을 것이다. 지난 해에 이미 이런 결론을 얻었고, 지금도 달라진 것은 없다.[142]

1870년대 중반에 자딘매디슨사는 '생사와 차, 아편을 구입하기 위한 대출 신청'을 많이 받았지만,[143] 실제로 대출된 액수는 많지 않았다. 1874년 4월의 회계 장부에 따르면 '생사 구매'라는 명목으로 실시한 대출로 4월 1일까지 상환받지 못한 금액은 겨우 1만 1,000냥에 불과하였다.[144] 1875년 4월 30일의 대차 대조표에 상하이 지사에서 차 구매 명목으로 4만 냥을 대출해 준 것으로 기록되어 있는데,[145] 20여 년 전과 비교해 본다면 이는 아주 적은 액수였다. 1880년대에는 내륙에서의 물품 구매를 위한 대출액은 최소 한도로 감소하였다.[146]

서양 회사가 중국인들에게 대출해 준 이유는 생사와 차의 구매 이외에도 자신들의 아편과 옷감 등 수입품을 판매하기 위해서였다. 앞의 제3장에서도 보았듯이 외국 상인은 항상 아편으로 중국인에게 대출해 주었다. 이는 외국 상인의 입장에서 현금으로 대출해 주는 것보다도 유리하게 '좋은 조건'을 선택할 수 있었기 때문이다.[147] 상하이에서 대외 무역이 개방된 지 얼마 후에 자딘매디슨사는 중국 상인들에게 차를 영국으로 운송하여 판매하도록 낮은 이자로 대출해 주었고, 중국 상인은 런던에서 얻은 수익으로 회사에 옷감을 주문하였다.[148]

1840년대 중반, 중국 상인들이 때때로 차와 생사를 외국 상인에게 신용으로 주는 경우도 있었다.[149] 1850년대 초, 상하이에서 이러한 신용 거래는 아주 보편화되어 댈러스는 1851년 "이 곳 외국 상인들 가운데 소수를 제외하고는 모두 중국의 차상이나 사상에게 빚지고 있다"고 하였다.[150] 1850년대와 1860년대에 야지는 자딘매디슨사의 최대 채권자였고,[151] 같은 시기에 회사는 아친에게 19포의 생사 판매 대금과 또 다른 "거액의 빚을 지고 있었으며",[152] 1861년 유룽에게 차와 현금 4만 달러를 빚지고 있었다.[153] 그러나 19세기 후반에는 일반적으로 외국 상인이 중국 상인에게 대출해 주는 상황이 전개되었다.

신용 거래의 한계와 그 의의

연해 지역의 신용 거래는 기한과 수량, 변동성, 경쟁 그리고 과도한 확대 등이라는 점에서 한계가 있었다. 그렇지만 신용 거래는 무역에서 필수적인 것으로 매우 중요한 역할을 하였고, 또 쉽게 신용 대출을 받음으로써 저금리를 유도하여 상업 자본주의의 발전에 분명한 영향을 미칠 수 있었다.

한계 또는 취약성

중국에서 신용 대출은 상업을 발전시키는 데 몇 가지 한계를 안고 있었다. 첫째, 외국인이 중국 상인에게 해 준 대출은 대부분 단기여서 중국 경제에 대한 영향이 제한적이었다는 점이다. 서양 상인들은 일반적으로 중국 상인들이 차와 생사를 시장에 내다 팔면 바로 상환을 요구하였다.[154] 1860년대와 1870년대 초에 자딘매디슨사의 대출 기간은 보통 6주에서 8주였는데, 이에 대해 존슨은 1871년 "우리는 약 2개월쯤 뒤, 즉 14종류의 차를 판매할 때까지 기다렸다가 대금을 상환하지만 대부분 6주 뒤면 상환할 수 있을 것이다. 사실상 우리의 입장은 몇 년 전 거액을 대출할 때와 변함이 없다"고 하였다.[155]

대출 기한은 며칠에서 1년까지 일정하지 않지만 평균 6주 정도였다. 6주라는 기간은 전통적 신용 거래보다는 장기라도, 근대 경제 발전의 추세에 비춰 본다면 턱없이 짧은 것이다. 상업 대출이 일반적으로 장기는 아니더라도 1860년대 탁표(콜론)의 평균 기한인 6일은 너무 짧은 것이었다. 만약 장기 대출이 실시되었더라면 상업 발전은 더욱 빨랐을 것이다.

둘째, 외국 회사의 대출은 금액이 많지 않았다. 중국 근대 경제의 전체적인 면에서 본다면 중국인이 외국인에게 돈을 빌린 경우는 많지 않았다. 앞에서 말한 것처럼 청 정부도 외국으로부터 많은 차관을 들여오지 않았고, 차관으로 들여왔다 하더라도 주로 비경제적인 용도로 사용되었다. 1861~1938년에 중국 정부가 외국으로부터 빌린, 불변 가격不變價格으로 표시된 차관 중 44%는 국방과 배상의 목적으로, 31%는 철도에, 20%는 일반 행정 경비로, 5%는 공업 부문에 쓰였다.156) 이 차관 가운데 상업 발전에 쓰인 것은 하나도 없었다. 그러나 이 기간에 중국에 대한 외국의 직접 투자는 갈수록 중요성이 커져 갔다.

셋째, 연해 지역의 많은 중국 상인들은 상당 부분 국제적인 신용 거래에 의존하였는데, 이는 지나치게 변동이 심했다. 개항 항구의 환율은 세계 금융 시장의 영향을 받아 크게 불안정하였고, 환율이 요동치면 유통 증권으로서의 환어음이 제대로 기능하지 못하여 할인과 매매가 어려워졌다.

넷째, 연해 지역의 신용 대출은 내륙보다 경쟁력이 강했지만 여전히 한계가 있었다. 한 가지 예로서 자딘매디슨사가 1874년 '현지의 친구'들에게는 연 10~15%의 이자를 받았지만, 별다른 거래가 없었던 다른 15명의 중국 상인들에게는 6만 5,000냥을 대출해 주고 20%나 되는 이자를 받았던 것이다.157)

마지막으로 연해 지역에서 신용 거래는 필수 불가결한 것이었지만 위험 또한 피할 수 없었다. 신용의 확대는 금융상의 '거품(공매매 — 차금差金 거래, 즉 현품 없이 투기적으로 물건을 사고 파는 것)'과 '공황'을 유발하기 때문이었다. 즉, 빠르게 진행되던 신용 확대가 완만해지거나 멈추게 되면 부실 대출이 나타나게 되고, 이는 바로 재정과 거래의 붕괴를 초래하였다.[158] 1883년 상하이의 금융 공황이 좋은 예로서, 여기에 대해서는 제11장에서 상세하게 논의할 것이다. 대 중국 무역을 처음 시작한 영국 버터필드사(Butterfield & Swire)의 파트너인 존 새뮤얼 스와이어John Samuel Swire는 상하이를 방문했을 때 회사에 엄청난 손실을 초래할 수 있는 느슨한 신용 거래 정책에 경악하고, 이를 책임지고 있는 직원들을 다음과 같이 질책하였다.

나는 당신들의 직무 태만으로 거의 10만 냥의 손실을 입은 데 대해 경악을 금치 못하겠다. 나는 계속 이러한 신용 제도에 대해 불안하다고 했지만 그 때마다 …… 헨리 엔디컷Henry B. Endicott은 위험하지 않다고 자신 있게 말했다. 이제 와서 그는 운송비를 감독하는 것은 자신의 업무가 아니라고 말한다. …… 그는 매판이 아직 빚을 갚지 않았다는 말을 듣고도 빚을 갚지 않은 상점들의 명단을 모른다고 하는데, 이는 있을 수 없는 일이며 직무 태만으로 응분의 처벌을 받아야 한다. …… 이것은 마치 새장에 난 작은 구멍만 보고 새장 문이 열렸는지는 모르는 것과 마찬가지다. 이 곳의 경영자도 당연히 책임을 져야 할 것이다.[159]

또 다른 예로 1908년 텐진에서 발생한 금융 위기 역시 느슨한 신용 방식이 초래한 것이었다. 1890년대 이후 매판 제도가 점차 쇠퇴하자 외국 상인들은 매판의 보증 없이 직접 중국 상인에게 대출해 주었다. 1907년 '북방 항구의 수출이 점차 불안정'한 상황에 빠지자 중국 상인들은 많은 빚을 지게 되었고, 11월이 되자 외국 상인들이 신용으로 대출해 준 700만 냥 이상의 빚을 상환하지 못하였다. 이 가운데 상당한 액수는 다시 거액을 빌려 주지 않는 한 상환이 불가능하여 새로운 자금이 투입되어야만 했다.[160]

대 중국 무역에 관여하는 영국 상인 조직인 '중국협회(the China Association)'의 회장은 1908년 영국의 상하이 주재 영사에게 편지를 보내 당시의 금융 위기에 대해 다음과 같이 언급하였다.

문제는 당연히 신용 형식으로 화물을 중국인에게 주는 방식에서 발생한 것이다. 이러한 거래 방식은 톈진에서 오랫동안 성행해 왔지만, 최근 몇 년 동안 급격히 증가해서 오늘의 위기를 불러왔다. 우리 위원회에서는 이러한 기초 위에서 무역의 발전은 불안정하다고 생각한다. 물건이 현지인의 손에 넘어간 뒤, 외국 회사나 외국 은행 모두 담보물에 대해 추적이 불가능하기 때문이다. 국내 무역에서 자금을 모을 때에도 고객을 알고 담보를 추적할 수 있다는 점에서 오직 전장만이 안전하고 효과적일 수 있을 것이다.[161]

무역에 필수적인 신용

1860년대 중반 한커우에서 벌어졌던 현금 지불 운동의 실패는 상업에서 신용이 얼마나 필수적인가를 보여 주는 좋은 예라고 할 수 있다. 외국 상인들은 1850년대와 1860년대 초, 수시로 중국 상인에게 장기 대출을 해 주었지만, 1865년 몇 가지 이유로 한커우에서 더 이상 신용 대출을 해 주려 하지 않았다. 우선 한커우의 전장은 신용 대출면에서 상하이보다 신뢰도가 떨어져 안전하지 않았기 때문이다. 오거스틴허드사의 브리지스는 1866년 6월 28일의 보고에서 "아편 상인이나 다른 상품의 구매자들은 스스로 전장이라고 부르는 가게를 열고 장표를 발행하여 물건을 구매한다"고 하였다.[162] 1862년부터 1867년까지 몇 곳의 전장이 도산하였는데, 외국 상인들은 여기서 1만 5,000냥의 손실을 입었다고 주장하였다.[163]

다음으로 어떤 매판들은 이러한 금융 위기의 심각성을 느끼고 외국 상인에게 전장의 장표에 대해 보증을 서려 하지 않았다. 오거스틴허드사의 한커우 매판인 류수팅은 "외국 은행은 철저한데 내가 어찌 엉성한 중국 전장에 보증을 서겠는가? 만약 내가 당신의 화물을 누구에게 팔았을 때 그가 이 화물을 자기 가게 뒤로 가져가서 태워 버렸다고 한다면 내가 무슨 말을 할 수 있겠는가. 나는 보험 회사가 아니다"라고 하였다.[164] 결국 전장의 장표에 보증을 섰던 매판은 항상 투기적인 거래로 파산할 수밖에 없었다.

1865년 9월 4일 한커우의 외국 상인들은 회의를 열어 "최근 매판들의 파산은 변화가 필요하다는 증거"라고 말하고, 구체적으로 "모두가 위험하고 유해하다고 생각하는 전장에서 발행하는 3주에서 2개월 기한의 탁표 제도(콜론)를 거부할 것"을 결정하였다. 이에 따라 물건을 팔면 현금이나 5일짜리 장표만 받았는데 '이 결정은 외국인이 현지에서 거래하는 모든 화물에 적용되었다.' 상인들은 만약 이 협의를 위반할 경우에 1,000냥의 벌금을 물기로 하는 한편, 3명의 회원을 상하이에 파견하여 지지를 요구하였다.165) 이후 그들은 수시로 회의를 열고 현금으로 지불하는 거래 방식을 관철시켰다.166) 한커우의 영국 영사는 이 노력이 처음에는 성공하였다고 보고하였고,167) 상하이의 큰 회사들도 중국인들이 현금으로 지불하는 방법을 관철하도록 하겠다고 지지를 표시하였다.168)

그러나 외국 상인들의 현금 지불 방식은 오래 가지 못하였다. 1866년 말, 현금 지불 제도는 '예상했던 유리한 결과를 이끌어 내지 못한 채', 중국 상인과 신용으로 거래하는 옛날 방식이 다시 되풀이되었다. 중국인들은 '다시 회사에게 신용으로 물건을 구입'하기 시작하였지만, 더 중요한 것은 중국인에 대한 신용 대출의 조건은 오히려 예전만큼 엄격하지 않았다는 점이다. 외국 상인들은 중국 상점의 환어음을 (전장의 장표가 아니더라도) 아무 조건 없이 받기 시작하였다.169)

현금 지불 운동이 실패하게 된 원인은 중국 상인들의 저항 때문이었다. 사실, 이 제도는 실행 초기부터 중국 상인들의 '장기적이고 지속적이며 힘 있는 저항'에 직면하여 실효를 거두지 못하였다.170) 중국인들은 현금 지불 제도는 쌍방에서 진행되어야 한다며 외국 상인에게 차와 생사를 팔 때에도 '현금'을 요구하였다.171) 한편 매판은 전장의 장표를 처리해 준 대가로 받았던 과외 수입을 잃게 되자 현금 지불 제도에 비판적이었지만,172) 상하이의 지방 행정관은 1865년 11월에 현금으로 수입품과 토산품을 매매하도록 하였고,173) 한커우의 지방관도 1867년 7월에 현금 거래가 아니면 외국인에게 토산품을 판매하는 행위를 금지한다고 공고하였다.174)

외국 상인이 현금을 지불하는 데에는 어려움이 있었다. 첫째는 협의 사항, 특히 처벌 조항을 이행하기 어렵다는 점이었다. 둘째, 외국 상인들은 현금 지불이 엄격하게 이행되면 중국 상인들이 자신들을 거치지 않고 외국에서 직접 수입할지도 모른다고 우려하였다.175) 마지막으로 현재의 거래에서 얻는 이익이 너무 커서 유혹을 물리칠 수 없었던 것이다.176) 그러나 중요한 것은 시장의 힘이었다. 현금 지불의 실행 초기인 1865년 9월 16일, 『노스차이나헤럴드』는 "수입 시장에 어떤 돌발적인 위기가 발생하면 외국 상인들은 그들이 협의한 내용을 지킬 수 없을 것"이라고 지적하였으며,177) 1866년 3월 3일 한커우 주재 영국 영사도 "화물의 판매를 제한하기 때문에 수입 무역에 나쁜 영향을 미칠 것"이라고 우려를 표명하였다.178) 결국 한커우에서 외국인의 연합 행동은 참패로 돌아갔다. 이 제도는 쥬강(九江)에서도 비슷한 실패를 겪어 "이 제도가 실행되자 무역은 더 이상 외국 상인의 통제를 받지 않고 본토 상인이 장악하게 되어 모두 3개월 만기의 신용 거래를 실시하였다"고 한다.179) 어쨌든 외국 상인들은 "거래를 포기하든지 아니면 위험한 거래에 모험을 걸든지 양자 택일할 수밖에 없었다."180)

사실, 1866년 여름에 한커우의 외국 상인들이 단결하여 현금 지불 제도를 시행하려고 했던 것은 처음 있는 일도 아니고 이후에도 계속되었지만, 이러한 모든 시도는 "물건을 팔아야 할 급한 이유가 생기면 아무 효력이 없었다."181) 예를 들면, 1864년 초에 한커우의 주요 회사들은 아편과 제조품을 상품 가치와 동등한 3주 만기의 장표가 아니면 구매하지 않기로 협의하고, 참가자가 다른 참가자에게 먼저 통보하지 않으면 신용 기간을 연장할 수 없도록 정하였다. 이 협의는 1865년 봄까지 순조롭게 이행되었지만, 미국의 내전이 끝나면서 면제품 시장이 침체하자 화주들은 급히 물건을 팔아야 했으며, 몇몇 회사가 협의를 무시하고 중국 상인들과 2개월 만기의 신용 거래를 하면서 다른 회사에게 통보하지 않음으로써 현금 지불 제도는 곧바로 붕괴되었다.[182] 1910년에 중국이 대외 무역에서 전장의 장표를 받지 않으려는 노력도 역시 실패로 돌아갔다.[183]

중국측에서도 중국 상인이 주장했던, 자신들의 상품에 대한 현금 구매 요구 역시 성공하지 못하였다. 1873년 여름, 상하이의 생사 및 차 상인 조합이 모두 현금 지불 방법을 채택하고,[184] 조합의 회원들은 화물을 선적한 선박이 항구를 떠나기 전에 현금으로 물품 대금을 받는다는 조건으로 외국 상인에게 차와 생사를 판매하기로 합의하였지만, 1865∼1866년 한커우의 외국 상인들 경우처럼 회원들이 판매의 압박을 받으면서 협의는 효력을 잃어버릴 수밖에 없었다. 상인 조합도 결국 시장에 굴복하여 10월 중에 스스로 이 방식을 포기하였다.[185] 1867년에 한 영국 상인은 신용 거래가 중국의 대외 무역에서 차지하는 작용에 대해 다음과 같이 적절한 논평을 하였다. "만약 당신이 신용과 무관하다면 당신은 무역과도 무관한 것이다."[186]

이자율

중국은 전통적으로 사채 이자율이 아주 높아서 일반적으로 월 4∼6%였으며, 8%까지 오르기도 하였다. 13세기에 월 3∼5% 정도의 이자율은 합리적이라고 인정하였지만, 가끔 10%에 달할 때도 있었다. 일반적으로 사채의 이자율은 당대唐代에는 월 6% 정도였고 송대宋代·원대元代·명대明代에는 이보다 낮은 3∼5%를 유지하였으며, 청대에는 더 내려서 전당포의 경우 18세기에 약 3%, 19세기에는 2% 정도를 받았다.

이렇게 이자율이 낮아진 것은 산시 표호의 출현이 큰 요인이다. 그들은 양호한 신용을 바탕으로 많은 개인 자금은 물론 정부의 자금도 흡수하여 이 두 자금이 자본금의 8~20배에 달하자 낮은 이자율을 이끌어 냈으며, 이로써 19세기 상반기에 대도시의 이자율이 크게 떨어졌다.[187]

연해 지역, 특히 개항 항구의 이자율은 더욱 낮았다. 1825년부터 1844년까지 광저우의 일반적인 이자율은 '좋은 담보물이 있을 때에는 월 1%, 임시 대출은 2~3%를 유지하였다.'[188] 19세기 후반기의 이자율은 계속 떨어져 외국 상인과 중국 상인 간의 개인 대출은 월평균 1%, 연평균 10~15%였다. 1855년 9월, 오거스틴허드사는 광저우의 탕마오(唐茂)에게 4만 5,000달러를 1년 기한에 월 0.9%의 이자로 빌렸고, 3개월 후에는 5만 달러를 월 0.8%에 빌렸다. 미국 상인 스미스E. M. Smith는 1862년 매판을 통해 중국인에게 7만 8,940냥을 월 1%의 이자로 빌렸다.[189] 1863년 샤먼의 중국인 차상 아페이도 월 1%의 이자로 자딘매디슨사로부터 자금을 빌리려고 하였다.[190]

1863년 1월, 제임스 휘틀은 타이지에게 26만 달러를 월 1%의 이자로 몇 개월 간 대출해 주었고,[191] 이는 1865년까지 계속되었다.[192] 1868년 자딘매디슨사는 이지(怡記)에게 2만 5,000냥을 연리 10%로 대출해 주었고,[193] 존슨은 야지(雅記)에게 연리 12%로 대출해 주었다.[194] 자딘매디슨사는 1873년 8월 9일까지 유룽(叉隆)이 회사에 3,809냥을 빚지자 1874년 4월 30일까지 연리 12%로 기한을 연장하기로 하였다.[195] 자딘매디슨사의 상하이 지사는 1874년 4월 1일까지 중국 상인에게 '생사 대출'을 위해 총 1만 1,000냥을 연 15%의 이자로 빌려 주었다고 한다.[196] 서양 회사뿐 아니라 외국 은행의 이자율도 낮았다. 1865년 후이펑은행의 당좌 예금 이자율은 연 2%였고 대출 이자는 10% 정도였다.[197]

특별한 경우에 이자율은 더 높았다. 먼저, 앞에서 말한 대로 외국 회사는 거래가 별로 없었던 중국인들에게는 높은 이자를 받았고, 다음으로는 수중에 여유 자금이 많지 않을 때 갑자기 대출 요구가 급증하면 이자율이 자연스럽게 상승하였다. 자딘매디슨사의 상하이 지사는 1875년 9월초, 예외이긴 하지만 '연 20~30%의 이율'도 가능하다고 하였다.[198] 대출이 환어음일 때는 이자율이 높았다. 1868년 한커우의 탕징싱은 상하이에서 지불하는 환어음으로 대출을 신청하면서 월 3%의 이자를 지불해야 했다. 이 이자율은 현금 대출보다 아주 높았지만 그래도 탕징싱이 이 회사의 매판이었기 때문에 당시 시장의 3.75%에 비하면 비교적 나은 조건이었다.[199]

개항 항구의 이자율이 비교적 낮았던 까닭은 다음과 같은 이유에서였다.

첫째, 외국 상인들의 중국인에 대한 대출 경쟁 때문이었다. 자딘매디슨사와 덴트사, 린지사 등 유명 회사들은 내륙에서 구매하는 물건값에 대해 서로 경쟁하였다. 더 나아가 1860년대 이후, 외국 회사들은 새로 설립한 외국 은행들과 대출 경쟁을 해야 했다. 자딘매디슨사의 상하이 지사는 1875년 9월 28일에 보낸 편지에서 "최근 …… 생사와 차 및 아편을 구입하기 위한 대출 신청과 부두의 대출 신청이 끊이지 않는다. 은행들은 모두 이러한 거래를 원하기 때문에 만약 우리가 더 나은 편리를 제공하지 않으면 거래를 못하게 될 것"[200]이라고 했다. 이와 같은 이유로 자딘매디슨사는 1860년대 초 후이펑은행의 설립을 반대하였다. 은행 설립 후, 자딘매디슨사 사람들은 이 은행의 이사가 되었지만 은행과 30여 년이나 힘겨운 경쟁을 해야 했다.[201] 외국 상인들의 입장에서 본다면 이러한 대출은 여유 자금을 이용한 유익한 투자이기도 하고 중국 상인과 우의를 다지는 수단이기도 하였다. 윌리엄 케스윅은 1864년, 시의 적절한 대출은 '현지의 유력 인사'와 좋은 관계를 맺음으로써 사업 기회를 증진시킬 수 있다고 말하기도 하였다.[202]

개항 항구의 이자율이 낮았던 두 번째 이유는 그 지방의 자본이 상대적으로 안전했기 때문이다. 사실상 1864년 자딘매디슨사는 연해 지역 중국인들을 일본의 나가사키(長崎) 지방 당국보다도 신뢰한다고 하였다. 그 증거로 중국인에 대한 월 대출 이자는 1%였지만, 일본은 1.5~2%였다. 이 밖에도 케스윅은 일본인에 대한 대출은 '영국 영사를 통해 관청에서 하는 신중한 방법'을 택해야 안전하다고 생각하였다.203)

셋째, 담보의 형태이다. 내륙에서 이자의 일부분은 관리 비용을 의미하였다. 1882년 양강兩江[장난성(江南省)과 장시성(江西省)] 지역의 향촌과 작은 진鎭의 전당포 주인들은 정부가 월 이자를 2%로 제한하는 것에 대해 불만을 토로하였다. 왜냐 하면 시골에서는 주로 농기구를 담보로 설정하는데, 이런 물건들은 값어치도 없고 관리와 보관에 많은 어려움이 따르기 때문이었다.204) 그러나 자딘매디슨사가 중국 상인들에게 담보로 설정한 것은 주식이나 땅문서 등이어서 관리하는 데 어려움이 없었다. 설사 창고에 보관중인 화물이나 선적한 화물을 담보로 설정하더라도 특별히 관리할 필요가 없었다. 중국 상인들이 이미 창고 보관비와 운송비, 심지어 보험료까지 지불하였기 때문이다.

마지막으로 청 정부는 금융 시장에서 거액의 차관을 빌리지 않았다. 정부는 일찍이 1861년부터 외국인에게 차관을 쓰기 시작했지만 대규모의 차관은 1895년이 되어서야 시작되었고, 외국 차관의 절대 다수는 군사·행정·배상을 목적으로 도입한 것이었다. 또 19세기에 계약한 외국 차관들은 모두 담보가 있었으므로 이자율이 낮아서 1864~1886년에 연 8~9%, 1886~1894년에는 5.3~7%였다.205) 결국 연해 지역의 낮은 이자율은 높은 이자를 지급해야 하는 정부와 경쟁할 필요 없이 대출이 이루어져 개인 사업에 유리하였다.

내륙에서는 위험이 많았고 시장 또한 완비되지 않아 이자율이 높았으며, 이에 비해 낮은 연해 지역의 이자율은 더욱 돋보였다. 19세기 후반과 20세기 초반에 내륙에서는 연 40~60%의 이자율은 보통이었고 연 150～200%에 달하는 경우도 있었다.[206] 18세기 허베이성과 산둥성에서는 36% 정도였고, 1930년대까지 26～48%를 유지하였다.[207] 1730년대부터 1830년대까지 이 북방의 두 성에서는 연평균으로 계산하면 월 이자가 거의 변동이 없었지만,[208] 남방의 연해 지역에서는 이자율이 지속적으로 하락하였다. 근대에 은행 이자율은 전통적인 이자율보다 많이 낮았지만,[209] 농업 지역의 농민은 토지를 담보로 제공해야 했기 때문에 여전히 은행의 대출을 받기 어려웠다.[210]

간단히 말해서 19세기 중국 연해 지역은 비교적 쉽게 낮은 이자율로 대출을 받을 수 있었다. 19세기 중엽에는 이자율이 12% 전후였는데, 이는 당시의 유럽보다는(6～8%) 조금 높았지만,[211] 전통적인 이자율이나(40%) 내륙보다는(35～50%) 훨씬 낮은 것이었다.

연해 지역의 신용 거래의 발전은 페르낭 브로델의 예견과 일치한다. 왜냐 하면 근대 자본주의는 이 곳에서 분명하게 '자신의 공구工具를 찾았기' 때문이다. 당시 신용 거래의 주요 수단을 중요한 순서대로 나열하자면, 서양 상인들이 주로 사용하는 런던 환어음과 어음, 신용장, 지폐와 중국 상인을 다른 한쪽으로 하는 현지 전장의 장표와 사표, 환어음 등이다. 활발한 금융 유통에 의한 중요한 경제적 성과는 바로 낮은 이자율이었다.

제5장 시장의 성장 : 아편 무역

시장의 성장을 가장 잘 설명할 수 있는 것은 수입 무역의 발전으로, 주된 상품은 영·미 상인들이 편지나 자료에서 '약재藥材'라고 말한 아편이었다. 아편 무역은 다음과 같은 몇 가지 이유로 특히 중요하였다. 첫째, 규모를 제한받을 수밖에 없었던 밀무역의 형태에서 벗어나 당시 세계의 어떤 단일 상품보다도 양이 많을 정도로 엄청난 수량이 거래되었다. 둘째, 인도의 영국 정부가 1797년부터 영지 내에서 아편의 생산과 판매를 독점하기 시작한 이후 100년 동안 얻은 수익이 인도에서 거둔 총수입 가운데 7분의 1을 차지할 정도였다. 셋째, 1820년대 이후에 아편은 항각 무역의 가장 중요한 상품이 되어 동인도회사가 광저우에서 구입하는 차의 대금으로 제공되었다는 점이다. 넷째, 이는 일종의 개인 무역으로서 중국에서 서양 상인들이 성장하는 계기가 되었다. 다섯째, 아편 무역은 광저우 시스템 외곽에서 진행되는 불법 무역이었다. 마지막으로 이 무역은 중국 사회와 경제에 매우 부정적인 영향을 미쳐, 서양에서는 반아편 정서를 일으켰고(예를 들면, 도널드 매디슨은 아편 무역에 죄책감을 느껴 자딘매디슨사를 사직하였다), 중국에서는 정부로 하여금 강력한 아편 반대 정책을 펴게 하였다. 이러한 다양한 요소들로 인해 아편 무역은 결국 아편전쟁(1839~1842)을 일으켰고, 이는 중국에서 근대의 시작으로 인식되고 있다.1)

아편 무역은 18세기까지 거슬러 올라갈 수 있지만 1820년대에 새로운 방식으로 전개되었다. 1821년 이후 청 정부가 마카오와 황푸에서 아편 밀매를 금지하자 아편 무역은 링딩섬으로 집중되었고, 이로써 '외곽에 배를 정박시키고 거래하는 시스템'이 자리잡게 되면서 무역량도 빠르게 증가하였다. 원래 항각 무역의 가장 중요한 상품은 인도산 원면과 아편이었지만, 1823년 이후에는 아편이 원면을 추월하여 가장 중요한 상품이 되었다. 광둥성 연해 지역에서 나타난, 새로운 화폐의 사용과 신용 거래의 성장 등은 어느 정도 이러한 새로운 발전에 대한 반응이라고 할 수 있을 것이다. 만청 시기에 연해 지역에서 아편 무역이 번창한 것은 국외의 대량 공급과 국내의 수요 증가가 맞물린 결과였다. 아편 무역을 금지시키려는 노력이 있었지만, 지리적인 면에서 길고 굴곡이 완만한 중국 동부의 해안 지대는 해상 밀수가 용이하고, 행정적인 면에서는 공권력의 쇠약으로 특히 관료 조직이 효율적으로 움직이지 못함으로써 사회 질서가 무너지고 있었기 때문에 별다른 효과를 보지 못하였다. 외국 상인들은 속도가 빠르고 엔진이 강력한 선박을 가지고 있었고, 중국인들은 많은 인구와 풍족한 자금을 가지고 있었다. 이런 조건들이 맞물려 아편 밀수는 쉽게 이루어졌다. 1858년 이후, 아편 무역이 합법화되자 더욱 번성하여, 1870년대에 이르러 최고조에 달하였다. 중국에 수입되는 아편의 종류도 다양하여 초기에는 터키와 페르시아, 인도에서 수입하다가 1830년대 이후에는 인도산 아편이 차츰 중국 시장을 지배하게 되었다. 인도에서 아편을 재배하였던 주요 지역으로 말와Mālwa[생산품은 백피토白皮土], 바라나시Vārānasi[생산품은 자반토刺班土], 파트나Patna[생산품은 공반토公班土] 등을 들 수 있는데, 모두 생산지 이름을 상

자에 표시함으로써 이것이 일반적인 상품 이름처럼 통용되었다.[2]

옛 광저우 시대의 거래

마카오는 포르투갈 상인이 처음 아편을 대량으로 중국에 들여 오면서 아편 시장이 형성되었다. 고아Goa 정부는 아편 무역을 마카오 한 곳으로 제한하기 위해, 1764년 포르투갈 상인들이 마카오 부근에 정박한 외국 선박에서 아편을 구입하는 행위와 포르투갈 선박이 다른 나라를 대신해 아편을 운반하는 행위를 금지시켰다. 포르투갈 상인들은 마카오에서 주문한 아편을 광둥성 연해에서 광둥 상인에게 전달하거나, 영국 상인들의 협조로 황푸 지역을 새로운 기지로 삼아 아편을 공급하였다.[3]

1767년 캘커타에서 열린 동인도회사 대표 회의는 왓슨Watson의 건의를 받아들여 아편을 벵골에서 중국으로 운반하도록 하였다. 1773년 동인도회사는 소규모로 시도해 본 결과 성공을 거두자, 그 뒤부터는 황푸를 아편 무역의 중심지로 활용하였다. 동인도회사가 몇 가지 기술적 문제점을 해결함에 따라 1794년 아편을 실은 회사의 배는 1년 동안 황푸 부근에 정박하면서 아편을 판매하였다. 1796년 청 정부가 금연령을 내리자 동인도회사는 아편 무역에 직접 참여하는 대신 감리위원회監理委員會를 통해 적극적으로 산상(개별 상인)을 돕는 방식을 택하였다.[4] 19세기 초의 20년 동안, 아편 무역은 청 정부와 해적들의 간섭을 받았지만 황푸는 아편 시장으로서 이미 마카오를 능가하였다.

자딘매디슨사의 전임 경영자들은 모두 아편 무역에 깊이 관여하였다. 1801년 리드빌사(Reid, Beale & Co.)의 알렉산더 생크Alexander Shank는 마카오에서 아편 1상자당 560~590달러에 판매하였고, 토머스 빌Thomas Beale은 광저우 상인들에게 20상자를 팔았다.[5] 중국 관리들의 감시가 심해지면 거래는 황푸가 아닌 마카오에서 진행되었으며, 아편은 포르투갈 선박을 통하여 광저우의 영국 상인에게 전달되었다.6) 그러나 1805년 마카오에서 팔지 못한 질이 떨어지는 백피토 때문에 마카오의 포르투갈 당국과 영국 동인도회사 사이에 마찰이 생겼다.7) 마찰은 곧 해결되었고 빌사는 1810년 마카오에서 포르투갈 사람을 대리상으로 고용하였다.8) 윌리엄 자딘과 제임스 매디슨은 1820년대 초에 처음 중국에 온 뒤로 아편 무역 외의 다른 일은 거의 하지 않았을 정도였다.

사실 사람들은 어떤 행상이 비밀리에 아편 무역을 하는지 알고 있었다. 1780년 청 정부는 아편의 흡연과 판매를 금지하였지만, 2년 뒤에 행상 신관新官은 1상자당 스페인 은화 210달러라는 싼 가격으로 동인도회사의 '넌서치Nonsuch 호'에 실려 있는 공반토 1,601상자를 모두 사들였다. 1820년 4월 13일, 총독과 마카오 세관 감독은 광저우에서 외국 선박에 아편 선적을 금지하고, 적발되면 책임을 묻겠다고 고시하였다. 행상들은 동인도회사에 편지를 보내 정부의 선박을 이용하지 않겠다고 하였지만 아편 거래는 계속하였다. 1821년 마이진팅(麥觀庭)이라는 행상이 보증을 선 영국 선박에서 아편이 발견되자 광저우의 관리들은 5,000달러의 벌금형을 내렸다.9)

광저우 부근의 불법 무역

1821년부터 아편전쟁이 일어나기 1년 전인 1839년까지 아편 무역은 주강(珠江) 입구인 링딩양의 링딩섬에 집중되었다. 그 원인은 1820년, 당시 정부에서는 행상들에게 그들이 보증하는 외국 선박은 아편을 운반하지 않는다는 서약서를 요구하였고, 광저우 당국은 1821년 마카오와 황푸의 두 지역에서 아편 밀수를 금지하였기 때문이었다. 외국 상인들은 어쩔 수 없이 모든 아편을 중국 관할 밖에 있는 선박으로 옮긴 뒤 다른 화물을 싣고 황푸와 광저우로 들어와 합법적인 무역만 하였다. 즉,

항상 먼 바다에 닻을 내리고 있는 대형 무장 선박을 떠 있는 화물 창고로 이용하면서 인도 선박에서 대량의 아편을 받아 이 곳에서 상자로 포장한 뒤 중국 범선으로 실어 나른 것이다. 이를 영구적으로 이용하기 위해 외국 상인들은 북동 계절풍이 부는 10월부터 이듬해 3월까지는 마카오 외곽의 링딩섬에 폐선을 정박시켰으며, 남서 계절풍이 부는 4월부터 9월까지는 안전을 위해 홍콩 부근의 진성먼으로 옮겼다. 아편은 거래하기에 편리하도록 부들로 엮어 만든 꾸러미에 넣어 등나무 줄기로 묶은 다음, 화물 주인의 개인 도장을 찍어 무게를 표시해 두었다.10)

1820년대 초에 링딩양에는 5척의 아편 선박이 정박해 있었다. 그러나 1826년, 리훙빈(李鴻賓) 총독이 관선官船으로 순찰을 돌게 하자 아편 선박은 25척으로 증가하였다. 이 순찰선의 책임자가 매달 3만 6,000냥 정도의 은을 뇌물로 받고 아편 밀수를 묵인하였기 때문이다. 1830년 링딩양에는 영국 국적의 메로페Merope 호와 사마라니Samaranny 호, 재니세나Jannisena 호, 미국 국적의 스캐터굿Scatter-Good 호와 타타르Tartar 호, 린틴Lintin 호, 마거릿포브스Margaret Forbes 호, 테리어Terrier 호, 포르투갈 국적의 돈마뉴엘Don Manuel 호와 레티샤Letitia 호, 덴마크 국적의 단스보르그Dansborg 호, 프랑스 국적의 라로제La Rose 호 등의 아편 선박이 정박해 있었다. 1830년대에 링딩양과 광저우를 오가는 아편 운송은 순조로웠으며, 선박들은 아무런 어려움도 겪지 않았다.11)

아편 밀수는 외국 상인에게는 가장 매력적인 사업이었다. 왜냐하면 합법적인 무역은 관리들이 마음내키는 대로 아무런 체계 없이 비용을 거둘 뿐 아니라 여러 가지 제한이 많았기 때문이었다. 아편은 금지 품목이어서 세금이 없었을 뿐 아니라, 항구에 들어올 수 없었으므로 대금을 먼저 지불하거나 교환할 때 바로 지불해야 했고, 수요가 많아서 가격도 높았다. 따라서 아편 밀수는 경직된 광저우 시스템에서 벗어나자는 유혹이기도 하였다. [표 8]에서 보이듯이 인도 아편의 수입은 계속

130 ■ 중국의 상업 혁명

〔표 8〕 중국에서 소비한 인도 아편의 수량과 가격(1821~1831년)

(단위 : 멕시코 달러)

연도	벵골(대토a)		말와(백피토)		합계	
	상자 수	가격	상자 수	가격	상자 수	가격
1821~1822	2,910	6,038,250	1,718	2,276,360	4,628	8,314,600
1822~1823	1,822	2,828,930	4,000	5,160,000	5,822	7,988,930
1823~1824	2,910	4,656,000	4,172	3,559,100	7,082	8,515,100
1824~1825	2,655	3,119,625	6,000	4,500,000	8,655	7,619,625
1825~1826	3,442	3,141,755	6,179	4,466,450	9,621	7,608,205
1826~1827	3,661	3,667,565	6,308	5,921,520	9,969	9,610,085
1827~1828	5,114	5,105,081	4,361	5,227,000	9,475	10,382,141
1828~1829	5,960	5,604,235	7,171	6,928,880	13,132	12,533,115
1829~1830	7,143	6,149,577	6,857	5,907,580	14,000	12,057,157
1830~1831	6,660	4,789,794	12,100	7,110,237	18,760	12,900,031
연평균 수량	4,228	4,510,081	5,887	5,105,712	10,114	9,752,899

자료 : Greenberg, 『British Trade and the Opening of China』, 220쪽. 통계는 저자가 산출한 것임. a ; 공반토 와 자반토를 포함한 것임.

증가하였고, 1821년부터 1831년까지 소비율과 가격도 증가하였다.

1830년대에 많은 외국 국적의 선박들이 '여행 선박'으로 위장하여 링딩양과 광저우 사이에서 아편 밀수를 했다. 30t에서 300t에 달하는 대형 선박들이 후먼(虎門) 외곽에 50척, 주강 안쪽에 30척씩 머물러 있었는데, 이에 대해 광저우의 영자 신문 『차이니즈 리포지터리Chinese Repository』는 "이 곳 동쪽 후먼에서 서쪽의 화다이(花埭)에 이르기까지 주강 전역에서 아편 거래가 이루어져 주강의 교통이 번잡해지고 있다"는 보도를 하였다.12) 1836년 겨울, 당국은 외국 선박이 진싱먼에 닻을 내려 정박하는 것을 금지하고, 해군 수비대에 포대砲臺를 설치하는 등 강력한 집행 의지를 보임으로써 난징조약 이전까지 아편 선박은 링딩양 한 곳으로 제한되었다.13)

1822년에 광저우에 도착한 윌리엄 자딘은 산상의 자격으로 매그니 악사의 아편을 팔아 주다가 1825년부터는 아예 이 회사의 공동 경영자가 되었다. 아편 거래가 매우 유리하고 상대적으로 안정적이었기 때문에 1830년 잉글랜드에 있는 친구에게 "이 사업은 내가 지금까지 보아온 것 가운데 가장 안전하고 신사적인 투기"라며 아편에 대한 투자를 재촉하기도 하였다.14) 그는 1832년 제임스 매디슨과 함께 자딘매디슨사를 설립하여 초기부터 아편 무역에 깊이 개입하였으며, 1837년에는 "중국에서 즉시 현금으로 바꿀 수 있는 유일한 상품은 아편뿐"이라며 즐거워하였다.15)

아편 무역은 점차 국제적인 사업으로 발돋움하였다. 1820년대 후반에는 "아편 쾌속선을 탄 중국과 일본 상인들이 광둥성 부근의 한 지역에서 회합을 한다"는 소문이 퍼졌고,16) 서양 상인들은 이 과정에서 현지인들의 도움을 받았다. 링딩양에서는 인도나 필리핀의 노련한 선원들이 민첩하게 아편의 포장을 뜯고 중량에 따라 다시 포장하는 등의 작업을 하였고,17) 매판·환전상·목수·요리사·하인 등 많은 광둥 사람들도 서양 상인들에게 협조하였다.

1820년대와 1830년대의 일부 행상들도 아편을 거래하였는데, 행상의 우두머리인 호관은 미국 상인, 특히 러셀사나 퍼킨스사 등과 거래를 하였다.18) 그러나 어쨌든 행상의 아편 거래는 많지 않았으며 극히 예외적인 경우였다. 1829년 리훙빈 총독은 우서우창(伍受昌)과 루원진(盧文錦) 등 유력한 두 행상에게, 그들이 보증을 선 선박에 대해서 과거는 물론 앞으로도 아편을 선적하지 않을 것이며, 만약 이를 어길 때에는 어떠한 처벌도 달게 받겠다는 답변을 받아 내기도 하였다. 아편을 거래하는 절대 다수의 중국인 밀수자들은 소규모 상인들일 뿐 공행의 회원은 아니었다.19)

1842년까지 아편 거래의 소굴은 광저우 부근의 마카오와 황푸, 링딩,

진싱먼 등지였으며, 따라서 광저우 상인들이 이 거래를 주도하였다. 형식적으로 거래는 광저우의 외국 상관商館에서 진행되었기 때문에 중국 상인들은 이를 통해 여러 외국 상인들에게 물건을 구입할 수 있었다. 아편은 광저우에 있는 것이 아니라 공해상 또는 '먼 바다의 정박처'에 있었으므로 외국 상인들은 아편 선박에서 물건을 받을 수 있는 영수증을 대신 지급하였다. 중국 상인들은 이 영수증을 가지고 자신의 배를 가지고 가서 아편을 인수하였고, 안전한 항해를 위해서는 속력이 빠른 배에 무기를 장착하는 것이 필수였다.[20] 휴 해밀턴 린지Hugh Hamilton Lindsay의 자료에 따르면 1820년대 주강(珠江)에 있었던 30~45척의 중국 아편 선박들은 모두 30~50개의 노를 가진 빠른 배들이었다고 한다. 또 관리를 매수하여 "대낮에 강에서 아편을 옮겨 실었으며, 당국의 순찰선은 그 앞을 지나가면서도 아무도 이들에 대해 주의를 기울이지 않았다"고 한다.[21]

연해 시스템

진취적인 중국 상인들은 많은 이익 때문에 1820년대 초부터 이른바 '연해 시스템'이라는 새로운 판로를 개척하여 동부의 연해 지역에서 아편을 판매하기 시작하였다. 1821년 이전에 푸젠성·저장성·장쑤성의 상인들은 광저우에 가서 아편을 구입하여 배로 실어 와 팔았고, 광저우 상인들은 먼저 광저우 부근의 밀수 지역에서 아편을 산 뒤, 연해상의 범선에 싣고 북쪽의 산터우나 샤먼까지 가서 판매함으로써 관리들의 협박을 피하는 한편 가격도 남쪽 지역보다 높게 받을 수 있었다.[22]

제임스 자딘은 1823년 6월 취안저우까지 항해하면서 '동해안'을 탐색한 결과 "전망이 매우 좋아 다시 한 번 모험을 해 볼 만하다"는 결론을 내리고,[23] 처음으로 계획에 없던 21만 2,000달러어치의 아편을 2척의 선박에 나누어 싣고 왔다. 그러자 곧 덴트사 등의 영국 회사와 마카오의 포르투갈 상인들도 참여하여 이 지역에서 치열한 경쟁이 시작되었다.24) 동시에 광저우 부근에서는 1822~1823년에 아편 거래가 "신용에 의한 …… 완전한 교환 시스템"으로 성장하였다.25)

1830년대에 연해 시스템은 일상적인 방식이 되었다. 1831년 동인도회사가 아편 생산을 늘려 염가로 중국에 공급하기로 하자, 자딘매디슨사는 연해 무역을 활성화시키기로 하였다. 1832년 윌리엄 자딘은 처음으로 작은 배를 연해에 보내 성공을 거두자 더 큰 배를 투입하여 푸저우에 자메시나Jamesina 호, 취안저우에 존비거John Biggar 호, 상하이와 톈진에는 실프Sylph 호를 보냈다. 자딘매디슨사는 더 많은 선박을 광저우로 보내기 위해 선박 구매와 건조를 서둘러 성능이 뛰어난 레드로버Red Rover 호와 모어Mor 호를 포함하는 선단을 구축하였다. 1838년 이 회사는 연해 시스템을 난아오(南澳)와 둥산(東山), 취안저우와 푸저우의 정기 노선 외에 북쪽까지 늘리려 하였고, 제임스 매디슨은 이를 멀리 저우산(舟山)까지 연장하고자 하였다.26) 1830년대 말부터 1840년대 초까지 이 회사의 모든 선박에는 광둥 출신의 매판과 통역 겸 환전상이 한 명씩 승선하였다. 홍콩의 본사에서도 배를 수리하는 사람과 창고 관리인, 회계사 등 많은 중국인 직원들이 아편 무역에 관여하였다.27)

1832년 린지는 로드애머스트Lord Amherst 호를 타고 동인도회사의 시장을 조사하였다. 연해 시스템이 이와 같이 보편적으로 이루어지게 되자 중국 상인들은 정박해 있는 선박마다 모두 아편이 실려 있을 것이라고 여겼으며, 아편이 없다고는 믿지 않았다.28) 1838년, 『차이니즈 리포지터리』는 정통한 소식통을 인용하여 "지금 마카오에서 저우산에 이르는 중국 연해에는 20척의 아편 선박이 운항중이며, 광저우 유역에는 30여 척의 아편 선박이 집결해 있다"고 보도하였다.29) 외국 상인들은 이 방식으로 광저우에서보다 1상자당 100~150달러 또는 그보다 더 높은 가격을 받을 수 있었다.30)

연해의 중국인들도 여러 방식으로 아편을 거래하였다. 1838년에 마카오 부근에서는 대규모로 아편 판매를 하는 몇몇 외국 상점 이외에도 50~60개의 소규모 상인들이 근斤으로 나누어 팔기도 하였다. 또 고약처럼 만들거나 그 밖의 여러 가지 교묘한 방법을 이용하여 만든 아편을 내륙 지역으로 운반하기 위해 이전보다 10배가 넘는 중국인들이 고용되었다.31) 광둥성과 푸젠성 접경지의 연해인 난아오에서는 먼 바다에 닻을 내린 채 창고로 이용되는 선박이 아편 공급을 담당하였다. 얼마 후, 미국 러셀사의 범선 로즈Rose 호가 300상자의 아편을 싣고 난아오로 와서 가격을 타진하였다.32) 1838년 난아오의 어떤 중국 상인은 범선을 몰고 로즈 호에 접근해서 "주문서를 건네 주고 태연하게 담배를 한 대 피우며 차를 마신 뒤" 15만 달러어치의 아편을 구입하기도 하였다.33)

난아오의 중국 아편 상인은 공해상이 아닌 육지에서도 거래를 하였다. 영국의 여행가인 로버트 포춘Robert Fortune에 따르면 "1840년대 초, 외국 배들이 항구에 들어오면 수백 명의 중국인들이 해안에 허름한 집들을 짓고 시장을 형성한 뒤, 배에서 필요로 하는 물건을 제공하고 아편을 구입하였다. 배들이 다른 지역으로 이동하면 사람과 집, 시장 등 모든 것이 배를 따라 이동하였다"고 한다. 몇 개월 뒤에 다시 같은 장소로 돌아온 포춘은 "배가 정박한 곳에 있던 작은 마을은 흔적조차 발견할 수 없었다. 남자와 여자, 어린아이, 그들이 살던 낡은 집, 배 등 모든 것이 배를 좇아 이미 건너편 해안으로 이동했기 때문"이라고 하였다.34)

이렇듯 연해의 아편 거래는 서양 상인과 중국 상인들이 만들어 낸 합작품이었다. 링딩섬과 '먼 바다의 정박처' 사이의 활발한 움직임과 광범위한 연해 시스템은 아편의 수입을 꾸준히 증가시켜, 외국 선박이 중국에 운송한 아편은 1800~1801년 4,570상자에서 1838~1839년에는 4만 200상자로 39년 동안 9배나 증가하였다. 1800~1839년의 연평균 수입량은 다음과 같다.35)

기간	수량(상자)
1800~1809	3,871
1810~1819	4,568
1820~1829	10,311
1830~1839	23,941

후유증 : 통화 수축과 경제 침체

1820년대 후반, 아편 무역의 결과로 중국은 역사상 처음으로 무역 역조 현상이 발생하여 필연적으로 화폐가 유출되었다.[36] 많은 학자들은 백은의 유출량을 적게 평가하였는데,[37] 보수적으로 계산하더라도 1801~1826년에 백은의 순 유출량은 7,470만 달러, 1827~1849년에는 1억 3,370만 달러에 달하였다.[38] 19세기 초에 중국의 백은 비축량이 10억 달러 정도이고 이 가운데 약 3분의 1이 유통되었다고 한다면, 백은의 대량 유출은 바로 화폐 공급의 급격한 감소를 의미하는 것이었다.[39]

화폐 비축량의 감소로 인해 백은으로 계산하던 가격 제도가 붕괴되기 시작하였다. 19세기 상반기에 즈리성에서는 백은으로 계산되던 12가지 식품과 수공업 제품의 소매 물가 지수가 급락하는 경향을 보였다. 1801년부터 1815년까지의 지수를 100이라고 한다면(1801년의 평균 가격을 100이라 할 때), 1816년에는 92, 1820년에는 85까지 하락하였고, 1850년에는 55까지 떨어졌다. 바꾸어 말하면 1816년부터 1850년까지 가격 수준이 절반으로 떨어졌다는 것이다. 쑤저우와 한커우 등 상업이 발달한 대도시에서도 이와 비슷한 현상이 발생하였다.[40]

통화 수축은 경제 활동에 중대한 영향을 미쳐 상업이 눈에 띄게 위축되었고, 범선 무역 역시 쇠퇴하기 시작하였다. 학자이자 개혁가인 펑구이펀(馮桂芬)은 1840년대 쑤난(蘇南) 지역의 상업 쇠퇴에 대해, "돈 많은 상인들이 망해 아무것도 남지 않았고, 거래량은 50~60%나 줄어들었다"고 하였다.[41] 상업 중심 지역이 위축되자 농촌 경제도 크게 흔들렸다. 학자인 바오스천(包世臣)은 1846년에 "상면桑棉이 풍작을 이루어도 빚을 갚을 수가 없다. 상인들이 오지 않으니 생계가 막연하다. 이는 은이 비싼 탓이고, 은이 비싼 것은 은이 적기 때문"이라고 지적하였다.[42] 통화가 수축되자 세금을 내는 데에도 어려움이 많았다. 농민들은 예전과 같은 액수의 세금을 내기 위해 더 많은 곡물을 내다 팔아야 했기 때문이다.

이러한 상황은 두 가지 이유로 더욱 악화되었다. 첫째, 백은의 동전에 대한 가치가 상승하자 사람들은 백은을 유통시키지 않고 저장하기 시작하였다. 둘째, 통화가 부족하자 개인 상점에서 수표를 발행하였으나, 금융 당국이 규정을 정하지 못해 경제가 전체적으로 허약해질 수밖에 없었다. 기본 화폐나 예비 화폐의 지폐 발행에 대한 변화에 따라 화폐 공급에 다양한 변화가 발생하였다. 백은의 감소는 유통중인 은표銀票의 긴축으로 이어져 상업을 쇠퇴시켰다. 따라서 아편 무역은 대량의 백은 유출을 야기하여 중국 경제에 심각한 타격을 가함으로써 1825~1850년과 같은 상황을 유발시켰다. 이러한 상황에서 태평천국 기의起義가 폭발하듯 터져 나왔다.[43]

조약 시스템 하에서 아편 밀수

중국은 1839~1842년의 아편전쟁에서 영국에 패배하였지만, 1842년 체결한 난징조약에 아편에 대한 언급은 없었다. 아편 무역은 여전히 불법이었지만 계속 번성하였다.

무역의 확대

1842년 난징조약이 체결된 뒤부터 1858년에 아편이 합법화되기까지 아편 무역은 어려움이 많았다. 태평천국으로 인해 사회적·경제적 혼란이 일어나 중국, 특히 연해 지역의 성에서 구매력이 떨어졌고, 중국 행회行會와 서양 회사들이 경쟁함으로써 공조共助가 이루어지지 않았다(공조는 1860년대 이후에야 발전하였다).

어쨌든 아편 무역은 새로운 환경에서 여전히 번성하였다. 그 배경으로는 첫째, 청 정부가 아편전쟁 후에 금지 정책을 완화하자 많은 관리들이 묵인하거나 또는 주도적으로 아편 무역에 편리를 제공하였다.44) 둘째, 중국 매판들이 적극적인 역할을 하였다. 1842년 이후, 법률상으로 외국 상인들은 매판을 우두머리로 하는 중국 직원들을 고용하도록 하였는데, 그 매판들은 주로 광저우 사람들로서 외국 상인들과 같이 1842년부터 개항 항구에서 아편 거래를 포함한 회사 경영에 참여하면서 서양 대리인들에게 없어서는 안 될 중요한 존재가 되었다.45)

또 중국 상인들의 행회, 특히 광저우와 산터우 행회도 중요한 역할을 하였다.46) 그 결과, 아이러니컬하게도 외국 상인들에게는 밀수 무역이 합법적인 무역보다 더 안전하였다. 1846년 7월, 존 데이비스John F. Davis는 영국 상관商館이 침입당하는 사건이 발생하자 치잉(耆英)에게 항의하면서 개항 항구의 외국 상인들은 밀수 지역인 난아오보다 불안하다고 말한 것이 좋은 예이다.47) 이러한 상황에서 인도에서 수입된 아편의 수량은 1840년의 1만 5,619상자에서 1859년에는 6만 2,882상자로 20년 동안 4배 이상 증가하였다. 연평균 수입량도 점차 증가하여 1840~1844년에는 2만 6,825상자, 1845~1849년에는 3만 5,082상자, 1850~1854년에는 5만 438상자, 1855~1859년에는 6만 1,827상자로 늘어났다.48)

연해 지역에서 아편을 수송하는 범선의 숫자도 증가하였다. 이 배들은 개항 항구의 외곽에 정박하면서, 이전의 링딩양 시대와 같은 방식으로 외국 상인이 발급한 영수증에 따라 아편을 배달하여 공개적으로 중국 상인에게 인도하였다.[49] 1840년대 중반, 광저우의 어떤 큰 외국 회사(아마도 자딘매디슨사)는 50척의 다양한 선박을 가지고 있었고, 또 다른 회사도 30여 척을 고용하고 있었다.[50] 미국 선교사 로리W. M. Lowrie 목사는 1843년 중국 연해를 여행하면서 "연해를 따라 북쪽으로 운항하는 선박들은 거의 모두 아편을 싣고 있다"고 일지에 기록하였다.[51]

1840년대 중반, 130t 급 범선 마제파Mazeppa 호는 연해에서 아편을 판매하고 50만 달러의 수입을 홍콩으로 가져갔다.[52] 1849년 9월 27일, 웰스 윌리엄스는 "아편 무역으로 매년 1,500~1,600만 위안의 은화가 중국에서 해외로 유출된다"고 하였다.[53] 1855년 개항 항구의 상공인 명단에는 중국 연해에 정박한 범선의 이름, 책임자, 소속 회사의 명칭 등이 기록되어 있다.[54]

자딘매디슨사의 자료에는 영국, 특히 자딘매디슨사와 덴트사 등 두 회사가 1842년 이후의 아편 무역에서 독보적인 역할을 하였다고 분명하게 밝히고 있다. 1843년 자딘매디슨사는 인도 항로에 5척의 쾌속선을 투입했고, 황푸·난아오·레이바이(電白)·취안저우·샤먼·저우산·우쑹 등지의 연해 지역에 6척의 배를 항상 정박시켜 놓았다.[55] 제임스 매디슨이 귀국한 뒤, 1843년 7월 31일에 자딘매디슨사의 새 회장으로 취임한 알렉산더 매디슨Alexander Matheson은 "약재(아편) 무역은 계속 번성할 것"이라며 낙관적인 예측을 내놓기도 하였다.[56] 1845년 이 회사의 선박 15척 가운데 홍콩에 있는 1척을 제외한 14척이 연해 일대에 머물러 있었는데, 이 가운데 4척은 쾌속선으로 선박들 사이의 공급을 담당하였다. 연해 시스템을 유지하기 위해 회사는 매년 25~30만 달러의 거액이 필요하였다.[57] 자딘매디슨사의 연해 시스템은 1845년 이후 제도화되어 연해를 남쪽과 동쪽으로 나누고 1850~1860년대에 각각 10~15

<그림 2> 황푸 근해의 아편선. 영국·미국 양행 소속의 배들로 상하이로 아편을 운송하였다.

<그림 3> 황푸 근해의 외국 배들.

척의 정박선에서 아편을 공급하였다.58)

1846년 약 50여 척의 외국 선박은 전문적으로 아편 무역을 하였다. 그 가운데에는 자딘매디슨사와 덴트사의 선박이 각각 15척, 러셀사 7 척, 번사(Burn, Macivar & Co.) 6척, 길먼사 3척, 페이바사(Payva & Co.) 2척 등이었다. 자딘매디슨사의 15척 가운데 5척은 인도와 중국을 오가며 아편을 운송하였고, 700t 급의 대형 선박은 정박처로 사용되어 1년 내내 홍콩 부근에 머물고 있었으며, 샤먼·난아오·진먼만(金門灣)·황푸에도 각각 1척씩 정박하였다. 나머지 5척의 쾌속선은 홍콩과 연해의 각 정박 지점을 연결하였다. 그 가운데 한 척인 란릭Lanrick 호는 인도와 중국을 오가면서 한 번에 20만 파운드어치의 대토大土 1,250상자를 운반하기도 하였다.59) 1858년 산터우·샤먼·진먼·취안저우·푸저우·닝보의 외항에는 각각 2척의 영국 정박선이 머물러 있었다.60)

미국 상인들도 1840년부터 터키 아편을 중국에 들여오기 시작하였다. 1821년 이후 미국 상인들이 영국 산상을 따라하면서 중·미 무역은 큰 전환점을 맞았다. 보스턴의 주요 회사인 러셀사가 미국 상인들의 아편 무역을 주도하면서 1830년대 중반부터 인도의 아편 무역에서 점유율을 크게 높였다.61) 그러나 오거스틴허드사는 다른 미국 회사들의 아편 거래량은 자딘매디슨사나 러셀사와 비교하면 아주 적은 양이라고 하였다. 오거스틴허드사는 종종 인도에서 아편을 직수입하기도 하였는데, 인도의 가장 큰 회사 가운데 하나인 잠셰트지사(Jamsetjee Jeejeebhoy & Co.)와 많은 거래를 하였다.62) 이후 오거스틴허드사는 인도의 아편 대리상을 그만두고 아편을 하나의 상품으로 취급하여 여러 개항 항구에서 판매하거나 소형 선박을 이용하여 직접 소매로 팔기도 하였다.63)

연해 지역의 무역 중심

자딘매디슨사의 자료에 따르면, 광둥성 연해 지역이 아편 무역의 최대 요지였으며, 난징조약이 체결된 뒤에도 광저우는 아편 무역에서 주요한 역할을 계속하였다. 아편에 대한 수요가 증가하면 광저우의 외국 회사들은 중국 중개인들에게 아편을 구입해서 내륙이나 다른 개항 항구에 팔기도 하였다. 1855년 1월 7일, 러셀사는 광저우 상인 아싱(阿興)을 통해 새순사로부터 백피토를 1상자당 460달러에 구입하였고, 오거스틴허드사와 길먼사도 우룽(又隆)을 통해 아편을 "시장에서 구입"하여 "모두 푸저우로 가져갔다."[64) 1856년 데이비드 자딘David Jardine은 자딘 매디슨사의 광저우 책임자로 부임한 뒤 "새해에는 수요량이 더 많을 것"을 예상하여 2월 초에 우룽에게 아편을 더 확보할 것을 요구하였고, 확실히 수요가 증가하자 더 많은 양을 구입하지 못한 것을 아쉬워하였다.[65) 1856년 여름에도 회사는 아타이(阿泰)라는 광저우 상인을 통해 120상자의 아편을 사들이는 등 중국 중개인을 통해 아편을 구입하는 일을 계속하였다.[66)

1842년에 홍콩이 영국에 할양되자, 홍콩은 지리적인 편리함 때문에 아편의 보관과 판매의 불법 거래지로 변하게 되었다.[67) 홍콩은 광저우 만灣에 가까워서 밀수에 유리하였는데, 항구의 동쪽 입구는 600미터로 좁았고, 북쪽 해안은 1899년 이전까지 중국 관할이었으므로 선박들이 섬을 따라 북쪽의 영국 수역에서 중국 수역으로 몰래 진입하는 것은 매우 쉬운 일이었다. 홍콩은 당시 영국 선박에게 개방된 유일한 정박지였지만 초기에 영국 정부는 이를 금지하고, 찰스 엘리엇Charles Elliott 대령은 청 정부에 대한 회유책으로 아편 선박이 홍콩의 항구 내에 정박하지 못하게 하였다. 1843년에는 애버딘Aberdeen 경이 "홍콩이 영국 밀수꾼들의 소굴이나 시장이 되지 않도록 막아야 한다"는 훈령을 내리기도 하였다.[68) 그러나 이 식민지를 자유항으로 발전시켜야 한다는 여론으로 금지령은 효과를 거두지 못하였고, 난징조약이 발효되자 아편은 다른 상품들처럼 자유롭게 홍콩을 중간 기착지로 이용할 수 있게 되었다.[69)

오거스틴허드사의 자료는 이 회사가 1850년대에 홍콩을 아편 무역의 주요 기지로 활용하였다는 사실을 분명히 밝히고 있다. 이 회사는 찰스 제임슨Charles Jameson을 고용하여 1858년에 홍콩에서만 적어도 200상자의 아편을 팔았고, 또 다른 개항 항구로 운송하기도 하였다.[70] 1860년대에 이 회사는 헝펑항(恒豊行)과 융위안항(永源行) 등의 중국 상인들과 홍콩에서 대규모 거래를 하였으며, 1865년 2월 10일에는 또 다른 중국 상인에게 20상자의 아편을 1상자당 619달러에 팔기도 하였다.[71]

1842년 이후 외국의 아편 상인들은 본국 영사의 감독을 피하기 위하여 선박을 개항 항구 밖에 정박시켰다. 1843년 황푸와 링딩섬의 정박처는 이미 폐쇄되었기 때문에 아편 선박을 황푸 이남의 2~3마일 떨어진 곳에 정박시켰다. 얼마 후, 광저우만 서쪽의 진싱먼이 안정적인 정박지로 떠오르자 새로운 건물과 도로들이 건설되었고, 영국과 인도 및 미국 회사 소속의 선박 4척이 그 곳에 정박하였다.[72] 1840년대와 1850년대에는 오거스틴허드사 소속의 선박들, 즉 프로릭Frolic 호, 레이스호스Race Horse 호, 레이디헤이스Lady Hayes 호, 카마패밀리Cama Family 호, 스나이프Snipe 호, 레이디메리우드Lady Mary Wood 호 등이 정박하였다.[73]

샤먼과 푸저우도 아편 무역의 새로운 중심지로 부각되었다. 1843년 9척의 아편 선박이 샤먼 부근에 정박하여 현지의 부유한 주민들에게 아편을 공급하였다. 1840년대 말, 이 도시에는 1,000여 군데가 넘는 아편 흡연소(煙館)에서 흡연 용구들을 갖추고 아편을 제공하였다.[74] 홍콩과 샤먼 사이의 난아오·둥산(東山)·후터우산(虎頭山) 등 3개 지역이 아편 보관처로 이용되었는데, 광저우와 마카오의 아편 상인들은 이 곳에 선박을 정박시킨 뒤 소형 선박을 이용하여 아편을 연해 각지로 공급하고 백은을 받았다.

연해 시스템이 일반적인 방식으로 자리잡기 전에는 일부 푸젠 상인들이 매년 여름 남쪽인 주강(珠江)까지 와서 아편을 구입하였지만, 외국

의 아편 선박들이 중국인들의 협조로 푸젠 연해를 왕래하기 시작하였
다. 1843년 광둥 상인 아핑(阿平)과 아광(阿廣)은 영국 선박이 푸저우에서
아편을 팔 수 있도록 도와 주었다.75) 1840년대 중반, 푸저우에 광저우
출신의 아편 상인들이 늘어나면서 푸젠 사람들과 마찰이 일어났다.
1846년 3월 28일, 아편 선박 빅센Vixen 호의 선장 제임스 밀른James Milne
이 고용한 광저우 출신의 하인이 피살당하자 양측이 난타이(南台)에서
충돌하였다. 이 때 푸저우에서 활동하던 광둥 사람들의 우두머리는 리
李라는 영국 아편 상인의 집사로, 영어를 할 줄 알았으며 이허하오(怡和
號)라는 상점을 운영하면서 비밀리에 아편을 판매하고 있었다.76)

1840년대 후반에는 매년 약 250만 달러의 아편이 푸저우로 수입되어
다시 내륙으로 팔려 나갔다. 1848년 푸저우에는 적어도 100개의 소매점
과 많은 아편 흡연소가 있었다. 1850년대에 정박선으로 사용되는 선박
2척이 푸저우에서 30마일 가량 떨어진 민강(閩江) 입구에 항상 머물러
있었다. 매달 2척의 쾌속선이 이 선박에 새로운 물건을 공급했으며, 본
토 상인들은 이 곳에서 구입한 아편을 소형 배에 싣고 푸저우로 운송하
였다.77) 아편은 푸저우를 거쳐 민강을 따라 북서쪽의 우이산 차 생산지
로 운반되었다. 1849년에 로버트 포춘이 이 지역을 방문했을 때, 마치
"런던의 작은 여관에서 담배를 파는 것과 같이" 이 곳의 작은 여관에서
도 여행객들에게 아편을 팔고 있는 것을 목격했다.78) 광저우 사람들은
아편을 차와 함께 취급했기 때문에 차 수출의 주요 노선을 따라 아편을
판매하는 것은 쉬운 일이었다.

저우산과 우쑹은 저장성 연해의 중심지였다. 1845년에 저우산에는
항상 3~4척의 정박선이 있었으며, 여기서 매년 2,700상자 이상, 200만
달러어치의 아편이 팔렸다고 한다. 많은 중국 밀수선들이 개항 항구로
개방된 지 얼마 안 되는 닝보 등 내륙의 작은 마을에까지 아편을 실어
날랐으며,79) 일부 외국 상인들은 아편을 밀수하기 위해 직접 닝보까지

<그림 4> 우쑹의 즐비한 선박들.

오기도 하였다. 1845년, 한 미국 상인은 영어를 할 줄 아는 중국인과 같이 영국 선박 오너딜라이트Owner Delight 호를 이용하여 밀수를 하였다.80)

1850년대 이전, 상하이는 광둥 연해에서 시작된 연해 아편 무역의 종착 항구였다. 이러한 무역은 1858년 이전에는 불법이었기 때문에 베일에 가려져 있는 것처럼 보였으나, 상하이에서는 이미 반 공개적으로 행해졌으며, 적당한 구실만 있으면 얼마든지 가능하였다.81) 외국 상인들이 언제부터 우쑹 — 상하이로부터 황푸강 하류 쪽으로 12마일 떨어진 — 에서 아편을 판매했는지 분명하지 않지만, 자딘매디슨사의 기록에는 1840년대 중반에 이미 활발한 거래가 이루어지고 있었다고 하였다. 1845년 이 회사의 상하이 대리인 댈러스는 상하이가 빠른 속도로 저우산을 추월하여 동부 연해의 아편 무역 중심지로 성장하고 있다고 보고했다.82) 무역은 빠르게 성장하여 1847년 1만 6,500상자에서 1858년(아편 무역이 합법화된 해)에는 3만 7,000상자에 달하였다[표 9]. 오거스틴 허드사의 통계에 따르면 1850년대 후반에 5척의 외국 선박이 우쑹으로

〔표 9〕 상하이와 우쑹의 아편 수입량(1847~1858년) (단위 ; 상자)

연도	벵골(백피토)	파트나(공반토)	총 계
1847			16,500
1848			16,960
1849			22,981
1850	14,000	5,000	19,000
1851a	16,000	6,000	22,000
1853	17,000	3,000	20,000b
1854	16,000	8,000	24,000
1855	19,000	9,000	28,000
1856	23,000	10,000	33,000
1857	23,000	9,000	32,000
1858	26,000	11,000	37,000

자료 : 시장 추세, Case 26, HCⅡ. Morse, 『Conflict』, 358쪽, 544쪽. NCH(1850~1858). 1847~1849년 수치는 Morse, 『Conflict』에서, 나머지는 HCⅡ에서 인용. NCH(1850~1858)에서도 비슷한 수치를 찾아볼 수 있음. a ; 1852년 수치는 보이지 않음. b ; Morse는 2만 2,200상자로 계산하였음.

1,500~4,500상자의 아편을 가지고 와서 판매한 것으로 나타나 있다.[83]

우쑹의 선박 숫자는 무역량에 따라 수시로 변하였다. 1854년 봄에는 영국 회사 소속의 4척과 미국 회사 소속의 2척, 인도와 다른 나라 회사 소속의 4척 등 10척이 있었다. 모스H. B. Morse가 "1854년에 미국 회사 소속의 2척은 철수하였다"고 하였지만 이는 틀린 말이다.[84] 오거스틴허드사의 자료에 따르면 1850년대 중반에 이 미국 회사는 홍콩 창고의 아편을 우쑹에 있는 정박선인 앤월시Anne Walsh 호로 가져왔고, 여러 회사의 대리상으로 활동하던 이 배의 선장 윌리엄 엔디컷William Endicott이 이를 다시 인도와 중국 상인들에게 판매하였다고 한다.[85]

자딘매디슨사의 자료에서 보이는 것처럼 중국 상인들은 상하이의 아편 무역에서 주도적인 역할을 하였다. 상하이에서 대외 무역이 개방된 지 얼마 후인 1843년 11월 11일에 댈러스가 상하이에 지사를 설립하고 매판 아싼(阿三)을 고용하여, 우쑹을 거쳐 상하이로 아편을 운반하였다. 댈러스는 "매주 우쑹을 왕래하며" 중국인 고용인들을 감독하였고, 거래를 마치고 나면 그들을 격려하였다.[86] 1850년대 중반에 이와 같은 아편 사업은 이미 제도화되었다.

우쑹에는 광저우 출신의 매판이 많았는데, 그 가운데 한 사람이 전문적으로 아편 거래를 하면서, 매달 대량의 결제와 물건 인수를 감독하였다.[87] 다른 매판들과 마찬가지로 그는 자기 손을 거치는 업무와 수하의 직원들의 행동에 대한 모든 책임을 져야 했다. 이는 매판 제도가 중국의 전통적인 '무한 책임(包)'이라는 토대 위에서 수립되었기 때문이다.[88] 회사와 아편을 거래하던 광저우 상인들과 대리인들은 중국의 근대 상업에서 가장 중요한 계층으로, 태평천국운동 이후 중국의 경제가 점차 회복되자 외국인들이 독점하던 대외 무역을 대신하였다.[89] 1850년을 전후하여 상하이에서 활동하던 중국 및 서양 상인들은 중국 상인들로 하여금 상하이 - 우쑹 지역에서 아편을 가지고 쑤저우의 생사 생산지로 가서 생사와 교환하도록 하는 '쑤저우 시스템'을 탄생시켰다. 그렇다면 이러한 무역은 장쑤성과 저장성 지역에 어떤 영향을 미쳤을까?

1852년 초, 아편이 상하이에 과잉 공급되자 쑤저우 시스템이 쑤난(蘇南) 지역의 판로를 제공하여 이 지역의 아편 수요를 크게 자극함으로써 이 지역 시장에 매우 중요한 영향을 미치게 되었다.[90]

쑤저우에서 아편의 수요가 증가하자, 같은 해 9월 댈러스는 질이 낮은 백피토까지 판매하면서, 상하이의 판매 상황에 대하여 "열악한 시장이지만 질이 낮은 아편도 아주 잘 팔렸다. …… 그러나 공급량이 증가하자 상인들은 까다로워져서 …… 여러 차례 아룽(阿隆)에게 우리가 가지고 있는 질이 낮은 아편을 인수하라고 하였지만 거절당했다"고 하였다. 그래서 댈러스는 그 물건을 쑤저우에서 팔기로 하고, "존시Jauncey 선장이 선적한 대량의 질 낮은 아편에 대해 여러 차례 인수를 거절당했다고 해서[91] 나는 한 상인을 설득하여 40상자를 골라 쑤저우로 가지고 가서 팔게 하였다”고 하였다.

아편이 충분하게 공급되자 판매가 순조로워 더욱 많은 생사를 살 수 있었다.[92] 실제로 1850년 이후, 중국의 생사 수출은 수십 년 동안 계속 증가하였는데, 그 배경에는 쑤저우 시스템이 중요한 원인으로 작용하였던 것이다.

합법화 이후의 무역

1858～1860년에 체결된 조약의 규정에 의해 아편 무역이 합법화됨으로써 세금을 내면서 거래는 계속 번창하였고, 아편 수입량은 1879년에 최고조에 달해 8만 3,000담擔(1담은 약 63.55kg)에 이르게 되었다. 초기부터 아편 무역에 종사했던 광저우 상인들의 세력은 여전히 컸지만, 1880년대 이후 아편 무역은 점차 쇠퇴하기 시작했다.

무역의 중심인 개항 항구

아편 무역이 합법화되자, 아편 거래는 ‘선박 정박처’에서 좋은 시설과 생동감 넘치는 시장이 있는 개항 항구로 옮겨졌다. 1861년, 자딘매디슨사는 상대적으로 부차적인 시장이었던 샤먼에서만 19만 냥이라는 공전의 판매액을 기록하였다.[93] 1886～1887년, 중국과 영국 양측은 홍콩과 중국 연해의 정박처에서 아편 밀수 금지에 합의함으로써[94] 무역의 중심이 개항 항구로 바뀌자, 수입품과 토산품에 대한 수요가 오히려 늘어나게 되었다. 인도 아편의 연간 수입량은 1830년대에 3만 상자에서 1879년에는 8만 7,000상자로 최고조에 달했고, 1861년에 백피토는 20년 동안 가장 비싼 가격인 1담당 840냥에 판매되었다.[95] 인도 아편은 1860

년대 전반에 가격이 안정세를 보였고, 중국에서 생산되는 아편도 더욱 정제되어 갈수록 점유율을 높여 갔다.

1860년대 초, 푸저우에서도 아편 거래는 활발하게 이루어졌다. 광저우와 푸젠 상인 이외에도 영국·인도·미국 등의 외국 상인도 있었는데, 길먼사와 러셀사의 활동이 가장 두드러졌다.[96] 자딘매디슨사의 대리인인 매클라우드는 1861년, 푸저우 세관이 아편을 거래할 때 반드시 1상자당 30냥의 수입세를 징수하기로 하자, 4월 6일 이전에 대규모 거래를 하였다.[97] 즉, 매클라우드는 세금을 피하기 위해 4월 5일에 회사가 푸저우에 보관하고 있던 아편을 팔아 버리고, "민강 입구에 정박중인 선박에 실려 있는 아편 69상자는" 푸저우의 행잔行棧으로 옮겨 놓았던 것이다.[98]

남쪽의 홍콩처럼, 상하이는 중북부의 아편 집산지였다. 아편이 합법화되기 이전의 10년 동안(1847~1858) 상하이에 수입된 아편은 중국 전체 수입량의 거의 절반에 달하였는데, 1847~1860년에 상하이를 통해 수입된 아편의 수량은 다음과 같다(단위 : 상자).[99]

연도	총 수입량	상하이를 통한 수입량	백분율
1847	33,250	16,500	49.6
1858	38,000	16,960	44.6
1849	43,075	22,981	53.4
1853	54,574	24,200	44.3
1857	60,385	31,907	52.8
1858	61,966	33,069	53.4
1859	62,822	33,786	53.8
1860	47,681	28,438	59.6

다른 지방과 마찬가지로 상하이에서도 영국 대리상의 역할이 매우

중요했는데, 1860년 오거스틴허드사의 파커C. E Parker는 대부분의 아편 무역이 자딘매디슨사와 덴트사, 린지사 , 러셀사, 새순사 등의 영국 상인들이 장악하고 있다고 하였다.100) 외국 회사의 상하이 지사는 수시로 전강(鎭江)·쥬강(九江)·한커우 등의 양쯔강 연안의 항구와 톈진·즈푸(芝罘)·닝보 등의 동부 및 북동부 연안의 여러 개항 항구에서 이루어지는 아편 거래 등을 감독하였다.

자딘매디슨사에서는 1860년대 상하이 지사의 윌리엄 케스윅과 존슨 등이 각각 회사의 중부 및 북부 항구의 업무를 담당하였다. 1863년 닝보의 상황이 기대에 못 미친다는 보고가 있자, 제임스 휘틀은 알렉산더 퍼시벌에게 "닝보에서 프랑스 사람들이 전체 시장 거래를 흐리게 만들고 있다"며 대책을 강구하도록 촉구하였고,101) 1860년대 중반부터 닝보 시장에 주의를 기울였다.102)

아편이 상하이에서 양쯔강의 각 지역으로 운송되자, 상하이와 가장 가까운 전강(鎭江)이 양쯔강 연안에서 가장 중요한 아편 시장이 되었다. 이는 상하이의 유명한 중국 상인 탕마오즈(唐茂枝)에 의해서도 증명된다.103) 자딘매디슨사는 1860년대에 정기적으로 전강에 아편을 보냈는데,104) 1860년대 초에는 연간 판매량이 7,000~8,000상자에 달하였다. 그러나 이 숫자는 점차 감소하여 1860년대 후반과 1870년대 초반에는 4,000~5,000상자로, 1879년에는 1,000상자까지 줄어들었다. 덴트사도 1860년대에 연간 6,000상자를 판매하였다.105)

쥬강(九江)에서도 수시로 상하이 지사에 아편의 시황을 보고한 것으로 보아, 상하이 지사가 지속적으로 쥬강의 아편 거래 동향에 주의를 기울인 사실을 알 수 있다.106) 1860년대에 상하이 지사는 한커우와107) 즈푸 등의 북방 항구에도 아편을 보냈다.108) 그러나 1870년대에 들어서자 자딘매디슨사는 선박 사업에 전력을 쏟으면서 점차 아편 무역에서 손을 떼었다.

독점의 시도와 점진적 쇠퇴

광저우 상인들은 아편 거래 초기부터 뛰어들어 다른 지역의 상인들보다 풍부한 경험을 바탕으로 다양한 방식을 시도하면서 아편 무역을 주도하였다. 1859년 4월, 푸저우의 관리들은 광저우 상인들에게 "아편 세금을 맡아서 걷어 줄 것"을 요구하였고, 유능한 매판이자 상인이었던 탕마오즈가 이 일을 담당할 적임자로 꼽혔다. 그러나 그가 사업이 바쁘다는 이유로 사양함으로써 다른 상인이 맡게 되었다. 탕마오즈와 또 다른 광둥 출신의 러셀사 매판이 아편 세금에서 얻은 이익의 일부를 나누어 갖는다는 조건으로 보증을 섰으며, '음력으로 다음 달 1일부터 시작'하기로 계약하였다.[109] 이와 같이 광둥 상인들이 푸저우에서 '합작 회사' 형식으로 일에 착수하자 푸저우 상인들도 따라서 신청하였다.[110]

야심이 컸던 광둥 상인들은 지역적인 제한을 초월하여 아편 세금을 걷으려 하였으며, 나아가 중국 전체의 아편 수입을 독점하려 하였다. 1882년 새뮤얼Samual이라는 사람은 인도에서 생산되는 아편을 모두 자신에게 팔면 아편이 중국에 도착하는 대로 중국 정부에 세금과 이금厘金(화물 통행세)을 내겠다는 제안을 하였다.[111] 광둥 상인들은 그 이전에 회사를 차려 인도에서 수입하는 아편을 독점하려 하였고, 홍콩의 유명한 상인 허셴츠(何獻墀)는 1881년 이전에 2,000만 달러를 자본금으로 하여 중국 정부에 회사 설립을 건의한 바 있다. 그에 따르면, 회사를 세워 50년 동안 인도에서 생산되는 아편을 독점해서 중국의 각 항구에 통제적으로 공급한 뒤 점차적으로 아편 수입량을 줄여 나가면 독점 기간이 끝남과 동시에 수입을 완전히 근절시킬 수 있다는 것이었다.[112]

허셴츠는 이 방법으로 아편 밀수를 금지시킬 수 있을 뿐 아니라, 이금을 걷기 위해 곳곳에 초소를 세울 필요도 없이 세금 누수와 통행세 착복 등을 근절시킬 수 있으며, 정부에 세금 외에도 매년 약 300만 냥을 납부할 수 있다고 주장하였다. 리훙장(李鴻章)도 이 계획에 동의하고

1881년 다음과 같은 상소를 올려 허가를 요청하였다.

> 허셴츠 등은 재력가로서 광둥과 홍콩 등지에서 오랫동안 무역을 하였으며, 국내외 사정에 밝다고 들었습니다. 다른 재력 있는 상인들도 이 계획을 듣고 투자하겠다고 합니다. 아편 거래를 한 회사에 맡기는 것은 장단점이 있겠으나 자금을 모으는 일은 어렵지 않을 것입니다.113)

리훙장은 우한타오(吳翰濤)와 마씨馬氏 성의 지방관을 캘커타에 파견하여 직접 리펀Ripon과 상의하도록 하였다. 그들과 인도 당국 사이에 어떤 결정이 내려졌는지는 알 수 없지만, 총리아문에서는 도덕적으로 정당하지 못하다는 이유로 반대하였다.114) 어쨌든 국내에서 생산된 아편이 유통되자 아편 수입은 1888년 이후 점차 줄어들었고, 1917년 이를 법으로 폐지함으로써 불명예스러운 아편 무역은 마침내 종지부를 찍게 되었다.115)

제6장 농산물의 상품화 : 내륙 차의 수매

새 화폐는 연해에서부터 내륙으로 점차 사용이 확산되어 갔으며, 신용 거래도 확대되었다. 동시에 아편으로 차와 생사를 구입할 수 있게 되었으며, 아편 무역이 합법화됨으로써 연해 무역에 새로운 장이 열리게 되었다. 또 1842년 이후, 조약 시스템 역시 그 때까지 경험해 보지 못한 새로운 무역 시대의 도래를 알리며 새로운 에너지를 제공하였다. 결론적으로 이 모든 것이 무역에 근본적인 변화를 가져왔으며, 1860년 내륙에서 생사와 차의 거래가 대규모로 성장함으로써 중국의 상업 혁명에 한층 더 가속도가 붙었다. 다음의 두 가지 요인이 이를 가능하게 하였다. 첫째, 1860년에 베이징조약(北京條約)이 체결된 뒤로 서방 열강은 중국과 '합작'이라는 외교 정책을 선택함으로써 이후 수십 년 동안 경제 관계에서 안정된 발전을 구가할 수 있었다.1) 둘째, 태평천국이 실패로 막을 내리자 내륙 경제가 살아남으로써 국내 무역이 왕성해졌다는 점이다.

농산품의 상품화는 상업 자본주의의 주요한 특징으로, 내륙의 생사와 차 거래가 이를 잘 증명해 준다. 19세기 중엽 이후, 중국 상인과 서양 무역상의 중개인들은 조약 개항지에서 내륙으로 들어가 농민과 생산자에게 직접 차와 생사 등을 구매하였고, 1860년대 초에 이러한 거래 형태는 이미 크게 발전하였다. 내륙에서의 생사 구매에 대해서는 앞의 제3장에서 논의한 바 있으며, 이 무역의 경쟁력에 대해서는 뒤의 제7장에서 논의하기로 하고, 이 장에서는 자딘매디슨사의 자료를 중심으로 푸젠성과 장시성의 경계를 이루는 우이산(武夷山) 지역의 차 구매에 관해 살펴보기로 한다.

차 무역의 확대

농산품 상품화의 중요한 원인 가운데 하나는 청대 말기에 유럽 시장에서 중국 차에 대한 수요가 갈수록 증가하였다는 점이다. 이에 따라 중국과 외국의 무역상들은 경쟁적으로 중국 시장에 뛰어들었고, 차 거래량은 빠르게 증가하였다. 차를 거래하던 내륙의 상업 거점은 국가 경제에서 뚜렷한 위치를 차지하게 되었고, 푸저우와 상하이 같은 수출 항구는 그 명성이 해외에까지 널리 알려졌다.

서양 시장

1850년대 이전, 우이차(武夷茶)는 광저우와 상하이를 거쳐 유럽 시장으로 수출되었고, 푸저우가 개항된 뒤에는 이 곳을 통해 대량으로 미국으로 수출되었다. 그러나 미국 시장을 개척하는 데에는 그들이 좋아할 만한 제품 이름이나 특수한 포장 등 특별한 기술과 비용이 필요하였다. 자딘매디슨사의 푸저우 대리인 조지 피셔는 포장을 '우아한 꽃무늬'로 장식하여 미국 시장에서 높은 가격에 판매하면서, "포장 비용을 제외하고도 이익이 남는" 사업이라고 하였다.[2] 러셀사 외에 웨트모어사도

1855년 12월, 푸저우를 통해 2척의 선박에 차를 가득 실어 미국으로 수출하였다. 1856년 초, 조지 피셔는 정교하게 반 상자씩 포장된 보통 궁푸차(工夫茶) 300상자 등 대량의 차를 미국 킹사(King & Co.)의 와일드덕 Wild Duck 호에 실어 뉴욕으로 보냈다.3) 같은 시기에 덴트사와 길먼사도 반 상자씩 포장된 4,000상자의 우룽차(烏龍茶)를 미국으로 보냈다.4)

이 과정에서 중국 상인들은 주도적인 역할을 하였다. 1856년 8월 22일에 푸저우에서는 약 2,000상자의 궁푸차 거래가 성사되었는데, 그 가운데 700상자는 러셀사와 밀접한 관계가 있는 중국 상인이 미국으로 수출한 것이다.5)

푸저우에서는 유럽 시장으로도 수출을 하였다. 1850~1860년대에 자딘매디슨사나 덴트사 등의 대기업들은 모두 자사 소유의 선박을 이용해 정기적으로 푸저우와 영국 등 유럽 항구를 연결하는 노선을 왕복하였다. 1855년 11월, 조지 피셔가 푸저우에서 한 가장 중요한 업무는 "런던으로 차를 보내는 일"과 "다른 시장에 보낼 준비"를 하는 것이었다.6) 만약 회사의 선박에 여유가 있으면 다른 회사의 화물을 실어 주기도 하였다. 1856년 5월 덴트사는 린지사의 차를 로드오브아일스Lord of Isles 호에 실어 영국으로 보냈으며,7) 자딘매디슨사는 리버풀로 가는 비전Vission 호에 기브리빙스턴사(Gibb Livingston & Co.)의 차를 실어 주도하였다.

차가 내륙에서 항구로 신속하게 운송되는 것과 마찬가지로 가능한 한 빨리 외국 시장에 도착하게 하는 것은 모두에게 중요한 일이었다. 이에 따라 경쟁이 치열해지자 운송비가 운송 속도를 결정하게 되었다.

국내 시장

푸저우는 우이산에서 먼 거리는 아니지만 1854년 이전에는 차 수출에서 그다지 중요한 역할을 하지 못하였다. 그러나 태평천국운동으로 상하이와 광저우 등의 전통적 판로가 어려움에 처하고, 또 연해 지역의 상업이 왕성해지자 푸저우가 중요한 수출 항구로 대두되었다. 초기에 외국 회사들은 푸저우 시장에서 차를 구매하였지만, 곧 대리상을 민강 (閩江) 상류에 파견하여 직접 내륙에서 구매하기 시작하였다.

1855년 푸젠성 내륙에서 구매한 차는 푸저우 이외에 샤먼 등의 다른 항구에서도 수출되었고, 또 수요가 증가하자 양질의 차 외에 품질이 떨어지는 차도 취급되었다. 오거스틴허드사는 품질이 떨어지는 대량의 차를 미국으로 보냈고, 자딘매디슨사의 조지 피셔 역시 많은 양을 유럽 시장으로 보냈다.8)

외국 상인에게 차를 공급하기로 계약한 현지 상인도 — 외국인들이 편지에서 차상茶商(teaman)이라고 언급한 — 민강 상류로 가서 생산자에게 직접 구입하였다. 1857년부터 1861년까지 아시(阿熙)는 푸저우 북서쪽으로 약 150마일 떨어진 민강의 순창(順昌)에서 대량의 차를 구매하였고,9) 1861년에는 다시 민간(閩贛) 경계의 젠닝(建寧)까지 차를 구매하러 갔다.10) 또 다른 차상 타이성(泰盛)은 민강 상류의 수이커우(水口)와 충안(崇安) 등지에서 차를 구매하였다.11) 1861년 9월 24일 그는 충안에 도착하여 푸저우의 매클라우드에게 가격과 수량 및 품종, 푸저우로 운송할 날짜 등을 보고하였다.12) 이와 같은 편지들은 모두 푸저우 대리인이 영문으로 요약해서 다시 홍콩 본사로 보냈다.

우이산의 차 생산지는 푸젠성과 장시성에 걸쳐 있었으므로 어떤 차상은 푸젠성에서 서쪽으로 장시성까지 가서 차를 구매하였다. 그들 가운데 아리(阿李)라는 차상은 1860년대 후반에 장시성 동부에서 적극적으로 차를 구매하다가 결국 장시성 쥬강(九江)에 정착하였다.13) 광저우 상인 이외에 북방에서 온 상인들도 많았다. 1863년 우이산에 있던 타이성은, 순창에는 여러 지역의 차상들이 서로 경쟁하여 차 가격이 싸지 않다고 자딘매디슨사에 보고하기도 하였다.14)

서양 대리상들도 푸젠의 차 시장이 성장하는 데 큰 역할을 하였다.

그들은 더욱 효과적으로 차를 구매하기 위해 직접 내륙으로 가기도 하였다. 자딘매디슨사의 조지 피셔는 길먼사의 루스덴Rusden이 1856년 3월에 직접 "푸젠성 내륙의 차 생산지로 갔다"고 언급하였다. 피셔 자신도 차를 만드는 과정을 보고 싶어했는데, 외국인은 내륙에 갈 수 없다는 규정 때문에 중국인으로 위장하여[15] 1주일에서 한 달까지 머물기도 하였다.

차 생산자는 외국인이 와서 둘러보는 것을 대량 구매의 신호로 알았기 때문에 외국 상인이 보이기만 하면 차 가격은 바로 상승하였다.[16] 1869년 여름, 자딘매디슨사가 존 메이어John Mayer를 정기적으로 내륙에 파견하여 직접 차 구매를 시도하자, 다른 외국 회사들도 이를 따라하여 이후로는 이 방식이 제도화되다시피 하였다.[17] 이와 같이 중국과 서양 상인 사이의 치열한 경쟁으로 농산품의 상업화의 속도는 더욱 빨라졌다.

대량 구매

1854년 러셀사는 푸저우에서 차를 수출하면서 내륙의 차 구매에 더욱 열중하였다. 덴트사도 1856년의 4개월 동안 우이산의 차 생산지에서 40만 달러어치의 차를 구매하였고,[18] 자딘매디슨사도 타이성과 아시를 통해 꾸준히 구매를 늘려 나갔다. 토머스 라켄은 1856년 8월 22일 홍콩에 "며칠 안으로 약 1,000t의 차를 보낼 것"[19]이라고 보고하면서 다음과 같이 언급하였다.

덴트사는 로드래글런Lord Raglan 호와 와이노드Wynaud 호에 차를 가득 싣고 네덜란드로 갔으며, 킹C. J. King은 대량의 차를 타모라Tamora 호에 실어 런던(약 600t)으로 보냈다. 버지니아Virginia 호의 약 700t과 월머캐슬 Walmer Castle 호의 600t 그리고 당신이 창고에 보관하고 있는 1,000t 등 푸저우에 있는 것을 모두 합치면 시장에 모두 5,000상자의 차가 있다.[20]

1859년 3월 초, 아시는 푸저우의 대리인 선시(沈熙)를 통해 회사에 추가로 4만 9,368달러를 요청하도록 하는 등, 자딘매디슨사의 차상들은 내륙으로 가지고 간 돈을 다 소비하면 푸저우에 다시 자금을 요청하기도 했다.21)

1850년대 중반부터 1860년대 초까지는 푸저우에서 구매한 내륙 차의 양이 뚜렷하게 증가하였지만, 1861년에 한커우와 쥬강(九江) 등 양쯔강 중류의 항구가 개방되자 많은 양의 우이차가 이 곳을 통해 수출되었다. 덴트사는 1855~1861년 푸저우에서 차 구매를 담당하는 대리인을 6~7명 두었으나, 1861년 2월에는 2~3명으로 줄였으며, 나머지 사람들은 한커우로 보내 후난성과 후베이성에서 생산되는 정팡싱웨이아이(正方興未艾)라는 차를 구매하도록 하였다.22) 같은 이유로 푸저우 지사의 외국인 직원들도 한커우로 갔는데, 린지사의 스미스도 그런 경우였다.23) 그러나 이러한 상황의 변화에도 아랑곳하지 않고 매클라우드는 여전히 푸저우의 수출에 역점을 두었다.24)

푸저우에서는 대량의 거래가 주로 이루어짐에 따라 될 수 있는 한 현금을 많이 비축하는 일이 중요하였으므로, 매클라우드는 알렉산더 퍼시벌에게 "수중에 멕시코 은화를 많이" 지니고 신속하게 푸저우의 시장 변화에 적응해야 한다고 강조하였다.25) 또 내륙에서 차를 구입하기 위해서는 수시로 자금이 더 필요하였다. 1861년 매클라우드가 아시에게 "두 번째 출하된 새 차를 더 구매"하라고 지시함에 따라 추가 자금이 필요해지자, 퍼시벌은 우선 후이평은행에 입금하려고 했던 돈을 사용하라고 지시하였다.26) 매클라우드는 그 무렵 30만 달러에 달하는 많은 자금을 가지고 있었지만, 여러 차례 홍콩의 본사에 자금을 "더 빨리" 보내라고 재촉하였다.27)

자딘매디슨사는 내륙에서 차 구매를 계속 확대하였다. 1860~1861년 타이성이 혼자 구매한 차만 해도 60만 상자에 달했으며, 다음 시즌에도 계속 상등품 10만 상자와 중등품 27만 상자, 보통 차 10만 상자 등 47만 상자를 구매할 계획이었다.[28] 1861년 9월 27일, 타이성은 수이커우 같은 작은 마을에서도 5,000상자를 구입했는데, 그 가운데에는 240상자의 자허(嘉禾), 620상자의 정허(政和)와 다른 500상자 등 3,600상자의 상등품 궁푸차(工夫茶)가 포함되어 있었다. 그는 또 이미 2,200상자의 좋은 차를 푸저우로 보냈으며, 나머지 1,400상자는 포장하는 중이라고 하였다. 이 밖에 그는 1,400상자의 중등품 차를 구입해서 절반은 이미 푸저우로 보냈고 나머지 절반은 "작업 중"이라고 하였다.[29] 같은 시기에 자딘매디슨사는 다른 차상을 통해서도 차를 구매하였다. 1861년 9월, 그들 가운데 한 사람인 아시는 회사가 1861~1862년에 약 50만 상자를 구매한 것으로 추산하였다.[30]

1860년대에 자딘매디슨사는 푸젠성 북서쪽의 우이산 지역에서도 꾸준히 대량으로 차를 구매하였다. 1869년 여름에 자딘매디슨사는 심지어 직원인 존 메이어를 민강 상류 지역에 파견하여 많은 양을 구매하였는데, 6월 초에는 수이지전(水吉鎭)에서 하루에만 100명이 넘는 인부를 고용하여 6,000~1만 달러어치의 차를 구매하기도 하였다. 이와 같은 대규모 수매는 10% 정도의 비용 절감은 물론, 품질이 더 좋은 차를 확보할 수 있다는 장점이 있었다.[31] 차의 구매는 매우 순조롭게 진행되어 메이어는 푸저우에 더 많은 자금을 요청하였다. 그는 수중에 2만 달러를 지니고 있었지만 1만 달러 이상의 자금이 더 필요하다고 하였다. 왕성한 구매 작업으로 인해 메이어와 그의 아들은 "너무 피곤해서 다리가 부어 오를 정도"로 아주 힘들게 일해야 했다.[32]

푸젠에서는 차의 구매량이 많았을 뿐 아니라 속도 또한 매우 신속하게 이루어졌다. 자딘매디슨사는 창고 설비를 계속 확충하였으나 푸저우에는 끊임없이 밀려오는 차를 보관할 만한 충분한 공간이 부족하였다. 1865년 초에 대량의 차를 런던으로 보내려던 조지 피셔는 보관할 곳이

<그림 5> 부두에서 차를 선적하는 모습.

없어 "매우 고심"하다가,[33) 결국 자딘매디슨사의 선박에 실어 놓음으로
써 겨우 문제를 해결할 수 있었다. 한편, 자딘매디슨사는 푸저우에서도
대량의 차를 사들였다. 1856년 6월에 토머스 라켄은 이틀 만에 1,200여
상자의 궁푸차를 구매하였고,[34) 나아가 회사의 비전 호를 이용하여 '더
필요한 구매'를 할 계획을 세웠다.

자딘매디슨사의 왕성한 구매 속도는 활동적인 차상이었던 타이성을
통해서도 알 수 있다. 1861년 8월 20일, 그는 두 종류의 차를 수이커우
에서 푸저우로 보냈으며, 1주일 뒤에 두 종류를 더 보냈는데 그 가운데
후이훙(淮紅) 218상자는 푸저우에서 1상자당 16냥, 푸허(福和) 100상자는
1상자당 18냥에 거래되었다. 세 번째 차는 8월 29일에 보낼 준비가 거
의 끝났으며, 네 번째 차는 "곧 준비가 될 것"이라고 보고했다. 덧붙여
그는 "내륙 지역에 비가 와서 네 번째 차는 세 번째 차보다 품질이 조

금 더 좋을 것"이라며 왕성한 구매 활동을 벌였다.[35]

타이성은 1861년 9월 9일부터 14일까지 5일 만에 우이산 지역에서 상등품과 중등품 1,100상자를 구매하는 등 빠른 속도로 대량의 차를 구매하였다.[36] 자딘매디슨사의 또 다른 차상인 아시도 마찬가지였다. 1861년 9월 중에 그는 순창 부근의 황컹(黃坑)이라는 곳에서 푸저우에서 23냥 정도에 거래되는 좋은 차를 200상자 정도 구입하였으며, 또 "질이 좋은 중상등급의 차를 300상자 구매하였는데, 푸저우에 가면 18냥은 받을 것"이라고 하였다. 그는 '4~5일 만에' 500상자의 구매를 마무리짓기도 하였다.[37]

중국인의 역할

차상과 매판, 환전상 등 많은 중국인들이 우이산 지역의 차가 상품화되는 과정에서 중요한 역할을 하였다. 예를 들면, 자딘매디슨사의 차 구매 과정에서 중국인, 특히 광저우 사람들이 매우 큰 역할을 하였다. 19세기 초반, 자딘매디슨사의 선박은 수시로 푸저우까지 왔었지만 1846년이 되어서야 정기적으로 정박할 수 있었고, 첫 번째 대리인으로 크로퍼드Crawford 선장이 부임하였다. 푸저우의 중요성이 커지자 1854년에 존 윌리엄스John Williams가 파견되어 지사를 설립하였고, 두 사람은 중국인들을 직원과 회계 담당자로 고용하였다.[38] 1855년 11월, 윌리엄스의 후임자인 조지 피셔는 더욱 광범위하게 내륙에서 차를 구매하면서 중국인 차상들을 엄격하게 관리하였다.[39]

자딘매디슨사는 차상이 내륙 시장에서 차지하는 중요성을 인식하고 그들과 좋은 관계를 유지하려고 노력하였으며, 그들의 합법적인 이익을 보호해 주려고 하였다. 즉, 피셔는 1855년 차상들이 매판으로부터 부당하게 '갈취'당하지 않도록, 매판을 통하지 않고 크로퍼드 선장이 직접 차상에게 대금을 전달하도록 하였다.[40] 또 그들의 재정적 어려움을 도

와 주기도 하였는데, 1863년 차상 아시가 자딘매디슨사에 상당한 금액
을 갚아야 했을 때, 매클라우드는 본사에 그의 상환 기간을 연장해 주
도록 다음과 같이 건의하기도 하였다.

> 나는 아시가 몇 개월 안에 50%의 채무를 해결할 수 있다고 생각한다. 만
> 약 나머지 50%에 대한 채무 기일을 연기해 주면 그는 격려로 알고 더욱 분
> 발할 것이다. 현재 그는 일부분만 상환할 수 있지만 다른 방법도 강구하고
> 있으므로 나머지도 받을 수 있을 것이다. 물론 그에게 당장 무슨 일이 생긴
> 다면 상환이 어려울 수도 있다. 내가 그의 부동산 문서를 가지고 있지만 그
> 의 재산이 그만한 가치가 있을지에 대해서는 자신하지 못한다.[41]

1860년에 아친(阿欽)이 푸저우 지사의 매판이 되자, 중국인이 자딘매
디슨사의 차 무역에서 차지하는 비중은 더욱 커졌다.[42] 1869년에 차 무
역이 민강 상류까지 확대되자, 존 메이어는 푸저우 지사에 더 많은 자
금을 요청하였다. 그는 존슨에게 중국인을 통해 멕시코 은화를 가져다
달라고 요구하면서,[43] 중국인과의 우정을 키우려 하기도 하였다.

1850년대 후반과 1860년대 초에 자딘매디슨사가 구입한 차는 거의
아시와 타이성 등 중국인 차상을 통해서 이루어졌다.[44] 동시에 광저우
의 많은 개인 상인들은 스스로 차를 수매한 뒤 푸저우 시장에서 판매하
기도 하였다. 1850년대에 부유한 상인 룽지(榮記)는 수시로 우이산 지역
에서 여러 종류의 먀오링차(廟岭茶)를 구매한 뒤 배에 싣고 푸저우까지
가져와 판매하였다.[45] 자딘매디슨사는 아리(阿李)와 야지(雅記) 등 다른
차상들에게서도 차를 구매하였고, 또 이 차상들은 독자적으로 서양에
수출하기도 하였다. 매클라우드는 1860년에 "아리와 야지에게 구매하
는 양을 늘려야 한다"고 회사에 보고하였다.[46]

어떤 광저우 사람들은 비교적 일찍 외국 상인과 친분을 맺어 푸저우
의 서양 회사에서 근무하였다. 1850년대에 자딘매디슨사는 피셔에게 이

들을 고용하도록 하였는데, 그 가운데 일부가 성실하게 일하지 않았으므로 피셔는 1855년에 그들을 홍콩으로 돌려보내고, 대신 푸저우 사람들을 고용하였다.[47] 그러나 이들은 광저우 사람들만큼 일을 잘 처리하지 못하여, 1869년에 존 메이어가 민강 상류에 갔을 때에는 광저우 사람 100명을 새로 고용하기도 하였다.[48]

제도화制度化를 향해

1854년과 1855년, 내륙에서의 차 구매는 산발적이고 실험적인 토대 위에서 이루어졌지만 빠른 속도로 정착되었다. 1856년에 구매 시스템과 통신망이 확보되자 차상의 작업 일정은 일정한 기준 아래 대규모로 이루어졌다.

차 구매 시스템

푸젠성과 장시성 등의 내륙에서 차 구매와 수출은 다음과 같은 세 가지 방식으로 진행되었다. 첫째는 외국 회사가 매판을 내륙에 파견하여 직접 차 생산자에게 구매하게 하는 방식이 있었고, 둘째는 외국 상인이 중국 차상과 계약을 통해 차를 구매하는 방식이 있었으며, 마지막으로 중국의 개별 상인이 푸저우 시장에 가져온 차를 외국 상인이 구매하는 방식이 있었다. 내륙 지역에서 차를 구매하는 매판의 역할에 대해서는 앞에서 이미 논의한 바 있으므로,[49] 여기서는 나머지 두 가지 방식에 대해 살펴보기로 한다.

'계약 시스템'이란 외국 상인이 중국 차상과 특별한 계약을 맺고, 중국 차상이 푸저우에서 특정한 가격으로 외국 상인에게 일정한 수량을 공급하는 것을 말한다. 이로써 외국 상인은 내륙에서 겪을 수도 있는 불필요한 많은 위험을 피할 수 있었고, 또 푸저우 시장에서 높은 가격으로 구매하지 않아도 되었다. 허드 주니어는 1854년에 푸저우가 개방된 뒤로 1860년대에 태평천국운동으로 일시 중지된 것을 제외하고는, "이른바 계약 시스템이라고 하는 것은 충분한 역할을 하였다"고 술회하였다.50)

자딘매디슨사의 푸저우 지사는 이 방식으로 1850년대 후반과 1860년대 초에 아시와 아린(阿林), 완타이(萬泰), 타이성 등의 차상을 통해 많은 양의 차를 구매하였다. 미국 회사인 오거스틴허드사는 1863년 여름, 석관席官이라는 광저우 차상과 주로 바이하오화차(白毫花茶)에 대한 구매 계약을 체결하고 대량의 차를 "배에 실어 러시아 항구로 운송"하도록 하였다.51) 1850년대 중반, 우이산 지역에서 계약을 통해 차를 구매하는 것은 모든 외국 회사들이 보편적으로 이용하던 방법이었다. 1856년 상반기에 이런 방법으로 영국의 대리상인 덴트사는 1만 3,800포, 미국의 러셀사는 1만 700포를 구매하였으며, 이 밖에도 오거스틴허드사와 길먼사, 린지사 그리고 기브리빙스턴사와 다른 작은 회사들이 총 5만 2,920포에 달하는 차를 구매하였다.52)

외국 상인이 중국 차상과 계약을 체결할 때에는 품차사(品茶師 : teataster)의 의견을 대단히 신뢰하였고, 또 홍콩 본사의 허가를 받아야 했다. 1861년 4월, 자딘매디슨사의 푸저우 대리인 매클라우드는 융타이(永泰)와 완타이, 퉁싱(同興)과 체결한 계약 내용을 알렉산더 퍼시벌에게 보내면서 "지난 번 수확기보다 싼 가격으로 계약하였으며, (품차사) 해밀턴R. F. Hamilton은 이 가격이 매우 적절하다고 자신하니 허가를 요청한다"고 하였다.53) 품차사 외에 외국 회사는 차방茶房(teaboy)을 고용하여 차상과의 연락을 담당하게 하였다. 이들은 항상 긴밀한 관계를 유지하였는데, 그것은 이들의 협조가 이루어지지 않으면 내륙에서 차를 구매하는 일에 큰 어려움을 겪게 되기 때문이었다. 1855년 자딘매디슨사에서는 차상 아시와 차방 아웨이(阿偉)가 서로 비방하는 일이 발생하자, 조지 피셔가 직접 홍콩으로 가서 조셉 자딘Joseph Jardine에게 해명함으로써 10일 만에 화해가 이루어지기도 하였다.[54)]

차상은 계약을 통해 외국 상인에게 미리 대금을 받음으로써 자금 문제를 해결할 수 있었다. 예를 들면, 1856년 봄에 자딘매디슨사는 아시에게 44만 65달러를 미리 지급하였고, 아시는 5월 1일에 계약대로 43만 2,372달러어치의 차를 푸저우로 운송하였다.[55)] 자딘매디슨사는 아시에게 계속 자금을 지원하여 1861년 5월에 매클라우드는 "아시에게 두 번째 출시한 차를 구입하도록 대출"해 주었다. 따라서 매클라우드는 이미 30만 달러를 가지고 있었지만 더 많은 자금이 필요하였다.[56)] 자딘매디슨사는 아시 이외에도 비록 규모는 작았지만 아린과 퉁싱 등의 다른 차상들과도 같은 거래를 하였다. 1861년 4월, 매클라우드는 퉁싱에게 3,000달러를 주고 1상자당 22냥어치의 궁푸차를 받았다.[57)]

대출은 대부분 백은으로 지불하였다. 백은은 그 가치에 비하여 중량이 가벼워 차상들이 문은紋銀이나 은화로 만들어 몸에 지니고 차 생산지로 갈 수 있었기 때문이다. 정상적인 은화는 내륙에서 환영받았지만 '파전破錢'이라 일컬어지는, 함량이 떨어지는 은화는 받아 주지 않았다.[58)] 차상은 또 외국 상인에게 대출금의 일부를 현품으로 받기도 하였는데, 제3장에서 언급한 대로 아편이 가벼워서 자주 사용되었다. 아편을 내륙으로 가져가 팔고 그 돈으로 차를 구매하였던 것이다. 따라서 차상은 푸저우의 외국 대리상에게 보낸 편지에서 내륙의 아편 시세에 대해 자주 언급하였다. 예컨대, 타이성은 수이커우에서 보낸 편지에서 "내륙에서 아편을 쉽게 판매할 수 있다"고 하였으며,[59)] 11일 뒤에는 다시 "아편 가격이 조금 올랐다"고 보고하였다.[60)] 그러나 그는 "아편 시장이 무척 조용"한 것을 알고는 낙심하였다.[61)] 1860년대에도 이런 방법은 계속되었다. 1863년 8월 10일에 타이성은 차를 구매하기 위해 1담당

700달러인 백피토 10상자를 받았고,62) 간혹 대출금의 일부로 방직 제품을 받아 차를 수매하는 데 사용하기도 하였다.63)

차상들은 내륙에서 차행茶行을 직접 운영하였다. 차행의 가장 중요한 업무는 차를 구매하는 일이었기 때문에 '구매소(收購站'라고도 하였다.64) 이 장소는 허드 주니어가 말한 대로 "중심지에 위치한 창고로서 주변 마을에 장이 서면 차를 구매하여 운송을 준비"하는 전략상의 요지였다.65) 차를 준비하는 과정에서 불의 세기를 조절하며 건조하는 과정은 아주 중요한 일이었는데, 특히 광저우 사람들이 이 기술에 능하였다.66) 또 운송하기 전에 검사와 분류를 거쳐 포장을 하고 상표를 부착하는 일도 하였다.67)

민강 상류 지역에서 구매한 차는 가공과 포장을 거쳐 2주일 뒤면 푸저우에 도착하였다.68) 1856년 봄, 자딘매디슨사의 푸저우 대리인이 조지 피셔에 이어 토머스 라켄으로 바뀌었지만, 이 시스템은 계속 가동되었다.69) 내륙의 차는 구매로부터 건조 및 포장을 거쳐 푸저우로 운송되기까지 모두 2개월이 소요되었다. 포장된 차를 구매한 경우에는 1개월이면 충분하였고, 긴급할 때에는 서둘러서 '2~3주일 이내'에도 운송이 가능하였다.70) 외국 회사는 때로는 민강의 기선을 이용하여 푸저우까지 운반하기도 하였는데, 자딘매디슨사는 1856년 7월 초에 이런 선박을 두 척 이용한 바 있다.71) 푸저우에서는 내륙에서 가져온 차를 처리하기 위해 아시 등의 차상들이 항구에 차행을 열었다. 차행은 내륙에 자금을 공급하고 푸저우에 도착한 차를 취급하였으며, 다시 포장과 상표를 부착한 뒤에 수출하였다. 따라서 차행을 운영하는 것은 중요한 일이었으며, 조지 피셔는 1856년 1월 이 문제로 고심했다고 한다. 아시가 "1년의 대부분을 내륙에서 보내" 차행까지 돌볼 수 없었기 때문이다.72)

자딘매디슨사는 1854년과 1855년에 우이차 구입을 성공적으로 마치고, 1855년 말에 후난성과 후베이성 등 내륙에서 차를 구매하여 푸저우를 통해 수출하는 계획을 세웠다. 그러나 아시는 신중하게 "자금이 내륙으로 안전하게 유입되려면 상하이를 통해야 하며, 후난성과 후베이성의 차도 상하이를 통하는 것"이 푸저우를 통하는 것보다 "훨씬 쉽다"는 의견을 견지하였다.[73] 결국 푸저우 이외에도 장시성과 후난성 지역의 대량의 차가 상하이 시장으로 흘러 들어감으로써 그의 생각이 옳았다는 것이 증명되었다. 1857년 7월 30일, 아시는 내륙의 깊숙한 곳에 있는 허커우(河口)에 도착하여 '세밀한 조사' 끝에 '53건의 먀오링차가 이미 상하이로 운반중'이라는 사실을 알아 냈다.[74]

외국 상인은 차상과 계약을 체결하는 방법 이외에 푸저우 시장에서도 차를 구매하였다. 1861년 매클라우드는 "전에는 차상에게 대출해 주고 차를 구매하였지만 지금은 융타이만이 이렇게 하고 있다. …… 아린도 그렇게 하기를 원하지만 그가 해 낼 수 있을 것 같지 않다"고 하였다.[75] 차가 내륙에서 푸저우에 도착하면 차상은 보통 '차잔(茶棧)'에 머물면서 '잔수(棧售 ; 여관에서 하는 거래)'를 하였다.[76] 그러나 가격이 터무니없이 오르면 외국 상인들은 곧바로 구매하지 않았다.[77] 만일 가격이 적당하다면 "희소성 때문에" 질 좋은 차를 우선적으로 고려하였다. 어쨌든 외국 상인들은 내륙의 차를 구매할 때 영국 시장에서의 가격을 우선적으로 고려해야 했다.[78]

서양 상인들은 계약을 통해서보다는 직접 푸저우 시장에서 더 많은 차를 구매하였다. 1856년 6월, 자딘매디슨사를 비롯하여 영국과 미국, 러시아 등의 8개 회사에서 이런 방법으로 모두 2만 780포(包)의 차를 수매하였다.[79] 자딘매디슨사도 많은 양을 구매하여, 7월 1일부터 8월 29일까지 모두 6만 6,000상자의 궁푸차와 절반 크기의 우룽차 4만 9,000상자, 샤오중홍차(小種紅茶) 5,000상자, 바이하오화차 3,000상자를 사들였다.[80] 1863년 상반기에 자딘매디슨사는 계약을 통해 4만 3,010상자, 푸저우 시장에서 17만 2,546상자를 수매했다.[81] 외국 상인들은 상대적으로 가격이 싼 시장에서 가공되지 않은 차를 사서 건조시킨 뒤에 판매하였는데,[82] 이런 차는 포장에 특히 더 많은 신경을 썼다.[83]

차상의 작업 일정

우이산의 차 생산지에서는 해마다 일정한 시기에 차를 수확하기 때문에 차상들은 이 일정에 맞추어 내륙으로 갔는데, 4월에 시장에 나오는 첫 번째 차가 가장 상품 가치가 높았다. 이 차를 구매하기 위해 차상들은 보통 3월 초나 조금 늦더라도 3월 말에는 푸저우에서 출발하였는데,[84] 내륙으로 떠날 때에는 회사가 대출해 준 아편이나 멕시코 은화 — 외국인들의 표현에 따르면 '약재와 금전' — 를 지니고 갔다.

그러나 3월 말이 되어서도 아직 푸저우에서 출발하지 않은 경우에는 첫 번째 차를 구매하기 어려웠다. 매클라우드는 1861년 2월 18일에 알렉산더 퍼시벌에게 보낸 편지에서 다음과 같이 말했다.

> 아시와 타이성은 모두 2~3주일 안에 이리로 돌아왔다가 다음 달이 오기 전에 내륙으로 떠나야 한다. 작년에는 그들이 대출받은 약재와 금전을 가지고 3월 첫째 주에 떠났으니, 올해는 시간이 촉박하다는 것을 알 수 있을 것이다. 만일 올 봄에 예년보다 새 차가 더 일찍 나온다면 시간은 더욱 부족할 것이다.[85]

아시와 타이성은 1861년 4월 13일 젠닝(建寧)에 도착하자마자 바로 차를 구매하기 시작하였고, 수시로 푸저우의 매클라우드에게 편지로 보고하였다.[86] 어쩌다가 자딘매디슨사와 계약을 늦게 체결하면 내륙으로 떠나는 시간도 늦어질 수밖에 없었다.[87]

두 번째 수확 시기인 6월 말이 되면 차상들의 수매 활동이 매우 활발해졌는데,[88] 그들은 푸저우에 보고할 시간도 없을 만큼 전력을 다해야 했다.[89] 이따금 두 번째 수확한 차가 일찍 푸저우 시장에 출시되면 5월에 수매하는 경우도 있었다.[90] 세 번째 수확은 8월에, 네 번째 수확은 10월에 하였다.[91] 그러나 특수한 상황이 벌어질 경우에는 차상이 11월 초나 12월에도 내륙으로 가서 소량이나마 차를 구입하기도 하였다.[92]

12월 말에서 다음 해 2월 말까지는 날씨가 춥기 때문에 푸젠의 차 거래가 중단되었고, 차상들은 광저우로 돌아왔다.[93] 어떤 차상들은 업무상의 출장으로 홍콩에 가기도 하였는데, 1855년 12월에 아시는 홍콩에 들러 조셉 자딘과 내륙의 업무에 대해 상의하려다가,[94] 예기치 않게 차를 싸게 살 수 있는 기회가 생겨 다시 내륙으로 되돌아갔다.[95] 그는 내륙에서 육로를 통해 광저우로 가서 약 3주일 동안 업무를 마친 뒤에 다시 홍콩으로 가서 조셉 자딘을 만났다.[96] 외국 상인들도 차의 운송을 마치면 잠시 홍콩으로 가서 회사의 의견을 듣고, 새로운 수확기가 오기 전에 광저우나 마카오에 가서 짧은 휴가를 보내곤 하였다.[97]

통신망

차상이 푸젠성의 내륙 지역에서 푸저우의 외국 상인에게 수시로 시장의 동향에 대해 보고한 내용을 통해 정보가 차 구매에서 얼마나 중요한지를 잘 알 수 있다. 차상인 융타이와 완타이, 퉁싱이 "4월 13일에 내륙으로 출발하자마자" 매클라우드는 "바로 소식 듣기를 기대한다"고 하였으며,[98] 차상들은 정기적 — 보통 1주일에 한 번씩 — 으로 보고하였다. 조지 피셔는 1855년에 아시의 활동에 대해 조셉 자딘에게 "나는 그가 연락을 늦게 한 데 대해 매우 화를 냈다. 일이 있든 없든 정기적으로 1주일에 한 번씩 그 곳의 진전 상황에 대해 보고하라고 하였다"는 내용을 전하였다.[99]

차상의 보고 내용은 구매 계획뿐 아니라 내륙 시장에 관한 일반적인 상황을 포함하고 있었다. 타이성이 1861년 9월 말, 충안에 차를 구매하러 가서 그 곳의 차 거래에 관한 소식을 보고한 것처럼 매클라우드도

새로운 소식을 접하면 즉시 퍼시벌에게 보고하곤 하였다.[100]

차상들은 시장의 가장 정확한 정보를 얻기 위해 최선을 다하였으며, 사람들을 풀어서 각지의 '정보'를 수집하였다. 1861년 8월 29일, 타이성은 매클라우드에게 "우룽차의 가격은 별로 떨어지지 않아서 상등품은 18냥, 중등품은 16냥 가량 하는데, 그래도 푸저우보다는 훨씬 싸다"는 정보를 전하였다.[101] 이렇게 민강 상류에서 보낸 편지는 빠르면 3일, 보통은 1주일 정도 지나면 푸저우에 도착하였다.[102]

차상들은 구매 계약을 할 때 수량과 품질에 대해 먼저 회사의 허가를 받기 위해 항상 견본품을 푸저우로 보냈다. 예를 들면, 조지 피셔는 1858년 5월 1일에 "2~3일 안에 새 녹차의 견본품을 보고 싶다"고 하였고,[103] 1860년대에 아시도 매클라우드에게 견본품을 보내곤 하였다. 아시는 1861년 9월 22일에 "좋은 차를 찾고 있다"면서 일정한 수량을 확보하게 되면 견본품을 보내겠다고 매클라우드에게 보고하였다.[104] 가치 있는 정보는 쌍방 모두에게 중요한 것이었으므로, 차상들도 외국 상인들에게 정기적으로 소식을 전달받았다. 1863년 4월 24일, 타이성은 순창에서 "아직 에드워드 휘틀이 보내 주기로 한 최신 차에 관한 소식을 받지 못했다"고 하면서 불안감을 드러냈다.[105]

서양 상인들은 차상들을 통해 차의 제작 비용에 대해서도 알고 있었다. 에드워드 휘틀은 1863년 4월 30일에 타이성에게 "젠양(建陽)과 다른 지방의 차 비용에 착오가 있음"을 지적하였다. 타이성은 1담당 37~38냥으로 푸저우보다 훨씬 낮은 가격에 구매했다고 하였는데, 휘틀은 세밀하게 계산해 본 뒤에 이 가격이 너무 비싸다는 사실을 발견하였던 것이다. 그는 타이성이 젠양과 다른 지방에서 1담당 25~26냥에 구입하였으며, 운송 비용 25%와 1담당 1.7냥의 통행세를 더한다 해도 전체 가격은 "1담당 32.8냥에 달한다"고 계산하였다. 휘틀은 "인부들의 인건비와 차행茶行의 전세금 등을 포함시킨다 하여도 1담당 7냥이 넘지 않으므로” 타이성이 회사에 비용을 과잉 청구하였다고 지적하였다.[106] 나중에 타이성도 자신의 실수를 인정하고 가격을 인하하였다.

회사의 푸저우 대리인들은 차상과의 접촉 결과를 반드시 홍콩 본사로 보고해야만 했다. 자딘매디슨사의 매클라우드는 정기적으로 푸저우 차 시장의 상황을 편지로 홍콩의 본사에 보고하였다. 또 품차사인 해밀턴도 별도로 알렉산더 퍼시벌에게 차에 대한 '더욱 상세한' 보고를 하였다. 매클라우드와 해밀턴은 푸저우 시장의 발전 추세에 대하여 의견이 다를 때도 있었는데, 그럴 경우에도 그들은 따로 각자의 자료를 보고하였다.[107] 이들은 때로 차의 견본품을 홍콩으로 보내 정확한 평가를 요구하기도 하였다.[108]

차 구매에 관하여 내륙에서 보낸 업무 편지에는 수량과 구매 가능성, 현지 가격, 푸저우까지 운반 비용 등이 상세하고 구체적으로 언급되었다.[109] 차의 품질에 관해서는 구체적으로 다섯 등급 — 최고, 상등, 중등, 보통, 하등 — 으로 구분하였고, 이 등급은 상인들 사이에 오가는 통신에서 가장 중요한 부분을 차지하였다. 1855년 11월 15일, 자딘매디슨사의 조지 피셔는 오거스틴허드사가 하등 차를 미국으로 운송하려 한다는 소식을 접하고 다음과 같이 보고하였다.

오거스틴허드사가 (하등 차를) 골든스테이트Golden State 호에 실어 미국으로 보내려고 한다. 그들이 얼마에 구입하였는지에 대해서는 모르지만, 이곳에서 9냥 정도에 거래되는 수이커우의 우룽차와는 비교할 바가 못 된다. 이런 차를 8냥 이하로 살 수 있는지 알아보고 있다. 살 수만 있다면 생각해 볼 만한 일이다.[110]

'보통 차'는 일반적으로 늦가을에 수확하였다. 이 차는 판매에 어려움이 있는 대신 가격이 낮아 나름대로 매력이 있었다. 토머스 라켄은 1856년 8월 12일에 조셉 자딘에게 이렇게 보고하였다.

아시는 상등 차가 많지 않다고 한다. …… 그는 보통 등급의 궁푸차를 푸저우의 가격으로 6.5냥 이하에서 수매하기를 바라고 있다. 이 곳에서는 7~7.2냥이다. 나는 아시에게 이 가격으로 상태가 좋고 깨끗한 보통 등급의 궁푸차를 가능한 한 많이 구입하라고 하였다. 2~5파운드의 운송비를 더한다 해도 이 가격은 매우 싼 편이다.[111]

1850년대와 1860년대에 차상들은 상등 차의 수량이 많지 않음을 걱정하였다. 아시는 1857년 7월 30일 순창에서 "상등 차는 물량이 너무 적고 가격이 너무 비싸다"고 불만을 토로하였다.[112] 1861년 9월, 매클라우드는 아시에게 상등 차를 수매하도록 지시하였지만, 9월 22일에 아시는 아무리 노력해도 만족할 만한 수량을 구할 수 없다고 하였다. 아시는 "상등 차는 너무 적어서" 최근에는 "조금도 구하지 못했다"고 하였다.[113] 그래도 아시는 비교적 운이 좋은 편이어서, 4일 뒤에는 매클라우드에게 보통 등급의 차보다 비싸긴 하지만 300상자의 상등 차를 구입하였으며, 이틀 후면 푸저우에 도착한다는 보고를 올릴 수 있었다.[114]

타이성은 1861년 가을, 충안에서 어렵사리 상등 차를 발견하였다. "내륙 시장에 나오는 상등 차는 아주 적지만 중등이나 보통 등급은 물량이 충분하다. 지금 푸저우로 보내는 상등 차는 지난 달에 수매한 것이다."[115] 3일 뒤에 그는 수이커우로 갔는데 중등 및 상등 차는 판로가 좋았지만, 보통 차는 판매에 어려움을 겪은 사실을 알 수 있다.[116]

차상들은 편지에 차의 품질과 가격에 대해 상세하게 적었다. 타이성은 1861년 8월 29일에 매클라우드에게 품질이 좋은 차들의 가격이 비정상적으로 비싼 것에 대해 보고하면서 다음과 같이 적었다.

수이커우와 구서우(古首)에서 상등 차는 상당히 비싸서 푸저우에 도착하면 가격이 22냥, 그보다 품질이 조금 떨어지는 것은 18~19냥, 중등 차는 15~16냥이다. 수이커우의 상등 차는 19~20냥, 그보다 품질이 조금 떨어지는 것은 16~17냥, 중등 차는 14~15냥이다. 후양(湖洋)과 양커우(洋口)에서는 상등 차가 21냥, 그보다 품질이 조금 떨어지는 것은 18∼19냥, 중등 차는 15∼16냥이다.[117)]

1861년 4월 초에 매클라우드는 융타이와 완타이, 통싱 등의 차상과 자스민차를 구매하는 계약을 체결하였다. 그 계약서에는 구매할 차의 종류와 가격, 교환 시간과 지점 등을 비롯하여 미리 결제해야 할 액수, 지불 방식에 대해서도 구체적으로 명시하였다.[118)] 매클라우드는 본사에 보내는 편지에도 가능하면 상세하게 보고하였다. 1861년 4월 8일에 그는 타이성과 우룽차 구매 계약을 체결한 뒤에 알렉산더 퍼시벌에게 "우룽차는 당신이 말한 대로 상등품을 30센트로 계산하였는데, 타이성은 그 가격에 공급하도록 최선을 다하겠다고 약속했다"는 보고를 하였다.[119)]

유연성

푸젠성의 내륙 지역에서 차를 구매하는 시스템은 변화를 거치면서 유연하고 활력이 넘치는 가운데 점차 정착되어 갔다. 한 예로, 1860년대 초에 '우선 취사권優先取捨權'이라는 것이 있었다. 이는 외국 회사가 중국 차상에게 낮은 이자로 대출을 해 주는 대신, 계약에 의해 차를 공급하는 방식과는 달리 차상이 반드시 일정한 가격으로 규정된 수량을 공급할 필요는 없었다. 다만 차상은 차를 푸저우로 가져와서 푸저우의 시장 가격으로 먼저 회사에 공급할 의무는 있었지만, 회사가 구매를 원하지 않을 경우에 차상은 시장에서 자유롭게 판매할 수 있었다. 바꾸어 말하면, 회사는 차상에게 대출을 해 주고 차상이 차를 시장에 내다 팔기 전에 '우선 취사권'을 행사하여 차를 구매할 수 있다는 것이다. 1863년, 매클라우드는 타이성에게 대출을 해 주고 '우선 취사권'을 행사하였다. 그는 홍콩에 보낸 편지에서 "월 1%의 이자로 타이성에게 4만

5,000달러와 1담당 700달러의 백피토 10상자를 대출해 주는 대신, 그가 가지고 있는 모든 차를 우선적으로 해밀턴에게 공급하고 이자는 매달 지불하기로 했다"고 보고하였으며,[120] 퍼시벌도 이 방법에 찬성하였다.

차상은 일단 외국 상인과 계약을 체결하면 법률적 책임을 져야 했다. 다만 내륙의 차 가격이 예상 밖으로 높을 때 차상은 외국 상인에게 새로운 지시를 내려 줄 것을 요구할 수 있었다. 예를 들면, 1861년 8월 29일에 타이성은 매클라우드에게 "내륙 시장에서는 매일 가격이 상승하여 모든 사람들이 급하게 움직이기 때문에 상등 차를 구매하기가 쉽지 않다"라는 편지를 보내 새로운 지시를 내려 줄 것을 요구하였다.[121] 일반적으로 외국 상인들은 순조로운 거래를 위해 시장의 상황에 따르곤 하였다. 1855년 11월 15일에 조지 피셔는 조셉 자딘에게 아시의 계약에 대해 언급하면서 "…… 그가 보통 등급의 궁푸차도 구매하지 못해 유감스럽다. 그는 이 차들이 너무 평범하여 불만이라고 했다. 나는 오늘 밤 그에게 푸저우에서 인도하는 가격 한도인 7.5냥 이내에서 적정한 가격으로 차를 구매하도록 지시하였다"고 보고하였다.[122]

차상은 때로는 적당한 가격 범위 안에서 재량권을 갖기도 하였는데, 푸저우의 가격에는 포장과 운송비 등과 같은 여러 가지 요소들이 포함되었다. 타이성은 1861년 9월에 후양에서 상등의 궁푸차 240상자와 수이커우에서 중등의 궁푸차 600상자를 구매한 뒤, 전자의 푸저우 가격은 1상자당 21~22냥, 후자는 16~17냥으로 추산하였지만 아직 포장과 운송이 진행중이라 매클라우드에게 정확한 액수를 제시하지 못하였다.[123] 만약 차상이 이러한 방식으로 구매하지 못하는 경우에는 그에게 대출해 준 돈은 잠시 보류하고 새로운 지시를 기다려야 했다.[124]

비록 차의 수확 시기가 달랐지만 차의 번호는 여러 시기에 딴 차를 서로 혼합한 것이었다. 차의 품질은 신선도에서 결정되기 때문에 여름에 제작된 번호는 첫 번째와 두 번째 수확한 차를 섞은 것이었다. 자딘매디슨사의 토머스 라켄은 1856년 7월에 조셉 자딘에게 아시가 이와 같은 차 2,500상자를 1담당 18~19.7냥에 구매하였다고 보고했다.125) 정기적으로 수확하는 차는 정확한 날짜에 푸저우에 도착하지만, 일찍 도착한 몇몇 종류의 새 차는 필요한 조치가 취해진 뒤에 곧바로 서양 시장으로 보내지기도 하였다.126)

이러한 활동의 결과, 중국 차의 수출은 빠르게 증가하였다. 19세기 초, 매년 2,000만 파운드에서 1880년대에는 2억 5,000만 파운드로 최고조에 달하여 중국 수출의 5분의 3, 세계 차 수출량의 88%를 차지하였다.127) 결국 내륙의 차 구매 시스템은 전형적인 농산품의 상품화 현상이라고 할 수 있다. 이 시스템은 내륙과 연해의 경제를 직접 연결시키고 나아가 세계 시장과 연결시켜 주었으며, 시장이 점차 확대됨에 따라 연해 지역의 상인은 더욱 치열한 경쟁 속에서 새로운 도전에 직면하게 되었다.

제7장 치열한 경쟁

자본주의는 경쟁이 없으면 존재할 수 없듯 1860년 이후 중국 연해에서는 수출과 수입 그리고 해운업 등에서 치열한 경쟁이 전개됨에 따라 상업 혁명이 더욱 가속화되었다.[1] 이와 같은 치열한 경쟁은 오직 교통 수단이 근본적으로 변화한 뒤에야 가능한 것으로서, 이로 인해 중·서 경영 시스템의 패턴이 새롭게 확립되었다. 1860년에 이르러 선박의 성능이 개선되어 범선 시대가 막을 내리게 되었고, 1869년에 개통된 수에즈 운하는 유럽과 중국의 거리를 절반으로 단축시켰다. 전보는 지브롤터나 트리에스테를 통해 영국에서 중국으로 직접 전송되는 안정적인 통신 수단을 제공하여 중개 업무에 중요한 영향을 미쳤다. 그러나 한편 이러한 선진 시설들이 경쟁을 부추기게 되자 외국 상인들은 이를 달갑게 여기지 않았다. 이전에는 우편이 한 달을 기준으로 전달되어 상업 활동을 해 나가는 데 여유를 가질 수 있었지만, 이제 세계 각지로 통하는 통신의 발달로 말미암아 갈수록 고도의 긴장감을 유지해야 했기 때문이다.[2]

중국에서 활동하던 대리인들도 역시 새로운 도전에 직면하게 되었다.

중개 업무에서도 치열한 경쟁이 전개되었고, 회사는 더욱 많은 위험을 감수해야 했으며, 이러한 경쟁은 비업무 부분까지 연장되었다. 영국의 자딘매디슨사와 덴트사, 미국의 러셀사와 올리펀트사 등 규모가 큰 회사들은 더욱 치열하고 지속적인 경쟁에 돌입할 수밖에 없었다. 1860년 이후에는 은행들이 새로 설립되어 — 1857년 차터드은행(Chartered Bank of India, Australia and China), 1864년 후이펑은행 — 자금 공급이 원활해지게 되자 작은 회사들이 우후죽순처럼 늘어나게 되었고, 비교적 큰 규모의 회사들은 이 새로운 경쟁자들을 피할 수 없게 되었다.

중국 상인들도 신속하게 경쟁력을 갖추며 성장하였다. 이들은 대리인들이 제공하는 각종 보조 서비스와 금융, 선박, 보험 등을 이용하면서 다양하게 대외 무역에 참여하였다. 그들은 함께 자금을 모으기도 하면서 시장의 상황에 적응해 갔으며, 최소의 비용으로 인사 관리를 하였다. 1860년대 후반, 홍콩과 상하이 등 연해 지역의 항구에는 이미 활동적이고 경제력이 풍부한 중국 상인 사회가 형성되고 있었다. 이들 가운데 상당수는 경영 규모면에서 이미 서양 상인을 능가하였고, 중국과 동남아시아 각지에 자신의 지점망을 구축하고 있었다. 1860년 이후의 서양 상인들은 경쟁을 인정하는 자유 방임주의자들이었지만, 경제 민족주의에 고취되어 외국 상인들과 경쟁하려는 중국인들의 강력한 의지에 부닥쳐 고심해야 했다.

진정한 경쟁

19세기 초, 서양 상인들은 중상주의보다는 자유 방임주의에 대한 믿음을 가지고 중국으로 건너왔다. 따라서 중국 연해에 정박해 있던 선박과 현대식 건축물의 배후에는 경쟁을 중요하게 여기는 서양의 상업 전통이 짙게 깔려 있었다. 서양의 큰 회사들이 전체 무역에서 어느 정도 비중을 차지하였는지에 대해서는 자세한 자료가 없지만, 회사의 수가 너무 많아 소수 독점과 같은 상황은 발생하지 않았다. 다만 서양 상인 들의 목적은 무역이었기 때문에 중국측에서 교역을 하면서 민족주의가 힘을 얻게 된 것 또한 당연한 결과였을 것이다.

서양의 자유 방임주의와 중국의 경제 민족주의

상업적 모험이 활발하던 시대에 지구를 돌아 중국에 온 서양의 '자유 상인[앞장에서 언급한 산상]'들은 애덤 스미스의 순수한 추종자들이었다. 1836년 자딘매디슨사의 창업자 가운데 한 사람인 제임스 매디슨은 중 국에서의 무역에 대해 스위스의 법학자 에머리히 바텔Emmerich de Vattel 의 말을 인용하여, 자연 법칙이 모든 민족의 자유 결합을 촉진하고, 자 유 무역이 모든 사람들에게 이익을 주어 번영을 가져올 것이라고 하였 다.3) 미국 오거스틴허드사의 파트너인 허드 주니어는 훗날 1860년대 이후에 중국에서 미국 상인들이 몰락한 것은 사람들이 일반적으로 지 적하는 '영국의 이익' 때문이 아니라 연해에서의 극심한 경쟁 때문이라 고 하였다. 그는 1894년에 "영국 회사와 미국 회사 사이에는 미국 회사 들 사이에 존재하는 똑같은 경쟁이 존재하였다. 영국인과 미국인은 같 은 회사의 파트너였고, 같은 은행이나 상장된 회사의 주주이자 이사였 다"고 회고하였다.4) 실제로 영미담배회사(British-American Tobacco Company) 나 후이펑은행 등과 같은 다양한 연해의 회사들은 서로 다른 국가의 상 인들의 투자에 의해 운영되는 회사였다.

미국 러셀사의 에드워드 커닝엄은 1869년 영국 자딘매디슨사의 대표 인 존슨에게 보낸 편지에서 중국의 해운 무역에 관해 언급하며, 중국에 있는 모든 상인들이 같은 경쟁을 하고 있고 미국인과 영국인 사이에 특 별한 다툼은 존재하지 않는다고 하였다. 사실상, 중국에 있는 모든 외국인들은 어떤 의미에서는 세계주의자(cosmopolitan)였다.

> 이 문제에 대해 영국인들의 감정을 자극하려고 하는 것은 유치하고 황
> 당한 짓이다. 해운 무역에서 영국인과 미국인 사이에 다툼이란 없다. 우리
> 러셀사를 예로 들더라도 총체적으로 미국적인 요소가 영국적인 요소보다
> 많지 않다. 국내외의 많은 영국인들은 마치 많은 미국인들이 그러한 것처
> 럼 우리와 같은 생각을 가지고 있을 것이다. 사실 우리는 우리가 생각하는
> 것 이상으로 세계주의자들이다.[5]

1840년대 중반, 연해에서는 중국 상인들이 새로운 신용 대출을 통해 화물을 서양 선박으로 운송하였다(제4장 참조). 한 영국 영사가 옌타이(煙臺)에서 보고한 바에 따르면, 광둥성과 푸젠성의 남방 상인들이 "이 신용 대출의 장점을 잘 이용하여", 1862부터 1864년까지 3년 동안 해운 업무가 빠르게 발전하게 되었다고 하였다. 그러나 서양 사람들은 오래지 않아 이와 같은 신용 확대의 결과로 중국 남방 사람들과 첨예한 경쟁을 벌일 각오를 해야 한다는 사실을 깨닫게 되었다. 영국 영사는 "그들은 꾸준한 노력과 현지 실정에 밝은 이점이 있어 이미 외국 상인들이 가장 경계해야 할 경쟁자가 되었다"고 하였다. 그러나 이 영사는 자유 무역의 장점 때문에 "신용 방법은 자유 무역의 원칙과 일치하여 결국은 여러 방면에 유리한 결과를 나타낼 것"이라고 자신하였다.[6] 실제로 19세기까지 중국에서 활동하던 서양 외교관이나 상인들에게 중요한 사업 원칙은 중상주의보다는 자유 방임주의에 가까웠다고 할 수 있다.

서방의 중국 경제에 대한 침략성에 대해 중국의 상업 민족주의가 점차 싹을 틔우게 된 것은, 1860년대 초의 개항 항구에서 진보적인 관리들과 애국적인 상인들이 외국인과 '상전商戰'을 거론하면서부터였다.[7] 이 말은 1862년 쩡궈판(曾國藩)이 편지에서 우연히 처음으로 언급하였다.[8] 1863년, 상하이의 지방관 딩르창(丁日틈)은 뉴좡과 상하이의 콩 무

역에서 외국 범선과의 경쟁에 유리하도록 중국 선박의 세금을 감면해 주었고, 이듬해에는 리훙장에게 편지를 보내 중국 상인이 기선汽船을 건조하거나 구매할 수 있도록 배려해 줄 것을 건의하였다. 중국 상인이 일단 근대적인 해상 운송 수단만 구비한다면 현지 시장에 익숙하므로 외국 상인과의 경쟁에서 이길 수 있다고 믿었기 때문이다. 딩르창은 서양 사람들이 중국에 온 목적은 바로 이윤을 얻기 위해서이므로 만약 이윤을 얻을 수 없다면 그들은 자연히 떠날 것이며, 중국은 무력을 사용하지 않고도 외국인을 몰아낼 수 있을 것이라고 하였다.9)

'상전'에 대한 의견을 제시한 사람들 가운데 정관잉(鄭觀應)은 가장 강경한 입장을 견지함으로써 이 개념의 중요한 제창자가 되었다. 이 걸출한 연해 상인은 서양이 강대해진 것은 상공업을 통해 부를 축적했기 때문이므로, 중국도 '상전'을 익히는 것이 군사적 대결(병전兵戰)보다 더욱 효과적일 것이라고 강력하게 주장하였다. 그는 서양 국가는 무기를 사용할 뿐 아니라, 무역을 식민지 확장의 무기로 사용한다고 하였다. 사실, 중국은 무역 역조로 서양 국가와의 교역에서 엄청난 손실을 입고 있었다. 이러한 불균형을 해소하기 위해 청 정부는 세제稅制 개혁을 시도하여 지방 무역에서 부과하던 이금厘金 제도를 폐지하였다. 그러나 근본적인 의도는 상인의 사회적 지위를 향상시키는 데 있었다. 정관잉은 중국 상인이 서양 상인과의 경쟁에서 이기면 외국 상인은 손해를 입게 되어 자연히 돌아갈 것이라는 결론에 도달하였다. 그는 그 무렵의 세계를 상업 경쟁의 세계라 보면서 상업 민족주의를 제창한 최초의 개혁가 가운데 한 사람이었다.10)

중국이 연해에서 기선 회사를 설립하기 위해 기울였던 노력은 바로 서양 회사들과 경쟁하고자 했던 정신을 나타내는 것이었다. 1868년, 상업 민족주의 사상을 지닌 룽훙(容閎)과 쉬다오선(許道身)이 총리아문의 지지를 받아 상하이에 기선 주식 회사를 설립하려고 하였으나 실현되지 못했고, 1872년에 이르러서야 윤선초상국輪船招商局이 설립되었다. 즈리성 총독 리훙장은 이 초상국을 설립한 목적이 바로 서양의 기선 회사와 경쟁하기 위한 것이라고 강조하였다. 초상국의 초대 책임자로는 모두 강렬한 '상전' 의식을 가진 탕징싱[탕팅수(唐廷樞)]과 쉬룬(徐潤)이 임명되었다. 1874년 그들은 이사회에 초상국이 서양의 기선 회사와 비교하여 다음과 같은 세 가지 유리한 점이 있다고 보고하였다. 첫째, 중국 회사는 베이징으로 진상하는 곡물을 주요 화물로 확보할 수 있고, 둘째, 회사의 관리 비용이 저렴하며, 셋째, 현지의 중국 상인들에게 쉽게 도움을 얻을 수 있다는 점이다. 또 초상국은 외국인들이 이 회사의 주식 매입을 통해 경영에 간섭하는 것을 방지하기 위해 주식 위에 매수인의 이름 및 본적과 함께 외국인에게는 매도하지 못한다는 규정을 명시하는 방법을 강구하기도 하였다.11)

민감하고 경쟁적인 연해의 시장

내륙 시장의 흐름이 비교적 완만한 데 비해 연해 시장은 수급에 대한 반응이 매우 빨랐다. 나날이 치열해지는 경쟁 속에서 외국인들은 수시로 동종 업계를 경계해야 했는데, 1840년대 후반과 1850년대 초에 자딘 매디슨사의 상하이 대리인 댈러스는 홍콩 본사에 보낸 보고서에서 이들을 "우리의 이웃 상인"이라고 일컫기도 하였다.12)

쉬룬은 그의 자서전에서 중국 상인뿐 아니라 외국 상인도 이와 같은 경쟁 속에서 시장의 민감한 변화를 읽지 못해 손실을 입은 경우를 예로 들었다. 1860년, 한 외국 상인이 푸저우에서 구입한 과일 75상자를 푸젠호에 싣고 상하이로 운송하여 투자액의 세 배를 벌자, 그는 더 많은 과일을 구입하여 상하이로 가져왔다. 그러나 상하이에는 이미 화난(華南) 지역에서 많은 과일이 들어와 있었으므로 오히려 손해를 보게 되었다. 동남아시아에서 들여온 단향목이나 일본에서 들여온 해산물들도 마찬가지의 상황이었다.13) 쉬룬의 말은 자딘매디슨사의 자료를 통해서도 사실임이 증명된다. 샤먼에 있던 엘리스사(Elles & Co.)는 홍콩에 장뇌樟腦를 들여와 자딘매디슨사를 통해 판매하려고 하였다. 장뇌가 홍콩에 도착한 뒤에야 중국 상인들이 이미 '상당량의 장뇌'를 타이완에서 들여와 판로가 예상했던 것보다 좋지 않다는 것을 알았지만 어쩔 수 없는 상황이었다.14)

오거스틴허드사의 자료도 1861년 베이징과 텐진 간의 쌀 시장에서 일어난 극심한 변동에 대해 상세하게 언급하고 있다. 1860년 겨울, 청 정부가 베이징에 쌀을 공급하는 계획을 수립하자, 1861년 1월 20일에 오거스틴허드사의 앨버트 허드와 러셀사의 에드워드 커닝엄이 제휴하여 청 정부에 합작 계획안을 제출하였다. 두 사람은 이 계획이 새어나가면 베이징의 쌀값이 폭락하고 운임 비용도 상승할 것에 대비하여 그 무렵 대외 업무를 담당하던 흠차대신欽次大臣 쉐환(薛煥)에게도 말하지 않은 채 비밀리에 담판을 진행하였으나, 청 정부는 이미 쉐환에게 오거스틴허드사와 교섭하라는 지시를 내린 뒤였다.15) 미국 상인들은 그가 친분이 있는 중국 상인, 특히 자딘매디슨사와 관계 있는 사람들에게 말할까 봐 두려워하였다. 그들은 서로 경쟁 상태에 있었기 때문이다.

두 회사는 비밀을 지키기 위해 노력했지만 베이징의 쌀값은 두 사람이 건의했던 가격 아래로 폭락하였다. 두 회사는 35%의 이윤을 포함하여 1담당 3.86냥의 가격으로 텐진으로 운송하였지만, 2월 하순이 되자 베이징 곡물 시장에는 쌀이 부족할 것이라는 소문이 돌아 너도 나도 쌀을 들여오는 바람에 가격이 이미 1담당 2냥 이하로 떨어졌다. 중국 상인들은 이미 외국에서 수입한 쌀을 포함한 대량의 쌀을 베이징으로 운송하고 있었다. 비록 계약을 따내지는 못했지만 오거스틴허드사는 세밀한 시장 조사를 거친 뒤에 쌀을 운송하여 공개적으로 경쟁할 것을 결정하였다. 이 회사는 4월 한 달에만 16만 담이라는 대량의 쌀을 동남아시아에서 수입하였는데, 치열한 경쟁으로 결국 손해만 입고 말았다. 1861년 6월 16일 앨버트 허드는 "운이 나빴다. 가격이 떨어진 것은 …… 많은 사람들이 쌀을 운송하는 바람에 우리는 엄청난 손실을 입었다"고 인정하지 않을 수 없었다.[16]

세관의 보고서에 따르면, 19세기 전반에 중국 연해에서 활동했던 자금력이 풍부한 소수의 서양 대리상들은 "상하이에서 대자본으로 물건을 사들인 뒤에 기회를 봐서 내다 파는" 방법을 이용하였다.[17] 이들은 자딘매디슨사의 경우와 마찬가지로 은행처럼 수표를 발행하고 예금을 받거나 송금 등의 금융 업무를 제공하기도 하였다. 1873년 러셀사의 에드워드 커닝엄은 "20~25년 전에 미국을 포함한 유명한 회사들은 모두 활발하게 환어음 거래를 하였다. …… 영국 은행은 이런 회사들보다도 업무 능력이 떨어졌다"는 평가를 내리기도 하였다.[18]

19세기 중엽, 외국 회사들은 두 가지 면에서 서로 경쟁하였다. 첫째는 사업을 확대하기 위해 수수료를 내리는 것이었다. 매매의 공정 수수료는 1850년의 4%에서 1860년에는 3%로 떨어졌지만, 많은 회사들이 이를 더욱 낮추어 공정 수수료는 잘 지켜지지 않았고, 할인과 리베이트가 일상적으로 행해졌다. 더욱이 미국 회사는 신뢰도가 부족하여 경쟁 상대인 영국보다 수수료를 더 적게 받았다. 예를 들면, 1859년 오거스틴허드사는 유가 증권에 대해 겨우 1%의 수수료만 받고 생사를 거래하였다.[19] 둘째, 외국 회사들은 수수료를 받는 비교적 안정적인 대리 업무보다는 더욱 모험적인 사업에 뛰어들기도 하였다. 본국의 위탁인들은 '중개 무역'을 통하여 위험과 이윤을 함께 나누자는 요구를 하였으나, 보수적인 경영자들은 위험이 너무 크다는 이유로 순수한 대리인의 업무만을 원했다. 그러나 경쟁이 치열해지자 보수적인 러셀사까지도 더이상 위탁인의 요구를 거절할 수 없는 입장이 되었다.

1860년대 후반에 무역이 확대되자 경쟁은 더욱 치열해져 연해의 대리 업무가 줄어들기 시작하였다. 1861년 6월 에드워드 커닝엄은 이 "거대한 변화"에 놀라지 않을 수 없었고,[20] 4개월 뒤에 앨버트 허드도 회사가 직접 투자를 해야 한다고 느꼈다.[21] 외국 회사들은 순수한 대리 업무와 상반되는 '중개 무역'이라는 새로운 추세에 발빠르게 적응해야만 성공할 수 있었다. 1860년대 말까지 직접 투자를 하는 회사들 가운데 가장 유능한 회사는 자딘매디슨사였고, 1872년 러셀사도 도전에 직면하여 개혁을 단행할 수밖에 없었으며, 미국의 오거스틴허드사는 1870년대에 경영이 급속히 악화되었다. 대규모의 회사들 가운데 영국의 덴트사만이 별다른 동요 없이 1867년의 영업을 마감할 수 있었다. 이러한 상황에서 외국 상인이든 중국 상인이든 연해 지역에서 활동하던 상인들은 불필요한 지출을 줄여야만 했다. 한 영국 상인은 "1860년에 조약이 체결된 뒤로 경쟁이 더욱 첨예해져 서양 상인들의 사치스러운 생활이 용납되지 않는 환경"이라고 하였다.[22]

수출 무역

중국 상인들이 주로 수입 무역을 장악한 데 반하여 서양 상인들은 수출 무역에서 우위를 점하였다. 그 이유 가운데 하나는 초기의 수출 품목 가운데 돼지털과 동물 가죽, 달걀 및 달걀을 재료로 만든 제품과 같은 새로운 상품을 공급하는 데 외국 상인들이 경쟁력을 가지고 있었기 때문이었다. 19세기에 외국 상인들은 이를 바탕으로 중국 상인에게 차와 생사를 구입하였다. 1867년에 영국의 광저우 주재 영사는 차라리 중국 상인에게 이윤을 조금 더 취하게 하는 것이 중국인에게 수출 무역을 빼앗기지 않는 유일한 방법이라고 하였다. 이는 비록 과장된 표현이지만 자딘매디슨사의 자료를 통해, 1860년대 이후에 차와 생사의 수출에

서 외국 회사들 간의 경쟁이 더욱 심해진 반면 이윤은 오히려 줄어들었다는 사실을 알 수 있다.23)

외국 상인들이 차와 생사 무역에서 벌인 치열한 경쟁은 중국에서뿐 아니라, 서양 시장에서도 마찬가지였다. 버터필드사(Butterfield & Swire)의 창업자인 존 새뮤얼 스와이어John Samuel Swire는 1884년에 차의 견본품 문제로 상하이와 푸저우 지사에 보낸 편지에서 이렇게 말했다.

> (런던) 수출상들은 OSS(Ocean Steamship Company ; 버터필드사의 대리 회사)에서 글렌사(Glens)와 P. & O.(Peninsular and Oriental Steamship Company)처럼 신속하게 차의 견본품을 얻지 못하는 데 불만을 토로하고 있다. 글렌사는 여러 항구에서 수출되는 모든 차의 견본품을 완비하고, 싱가포르에서 설사 배에 화물이 꽉 차 있지 않더라도 바로 짐을 내릴 수 있다. 이 일은 매우 중요하니 주의하기 바란다.24)

1870~1871년 시즌에는 런던 시장과 마찬가지로 서양 상인들도 중국에서 싼 가격으로 차를 구매하고도 손실을 입었다. 자딘매디슨사는 이 유쾌하지 못한 경험에 대해 "순간적으로 공황의 기분이 들어" 급히 팔 수밖에 없었다고 한다.25) 그렇다고 중국인들이 수출 무역에서 결코 피동적으로 행동한 것은 아니었으며, 19세기 중엽 이후에는 서양 상인들과 협조하여 차와 생사를 외국 시장으로 운송하였다. 그들이 얼마나 적극적이었던가는 차를 직접 수출하면서 외국 상인과 벌인 경쟁을 통해서도 알 수 있다. 예를 들면, 1865년에 영국 영사 로버트슨C. B. Robertson은, 몇 년 전 서양 상인들은 손해를 보았지만 "중국인은 별다른 영향을 받지 않고 오히려 이익을 남겼다"고 지적하였다. 그는 수입품의 중개 판매가 점차 중국 상인에게 넘어가는 것에 주의하면서 수출 무역도 곧이어 같은 전철을 밟을 것이라는 비관적인 결론을 내렸다.26)

수출 무역에서 이와 같은 경쟁이 벌어지자, 1867년에 런던에서 발행되던 한 신문은 중국 상인들에게 더 적극적으로 런던에 직접 수출을 해 보라는 내용을 보도하기도 하였다.[27] 중국인들이 이 보도에 어떤 반응을 보였는지는 알 수 없지만, 몇 달 뒤에 광저우에서는 리사오민(黎召民)을 중심으로 남방 사람들이 '자오싱(肇興)'이라는 수출상을 설립한 뒤, 광저우에 본사를 두고 런던에는 지사를 설치하였다. 유명한 매판인 정관잉의 불참으로 리사오민은 또 다른 동향 사람 류수팅(劉述庭)에게 런던 지사를 맡겼다. 류수팅이 중용된 것은 그가 1860년대 중반에 오거스틴허드사의 한커우 지역 매판을 지낸 경험이 있기 때문이었다. 그러나 정부의 지지를 얻지 못하고, 30만 냥에 달하는 자금도 모으지 못해 결국 이 회사는 3년 만에 문을 닫고 말았다.[28]

내륙에서 생사와 차의 구매는 중국의 수출 무역에서 중요한 작용을 하였다. 이러한 구매 시스템은 개항 항구와 내륙에서 모두 첨예한 경쟁을 불러일으켰다.[29] 1851년 자딘매디슨사의 댈러스는 내륙에서 생사와 차를 대량으로 구매하려던 중, 외국 회사와 중국 상인이 공교롭게도 같은 준비를 하고 있다는 사실을 알았다. 특히 덴트사와 린지사가 각각 30만 달러와 80만 달러어치의 물량을 구매하려는 것을 알고 나서, 댈러스도 이에 뒤질 수 없어 타이지(泰記)에게 15만 달러를 대출해 주고 구매를 서둘렀다. 댈러스는 당시의 상황에 대해 이렇게 적었다.

> 모든 상황으로 볼 때 나는 이 경쟁에서 엄청난 부담을 느끼고 있다. 타이지는 처음 수확하는 차를 얻을 수 있다고 자신하였고, 나는 적당한 선에서 계약을 맺으라고 독려하였다. 따라서 이미 대출한 10만 달러 이외에 5만 달러 정도를 더 제공할 것이다.[30]

1860년대 말까지 수출 경쟁은 여전히 치열하여, 자딘매디슨사의 존슨조차도 "…… 중국인과 금융 거래를 하는 것은 …… 아마 경쟁이 치열한 생사나 차 수출보다 더 많은 이익을 얻을 것"이라며 모든 수출 무

역을 포기하고 금융 부문으로 전환할 것을 고려하였다.[31)

중국 상인들은 먼저 내륙에서 차를 구매한 뒤 개항 항구로 운송하여 판매함으로써 이익을 얻을 수 있었다. 1867년 상하이 세관의 외국인 세무사는 내륙 무역이 "극히 위험스럽다는 점이 증명될 것"이며, 결국 "중국인이 모든 거래의 이익을 차지할 것"이라고 보고한 바 있다.[32) 1842년에 공행 제도가 폐지되자, 내륙에서의 차 구매는 3대 주요 개항 항구인 상하이·한커우·푸저우의 영향을 받게 되었다. 상하이는 장쑤성과 안후이성·저장성의 차 생산지를 통제하였고, 한커우는 후베이성과 후난성 및 장시성 북부의 양쯔강 중류 지역, 푸저우는 푸젠성과 장시성 남부에 있는 우이산의 차 생산지를 통제하였다.

상하이와 한커우의 차 무역

차 수출이 증가하자 내륙의 경쟁은 더욱 가열되었다. 영국의 여행가인 로버트 포춘은 1840년대 후반에 저장성 지방의 차 생산지에서 행해진 거래에 대해 이렇게 기록하였다.

> 차를 수매하는 시기가 되면 생산지의 주요 마을에 많은 차 상인들이 나타나 아주 작은 여관에서도 그들을 볼 수 있다. …… 농부들은 자신들이 생산한 차의 검사가 끝나면 판매하였다. 농부나 인부들은 어깨에 대나무 바구니를 메고 바쁘게 오갔다. 그들은 상인들이 머무는 곳으로 가서 차의 품질을 확인시켰다. (만약 가격이 맞으면 거래가 성사되지만) 상인들이 가격을 너무 낮게 부르면 즉시 바구니를 메고 다른 상인에게 가는 것으로 보아 농부들은 상당히 독립적인 듯하였다.[33)

1842년에 상하이가 개방되자, 이전에 광저우를 통해 수출되던 푸젠과 장시의 우이차도 상하이로 운송되어 수출되었다. 1847년 자딘매디슨사의 상하이 지사는 무사오(穆少)라는 중국 차상을 푸젠에 파견하여 차를 구매하였다. 이 회사의 공동 경영자이자 상하이 지사의 초대 대표였던 댈러스는 치열한 경쟁이 벌어지는 연해의 차 시장에 관심을 기울였으며, 특히 "다른 상인들은 이미 그 곳에서 판매하는 차의 대부분의 견본품을 확보하였다"면서 광저우 시장에 흥미를 가졌다.[34] 1852년 매켄지사(Mackenzie Brothers & Co.)가 상하이에서 대량으로 차를 구매하여 가격이 오르자 자딘매디슨사의 제임스 매캔드로는 잠시 구매를 중단하였다.[35] 1861년 초에 러셀사의 에드워드 커닝엄은 믿을 만한 중국인 차상에게 정보를 얻은 뒤, 닝보로부터 운송된 녹차를 상하이 시장에서 대량으로 구매하기 위하여 같은 나라 회사인 올리펀트사와 경쟁을 시도하기도 하였다.[36]

제6장에서 지적한 대로 외국 상인이 차를 구매하는 데에는 두 가지 방법이 있었다. 가장 쉬운 방법은 시장에서 직접 구매하는 것이었지만 경쟁이 치열했기 때문에 중국 차상에게 미리 돈을 주고 내륙에 가서 구매하도록 하는 방법이 이용되었다. 중국 차상들은 이 방법을 효과적으로 이용하여 외국 상인들의 신뢰를 이끌어 내었다. 즉, 차상들은 반드시 합리적인 가격으로 차를 구매한 뒤, 외국 상인들이 다른 차상과의 가격 비교를 통해 이를 인정할 수 있도록 하는 것이었다. 1861년 7월, 상하이의 제임스 휘틀은 홍콩의 본사에 보내는 편지에서 "야지와 아리의 가격을 비교해 보니 상당히 일치하였다. 다른 상인들과 비교해 보아도 싼 가격이어서 만족한다"고 보고하였다.[37] 이런 일은 예외적인 경우가 아니어서, 1864년 10월 윌리엄 케스윅도 같은 문제에 대해 "아퉁(阿同)이 구매한 차는 같은 시기에 다른 상인들이 구매한 것과 마찬가지로 싼 가격이지만 아리는 조금 달라 두 번이나 그의 차를 구매하지 않았다. 그는 대신 런던 시장에서 거래되는 차의 가격과 그가 구매한 차, 가장 좋은 값에 팔리는 차 가격의 차액을 지불하는 데 동의하였다"[38]고 하였다.

차상의 두 번째 중요한 책임은 가장 빠른 시간 내에 내륙에서 항구까지 차를 운송하는 일이었다. 자딘매디슨사의 존슨은 상하이에서 활동하는 남방 상인 아리와 차의 구매에 관한 계약을 맺으면서 신속한 운송을 강조하였다. 1868년 2월 12일, 그는 케스윅에게 보낸 편지에서 "계약할 때 첫 번째 수확한 차는 다른 회사들만큼 빨리 운송해야 한다는 점을 반드시 명시해야 한다. 지난 시즌에는 그가 너무 늑장을 부리는 바람에 우리 회사는 판매할 시기를 놓치고 말았다"고 하였다.39)

1860년 한커우는 개방과 함께 양쯔강 중류 지역, 특히 후난성 북부에서 차를 구매하는 중심 지역이 되었다. 자딘매디슨사의 대리인인 데이비스R. B. Davis는 차상 아팡(阿房)의 능력을 인정하여 내륙의 차 구매에 관해 그와 협의하였으며, 그가 구매한 합리적인 가격에 만족하였다.40) 양쯔강 유역에서 제2의 주요 항구로 꼽히는 쥬강(九江)에서도 역시 외국 상인들의 차 구매 경쟁은 치열하게 전개되었다. 1885년 자딘매디슨사의 한커우 대리인인 케니E. H. Kenney는 양쯔강에서 자딘매디슨사의 경쟁력이 앤더슨사(R. Anderson & Co.)에 뒤진다면서 "이 곳에서의 우리 업무는 불만스럽다. 캠벨Campbell의 매판은 영향력이 별로 없는 반면에 앤더슨사의 매판 다이다성(戴達盛)은 닝보차(寧波茶)를 많이 가지고 있고 좋은 차를 구입하는 데에도 캠벨보다 훨씬 유리한 위치에 있다"는 보고를 하였다.41)

남방 상인들이 서양 상인들을 위해 차를 구매한 데 비하여 산시(山西) 상인들은 양쯔강 중류 지역에서 러시아 상인들을 위해 차를 구매하였다. 1866년 여름, 산시 상인들은 후난성 지역의 차를 취급하면서 자딘매디슨사의 유룽을 포함한 광저우 차상들과 경쟁하였다. 1866년 6월, 자딘매디슨사의 한커우 대리인 윌리엄 애프레이William Affray는 케스윅에게 보낸 편지에서, 후난성 북부의 한 작은 마을에서 두 번째로 수확한 차를 구매하기 위해 레이스사(Reiss & Co.)와 길먼사, 스콜필드Scholefield 라는 사람과 러시아 상인 등을 대표하는 다섯 군데의 차행茶行과 경쟁하고 있다고 보고하였다.42) 1860년대에 산시 상인들은 이 지역에서 왕성하게 활동하며 차를 구매하였던 것이다.

러시아 상인들은 양쯔강 상류에 머물면서 차를 구매하였는데, 때로는 아주 적극적으로 "살 수 있는 좋은 차를 모두 싹쓸이하듯 사들였다"고 한다.[43] 애프레이는 러시아 상인들의 기선이 양쯔강 상류에 출현하면 "차상들은 흥분하기 시작"한다며[44] 상하이와 홍콩의 본사에 러시아 상인들의 행동을 자세하게 보고하였다.[45] 때로는 자딘매디슨사에서 이미 구매한 차를 매우 높은 가격에 러시아 상인들에게 되팔기도 하였다. 러시아 상인들이 떠나고 나면 다시 싼 가격에 차를 구입할 수 있었기 때문이다.[46] 이와 같이 1870년대 중반에 러시아 상인들은 양쯔강 유역에서 가장 구매력이 큰 상인들이었다.

푸저우의 차 무역

차 구매의 제3의 중심지는 우이산의 생산지에서 가장 가까운 항구인 푸저우였다. 1854년에 미국의 러셀사는 처음으로 아홍(阿洪)을 파견하여 이 곳에서 우이차의 수출 가능성을 타진하였고,[47] 오거스틴허드사도 푸저우에 지사를 설립한 뒤에 연해 지역의 가장 뛰어난 상인인 탕룽마오(唐隆茂)를 매판으로 고용하였다.[48]

양쯔강 유역과 마찬가지로 푸젠에서도 중·서 상인들은 서로의 동향을 주시하였다. 1850년대에 자딘매디슨사의 존 윌리엄스John Williams는 수시로 미국 러셀사의 구매 활동에 대해 보고하였고,[49] 1856년 3월에 러셀사의 아홍이 푸저우에 도착하자 조지 피셔가 그의 움직임을 데이비드 자딘에게 보고하였다.[50] 1857년, 내륙에 있던 자딘매디슨사의 차상 아시는 린지사와 덴트사가 1856년과 1857년에 우이산에서 먀오링차를 대량 구매하여 푸저우로 가져간 사실을 알고 나서 크게 놀라지 않을 수 없었다.[51]

중국 상인들도 푸저우에서 왕성하게 활동하였다. 1855년 말까지 내류에서 꾸준하게 차를 구매하던 외국 회사는 자딘매디슨사와 러셀사 정도였으며, 가격이 아주 낮아지자 중국 상인들은 포장을 하여 보관하면서 다시 오르기를 기다렸다.[52]

19세기 중반, 외국 상인들이 푸젠의 차 생산지에서 치열한 경쟁을 벌이면서 여러 가지 현상이 나타났다.

첫째, 내륙의 대량 수매로 경쟁이 가속되었다. 1856년 5월 4일에 조지 피셔는 자딘매디슨사와 덴트사, 길먼사의 경쟁으로 차 가격이 1상자당 1냥에서 2냥까지 상승하였다고 조셉 자딘에게 보고하였다.[53] 3개월 후, 자딘매디슨사의 토머스 라켄은 이 세 회사가 내륙에서 보통 등급의 궁푸차를 수매하기 위해 벌이는 극심한 경쟁에 대해 설명하면서, 자신은 이미 아시에게 "최선을 다해 품질 좋은 궁푸차를 모두 수매하도록" 지시하였다는 보고를 하였다.

덴트사가 보통 등급의 궁푸차를 수매하려 한다는 소식과 길먼사가 같은 목적으로 내륙에 돈을 송금했다는 소식을 들었다. 길먼사의 허드슨은 며칠 전에 도착했는데, 나는 그들이 지난 주에 비교적 높은 가격으로 구매했으면서도 또 이렇게 많은 차를 구매하는 것을 이해할 수가 없다.[54]

한편, 러셀사와 오거스틴허드사 같은 미국 회사들도 내륙에서 차를 구매하였다.

둘째, 외국 회사들은 구매한 차를 신속하게 푸저우로 운송하기 위해 경쟁하였다. 조지 피셔는 1856년 5월 1일, 덴트사가 대량의 차를 구매하고 "빨리 푸저우로 운송하기 위해 최선을 다 하고 있다"는 보고를 하였다.[55] 사흘 뒤에 그는 다시 "아시에게 반드시 다른 사람들보다 빨리 운송해야 한다고 말할 때마다 그는 걱정하지 말라고 하지만, 나는 덴트사나 길먼사 등이 이미 장거리 노선을 통해 다른 사람들보다 내륙 차를 더 많이 구매했기 때문에 여전히 걱정이 된다. 나는 길먼사가 올해 크리솔라이트Chrysolite 호와 콩고Congo 호 등 두 척의 작은 배를 투입한 사실을 알고 있다"고 보고하였다.[56]

조지 피셔와 아시가 얻은 시장 정보는 정확하였다. 조지 피셔는 내륙의 차를 신속하게 푸저우로 운송하여 그의 '이웃 상인들'을 추월하기는 했지만 높은 운송료를 지급해야 했다. 신속한 화물 운송은 외국 상인 모두의 바람이었기 때문이다. 1856년 조지 피셔는 조셉 자딘에게 최상급 품종인 '수이왕(水王)'을 포함한 세 종류의 견본품을 이미 받았다고 보고하면서, "그러나 마지막 차는 린지사나 길먼사의 차만큼은 품질이 좋지 않다. …… 차 가격이 상승한 것은 모든 외국 상인들이 첫 번째로 수확한 차를 얻으려 하고, 덴트사는 이를 위해 어떤 대가라도 치르겠다고 공언하기 때문"이라고 덧붙였다.[57]

우이차는 푸저우뿐 아니라 광저우나 상하이에서도 구매를 원할 정도로 이미 전국적인 경쟁력을 가진 차였다. 조지 피셔는 1상자당 3~4냥 정도 가격이 상승하면 5월 중순에 푸저우에서 오는 차상 가운데 2~3명만이 계획했던 수량을 구매할 수 있을 것이라고 했다. 그러나 조지 피셔가 "아시가 말하기를 지금은 모두가 구매를 중단하고 있으니 가격이 더 내려갈 것이 틀림없다고 한다"고 덧붙인 것처럼, 한 번 올라간 가격이 변하지 않는 것은 아니었다.[58]

양쯔강 중류 지역과 마찬가지로 산시 상인들은 우이산 지역에서도 러시아 상인들을 대신하여 차를 구매하였다. 1854년에 산시 상인들이 많은 양을 구매한 뒤 이듬해에 다시 푸젠으로 오자, 서양 상인들은 이들의 움직임을 시장이 살아날 징조라고 보았다. 조지 피셔는 1855년 푸저우에서 "대량의 차가 육로를 통해 러시아로 운송될 것 같다. 산시 상인들이 순창에 왔는데, 2만 포 정도를 구매할 것이라고 한다"[59]고 보고하였다. 1860년대에 푸젠 내륙에서 활동하던 자딘매디슨사의 차상 타이성은 1863년 초에는 1상자당 25냥이던 차 가격이 4월 말에 33냥까지 오른 것은 완전히 산시 상인들 때문이라고 판단하였다. 그는 내륙, 특히 순창의 차가 싸지는 않을 것이라고 예상하였는데,60) 이는 유럽 시장의 침체에도 불구하고 러시아 상인들의 구매로 인해 내륙의 차 가격이 떨어지지 않을 것으로 보았기 때문이다.61)

차의 등급 가운데 서양에서는 '우등'과 '보통' 상품이 가장 인기가 있었다. 타이성은 1868년 8월에 푸젠 내륙 시장에서 '우등' 및 '보통' 차가 "매일 가격이 올라 상인들은 구매에 혈안이 되었으며", "매우 불만스러운 상태"라고 보고하였고,62) 9월 9일에는 상인들의 지나친 경쟁으로 "우등 차는 구할 수가 없다"고 하였다.63) 이러한 상황에서 차상들은 고의로 잘못된 정보를 흘려 상대방을 속이는 일도 있었다. 1861년 아시는 한 상품에 두 가지 이름을 붙여 경쟁자를 속이기도 하였다. 매클라우드는 홍콩의 알렉산더 퍼시벌에게 이 사실을 보고하고 주변 상인들에게는 발설하지 않도록 주의를 주었다.64)

수이커우에서 활동한 기업의 숫자는 바로 내륙의 경쟁이 심화되었다는 사실을 증명해 준다. 수이커우는 푸젠성과 장시성 접경의 민강(閩江) 상류에 위치한 작은 마을로서, 우이차 구매에 전략적으로 중요한 곳이었다. 타이성은 1863년 4월 하순, 수이커우에 60여 명의 차상이 "차 작업이 끝나기를 기다리고 있으며," 그 결과 가격은 지난 해에 비해 올랐지만 수확량이 아무리 많더라도 가격이 떨어지지는 않을 것이라고 예측하였다.65) 처음에 제임스 휘틀은 내륙의 상황을 제대로 인식하지 못했기 때문에 타이성에게 1담당 시장 구매가보다 5~6냥 정도 싼 25~27냥에 구매하라고 지시하였다. 그러나 타이성은 1863년 4월 24일의 답장에서 이 가격으로는 "차 한 잎도 살 수 없다"며66) 새로운 지시를 내려 줄 것을 요청하였고, 휘틀은 다시 융통성 있는 가격을 제시할 수밖에 없었다.67) 1866년은 푸저우의 차 수출에서 매우 고무적인 한 해였다. 이 해에 79척의 선박이 푸저우에 와서 "새 차를 대량으로 구매하여 영국과 오스트리아 및 미국에 운송"하려 하였고, 그 결과 "구매 활동은 …… 투기성이 농후한 형태로 바뀌었다."[68]

푸젠 내륙에서의 치열한 구매 경쟁에도 불구하고 유럽 시장은 침체되어 오거스틴허드사와 자딘매디슨사는 곧 시장에서 철수할 계획을 세우고 있었다. 1863년 4월 1일의 편지에서 앨버트 허드는 이렇게 적었다.

> 아주 싼 차가 아니라면 유럽으로 차를 운송하는 것은 위험하다고 생각한다. …… 사람들이 한꺼번에 계약을 하려 하니 가격이 올라간다. 나는 이제 아무것도 하지 않을 생각이다. …… 푸저우의 매판은 올해도 가격이 오를 것이라고 하고, 또 작년과 마찬가지로 많은 상인들이 준비하고 있으므로 차 구매 경쟁은 더욱 치열해질 것이다. 차라리 손을 놓고 있는 것이 더 나을 것 같다.[69]

변동이 심한 푸저우 시장

푸저우의 차 시장은 치열한 경쟁으로 수요와 공급의 관계가 대단히 민감하게 작용하였다. 공급이 '매우 제한'되면, 가격은 '더욱 경직'되었다.[70] 1850년대 중반에 유럽에서는 녹차綠茶가 유행하였지만, 홍차紅茶에 비해 수량이 아주 적었기 때문에 푸저우 시장에서 가격은 계속 상승하였다. 1856년 8월, 토머스 라켄은 푸시(副熙)와 둔시차(屯溪茶) 등 보통의 녹차 가격이 너무 비싸서 영국 시장에 공급할 수 없다고 보고하였다.[71] 이러한 상황은 다음 시즌까지 계속되어, 1857년 7월에 아시는 "올해는 차 공급량이 매우 적어 차상들이 싸게 팔려고 하지 않는다. 지금 최고급 차는 전혀 없다"고 보고하였다.[72] 우등의 차도 찾아보기 힘들었으며, 가격 또한 매우 높았다.

수요가 늘자 가격은 빠르게 상승하였고, 잠재적 수요까지 겹쳐 가격 상승을 부추겼다. 1855년 말, 영국으로 재수출한 보통 궁푸차가 평소보다 많아 자딘매디슨사의 조지 피셔는 푸저우의 차 가격이 더욱 상승할 것이라고 보고하였다.[73] 구매가 왕성할 때에는 서양 상인들이 종종 내륙으로 직접 가서 감독하는 일도 있었는데, 이들의 출현은 시장을 자극하는 효과가 있어 가격은 더욱 높아졌다.[74]

그러나 가격이 상승하면 서양 상인들은 구매 속도를 조절하여 상승폭을 둔화시키려 하였다. 1863년 4월, 휘틀은 타이성에게 가격이 저렴한 메이산(眉山)과 수이커우, 순창 지역의 차만 수매하도록 지시하였다. 그는 특히 타이성에게 "푸저우로 보낼 최상급 차는 1담당 30~31냥을 초과하지 말고, 나머지도 25~27냥을 초과하지 않아야 하며", 또 이 가격이라도 "특별히 조급하게 대량 구매를 할 필요는 없다"면서 완급을 조절하도록 요구하였다.[75]

이러한 상황에서 상인들도 구매를 중단하였다. 1856년 4월 하순, 내륙의 차 가격이 터무니없이 오르자 조지 피셔는 "가격이 너무 올라서 아시가 구매하지 못하고 있으며, 덴트사 외에는 모두가 관망하면서 가격이 떨어지기만 기다리고 있다"고 하였다.[76] 이러한 상황이 다음 해에도 계속되자, 아시는 "지금은 아무도 사지 않고 그냥 기다리고 있으며, 가격이 떨어지면 다시 수매를 시작하겠다"고 보고하였다. 1857년 7월 하순에 아시는 푸젠의 차 가격이 너무 비싸서 장시성의 허커우로 갔으나, 그 곳의 먀오링차 가격도 너무 비싸서 결국 아무것도 사지 못했다. 그는 한 달 후에 후난차와 후베이차가 대량으로 출시되면 가격이 떨어질 것이라 예상하고 기다리기로 하였다.[77]

똑같은 방식으로 1863년 4월에 푸저우의 차 가격이 25냥에서 37냥으로 뛰어오르자 휘틀은 타이성에게 가격이 30냥으로 떨어지기 전에는 "절대로 수매하지 말 것"을 지시하였다. 이 가격은 막대한 손실을 초래할 것이기 때문이었다. 휘틀은 외국 상인과 접촉하는 중국 차상이 "시장을 조절할 능력이 있다"고 믿었고, 이들이 구매를 중단하면 가격이 더 이상 오르지 않을 것이라고 판단하였다.[78] 그러나 두 달 후에도 새로 출시된 차의 "엄청난 가격"이 진정되지 않자, 매클라우드는 당분간 특히 샤오중홍차(小種紅茶)와 자스민차, 인화바이하오(窨花白毫) 등은 구매하지 않기로 결정하였다.79)

서양 상인과 중국 차상들처럼 중국의 개별 차상도 거래를 중지해야만 했다. 1861년 가을에 수이커우로 간 타이성은 "2차, 3차로 수확한 차는 비를 덜 맞아서 좋은 차가 적고 가격도 비쌀 뿐 아니라 이미 맺은 계약도 지켜지지 않고 있으므로 구매해 봐야 푸저우 시장에서 별 이익을 얻지 못할 것"이라고 보고하였다.80) 1860년대부터 푸저우의 차 수출은 하락하기 시작하였다. 새로 개방된 양쯔강 유역의 한커우나 쥬강(九江)이 점차 두각을 나타내기 시작한데다가 푸젠의 차 가격, 특히 2등급 차의 가격이 비싼 것이 하락의 주요 원인이었다.81)

1870년대 이후, 중국 차는 인도 및 일본 차와 치열한 경쟁을 하면서 점차 세계 시장에서 안정된 위치를 잃기 시작하였다. 1860년대 이전까지 중국 차는 사실상 세계 시장을 독점하여 영국과 미국 시장의 3분의 2를 차지하였지만, 1870년대 중반 이후부터는 점차 미국 시장을 일본과 스리랑카에 내주게 되어, 1915년에는 시장 점유율이 20%에도 미치지 못하였다. 영국 시장에서도 인도 차와 실론 차에 밀려 1880년대 말에는 절반 이하로 떨어졌다.82) 1881년 3월 15일, 런던의 쾨니히스베르크상의회商議會(Koenigsberg Commerical Aaaociation)는 자딘매디슨사의 홍콩 본사에 편지를 보내 "인도 차가 중국 차보다 가치가 뛰어나며 매년 증가 추세에 있어 중국 차는 곧 도태될 것"이라는 의견을 제시하였다.83) 이 말대로 19세기 말과 20세기 초에 인도 차와 실론 차가 중국 차를 대신하여 점유율을 높였으며, 오직 러시아만이 청대 최후의 몇 년 동안 여전히 중국 차를 수입하였다.84)

내륙의 생사生絲

외국 상인들은 생사에도 많은 관심을 기울였다. 댈러스는 1851년 상하이에서 "생사 상인(絲商)들이 어떤 상황에서도 계약을 원하지 않고", 또 "너무 많은 사람들이 관심을 가지고 있어 은밀하게 대량 거래를 할 수 없다"고 어려움을 토로하였다.[85] 1852년에 자딘매디슨사와 타이지(泰記)가 대규모 구매 계약을 체결하자, 길먼사 역시 대량으로 구매를 시작하였다. 그 해 7월 14일에 자딘매디슨사의 매캔드로는 길먼사가 "가지고 있는 런던의 환어음을 팔아" 이미 계약한 2,500포의 생사 가격을 지불하려 한다는 것을 알았다. 그들은 또 중국 상인에게 생사를 신속하게 운송해 줄 것을 요구하다 보니, "너무 서두른 탓에 대금의 일부를 회수하지 못하였고, 운송 도중에 훼손된 것들은 반송되는 일도 발생하였다."[86]

1852년, 타이지는 병에 걸린데다 내륙의 생사 상인들에게 사기까지 당하여 자딘매디슨사와 맺은 계약을 이행하지 못하였지만, 댈러스는 외국 회사들과의 치열한 경쟁 속에서도 여전히 타이지를 신뢰하였다. 댈러스는 "그가 큰 거래를 무사히 성사시킬 수 있을지 걱정스럽기도 하지만 우리는 이미 서로 신뢰할 수 있는 믿음을 가지고 있다. 그는 잘 해낼 수 있으며, 나는 여전히 그가 최고의 상인이라고 생각한다. 우리가 그를 포기한다면 즉시 다른 회사에서 고용할 것"[87]이라고 했다. 그의 판단은 정확해서, 다른 서양 상인들은 생사 구매에 관해 타이지의 도움을 얻기 위해 노력하였다.

외국 상인들은 치열한 경쟁과 유럽의 '전쟁에 대한 우려' 등으로 1866년 중국에서의 생사 무역이 별다른 이익을 남길 수 없다는 사실을 깨닫게 되었다.[88] 그러나 1867년 자딘매디슨사는 매판 탕징싱의 도움을 받아 계속 적극적으로 내륙에서 생사를 사들였다. 존슨은 휘틀에게 "이 기회를 놓치지 않고 믿을 만한 현지인과 계약을 체결하겠다"고 했

<그림 6> 외국으로 수출하는 생사를 선적하는 모습.

으며, 유능한 상인 아리와 천주펑(陳竹平)의 도움을 받아 구매를 계속하
였다.89) 다른 개별 생사 상인들도 내륙에서 외국 상인들과 경쟁하였다.
외국 상인들은 중국 상인들이 적극적으로 움직이지 않기만 기대하다가,
1871년 유럽 시장이 침체하자 존슨은 5월 29일에 "중국인들의 움직임
이 활발하지 않아 다행이다. 난징 지역에서는 한 건의 거래도 없었고
류허(劉河)에서 구매한 것도 아주 소량이라고 들었다"는 내용을 홍콩에
보고하였다.90)

중국 내륙에서는 치열한 경쟁이 전개되었지만, 세계 시장에서 본다
면 그 규모는 그리 크지 않았다. 자본의 효율성을 높이기 위해 1881년
자딘매디슨사는 '리옹의 상인'과 프랑스에서 생사를 판매하고 이익을
나누는 협약을 맺었다. 5월 18일 존슨은 홍콩에서 "우리는 대출에 따르

는 경비를 지불할 필요가 없었으므로 다른 상인들과의 경쟁에서 유리하다"는 의견을 피력하였다.91) 그의 예상은 빗나가지 않아, 19세기의 마지막 25년 동안 중국의 생사는 세계 시장에서 기반을 잃어 버렸고, 1877년에는 중국의 대규모 생사 상인들마저 파산하였다. 이는 외국 상인들에게 직접적인 영향을 미쳐, 자딘매디슨사는 1870년대와 1880년대에 생사 사업에서 이익을 남기지 못하였다.92) 비록 1877~1878년에 중국 중부에서 생산된 생사가 동양의 생사 수출량의 52%를 차지하였지만, 19세기 말부터 20세기 초에는 일본이 중국을 초월하여 세계 시장을 주도하는 주요 공급자로 부상하였다.93)

1880년대 후반에 중국의 차와 생사가 세계 시장에서 주도적인 위치를 상실하자, 연해에서 치열했던 경쟁도 점차 시들해졌다. 19세기 말까지 중국 차 수출의 주요 항구는 여전히 상하이와 한커우, 푸저우였으며, 차 가격의 변동이 심하여 경쟁력이 약화되기는 했지만 그렇다고 완전히 사업적인 매력을 상실한 것은 아니었다.94)

수입 무역

수출 무역에 비해 수입에서는 서양 상인들이 열세였지만 경쟁은 여전히 치열하였다. 그들은 나날이 성장하는 중국 상인들을 상대해야 했으며, 특히 일반 상품과 아편 수입에서 치열한 경쟁을 치렀다.

일반 상품

수입 무역에서 서양 상인들은 서로가 경쟁 상대였다. 1848년 댈러스는 경쟁 상대인 미국 회사의 수입 업무를 보고하는 편지에서, "그들은 미국 상품을 판매하는 데 커다란 어려움을 겪고 있으며", 자신은 그 상품들이 중국에서 "환영받지 못하고" 있음을 "안도하면서" 지켜보고 있다고 하였다.[95] 또 당시의 상황은 어느 한 회사가 한 지역의 시장을 독점할 수도 없었다. 이는 1893년에 자딘매디슨사가 중국 내의 석유 판매를 독점하려다 실패한 경우에서도 알 수 있다. 그 무렵 자딘매디슨사는 스탠더드오일Standard Oil과 타이드워터Tidewater라는 두 회사의 아시아 지역 판매권을 따내려 하였다. 자딘매디슨사는 스탠더드오일과 협력하여 스탠더드오일이 따낸 수마트라 채굴권을 개발하기로 약속하고 스탠더드수마트라회사를 설립하기로 하였다.

자딘매디슨사의 상하이 지사는 홍콩 본사에 올린 보고서에서, 이 회사는 25만 파운드의 자본금 조성을 목표로 1주당 5파운드에 5만 주의 주식을 공모할 계획이며, 자딘매디슨사는 수마트라에서 이 회사의 종신 대리상이 될 것이라고 보고하였다. 이 밖에 자딘매디슨사는 동아시아와 동남아시아에서도 같은 조건으로 판매 총액의 3%를 수수료로 받기로 하였다.[96]

그러나 1894년 스탠더드오일은 아시아에서 독자적인 영업망을 설치하기로 결정했다고 자딘매디슨사에 통보하였다. 1894년 3월 31일 자딘매디슨사의 윌리엄 케스윅은 미국 또는 러시아의 석유 회사와 연합하기를 원하였지만, 다른 지역에서 이미 경쟁을 하고 있었기 때문에 성사되지 못하였다. 그는 미국 회사가 서유럽에서 러시아를 제압하였으며, 또 인도와 중국 및 일본에서 어느 정도 영향력을 가지고 있으므로,[97] 협력을 통해 중국 시장을 지배하려 하였지만 결국 실패하고 말았다.

수입 무역은 초기에는 외국 회사들이 시장을 지배하였지만 중국 상인들이 점차 자리를 잡아가고 있었다. 1865년 영국의 광저우 주재 영사는 수입 무역에서도 광저우와 한커우, 톈진의 "중국 상인들이 점차 두각을 나타내고 있다"고 보고하였다.[98] 이는 같은 해 한커우 세관의 세무사가, 중국 상인들이 수입품을 상하이에서 한커우로 운송하여 저렴한

<그림 7> 상하이 부두에 도착한 외국 수입품.

관리비와 판매가로 외국 상인과 경쟁한다고 보고한 것도 같은 맥락일 것이다.[99)] 1870년 한커우를 경유하여 내륙으로 운송된 수입품 가운데 절반 또는 3분의 2가 중국인에 의한 것이었다. 1870년 한커우의 상황을 지켜본 사람에 따르면, "외국인들 가운데에는 보편적으로 무역의 침체에 대해 우려하는 사람들이 많았으며, 중국 상인들과의 치열한 경쟁으로 이윤은 이미 최소 한도로 줄어들었다"고 하였다.[100)]

미국 상인 토머스 녹스Thomas Knox는 1878년 중·서 상업 관계에 대해서, "초창기에는 우리가 대단히 유리하였지만 중국인들은 우리가 전혀 예측하지 못했던 방식으로 대응하고" 있으며, 이러한 중국인들의 경쟁 의식은 "이미 엄청난 비중을 차지하고 있을 뿐만 아니라 해가 갈수록 커져만 간다"고 하였다. 예컨대 외국 회사들이 막대한 이익을 취하던 샤먼과 타이완 사이의 설탕 무역도 1870년대 후반에는 "완전히 중국인의 손으로 넘어갔고”, 샌프란시스코에서 수입한 밀가루의 판매와 중국과 다른 나라 사이의 쌀 무역도 거의 중국인들이 지배하게 되었다.101) 19세기 말, 블랙번상공회의소(Blackburn Chamber of Commerce)의 대표는 후베이성의 사스(沙市)와 윈난성(雲南省) 간의 서양 옷감 무역도 “매우 치열한 경쟁을 치르는 중”이라고 하였다.102)

아편

19세기 초의 25년 동안, 중국 연해의 아편 무역에 손을 댄 나라 가운데 영국과 포르투갈의 경쟁력이 가장 뛰어났다. 1815년 포르투갈이 아편 판매의 주요 거점이던 마카오의 아편 무역을 독점하자, 영국은 어쩔 수 없이 황푸를 거쳐 링딩섬으로 밀려날 수밖에 없었다. 영국의 잠재력을 알고 있던 포르투갈 상인들은 1819년에 영국인들에게 백피토 무역을 공동으로 경영하자고 제의했으나 거절당하였다. 1822년 중국이 황푸와 마카오에서 아편 무역을 금지시키고, 영국 동인도회사도 포르투갈 상인들에게 링딩섬에서의 거래를 제의하지 않자, 포르투갈 상인들은 1827년에 어쩔 수 없이 마카오에서 아편 무역을 포기할 수밖에 없었다.103)

제5장에서 살펴보았듯이, 1823년에 제임스 매디슨이 아편을 동부 연해에서 직접 판매하는 ‘연해 시스템’을 개발하여 많은 이익을 얻자, 영국과 포르투갈, 미국 회사들도 여기에 참여하여 치열한 경쟁을 펼쳤다. 1824년 12월 2일, 제임스 매디슨은 “다른 회사들과 경쟁하느라 이 시스템을 개발한 우리의 이익이 너무나 줄어들었다”고 불만을 토로하였으며,104) 나중에는 경쟁이 너무 치열해져서 일시적으로 거래를 중단할 수밖에 없었다.105)

19세기 중반, 연해의 아편 무역에는 많은 어려움이 도사리고 있었다. 해적들의 창궐로 보험 비용이 증가하여 이익이 줄어들게 됨에 따라 소규모의 상인들은 견디지 못하고 퇴출당했다. 덴트사나 자딘매디슨사와 같은 대규모 대리상들은 비교적 유리한 위치에 있었다. 첫째, 그들은 링딩섬이나 홍콩으로부터의 공급이 감소하더라도 풍족한 자금으로 인도 아편을 대량으로 사들인 뒤, 특별한 어려움 없이 북부 연안까지 아편을 운송하여 시장을 선점할 수 있었다. 둘째, 일반 상인들은 해적이 무서워 무장하지 않은 배나 정크선(junk)으로는 아편을 운반할 엄두를 내지 못하였지만, 대기업은 무장 선박을 고용하여 지속적으로 아편을 공급할 수 있었기 때문이다.106)

대기업 사이의 경쟁도 치열하였다. 1850년 11월 5일, 댈러스는 상하이에서 덴트사와 린지사가 "아주 자유롭게" 백피토를 저렴한 가격으로 판매하고 있다고 보고하였고,107) 한 달 뒤에는 덴트사가 질이 좋고 저렴한 아편을 내륙으로 보냈다는 사실을 알고 나서 더욱 놀라지 않을 수 없었다.108) 자딘매디슨사는 양쯔강 하류에서 영국과 미국, 인도의 아편 상인들과 경쟁하기 위해 1850년대 중반 이후 중국인을 고용하여 아편을 판매하였으며, 매판들도 이에 긴밀하게 협조하였다.109)

1850년대 이후, 매년 봄이면 양쯔강 하류에서 베이징으로 진상하는 곡물을 싣고 가던 정크선들이 상하이에서 아편을 싣고 북방으로 가는 것은 이미 보편적인 일이 되었으며, 자딘매디슨사나 덴트사 등의 외국 회사도 아편을 판매하였다. 1852년 1월 13일, 댈러스는 이렇게 보고하였다.

> 백피토 가격이 저렴하여 (음력) 새해까지 소비가 크게 늘어날 것이며, 몇 달 뒤에는 더 많은 배가 필요하게 될 것 같다. 덴트사가 대량의 물건으로 시장을 지배하지 못하도록 주의하여야 한다.110)

1860년대 이후, 연해 지역에 외국의 소규모 회사들이 우후죽순처럼 출현하여 아편 사업은 더욱 가열되었다. 이들은 중국 판매상들에게 보너스를 주기도 하였다. 자딘매디슨사의 매클라우드는 1861년 2월 18일 "하루 이틀 전에 인도 상인들은 1담당 700달러에 약 20상자의 백피토를 팔았고(이 곳 상인들은 거의 원래의 양 이외에 덤으로 두 덩어리를 더 주고 있다), 오늘 러셀사와 길먼사도 비슷한 가격에 약 30~50상자를 팔거나 팔려고 내놓았다"고 보고하였다.111) 미국과 인도 상인의 이러한 행위에 대항하기 위해 자딘매디슨사도 한 달 뒤부터는 경우에 따라 한 덩어리씩 덤으로 주기 시작하였다.112)

1863년 봄부터 서양 회사들은 양쯔강 상류 연안의 한커우와 쥬강(九江)에서 아편 판매를 강화하였다. 6월에 자딘매디슨사의 스타이언G. H. Styan은 쥬강에서 '아편 판매 경쟁'이 계속되고 있으며, 플레처사(Fletcher & Co.)와 기브리빙스턴사의 매판은 여전히 다른 회사보다 싼 가격으로 팔고 있다"고 보고하였다. 이에 자딘매디슨사를 포함한 다른 회사들도 반격을 결정하였고, 스타이언은 "이런 행위는 절대 용서하지 않겠다"고 다짐하였다.113) 오거스틴허드사도 경쟁의 부담을 느끼고 있었다. 1860년대 초부터 이 회사는 탕순지(唐順記)라는 중국 대리인을 고용하여 양쯔강 상류 연안의 거래를 맡겼다. 1863년 7월 13일, 탕순지는 쥬강에서 딕스웰G. B. Dixwell에게 "시중에 좋은 아편이 많아 판매에 어려움이 있다"고 보고하였다.114)

또 다른 경쟁 상대는 중국 상인들이었다. 1830년대 이후, 유능한 중국인들이 자딘매디슨사와 마찬가지로 링딩섬에서 아편을 산 뒤 북방 연해로 가지고 가서 팔았다. 1842년에 상하이가 개방된 뒤부터는 많은 중국인들이 상하이 외항의 우쑹에 정박해 있는 외국 선박에서 직접 아편을 구매하였다. 1848년 자딘매디슨사의 데이비드 자딘은 서양의 경쟁 회사들 외에 인도와 중국 상인들도 조심해야 한다고 경고하였다.115)

1840년대부터 자딘매디슨사는 샤먼에 아편 선박을 정박시켰고,116) 1852년에는 제임스 벨러미James Bellamy를 파견하여 상주시켰다. 그는 다른 상인들의 아편 판매 동향을 주시하면서,[117] 링딩섬에서 아편을 구매하는 중국 상인들의 성장에 대해 보고하였다.[118] 자딘매디슨사는 샤먼에서 경쟁력을 강화할 필요성을 느꼈으며, 1862년 동방부 주임 알렉산더 퍼시벌은 일에 적극적인 헨리 스미스Henry Smith를 이 지역의 새 대표로 임명하였다. 스미스는 가끔 면화棉花 무역도 하였지만, 그의 주된 임무는 역시 아편 사업이었다.[119] 자딘매디슨사의 대리인들은 중국 상인들이 다른 외국 경쟁자들처럼 덤핑 판매를 통해 심지어 "홍콩보다도 싸게 판매"[120]하는 일도 있다고 불평하면서 중국 상인들의 위력을 절감하였다. 이 대리인들은 "중국인을 몰아내기 위해"[121] 노력하였지만 중국인들은 시종 이 무역에서 상당한 힘을 발휘하였다.

1860년대에 제임스 휘틀은 중국의 아편 상인들이 중부와 북부 연해에서도 양쯔강 유역과 마찬가지로 상당한 영향력을 발휘한다는 사실을 알았다. 그들 가운데 대부분은 우쑹에 정박한 외국 선박에서 아편을 수매한 뒤 바로 북방이나 양쯔장 유역의 각 항구로 운송하는, 매우 활발하고 광범위한 거래를 하였다. 휘틀은 이들이 자사의 아편 사업, 특히 양쯔강 유역의 거래에 심각한 지장을 초래하고 있다는 강렬한 느낌을 받고, 1863년 3월 30일에 퍼시벌에게 보낸 편지를 통해 "중국 상인들이 텐진과 한커우 등지에서 큰 거래를 함으로써 우리 사업에 많은 영향을 미치고 있다"고 불만을 토로하였다.[122] 상하이의 존슨도 1867년 연해에서 중국 상인들과의 경쟁을 언급한 것을 보면 휘틀의 우려는 근거가 있는 것이었다. 존슨은 "양쯔강의 각 항구에서 보내 온 소식 가운데 좋은 내용은 거의 없다. 우리가 중국인들과 계속 덤핑을 통한 경쟁을 할 수는 없으며, 한커우의 책임자 고어는 시도조차 할 수 없는 일이라고 하였다"면서 우려하였다.[123]

한커우에서 중국인들이 자딘매디슨사와 경쟁하며 점차 우위를 차지하고 있을 때, 전강(鎭江)의 상황도 외국 상인들에게 어려워져만 갔다.

1869년 영국 영사는 "지난 해에 중국 상인들은 큰 거래를 하였지만 외국 상인들은 단 한 상자도 팔지 못했다"고 보고하였다.124) 이후 10년 동안, 중국 상인들은 탕마오즈와 리관(李貫)을 필두로 하여 아편 시장을 지배하였다. 1870년대 후반에는 아편 거래에서 전통을 자랑하던 영국의 새순사가 더 이상 손실을 견디지 못해 문을 닫고 자산을 중국인에게 넘기는 일이 발생하였다. 1879년 외국 상인들은 중국 상인들이 전장의 아편 무역을 독점하려 한다고 비난하였지만, 이는 근거가 없는 것이었다.125) 그보다 외국 상인들은 현지 시장을 잘 알지 못했을 뿐 아니라, 그들이 고용한 중국 중개인들의 횡포로 항상 경쟁 상대인 중국 상인들보다 높은 가격을 제시하였기 때문이다.126)

해운 무역

쾌속선의 출현으로 중국과 서양 상인들은 모두 신속한 서비스를 위한 경쟁에 돌입하였다. 1860년대에 서양 상인들은 근대식 선박으로 중국 연해에서 우세한 지위를 차지하였지만 그들 서로 간의 첨예한 경쟁에 시달려야 했다. 게다가 중국 상인들도 외국식 거래에 익숙해졌으며, 경제 민족주의에 고취됨에 따라 해운업에서도 점차 서양 상인들과 경쟁이 가능해졌다.

서양 상인

서양 상인들은 선박의 속도를 높이는 데 전력을 기울였다. 중국의 생사와 차를 수출하면서 치열한 경쟁이 전개되어 19세기 초엽에는 이미 '배의 속도에 따라 운송비가 정해지는 방식'이 시행되었기 때문이다.127) 배가 빠르면 운송비 또한 비싸서 가장 빠른 배가 가장 높은 운송비를 받았고, 중량을 초과하여 선적한 배는 상대적으로 속도가 느렸기 때문에 운송비 또한 저렴하였다. 1850년대 중엽, 푸저우에서 런던까지 운송비가 1t당 30실링에서 2파운드까지 일정하지 않았던 이유는 바로 여기에 있었다.128)

1860년대 이후, '빠른 배들이 수시로 아슬아슬한 속도 경쟁'을 벌이기 시작하였다. 1873년 3월 31일에 일어난 드러먼드캐슬Drummord Castle 호의 실종 사건은 '바로 그 무렵에 유행하던 속도 경쟁' 때문에 발생한 것이었다. 중국과 유럽 간의 장거리 해운 무역 경쟁은 1879년 런던의 선주船主들에게서도 그대로 나타났다. 당시 선주들은 운송비가 너무 낮아 이익을 내지 못하자 일시적으로 선박 운항을 중단할 것을 고려하였다. 그 해 9월, 이들은 "서로 협력하여 정박 톤 수를 조절하고 화물 적체를 방지하여 손실을 줄이는" 노력을 하자고 협의하였지만, 3개월 뒤에 "각 조직들의 규칙이 일치하지 않아" 결국 무산되고 말았다. 그 결과 자유 경쟁이 전개되어 중·영 노선의 경쟁은 더욱 치열해졌다.129)

빠른 속도 이외에 경제적인 운영도 중요한 과제였다. 외국 회사들은 생사와 차를 수출하면서 운항 일정에 신중을 기하여 더 경제적인 방법을 선택하고자 노력하였다. 1852년 자딘매디슨사와 린지사는 기선과 쾌속선을 선택하면서 이러한 사항들을 신중하게 고려해야만 했다.130)

기선의 출현으로 경쟁은 더욱 치열해져, 1859년 이후 러셀사와 오거스틴허드사는 경쟁적으로 광저우와 홍콩 노선에 "더 넓은 공간을 확보하여 밤낮으로 운항하는 기선"을 투입하기에 이르렀다.131) 다른 노선의 경쟁도 치열하여 러셀사는 1862년 상하이에 상하이기선해운회사(Shanghai Steam Navigation Co.)를 설립하고 중국의 해운 무역에서 10여 년간 선도적인 위치를 차지하였지만 결코 절대적인 우세는 아니었다. 1867년 영국의 글로버사(Glover & Co.)도 유니언기선해운회사(Union Steam Navigation Co.)를 설립하였으며, 지방 회사인 노스차이나기선회사(North

China Steamer Co.)도 양쯔강에서 운항을 시작하였다.

강력한 경쟁력을 가진 자딘매디슨사도 양쯔강에 두 척의 선박을 투입하여 러셀사와 경합하였다. 자딘매디슨사의 윌리엄 케스윅은 러셀사와 경쟁하는 와중에, 1866년 오거스틴허드사가 그들의 파트너인 더성(德盛)을 스카우트하려는 것을 알고 매우 놀랐다. 동시에 그는 상하이기선해운회사가 양쯔강 유역에서 지역 무역을 상당 부분 장악하고 있다는 사실도 알게 되었다.[132]

자딘매디슨사의 존슨은 1868년 상하이와 푸저우를 오가는 항로를 장악해야만 경쟁력을 강화시킬 수 있고, 다른 회사보다 더 크고 효율적인 기선을 투입해야만 많은 이익을 취할 수 있다고 주장하였다.

> 중국에는 아직 이러한 기선이 없으므로 중국인들이 신뢰할 만한 회사가 출범한다면 이익을 얻을 것이 확실하다. 지금은 모든 선박이 거의 같은 운임으로 승객들을 수송하지만, 화물 적재와 보관 비용에서는 큰 경쟁력을 가지고 있지 못하다. 빠른 속도와 적은 연료비만이 경쟁력을 가질 수 있다.[133]

그는 영국에 두 척의 배를 주문하여 1869년 상하이 등의 정기 노선에 투입하였다.

자딘매디슨사와 다른 외국 회사들의 경쟁 상황은 신난징Sin Nanzing 호를 통해서도 증명된다. 1868년 8월에 노스차이나기선회사는 영국에 새 선박을 주문하여 신난징 호라고 명명하였는데, 1871년 2월 재정이 악화되자 어쩔 수 없이 배를 후이펑은행에 저당 잡혔다. 1872년 가을, 자딘매디슨사는 해운 시장에서 우세한 지위를 차지하기 위해 새로운 선박 회사를 설립하기로 한 뒤, 노스차이나기선회사에 9만 냥을 빌려 주고 이 회사가 은행에 저당 잡힌 두 척의 선박을 확보하였다. 1873년 1월 자딘매디슨사는 신난징 호를 포함한 다른 선박들과 함께 자본금 32

만 5,000냥으로 중국연해기선해운회사(China Coast Steam Navigation Co.)를 설립하고, 연해 지역에서 러셀사가 세운 상하이기선해운회사와 치열한 경쟁을 펼쳤다.134)

1870년 봄, 러셀사는 경쟁 상대인 자딘매디슨사를 제치고 러시아 회사인 오쿠로프앤드토키나코프Okooloff & Tokinakoff의 화물 약 600t — 주로 차 — 을 한커우에서 톈진까지 운송하였다. 그 해 6월에 자딘매디슨사의 한커우 대리인인 헨리 베버리지Henry Beveridge는 또 다른 러시아 회사인 하미노프앤드로디오노프Haminoff & Rodionoff가 톈진까지 차를 운송하는 비용을 문의하자 1t당 7.25냥을 제시하였지만 "더 이상 연락이 오지 않았으며", 나중에야 "러셀사의 상하이기선운항회사가 더 낮은 가격으로 운송"했다는 소식을 들었다고 상하이 지사에 보고하였다. 베버리지는 또 "러셀사에서 전력을 다해 거래를 수주하고 있다"면서, 이에 대한 대응책으로서 한편으로는 자신이 러시아 상인 이바노프Ivanoff, 오베르빈Obervin과 지속적으로 친분을 쌓고, 다른 한편으로는 존슨이 직접 한커우의 다른 러시아 회사로 "한커우에서 톈진까지 가장 낮은 운송 가격을 제시"하는 편지를 보낼 것을 제안하였다.135) 베버리지는 또 다른 러시아 상인 바라노프스키Baranoffsky가 쥬강(九江)에서 상하이로 가는 도중에 한커우에 잠시 들렀을 때에도 최대한의 "성의를 보였다."136)

자딘매디슨사는 러셀사와 수주 경쟁에서 실패하여 고심했지만 그렇다고 상황을 반전시킬 만한 뚜렷한 방법도 없었다. 2년 후, 존슨은 "러셀사에서 우리가 운송할 몫까지 다 가져가 버렸다. …… 그들이 한커우에서 나오는 동유桐油와 다른 화물들을 거의 다 확보하였는데, 이제는 더 이상 그들의 독점을 허용해서는 안 된다"고 하였다. 존슨은 베버리지 대신 더 적극적인 대리인을 선임하였고, 그의 업무를 보좌하기 위하여 상하이의 매판인 탕징싱에게 "우리 업무에 밝은 현지의 중개인을 골라 도와 줄 것"을 요청하였다.137) 이후 자딘매디슨사의 위치는 비로소 점차 향상되었다.

중국해운회사(China Navigation Company)는 영국 버터필드사의 런던 본사에서 풍부한 자금을 모아 1872년 봄에 설립된 회사였다. 자본금이 97만 냥으로 상하이기선해운회사와 비슷한 규모였으며, 중국연해기선해운회사보다는 세 배나 많았다. 이 회사의 설립 목적은 중국에서 러셀사 및 자딘매디슨사와 경쟁하여 이기는 것이었다. 1873년, 이 회사는 양쯔 강에서 화물 운임을 놓고 상하이기선해운회사와 치열한 경쟁을 벌였다. 이 회사의 설립자인 존 새뮤얼 스와이어는 1875년 7월 윌리엄 랭William Lang에게 "필요하지 않다면 절대로 싸우지 않겠지만 일단 싸움이 시작되면 우리는 최후의 승리를 위해 노력할 것이다. …… 우리는 시장을 제패하고 화려하게 부상할 것이다. …… 어떤 경우에도 당신의 도움이 필요하니 당신이 절약할 수 있는 1달러까지 보내 달라"며 필사의 전의를 밝혔다.[138] 그 무렵 상하이의 주요 일간지 『선바오(申報)』에 해운 광고가 자주 실린 것도 서양 회사들 간의 치열한 경쟁을 반영해 준다.[139]

서양 회사들은 때로 치열한 경쟁을 멈추고 일시적으로 화해하기도 하였지만, 서로에 대한 의심을 늦추지는 않았다. 1871년 2월, 자딘매디슨사와 러셀사는 운임에 관한 협정을 맺고도, 존슨의 사업에 대한 야심 때문에 결국 파기되고 말았다. 1873년 5월, 러셀사의 포브스F. B. Forbes는 자딘매디슨사의 불성실에 대해 "나는 더 이상 우호적인 관계에 미련을 갖지 않겠다. 존슨은 믿을 수 없는 사람이므로 그와의 협의는 지켜지지 않을 것"이라며 불만을 토로하였다.[140]

미국과 영국 이외에 유럽 국가들도 이 경쟁에 참여하였다. 영국의 상하이 주재 영사인 메드허스트는 1870년의 보고서에서, 중국에 진출한 외국 회사들 가운데 독일인이 경영하는 해운 회사가 가장 경쟁력이 뛰어나니 이를 배워야 한다고 지적하였다.[141] 자딘매디슨사의 존슨도 독일의 세단Sedan 호가 연해에서 운영을 잘 하고 있음을 지적하였으며,

1871년 "상하이와 홍콩 사이에 아주 큰 거래가 있는 것 같다. 세단 호가 1만 9,000담의 화물을 내려놓았는데, 이 가운데 1만 5,000담은 홍콩에서 주문한 것이다. 이 배는 바로 산터우로 가는데, 이 항해에서 6만 5,000냥의 수익을 올릴 것"이라며, 마지막에 "우리가 연해에서 북방의 독일인들에게 밀려서는 안 된다"고 다짐하였다.[142)

1872년 이전의 중국인의 역할

1857년 '광둥 사람이 모는 선박'이 닝보 상인을 도와 포르투갈 깃발을 달고 운항하는 대선단을 몰아내기도 하는 등 중국인들도 연해 지역에서 해운 무역의 경쟁에 참여하였다.[143) 사실상, 중국인들은 기선이 출현하기 이전인 1860년대 후반에도 이미 정크선을 이용하여 외국 상인들과 경쟁하고 있었다. 1861년 자딘매디슨사의 푸저우 대표인 매클라우드는 닝보 이외의 지역에서는 외국 기선이 중국 정크선과 경쟁하는 것은 불가능하다고 보고하였다.[144)

중국인들도 연해에서 근대적 해운 설비를 갖춤으로써 서양 상인들과 경쟁할 수 있게 되었다. 중국인들 가운데에서도 특히 광둥 상인은 북방 무역에서 기선을 사용하여 두각을 나타냈다. 1864년 영국 영사는 즈푸(芝罘)에서 1860년대 이전의 정크선을 이용하는 산둥 등의 북방 상인들이 "북방 무역을 독점"하고 있다고 보고하였다. 이는 톈진조약에 따라 외국 선박들은 북방 항구에서 콩이나 콩깻묵 무역에 참여할 수 없었기 때문이다. 1861년에 청 정부가 이 금지령을 해제하자 1864년에 이르러 "남쪽 항구에서 즈푸와 다른 항구까지 콩이나 콩깻묵을 운반하는 정크선은 완전히 사라졌고," 이는 "화베이(華北) 지역 전체의 무역 판도에 변화를 일으켜 …… 광둥과 푸젠에서 온 새로운 세력이 등장하였는데, 이들은 정크선을 이용한 무역에서는 전혀 힘을 쓰지 못하던 사람들"이었으며, "그들은 정크선조차도 가질 수 없었지만" 그러나 "염가로 유럽의

<그림 8> 상하이에서 북방으로 화물을 운송하던 중국 상인의 정크선.

선박을 이용하고” 운송이 끝나면 운임을 받았다고 한다.145)

1865년 광저우 주재 영국 영사는 “연해에서 가장 좋은 기선은 중국인들이 빌려서 운송하고 있으며 유럽인들은 개입하지 못하고 있다”면서146) 중국인들이 곧 “연해 전체의 해상 운송”을 독점할 것이라는 과장된 예측을 하였다. 이는 1867년 톈진에서 중국 상인들이 “외국인의 기선 등 각종 시설을 사용하여”, “빠른 시간 내에 외국인을 시장에서 몰아냄으로써” 어느 정도 입증되기도 하였다.147) 1868년 자딘매디슨사의 존슨은 『푸저우와 상하이 간의 운송업』이라는 제목의 비망록에서 “두 지역의 기선 항로는 완전히 중국인이 장악하고 있다”며, 그들은 선박을 구매하는 것보다 빌려서 사용하기를 선호한다고 하였다.148)

1861년에 양쯔강이 개방되자, 많은 중국인들이 상하이와 다른 항구를 연결하는 해운업에 뛰어들었다. 1866년 쥬강 세관의 세무사는 상하이와 쥬강 간의 해운업은 중국 상인들이 외국 선박을 이용하여 독점하고 있다고 하였다[표 10]. 그는 “통계에 따르면 1866년의 무역 총액은

〔표 10〕 상하이와 쥬강을 오가는 외국 선박에 화물을 선적한
중국 및 외국의 주요 선하주(1866년)

화물	단위	중국 상인		외국 상인		총 운송량
		총액	%	총액	%	
상하이~쥬강						
갈색 포	필	75,640	85	13,500	15	89,140
거친 포	필	15,143	94	900	6	16,043
납	담	11,238	95	600	5	11,838
백피토	상자	1,765	73	650	27	2,415
쥬강~상하이						
홍차	담	59,239	65	32,376	35	91,615
녹차	담	46,268	58	32,850	42	79,118

자료 : 중국 세관, 『Report on Trade, 1866』 (상하이, 1867), 66쪽. 통계는 저자가 산출한 것임.

1,011만 9,020냥인데, 이 가운데 외국 상인의 손을 거친 것은 245만 7,429냥으로 대략 계산해도 전체의 4분의 1에 해당하며, 나머지는 중국인이 차지한다"고 하였으며,[149) 중국 상인은 근대식 선박을 이용하여 양쯔강, 특히 한커우의 수출입 무역에서 능히 "영국 상인과 덤핑 경쟁을 할 수 있었다"[150)고 하였다.

자딘매디슨사는 중국 상인의 힘을 과소 평가해서는 안 된다는 사실을 알고 있었다. 1872년에 존슨은 기선 회사를 새로 설립하면서 중국인들의 자본을 유치하여 상하이 지사가 운영하도록 함으로써 중국인들과 우의를 쌓도록 하였다. 또 그는 "북방으로 진상하는 곡물을 운송할 기선을 물색"하는 중국인들이 자딘매디슨사가 관리하는 12만 냥짜리 신난징 호에 대해 "매우 관심을 가지고 있다"는 사실을 알았다.[151) 존슨은 이 노선에서 중국인들과의 경쟁을 우려하여 배를 바로 팔지 않고, 자딘매디슨사가 새 회사의 주식을 모두 확보할 때까지 "협상을 지연시켰다."[152)

윤선초상국輪船招商局

1870년대 윤선초상국(China Merchant's Steam Navigation Company)의 성장은 중국 수역에서 중·서 해운업의 경쟁이 치열했음을 보여 준다. 중국 상인들은 이 회사를 효과적이고 적극적으로 운영하여 중국 투자자와 위탁인들의 지지를 얻음으로써 서양 회사와 유리하게 경쟁할 수 있었다.

1872년 8월을 전후하여 즈리성 총독 리훙장은 외국 회사와 경쟁할 목적으로 윤선초상국을 설립하고, 정크선을 이용하여 곡물을 운반하던 전통적인 신상紳商 주치앙(朱其昻)을 중용하였다. 정크선의 선주이자 저장해운국위원(浙江海運局委員)이기도 하였던 주치앙은 해운 업무에 밝았지만 정크선에 관한 지식은 윤선(기선)에서는 거의 쓸모가 없었다. 그는 새 회사의 자본을 모으는 데에도 어려움을 겪었으며, 1873년 봄이 되어서도 기선 사업에 대한 뚜렷한 방법을 제시하지 못하였다. 이에 리훙장은 그 해 5월에 상하이에서 명망 높은 광둥 상인 탕징싱으로 교체하고, 9월에는 또 다른 광둥 상인 쉬룬을 부책임자로 참여시켰다.

이 두 광둥 상인은 신중하게 회사를 이끌면서 서양의 기선 회사들과 경쟁을 시작하고, 중국 투자가의 지지를 얻는 데 주력하였다. 리훙장은 상인들도 위험의 일부를 부담할 것을 요구하여 주식 회사로 출발하였다. 1873년 말부터 다음 해 초까지 상하이의 외국 상인들이 교분 있는 중국인들과 매판들에게 이 회사에 투자하지 말라는 방해 공작을 폈는데도,153) 탕징싱과 쉬룬은 47만 6,000냥이라는 거액을 마련하는 데 성공하였다. 1877년에는 총자본이 75만 1,000냥으로 늘어났고, 두 사람 이외에 류수팅과 탕챠오칭(唐翹卿) 등 많은 중국인들이 주식을 구입하였다.154)

중국 기선의 출현으로 저가 운송비 시대가 열렸다. 상하이기선해운회사는 경쟁 상대인 영국과 중국 수역에서 동일한 운송비를 유지하자는 협정을 맺었지만 중국인들이 가세하자 협정은 유지되지 못하였다.

1873년부터 1876년 3월까지 중국 공사(윤선초상국)가 외국 기선 회사와 치열한 경쟁을 벌임으로써 미국과 영국 회사는 점차 이익을 내기 어려웠다. 1874년 3월, 3개 서양 회사가 양쯔강 유역과 상하이~톈진 간의 운송비를 비교적 높게 유지하기로 결정한 지 한 달 만에 윤선초상국은 미국 및 영국 회사들보다 30%나 낮게 책정하였다. 여름이 되자 이 노선의 운송비는 이미 1t당 2냥이 되어 러셀사와 버터필드사의 절반 수준으로 떨어졌고,155) 『선바오』지는 윤선초상국이 화물 수주에서 이미 외국 회사를 초월했다고 보도하였다.156)

탕징싱은 세 회사가 동일한 운송비를 유지하자는 자딘매디슨사의 제안을 받아들였지만, 항상 위탁인에게 더 많은 리베이트를 제공함으로써 이 협정을 피해갈 수 있었다. 또 즈리성 총독 리훙장은 중국 기선에 차의 운송을 위탁한 화주에게는 즈리성을 통과할 때 내지세內地稅를 면제해 주었다.157) 이 제도는 당연히 윤선초상국을 지원하기 위한 것이었다. 더 중요한 사실은 리훙장이 중국 공사에 조량漕糧이라고 하는 특권을 주었다는 점이다. 조량이란 베이징에 쌀을 진상하는 것으로서, 정기적으로 양쯔강 하류에서 베이징으로 보내는 일종의 실물세實物稅였다. 이러한 배려는 당연히 영업에 직접적인 영향을 미쳐 윤선초상국의 사업은 날로 번창하였다. 1875년 상하이에는 러셀사가 남방에서 베이징으로 보내는 조량 운송에 뛰어들어 윤선초상국과 경쟁하려 한다는 소문이 돌았다. 소문에 따르면 러셀사가 운송비를 1담당 초상국의 0.6냥보다 낮은 0.1냥으로 제시했다고 하였는데, 이 가격은 청 정부의 지출을 연간 30만 냥이나 절감하게 할 수 있는 것이었지만,158) 결국 실현되지 못했다.

윤선초상국의 경영은 영국 회사인 중국연해기선해운회사의 수익에도 큰 타격을 주었다. 초상국이 영업을 시작한 지 얼마 뒤인 1874년에 영국 회사의 수익률은 19.7%, 배당금은 10% 정도였지만 다음 해에는 이 수치가 절반 정도로 줄어들었다. 1876년에 수익률은 8.9%로 추락하였고 배당금은 아예 없었으며, 1876년 9월에는 액면가가 100냥이던 주식이 56냥에 거래되었다. 불투명한 장래 때문에 자딘매디슨사는 윤선초상국측에 자사 소유의 선박들을 구매하도록 설득하고, 1876년 11월에 런던의 로버트 자딘Robert Jardine 경의 허가를 받아 내기에 이르렀다.

영국 회사에 비해 미국의 상하이기선해운회사의 수익률은 더욱 좋지 않았다. 1874년과 1875년에는 8.3%에 불과했으며, 1876년에는 7.9%로 떨어졌다. 1866년부터 1873년까지 이 회사는 매년 12%의 배당금을 지급할 수 있었지만, 중국과 경쟁하던 1874~1876년에는 7%밖에 지불하지 못해 어쩔 수 없이 선박의 보수 비용으로 비축해 둔 예비비를 쓸 수밖에 없었다.[159]

중국 공사의 발전

윤선초상국은 1873년부터 1883년까지의 10년 동안, 비록 부패한 부분도 있었지만 탕징싱과 쉬룬이 대담한 성장 정책을 추진하여 미국 및 영국 등과의 경쟁에서 적극적이고 활동적인 모습을 보여 주었다. 1876년 가을, 상하이기선해운회사는 주가가 70냥까지 떨어지자 회사를 중국인들에게 팔기로 결정하고, 1876년 12월 쉬룬과 222만 냥에 협정을 맺었다. 여기에는 상하이기선해운회사의 선단과 자산 200만 냥, 상하이와 다른 세 곳의 항구에 있던 러셀사의 자산 22만 냥이 포함되었다.

탕징싱은 난징에서 총독 선바오정(沈葆楨)에게 50만 냥을 대출받아 1877년 1월에 러셀사와 최후 협정을 체결하였다. 그는 1월 6일, 계약금 2만 5,000냥을 지불하고 정식으로 16척의 선박을 인수하였으며, 이로써 상하이와 톈진, 닝보 그리고 양쯔강 중류 지역 등의 여러 곳에 부두와 창고를 갖게 되었다.[160] 중국 공사는 중국 수역에서 7개 노선에 31척의 선박을 소유한 최대 해운회사가 되었으며, 남방 항구와 싱가포르 노선에 배를 투입하여 중국 이민들을 수송하기도 하였다. 이에 비해 다른 두 곳의 영국 회사는 겨우 4개 노선에 14척의 기선을 소유하고 있을 뿐이었다.[161]

탕징싱과 쉬룬은 1877년 4월에 제출한 「윤선초상국 이사회 보고서」에서 "우리는 경험을 통해 능히 외국 상인들과 필적할 수 있다는 사실을 알았다"며 자신감을 보였다.[162]

그러나 미국 회사를 매입한 뒤에 윤선초상국은 바로 재정 곤란에 부닥치게 되었다. 탕징싱과 쉬룬은 영국 회사와 운송비 인상 협상을 통하여 난관을 극복하기로 하고, 1877년 3월부터 상하이~천진, 상하이~푸저우 노선에서 자딘매디슨사와 동일한 운송비를 받았다. 양쯔강 노선에서는 여전히 경쟁이 치열하여 상하이~한커우 노선의 1t당 운송비가 1냥 이하로 떨어져서 상하이~닝보 노선까지 영향을 받았다. 1877년 9월에 존 새뮤얼 스와이어가 런던에서 상하이로 와서 12월 중으로 상하이~한커우 노선의 운송비를 1t당 5냥으로 정한다는 협의에 동의하였다.

아직 단일 운송비를 실행하지 않고 있던 다른 노선에서는 여전히 치열한 경쟁이 전개되었다. 광저우~마카오 노선에서는 윤선초상국과 홍콩광둥마카오기선회사(Hongkong, Canton and Maccao Steamboat Co.) — 영국과 미국, 포르투갈 자본이 투입된 다국적 기업으로 홍콩에 기반을 두고 자딘매디슨사가 운영하였음 — 가 경쟁하였다. 윤선초상국은 1881년 성능이 뛰어난 장핑(江平) 호를 투입하여 외국 회사의 '낡고 정비도 부실한' 스파크Spark 호와 경쟁하게 하였다. 윤선초상국이 얻는 '이익은 미미'하였지만 서양 회사에게는 중대한 타격이 아닐 수 없었으므로 그들도 화이트클라우드White Cloud 호를 투입하여 경쟁할 계획을 세웠다. 그러나 그보다는 서양 회사측에서 장핑 호를 한 달에 500달러에 임대할 것을 제의함으로써 경쟁 세력을 매수하고자 시도하였다.[163]

1881년 5월 7일, 존슨은 상하이 지사의 제임스 케스윅에게 협의를 이

[표 11] 상하이의 주요 해운 회사가 사용한 기선의 수(1877년)

	중국해운회사(영)a	중국연해기선해운회사(영)b	윤선초상국
양쯔강	3	0	10
상하이~즈푸~톈진	0	4	11
상하이~닝보	1	1	3
상하이~푸저우	0	1	1
상하이~광저우~홍콩	0	0	1
산터우~상하이~뉴좡	4	0	0
상하이~샤먼~산터우	0	0	2
상하이~즈푸~뉴좡	0	0	1
샤먼~광저우~싱가포르	0	0	1
총계	8	6	30

자료 : 劉廣京, 『British-Chinese Steamship Rivalry』, 61쪽. a ; 버터필드사, b ; 자딘매디슨사가 운영하였음.

끌어 내기 위해 회사의 중국인 연줄을 총동원하라고 지시하였다. 윤선 초상국의 총판總辦인 탕징싱은 1863부터 1873년까지 자딘매디슨사의 매판을 지냈고, 그의 형인 탕마오즈도 그 무렵 상하이 지사의 매판으로 일하고 있었기 때문에 존슨은 다음과 같이 지시하였다.

만약 탕징싱이 상하이에 있다면 망설이지 말고 그를 찾아가 어떤 조건으로 협의를 이끌어 낼 수 있을지 알아 보라. 만약 그가 상하이에 없다면 탕마오즈로 하여금 초상국으로 가서 부책임자를 만나 의사를 타진해 보도록 하라. 만약 상대방의 의견을 전부 받아들여야 한다면 매달 700달러를 준비해야 할 것이다. 최선을 다해 협의를 이끌어 내기 바란다.164)

그러나 그의 노력에도 불구하고 협의는 이루어지지 않았다.165) 중국 공사와 버터필드사는 양쯔강 노선에서 단일 가격을 지키기로 협의하였지만 연해 지역, 특히 뉴좡~산터우 노선의 경쟁은 매우 치열하였다. 일찍이 1874년 버터필드사는 '중국해선조합中國海船組合'이라는 독립 회사를 세워, 만주의 뉴좡에서 남방의 산터우까지 콩 제품을 운송하고 돌아갈 때에는 설탕을 싣고 가는 무역을 시작하였다. 1874년 11월, 존 새뮤얼 스와이어가 영국에서 윌리엄배터스William Batters 호 등 두 척의 배를 들여왔는데, 이 배들은 수심이 낮은 곳에서도 운항할 수 있을 뿐만 아니라 적재량도 충분하여 이 노선에 아주 적합하였다. 이 두 척의 배를 푸저우 호와 산터우 호라 이름짓고 주로 중국인에게 빌려 주는 '임대 무역(傭船貿易)'으로 많은 이익을 얻게 되자, 이 회사는 1875년 하반기에 다시 4만 파운드를 투자하여 두 척을 더 구매한 뒤 이 노선에 투입하였다.

1879년 버터필드사는 이 노선에 모두 6척의 배를 투입하고 있었으며, 중국인들의 반응도 매우 좋았다. 1880년 1월, 산터우 세관의 세무사는 "산터우와 다른 항구(뉴좡과 즈푸) 간의 무역은 주로 버터필드사의 배로 이루어진다. …… 운송비가 쌀 뿐 아니라 중국 상인에게 빌려 주고 임대료를 받는 것이 아주 편리해 점차 범선을 밀어내는 추세이다. 중국 상인들도 기선을 임대하는 방식을 선호한다"고 하였다.166) 존 새뮤얼 스와이어는 뉴좡~산터우 노선에 투입할 9척의 배를 새로 건조하는 것을 포함한 새로운 계획을 수립하였다. 1881~1882년에 중국해운회사도 주로 이 노선에 투입할 계획으로 5척의 배를 새로 구입하는 데 투자하였다. 버터필드사가 이 노선에서 우위를 확보하고 있을 때 윤선초상국도 기선을 투입하였다. 1881~1882년 탕징싱과 쉬룬은 수심이 낮은 곳에서도 운항할 수 있는 3척의 기선을 구입하여 정기적으로 이 노선에 투입하였다. 중국 세관의 통계에 따르면 윤선초상국의 기선이 산터우에 출입한 횟수는 1881년에 47회, 1882년에 69회, 1883년에는 120회에 달하였다.167)

1882년 탕징싱과 쉬룬은 출국하는 이민자의 수송과 쌀 수입을 위해 샤먼과 산터우 등의 항구에서 사이공과 싱가포르로 가는 새로운 노선을 계획하고, 이를 위해 1879~1881년에 약 20만 냥어치의 새 주식을 발행하였다. 윤선초상국이 호놀룰루와 샌프란시스코의 새 노선을 준비하고 있었으므로 이 주식을 구입한 사람들은 주로 하와이와 미국의 화교들이었다. 윤선초상국은 갈수록 더 많은 사채를 쓰고 있었다. 또 탕징싱과 쉬룬 그리고 동향인 광둥 상인들의 투자를 통해 1882년 영국에서 5척의 새 선박이 도착했으며, 1883년에는 2척이 더 오기로 되어 있었다. 상하이~홍콩 노선은 더욱 붐볐으며, 윤선초상국은 상하이~원저우(溫州) 등의 새 노선을 개척하였다. 또 탕징싱과 쉬룬은 윤선초상국의 자본을 200만 냥까지 1 대 1로 증자하기로 결정하고, 총액 100만 냥의 새 주식을 1883년 2월까지 모두 팔았다.168) 1880년대 초에 이르자 현대식 기선이 점차 전통적인 범선을 대신하여 중국 해운업의 주요 운송 수단으로 자리잡게 되었다. 1882년 톈진의 통계에 따르면 중국인의 근대식 기선의 수가 외국인의 기선 수와 거의 같게 되었다.169)

1881년 자딘매디슨사는 중국 수역에서 경쟁력을 높이기 위해 인도차이나기선해운회사(Indo-China Steam Navigation Co.)를 설립하고, 회사가 관리하던 중국연해기선해운회사의 배 5척과 양쯔강기선회사(Yangtze Steamer Co.)의 3척을 거액을 들여 구매하였다. 1882년 윤선초상국은 상하이에 새 부두와 창고를 완공함으로써 더욱 강한 경쟁력을 갖게 되었다. 자딘매디슨사의 존슨은 즉시 위기감을 느끼고 1883년 1월 3일 상하이로 다음과 같은 내용의 편지를 보냈다.

윤선초상국이 프랑스 조계에 훌륭한 부두를 갖게 되었다는 소식을 신문에서 보았다. 이 부두가 초상국의 배를 정박하는 데 충분하다면, 탕징싱이 회사 하류의 부두와 보세 구역에 인접한 닝보의 부두, 항구 밖에 정박한 기선들을 이용하는 것을 무슨 수로 막을 수 있겠는가. 로버트 하트Robert Hart 경의 말에 따르면 이런 계획이 이미 시행되었는지도 모르겠다. 그래서 존 맥그리거John Macgregor에게 훙커우(虹口) 부두의 주식을 팔라고 하였다. 그래야만 우리가 보세 구역에 대한 소식을 확실히 알게 될 때까지 푸동(浦東)에서 손실을 막을 수 있다.170)

두 달 뒤, 존슨은 탕징싱이 자딘매디슨사가 필요로 하는 상하이 부두를 얻지 못하게 방해한다는 사실을 알았다. 1883년 3월 17일, 그는 다시 윌리엄 패터슨William Patterson에게 다음과 같은 편지를 보냈다.

> 나는 내일 닝보 부두에 관한 소식을 더 자세하게 알게 되기를 바란다. 작년에 탕징싱이 우리가 부두를 소유하는 것을 바라지 않고 있다는 느낌이 들어 걱정스러웠다. 그가 이 부두를 공개 입찰하는 것이 이를 증명한다. 우리는 이 부두가 꼭 필요하므로 반드시 구입해야 한다. 이 일을 위해 S. & W. 부두의 이사들을 우리 편으로 끌어들여야 한다. 다시 말하면, 주주들에게 우리의 이익만을 위해 그들을 희생시킨다는 의심을 사서는 안 될 것이다.171)

그러나 존슨의 생각대로 자딘매디슨사는 담판을 통해 부두를 구입하려고 하였다.

> 만약 윤선초상국이 공개 입찰을 고집한다면 우리는 승산이 없게 되는데, 이것이 그들의 전략이다. 나는 개인적으로 담판이 입찰보다 승산이 있다고 생각한다. 모든 노력을 기울여 초상국과 협의를 이끌어 내야 한다. 천후이팅(陳輝庭)이 존 맥그리거에게 30만 냥 모집에 관한 소식을 듣게 되길 바란다.172)

1883년 4월, 존슨은 "윤선초상국이 조선朝鮮에 대한 배상금 때문에 압박을 받고 있으므로 탕징싱이 닝보 부두에 관한 협상을 받아들일 것"이라고 희망을 나타내었다.173)

1883년 1월, 윤선초상국과 영국의 두 회사는 공동으로 경영한다는 협의에 도달하였다. 초상국은 방대한 선단과 확실한 고객들로 인해 많은 액수를 확보하였고, 양쯔강과 상하이~톈진 노선의 총수입은 다음과 같은 비율로 세 회사가 나누기로 하였다.[174]

노선	윤선초상국	스와이어사	자딘매디슨사
양쯔강	42%	38%	20%
상하이~톈진	44%	28%	28%

자딘매디슨사는 공동 경영에 따른 수익 분배로 양쯔강 노선에서 얻는 이익이 만족스럽지 않았지만 상황은 크게 개선되었다. 1883년 2월 24일, 존슨은 "한커우의 운송 가격이 매우 좋아졌으며, 인도차이나기선해운회사의 이자 부담도 크게 줄어들었다. 12월 분과 한 해의 사업 결과는 아직 알 수 없지만 혹시 아주 불만스럽지나 않을지 걱정스럽다."[175] 즈푸에 있던 버터필드사의 에밋Emmett은 초상국의 왕쑤이지(王遂記)와 협의를 거쳐 이 지역에서 두 회사가 일시적으로 연합하기로 하였다.[176]

그러나 연합을 약속하지 않은 다른 노선의 경쟁은 여전히 치열하였다. 1883년 2월에 존슨은 남쪽의 운송비가 "이렇게 싼데도 경쟁의 열기가 조금도 수그러들지 않는다"며 불만을 표시하였지만,[177] 중국 상인들은 이 경쟁에서 많은 이익을 올리고 있었다. 결국 버터필드사의 존 스콧John H. Scott은 1885년 존 새뮤얼 스와이어에게 "저렴한 운송비는 중국인을 제외하고는 누구에게도 이익이 되지 않는다"고 하였다.[178]

서양 회사는 대외적으로 중국인과의 경쟁뿐 아니라 내부적으로도 중국인 매판의 횡포를 감수해야 했다. 존슨은 1883년 6월 윌리엄 패터슨에게 중국인 매판이 서양 상인들의 해운 이익을 침해하고 있다고 불만을 토로하였다.

나는 …… 당신이 언급한 푸양PooYang 호와 인도차이나기선해운회사가

<그림 9> 20세기 초 상하이 와이탄(外灘)의 모습.

실시하고 있는 이익 분배 방식에 대해 알고 있다. 매판 제도가 극단적으로
치닫고 있다고는 생각하지 않는다. …… 중국인 스태프들이 원하는 수수료
나 부당한 요구는 우리의 이익을 질식시킬 것이다. 그들이 연해 운송 업무
에서 이미 외국인을 쫓아 냈기 때문이다.179)

1877년 윤선초상국은 러셀사로부터 선박 16척을 구입하여 모두 31척
을 소유하였다. 1878년부터 1883년까지 14척을 폐기 처분하거나 손실을
입었지만 9척을 새로 구입하여, 선박의 수와 화물 적재량에서 모두 다
른 주요 경쟁자들에 앞섰다. 윤선초상국은 양쯔강 노선을 포함한 몇 개
의 노선에서 특히 높은 경쟁력을 발휘하였는데, 순탄하게 발전하다가
1883년 여름에 제11장에서 언급할 금융 위기가 상하이를 덮치자, 그 영
향을 받을 수밖에 없었다.

제8장 이익을 좇아서

중국 연해에서 중·서 무역이 활발하게 이루어지고 치열한 경쟁이 전개되었지만, 이 같은 상황이 상인들에게는 상대적으로 많은 이익을 남길 수 있는 기회이기도 하였다. 상업 자본주의는 바로 이렇게 사유 재산을 가지고 상품과 서비스의 교환을 통해 더 많은 이익을 추구하는 제도이기 때문이었다. 중국에서 신사紳士들이 개인적인 이익을 추구하는 일은 그다지 바람직한 것이 아니었지만, 전통적으로 상인은 정당한 직업인으로 인정받아 왔다. 이러한 사회적 전통 때문에 "올해는 부디 돈 많이 버십시오[궁시파차이(恭喜發財)]"라는 말이 새해 인사가 되었는지도 모른다. 19세기에 이익을 좇는 사람들에게 연해 지역은 확실한 기회였다. 그리고 이 곳에서는 중국인이든 외국인이든 모두 합법적인 수단을 통해야 했다. 따라서 중국 상인과 외국 상인이 함께 거래하는 합작을 하거나 중국 상인의 경우 이러한 합작을 통해 자신의 조건에 맞는 사업을 운영하는 방법을 선택하기도 하였다. 이 두 가지 방법 모두 이익을 얻을 확률을 높여 주었다.

상호 공생

연해의 중·서 상인은 공동의 이익을 추구하는 과정에서 합법적으로 협력하였다. 중국 상인은 외국 회사에서 금융과 현대적 설비를 제공받고, 서양 상인은 질이 좋은 물건을 제공받아 가공, 수출함으로써 해운과 보험에 따른 이익을 얻을 수 있었다. 또 서양의 소규모 회사들은 때로 중국 자본으로 새로운 회사를 세우기도 하였다.

광저우 시스템

공행公行 상인은 18세기 전반까지 중국의 대외 무역에서 상대적으로 별다른 영향력을 행사하지 못하였다. 그러나 1775년 이후, 공행이 상대하는 영국측 파트너(대반大班) 때문에 중국 상인의 역할도 갈수록 중요해졌다. 그 이후로는 공행 상인과 서양 상인이 광저우 무역에서 긴밀한 협조 관계를 유지하게 되었고,[1] 19세기에 양측 모두 더욱 진일보한 성장을 하게 되었다. 특히 공행 상인들이 파산에 대한 연대 책임을 지는 등 양측은 갈수록 높아지는 정부의 압력에 직면해야 했으며, 1788년 일세를 풍미하던 행상 반호관潘浩官이 세상을 떠난 이후로 더욱 긴밀한 협력이 이루어졌다.

공행 상인과 서양 상인들은 서로에게 필요한 서비스를 제공하였다. 행상은 질이 나빠 외국에서 반품된 차나 생사를 수수료를 받지 않고 신속하게 교환해 주었으며,[2] 시기 적절하게 대반이나 개별 상인들에게 중국 상품의 구매에 관한 소식을 제공하였는데,[3] 자딘매디슨사 등 외국 회사에게는 전관殿官이 제공하는 이러한 정보가 큰 도움이 되었다.[4] 한편, 영국의 동인도회사 역시 재정적으로 공행 상인을 도와 주기 위하여 최대한 노력하였다. 1809년 동인도회사는 다청항(達成行)과 후이룽항(會隆行) 등 두 행상이 파산에 직면하자 그들에게서 계획에 없던 대량의 차를 구매해 주기도 하였다. 1812년에도 리취안항(麗泉行)과 시청항(西成行), 푸룽항(福隆行), 퉁타이항(同泰行), 둥위항(東裕行) 등에게 비슷한 도움을 주었고,5) 6년 뒤에도 다른 두 곳의 행상이 영국 상인의 다방면에 걸친 우호적인 도움으로 파산을 면할 수 있었다.6)

어떤 의미에서는 1809년에 동인도회사의 도움으로 다청항과 후이룽항 등 두 행상이 파산을 면한 것은, 서양 상인들의 자발적인 협조라기보다는 일종의 대출 시스템(점관 제도墊款制度 ; 공행에게 행해지던 일종의 금융 제도)에 의해 중국 상인들을 도와 주지 않고서는 달리 선택할 길이 없었기 때문인지도 모른다. 그러나 사실상 영국 회사가 어떤 특정한 행상에게 자금을 빌려 주거나 그들에게 차를 구매할 필요는 없었다. 만약 행상이 파산한다면, 마카오 세관은 다른 보통 상인을 다시 행상으로 지정하여 파산한 상인들을 대신하게 함으로써 아무 일도 없었던 것처럼 거래는 다시 계속될 것이기 때문이었다.

공행 상인, 특히 호관과 경관經官, 계관啓官과 복태福泰 등은 미국 상인과도 친밀한 관계를 유지하였다.7) 1832년 러셀사는 광저우에서 "망설이지 말고 계관을 적극적으로 도와 주어야 한다"는 입장을 견지하였다.8) 19세기 초반, 가장 영향력이 컸던 행상 호관은 존 쿠싱과 존 머레이 포브스John Murray Forbes, 로버트 포브스 등 러셀사의 경영자들과 돈독한 관계를 유지하였다. 1825년 광저우에 쌀이 부족하여 수입하였을 때 다른 선박들은 3,000~6,000달러의 중량세를 냈지만 존 쿠싱은 호관의 도움으로 1,150달러 정도만 납부하기도 하였다.9)

호관과 러셀사의 경영자들은 수시로 중국과 유럽 간의 무역에도 함께 참여하였다. 1833년 12월 22일, 호관은 200t급의 프린세스서비스Princess Service 호를 빌려 1t당 40달러의 가격으로 함부르크까지 화물을 운송하기도 하였다. 호관은 화물의 4분의 1을 존 쿠싱의 몫으로 하고 그의 명의를 이용하는 대신 5만 달러의 보험료를 부담하였다.10) 1840년

3월, 두 사람은 호관의 차를 영국으로 운송하기로 합의하고, 호관이 러셀사의 제임스 스터기스James P. Sturgis에게 5만 달러를 선불한 뒤 러셀사의 선박을 이용하여 차를 런던의 스터기스 계좌로 보내기로 하였다. 호관은 쿠싱에게 "만약 영국에서 돈을 지불하지 않거나 경영 잘못으로 인해 발생하는 손해에 대해서는 내가 책임을 질 것이고, 당신은 시장에서 판로가 안 좋을 경우에 약 1만 5,000달러만 책임지면 된다"고 하였다.[11] 이들은 곧 이 거래를 통해 이익과 위험을 공유했던 것이다.

호관과 러셀사가 협력할 수 있었던 중요한 이유는 호관이 러셀사를 해외에서 자신의 대리인으로 지정하였기 때문이다. 이것은 쌍방 모두에게 유리한 것이었다. 호관은 러셀사가 국제 무역에 밝은 점을 이용하여 해외 해운업에 참여함으로써 중국 관리들의 추적과 협박으로부터 벗어날 수 있었고, 러셀사는 호관으로부터 상당한 수수료를 챙길 수 있었다. 더 중요한 것은 호관에게 생사와 차의 수익을 지불하는 방법이 러셀사에게 유리하였다는 점이다. 벵골의 환어음은 호관과 러셀사 양측 모두에게 유럽보다 유리한 조건으로 인도에서 구매할 수 있는 자금을 제공하였다. 호관은 이 환어음으로 인도에서 아편과 목화, 진주와 그 밖의 다른 상품을 구입하였으며,[12] 러셀사는 봄베이와 캘커타에서 대량의 아편을 구입하였다. 1831년 러셀사는 이를 위해 캘커타에서 처치J. Church와 히긴슨J. B. Higginson, 딕스웰P. Dixwell 등의 미국 중개인들을 고용하고, 또 광저우에서는 오거스틴허드사의 영업소(인도 상회)를 통해 대량의 아편을 구매하였다.[13] 이 밖에도 로버트 포브스 선장의 아편선 링딩Lintin 호가 광저우 수역의 링딩섬 부근에 머물면서 많은 거래를 하였다.[14] 이처럼 러셀사는 1831년 4월부터 8월까지 캘커타에서 3,981상자의 아편을 수입하였는데,[15] 그 해에 인도로부터 중국에 수입된 아편이 모두 1만 8,760상자였던 것을 감안한다면,[16] 1830년대 초반에 러셀사의 아편 무역은 상당한 규모였다고 할 수 있다.

1843년에 호관이 세상을 떠난 뒤에도 그의 가족들은 러셀사와 계속 밀접한 관계를 유지하였다. 러셀사가 상하이에 지사를 설치하자, 1858년 말에 호관의 아들 우충야오(伍崇曜 : 1810~1863)가 고향 사람 아야오(阿曜)를 이 회사의 매판으로 천거하였으며, 아야오는 정직과 성실성으로 회사의 신임을 받았다.[17] 1842년 난징조약이 체결된 뒤로 대외 무역의 중간 창구인 공행은 폐지되었지만 우충야오는 계속해서 러셀사에 많은 투자를 하였고,[18] 러셀사 역시 중국 상인들과 좋은 관계를 유지하였다. 한때 행상이었던 우젠장(吳健彰)도 1840년대 후반부터 1850년대 초반까지 러셀사에 투자하여 회사의 7대 투자자 가운데 한 사람이 되었다.[19]

또 다른 미국 회사인 오거스틴허드사도 공행 상인, 특히 호관 및 경관 등과 돈독한 우의를 맺었다.[20] 이와 같은 밀접한 관계로 인하여 1842년에 광저우 시스템이 폐지된 뒤로도 외국 회사의 경영자들은 그 시절에 대한 아련한 추억을 가지고 있었다. 존 허드 3세John Heard Ⅲ는 난징조약이 체결될 당시의 일기에 "오랫동안 좋은 추억을 안겨 준 공행 제도가 폐지되었다"며 아쉬움을 나타냈다.[21] 1858년 광저우에 근대적인 세관 제도가 시작된 이후에도 미국 상인들은 오랜 친구인 행상들에 대해 변함없는 애정을 지니고 있었다. 오거스틴허드사는 처음에는 영국인이 세관을 지배하게 될 것을 우려하여 이 계획에 반대하였지만, 행상들의 가족을 고려하여 결국 동의하였다. 그 무렵 이미 세상을 떠난 그들의 오랜 친구였던 호관과 상관爽官의 가족들은 지방 관리들에게 전쟁 배상금을 대신 내라는 '협박'을 받고 있었다. 허드 3세는 새로운 세관 시스템에서 얻는 수입으로 배상금을 충당하면 옛 친구의 가족들이 겪는 어려움을 덜어 줄 수 있다고 생각하였던 것이다.[22] 이 회사의 윌리엄 벡위스William Beckwith도 그의 의견에 동의하였고,[23] 1859년 새로운 세관이 광저우에 설립되었다.[24] 물론 두 회사 모두 이 세관 제도를 통해 일정한 이익을 얻을 수 있다는 점을 간과할 수는 없었겠지만, 미국 상인들이 친구였던 중국인들의 이익에 대해서도 높은 관심을 보였다는 것은 주목할 만하다. 어쨌든 공행 상인과 미국 상인들의 밀접한 관계는 결코 표면적인 예절과 형식에만 머문 것은 아니었다.

조약 시스템

1842년 난징조약이 체결된 후, 대외 무역에서 행상의 역할은 매판 — 외국 회사의 중국 관리인 — 이 대신하게 되었다. 따라서 외국 상인과 중국 매판 사이에 서로 협력해야 이익을 얻을 수 있는 공생 관계가 형성되었다. 외국 상인들은 매판에게서 중국 고용인들을 통제하는 집사 역할과 중국인과의 거래를 담당하는 관리인 그리고 내륙에서 구매를 담당하는 대리인이라는 세 가지 측면의 도움을 받았다. 회사가 성공하기 위해서는 이들과 좋은 관계를 유지하는 것이 필수적이었다. 반면 매판은 월급과 수수료라는 경제적 이익을 얻었다.

매판은 여건에 따라 하나의 독립된 상인이기도 했다. 매판은 중간적인 위치에서 외국인 및 중국 상업계와 어떤 관계를 유지하는가에 따라 영업 성패가 결정되기도 하였다. 이들은 스스로 전장錢庄을 경영하기도 하였는데, 양팡과 쉬룬, 탕징싱 같은 많은 매판들은 1850년대 이후 모두 전장을 운영하면서 자딘매디슨사처럼 자금이 풍족한 회사로부터 '콜론(단기 대출)'을 받거나(제4장 참조), 오거스틴허드사처럼 자금이 부족한 회사에게는 적당한 금리로 돈을 빌려 주면서 이익을 얻기도 하였다.

매판들은 양쯔강에서 중개 업무를 하기도 하였다. 1870년대 이후, 대량의 토산품이 양쯔강 중류 및 상류 유역에서 상하이로 운반되자 자딘매디슨사와 오거스틴허드사, 버터필드사 등은 매판에게 양쯔강 유역의 항구에 사무실(攬載行)을 세우도록 도와 주고, 매판은 이를 통해 가외 수입을 올렸으며, 외국인들은 운송과 보험에서 이익을 얻을 수 있었다. 회사의 성공과 더불어 매판의 수입도 증가하였고, 능력 있는 매판을 고용

한 외국 회사 역시 많은 이익을 올릴 수 있었다.[25]

서양 회사와 중국의 개별 상인 사이에도 역시 공생 관계가 유지되었다. 제4장에서 살펴보았던 것처럼, 1840년대 후반부터 자딘매디슨사는 수시로 중국 상인에게 저리로 대출을 해 주고 수수료와 운송 화물을 확보하였다. 1860년 이후, 자딘매디슨사는 대리 업무 이외의 영역으로 변화를 꾀하면서 중국 상인과 더욱 밀접한 관계를 유지함으로써 사업을 확장할 수 있는 기회를 얻었다. 더성과 자딘매디슨사 사이에 오간 편지들에는 자딘매디슨사의 이러한 노력이 잘 나타나 있다. 그들은 연해에서 20여 년 이상 협력해 왔으며, 특히 1860년대에는 더욱 긴밀한 협조가 이루어졌다. 1867년 더성은 홍콩의 윌리엄 케스윅에게 대출을 받아 자딘매디슨사의 아편을 구매하였다. 자딘매디슨사는 물론 홍콩에서 상하이까지 아편 운송과 보험을 통해서 또 다른 이익을 얻을 수 있었다.[26]

더성은 자딘매디슨사에서 대출받은 자금으로 난징의 무명을 구매하여 다시 회사에 팔기도 하였는데, 1868년 9월의 1만 5,000냥이 그런 경우였다. 2년 후, 존슨이 다시 2만 냥을 대출해 주려고 하자 케스윅이 다음과 같이 건의하였다.

> 나는 더성에게 대출해 주는 것을 반대하지는 않지만, 상하이에서 현금으로 지급하는 대신 빈센트Vincent 선장이 사야 할 설탕의 선하 증권으로 산터우에서 주는 것이 좋겠다. 더성이 싫어하더라도 그가 우리에게 신뢰감을 보여 줄 수 있도록 해야 한다.[27]

자딘매디슨사는 이후에도 그가 토산품과 수입 화물을 구입할 수 있도록 여러 차례 대출을 해 주었고, 1871년 8월까지 더성은 이 회사에 많은 빚을 지고 있었다.[28]

반면 더성은 회사에 가장 귀중한 시장 정보를 제공하였다. 존슨은 이런 능력을 높이 평가하여 그를 "상하이에서 가장 정통한 소식통"이라고 칭찬하였다. 1867년 후반에 자딘매디슨사의 상하이 지사는 광저우에서 북쪽 항구로 설탕을 보내고, 뉴좡에서 남쪽 항구로 콩을 운송하는 몇 건의 거래를 그와 함께 하였다. 존슨은 더성과 협력함으로써 15~20% 의 이익을 올릴 수 있었을 뿐 아니라 회사 또한 '가장 정통한 소식을 소유'할 수 있었다. 존슨이 1867년 케스윅에게 말한 것처럼, 더성과 협력한 '주요 목적'은 시장의 정보를 얻는 것이었다.29)

더성은 1868년 자딘매디슨사가 상하이와 푸저우 노선을 개설하는 데에도 많은 도움을 주었다. 그가 "행회行會가 화물 운송에 완전한 지지를 표명"하도록 막후 교섭을 하였기 때문이다.30) 이 노선이 신설되면 자딘매디슨사는 화물 운송 외에 금융업과 보험업에서도 이익을 올릴 수 있었기 때문에,31) 존슨은 더성의 영향력을 통해서만 중국인 위탁자들의 지지를 얻을 수 있다는 사실을 깊이 인식하게 되었다.

중국인들에게 전해 들은 소식을 바탕으로, 이 노선을 운항하는 낡고 작은 선박들과 장래의 발전성에 대한 평가를 할 수 있었다. 예전처럼 노력하고 더성이 영향력을 발휘한다면 현지 위탁인들의 지지를 얻을 수 있을 것이다. 이 곳과 푸저우 간의 정기 노선에 대한 중요성이 날로 증대하고 환어음 거래도 이미 이루어지고 있다.32)

더성을 끌어들이기 위해 자딘매디슨사는 그에게 '일정 분량의 주식'을 주기로 약속하였고,33) 새 노선이 개통되자 많은 이익을 내기 시작하였다.34)

1860년대와 1870년대에 연해에서 활동하던 광둥 상인 이지[怡記 : 진쯔구이(金子桂)]도 자딘매디슨사에 적극 협력하였다. 그는 1864년부터 상하이에서 홍콩으로 면화를 가져왔고, 회사는 대리인이 되어 판매를 대신해 주었다.35) 2년 후, 그는 자딘매디슨사의 위탁으로 우저우(梧州)에서 녹차를 구매하였다.36) 동시에 그는 수시로 대규모의 대출을 받아 회사로부터 영국 물건을 사들였고, 1865년 이후에는 아편도 구매하였다.37) 이지는 상하이에서 자딘매디슨사와 거래를 하고, 회사의 도움으로 직접 영국과 프랑스에 차와 생사를 수출하기도 하였다. 1865년에는 리옹에 생사를 수출하였다가 곤경에 처하자, 자딘매디슨사에 법률 및 금융상의 자문을 구한 일도 있었다. 윌리엄 케스윅은 그와 좋은 관계를 유지하기 위해 홍콩의 본사에 "이지에게 돌아온 1865년 10월 30일의 상하이 717호 환어음 1만 2,500프랑을 리옹에 송금하여 해결해 주고, 환어음에 문제가 생기면 현지의 회사 대리인이 필요한 법률적 조치를 취하여 도와 주도록 하라"고 지시하였다.38)

그들은 전장錢庄 같은 전통적인 영역에서도 협력하였다. 이지는 1864년 상하이에서 자신과 탕징싱 그리고 다른 중국 상인이 공동으로 투자한 전장에 케스윅도 투자하도록 건의하였다. 유망한 사업이라고 여긴 케스윅은 1865년 2월 18일 제임스 휘틀에게 이렇게 보고하였다.

전에 이야기한 전장이 구체화되고 있어 며칠 안으로 새로운 진전 사항이 있을 것 같다. 나는 자본금을 30만 달러로 제한하고 우리가 10만 달러, 나머지 두 사람이 20만 달러를 투자하도록 할 것이다. 나는 건전한 경영을 통해 회사에게 이익을 줄 수 있을 것이라고 생각한다. 경험이 풍부한 현지인을 채용한다면 4월 중에 문을 열 수 있을 것이다.39)

1865년 6월 이허전장(怡和錢庄)이 문을 열었다. 8개월 후, 케스윅은 이 전장이 이미 매달 2.5%의 만족스런 이익을 내고 있으며, "여러 가지 이유로 영업은 계속 잘 될 것"이라고 보고하였다.40) 이 전장은 이후로도 계속 이익을 냄으로써 모두가 만족할 수 있었다.

자딘매디슨사는 이 전장에서 예금과 대출을 통하여 이자 수입을 얻고, 필요할 때에는 스스로 대출을 받기도 하였다. 1865년 6월 29일 케스윅은 다음과 같이 보고하였다.

> 나는 매판에게 현금을 보관하도록 하는 대신 대부분을 이허전장에 맡겨 30일마다 0.8%의 이자를 받고 있으며, 또 장부에 있는 문은紋銀도 당좌 차월을 통해 같은 이자를 계산하도록 하였다. 이것은 현명한 방법으로서 장부가 넉넉해지면 이제까지 매판이 독점했던 이익을 우리가 찾을 수 있을 것이다.[41]

회사는 매판의 업무상의 과실, 특히 투기 부분과 관련된 부패나 유출될 수도 있는 '아주 적은 금액까지도' 줄일 수 있었다.[42] 또 대량의 멕시코 은화가 상하이에서 인도로 빠져나가자, 은값이 폭등할 것을 예측한 케스윅은 은밀하게 전장을 통해 은화를 사들이는 투기를 하기도 하였다.[43]

마지막으로 가장 중요한 사실은, 이 전장을 통해 중국 상인에게 단기 대출을 해 줌으로써 내륙에서 차와 생사의 구매를 뚜렷하게 증가시켰다는 점이다. 전장의 직원은 모두 중국인이고, 월평균 매출액은 55만 냥이었다. 이지는 전장 업무 외에 생사 상인이기도 하여, 상하이와 저장성의 생사 생산지에서 상점과 창고를 운영하였다. 1865년 6월부터 1867년 4월까지 전장은 중국 상인들에게 생사와 차, 면화를 구매하도록 약 1,000만 냥의 거액을 제공하였고,[44] 이렇게 구매한 물건들은 다시 상하이의 자딘매디슨사에 판매되었다.

자딘매디슨사 외에도 많은 서양 회사들이 전장 등에 관심을 기울였다. 상하이 세관의 외국인 세무사는 1866년 무렵 상하이에 116개의 전장이 있으며, "많은 외국 회사들이 전장에 큰 흥미를 느끼고 있다"고 보고하였다.[45]

자딘매디슨사도 다른 중국 상인들과 협력하였다. 런던의 매디슨사 (Matheson & Co.)는 자딘매디슨사의 의견에 따라 1859년 아신(阿新)과 천융창(陳永昌)에게 2,000파운드를 대출해 주었다. 1860년 이들은 생사 40 포를 상하이에서 리옹으로 보냈으며, 쌍방이 모두 이 거래에서 이익을 취하였다. 자딘매디슨사는 1860년대에도 야지(雅記)에게, 자딘매디슨사의 선박으로 운송하고 '보험료와 운송비'를 본인이 부담한다는 조건으로 대출해 주었다.46) 이러한 협약은 순조롭게 이행되었으며, 한때 야지가 자금이 부족하여 자신이 소유한 광저우보험회사의 주식 일부를 자딘매디슨사에 양도하여 해결한 일도 있었다.47) 오거스틴허드사도 같은 방식으로 중국 상인과 긴밀하게 협력하였다. 1860년대 초, 모스양(莫仕揚)이라는 상인과 협약을 맺고 앨라배마Alabama 호에 차를 실어 광저우에서 미국으로 보냈는데, 운송 도중에 손실을 입게 되자 자딘매디슨사 측에서 '앨라배마 배상법'에 따라 모스양에게 배상을 해 주기도 하였다.48)

해외의 이와 같은 협조는 점차 국내 무역에까지 확대되었다. 1860년대에 오거스틴허드사는 탕룽마오에게 후난성과 후베이성 등 양쯔강 유역의 차 생산지에 구매소를 마련해 주기도 하였다. 그 대가로 탕룽마오는 오거스틴허드사에 차를 팔았고, 설탕과 후추 및 아편 등의 다른 상품에 관한 시장 정보를 알려 주기도 하였다. 예를 들면, 1863년 2월 23일에 탕룽마오는 설탕을 한커우로 가져가면 이익을 얻을 것이라는 정보를 제공하였다.49) 또 같은 해 5월 19일에는 "설탕의 시중 가격이 비교적 낮고 …… 차의 수확 시기인 양력 3월에 20여 일이나 비가 내리는 등 봄비가 많이 와서 …… 기회가 좋지 않으며 …… 아편은 이미 가격이 내리기 시작하였다"는 등의 여러 가지 정보를 제공하였고,50) 오거스틴허드사는 이와 같이 정확하고 상세한 정보를 바탕으로 1860년대에 많은 이익을 남길 수 있었다.

중국인들과의 협조를 통해 오거스틴허드사는 광산 채굴에 대한 가능성까지 타진해 보았다. 1873년 2월 6일, 이 회사는 아타이(阿泰)에게 여비 600달러를 주고 하이난섬(海南島)에 가서 "당국과 창화현(昌化縣) 인근 주민의 동의를 얻어 부근의 동광銅鑛 또는 다른 광산에 대한 채굴 허가를 얻도록" 협의한 뒤, 만약 그가 허가권을 얻는다면 "앨버트 허드와 광산의 주식을 절반씩 나누거나 다른 주주들과 이익을 나누기로 하였다."51) 이 계획이 실행되었는지는 알 수 없지만, 어쨌든 쌍방이 이익을 위해 공생 관계를 유지하였던 사실만은 분명하였다.

'공생'은 쌍방 간의 긴밀한 관계를 의미하는 것으로, 만약 한쪽이 그 책임을 다하지 못하면 다른 쪽은 즉시 결별을 선언하였다. 그 좋은 예로 1852년 타이지와 자딘매디슨사 간의 생사 무역을 들 수 있다. 상하이의 유명한 생사 상인이었던 타이지는 자딘매디슨사의 대출을 받아 저장성과 장쑤성에서 생사를 구매하였다. 초기의 거래가 잘 이루어지자, 그는 자딘매디슨사측과 공동 계정으로 유럽에 생사를 수출하고 그 가운데 4분의 1 또는 3분의 1(1,000~3,000포)을 자신이 분담하겠다는 제안을 하였다.52) 데이비드 자딘은 여기에 동의하였지만, 댈러스는 결국 "타이지의 느슨한 행동에 비추어 볼 때 분담은 적합하지 않다고 생각한다"며 거절하였다.53) 결국 쌍방이 서로에게 이익을 줄 수 있는 노력이 따라야만 비로소 합작이 가능하였던 것이다.

중국 상인들의 친척이나 친구 등도 이와 같은 중·서 공생 관계에서 나름대로 이득을 취할 수 있었다. 예를 들면, 1860년대 초에 자딘매디슨사와 친밀한 관계였던 차상 유룽의 형제들은 제임스 휘틀에게 수시로 자금을 빌렸으며, 유룽이 광저우에서 이를 갚아 주기도 하였다.54) 유룽은 자딘매디슨사측에 차를 팔 때 보통 2개월 이내에 채무를 해결하였고, 휘틀은 이를 전제로 하여 대출해 주었다. 한 중국 상인은 친구가 외국 회사에 취직하도록 도와 준 예도 있다. 1885년 윤선초상국의 천후이팅은 제임스 케스윅에게 그의 친구를 자딘매디슨사의 해운 부서 직원으로 채용해 주도록 부탁하였다.55) 케스윅은 긍정적인 답변을 하였고,

그의 친구 차이궈칭(蔡國卿)은 이력서를 제출하였다.56) 이 일이 성사되었는지는 알 수 없지만 천후이팅이 이와 같은 요구를 하였다는 점은 주목할 필요가 있다.

서양 상인이 중국 상인에게 대출해 준 이유는 사문면포斜紋棉布 등의 토산품 구매와 수입품 판매에서 채권자로서의 영향력과 이익을 행사하기 위해서였다.57) 1858년 앨버트 허드는 "몇몇 회사에서 시행하고 있는 대규모의 대출은 우리가 할 수 있는 가장 좋은 사업"이라고 말한 바 있다.58)

중국 최초의 외국 선박 회사(1862~1868)인 상하이기선해운회사나 유니언기선해운회사, 노스차이나기선회사 등 상대적으로 재무 구조가 취약한 회사들은 중국 자본을 이용하여 근대식 기업으로 성장하기도 하였다. 이런 회사들은 모두 중국인이 많은 지분을 차지하였다.59) 제조업의 경우도 마찬가지였다. 1871년 광저우에 설립된 허우이방직공장(厚益紡織工場)은 미국 상인 브루먼Vrooman이 2만 달러의 자본금으로 세운 중국 최초의 근대식 공장이었지만, 외국 상인들의 지지를 얻지 못하자 중국 친구들에게 투자를 하도록 설득하였다.60)

이와 같이 중국 투자가의 도움으로 서양 회사는 사업을 확장하기도 하였다. 1860년대 후반, 광저우 부근에 제당製糖 공장을 세우려던 영국 상인들은 중국인 투자가를 찾지 못해 고가의 원료를 구입할 수밖에 없었다. 그러나 광저우 부근에 외국인이 세운 또 다른 제당 회사는 중국 자본을 유치하여 염가의 원료를 확보함으로써 경영에 성공할 수 있었다. 공장에 투자한 중국 상인들이 설탕의 원료를 제공해 주었기 때문이다.61)

이처럼 중국 상인들이 서양 기업에 투자를 하기도 하였지만, 1880년대에 이르러 중국 관리들이 개항 항구에서 외국인들의 공장 설립을 엄격하게 통제하자, 외국 자본의 회사가 중국인의 명의로 사업자 등록을 하는 일도 있었다. 1889년 자딘매디슨사는 상하이에 면방직 공장을 설립하기 위하여 봄베이의 한 생사 상인으로부터 자본을 조달하고, 중국 정책에 따라 다른 중국 친구의 명의로 공장을 세운 뒤, "2% 정도의 지분만 소유한 상태에서 운영"하려고 하였지만 실현되지는 못했다.62) 그러나 이는 중국 연해에서 중·서 상인이 경제적으로 광범위하게 공생하였다는 사실을 반영해 준다.

중국 상인들과 우호적인 서양 상인

해운업만큼 서양 상인들이 중국인들과 관계를 개선하려고 노력한 업종은 없었을 것이다. 미국 러셀사의 상하이 책임자인 에드워드 커닝엄은 어눌하게 영어를 구사하는 식으로 특별히 중국인과의 우정을 돈독히 하였다. 1861년에 그는 해운업을 러셀사의 주력 사업으로 전환해야 한다고 건의하였지만 다른 대주주들은 홍미를 보이지 않았다. 그러자 그는 개항 항구에서 다져 놓은 중국인과의 관계를 통해 자본을 모으는 데 성공하여 많은 이익을 올렸다. 1861년 8월을 전후해서 양쯔강의 운송비가 올라 해운업의 이익이 급증하자, 그는 즉시 수익을 올릴 수 있는 월래멋Willamette 호를 중국 친구들과 공동 소유하기로 했다. 그러나 바로 뒤에 배가 난파되어 그는 수리 비용을 혼자서 부담해야 했으며, 얼마 후 배는 다시 운항되었다. 훗날 그는 "나 혼자 위험을 부담해서 이익을 얻지 못했지만, 운항을 시작하자 상하이의 중국 친구들이 상하이 기선해운회사에 투자할 수 있도록 이익을 분배하였다"고 술회하였다.63)

그의 노력은 헛되지 않아 1862년 상하이기선해운회사를 설립하면서 총 자본금 100만 냥의 3분의 1 이상을 중국인들에게서 모집할 수 있었다. 당시 다른 회사들도 커닝엄과 동시에 비슷한 계획을 세웠지만, 모두 중국인들에게서 필요한 자본금을 얻지 못했던 것에 비하면 이는 특별

<그림 10> 1870년에 설립된 진리위안 부두.

한 의의를 가진다고 할 수 있을 것이다.64)

커닝엄은 빈강(濱江)에 회사의 부지를 구입하면서 중국의 상업 지역 부근, 예를 들어 중국성中國城 부근의 상하이 진리위안(金利源) 부두를 선택하였다. 이 곳은 중국인들의 거주지 부근이어서 중국 위탁인들에게 호감을 살 수 있고, 이는 결국 회사의 경영에 도움을 주게 될 것이라고 생각했기 때문이다.65) 한 걸음 더 나아가 1870년 진리위안에 해운 부서를 설치하자, 1874년까지 중국인의 투자액은 두 배로 늘어 60만 냥에 이르렀다.66)

미국 러셀사의 성공과는 대조적으로 오거스틴허드사도 같은 방법을 사용했지만, 중국인들과 만족스러운 관계를 유지하지는 못하였다. 1858년 앨버트 허드는 "나는 중국인과 해운업을 같이 하고 싶었지만 이루어지지 않았다"며 아쉬움을 나타내었다.67) 자딘매디슨사는 이보다는 조금 나은 편이어서 1859년 말, 제임스 휘틀이 중국 자본을 유치하기 위해 상하이의 중국인 상업 지역 부근의 땅을 타이지에게 1만 냥을 주고 구입하였고, 3만 냥을 더 들여 사무실과 창고를 지었다.[68] 1863년에는 유능한 상인 탕징싱을 매판으로 고용하여 업무를 확장하였다. 또 다른 영국 회사 버터필드사도 자딘매디슨사에 뒤지지 않기 위해 '동방의 공동 파트너'인 상하이 지사의 윌리엄 랭에게 도움을 받아 중국인과의 관계 개선에 나섰다. 윌리엄 랭은 1872년 해운업에 밝고 중국어를 할 줄 아는 헨리 엔디컷을 고용하여 현지 상업계와의 관계 개선을 책임지도록 하였다. 1885년 또 다른 '동방의 공동 파트너'인 존 스콧John H. Scott이 존 새뮤얼 스와이어에게 "직원들이 이렇게 효율적으로 움직인 적은 없었다. 현지인들과의 모든 마찰은 이미 해소되었다"고 보고하였기 때문에 한커우 사무소는 한결같이 만족해 하였다.[69]

서양 회사들은 해상 수송에서 중국인 거래선을 확보하기 위해 서로 항상 경쟁하였다. 이런 목적으로 1860년 이후 자딘매디슨사는 중국 상인들에게 차와 생사 및 아편을 대출해 주었다. 1865년 윌리엄 케스윅은 "오거스틴허드사는 자신들의 아편선으로 운송하기 위해서 현지 상인들에게 외상 거래를 해 주면서까지 수주受注를 따내려 노력하고 있다"고 보고하였다.[70] 주요 선하주船荷主들과 밀접한 관계를 유지함으로써 연해에서 영향력을 발휘한 상인 더성도 그 예 가운데 하나이다. 그는 자딘매디슨사의 오랜 친구였지만 1866년 오거스틴허드사가 그에게 접근하여 자딘매디슨사와 결별할 것을 종용하였다. 이 소식을 접한 케스윅은 1866년 2월 4일 휘틀에게 "오거스틴허드사가 더성을 끌어가려고 한다"며 불만을 터트렸다.[71]

19세기 중엽, 러셀사는 광저우의 유능한 해운 중계업자인 창파(昌發)에게 접근하여 상하이기선해운회사를 지지하도록 부탁하자,[72] 1868년 창파는 이 회사에 화물을 중개하였다. 자딘매디슨사도 그가 이 지역에서 "가장 영향력 있는 선하주"임을 알게 된 뒤부터 그와의 거래를 원하였다.73) 두 회사 간에 창파의 화물을 유치하기 위한 경쟁은 그가 두 회사와 모두 거래함으로써 원만하게 마무리되었다.

중국인들을 선점하기 위한 경쟁은 오히려 서양 상인들 사이의 마찰을 불러일으켰다. 광저우의 또 다른 중개업자인 아치(阿畜)는 1860년대에 상하이기선해운회사와 특별한 관계를 유지하고 있었지만, 1868년 올리펀트사가 더 높은 보수를 제시하자 마음이 흔들렸다. 러셀사의 존 포브스는 같은 해 5월 27일 광저우에서 보낸 편지에서 이에 대한 분노를 터트렸다.

> 올리펀트사가 우리 쪽 중개업자인 아치를 데려가려고 해서 사람을 보내 그들의 생각을 알아보았다. 그들은 자신들이 이미 4척의 배와 거액의 자본을 마련하여 우리보다 더 좋은 기회를 제공하겠다는 등의 조건을 비밀스럽게 제시하였던 것 같다. 나는 아치에게 두 회사 가운데 한 회사를 선택해야 한다고 말했지만, 어떤 결정을 내리기 전에 4척의 배가 도착할 때까지는 조금 시간의 여유를 가지라고 충고하였다.74)

아치가 어떤 결정을 내렸는지는 알 수 없지만, 서양 상인들이 중국인을 두고 첨예한 경쟁을 벌인 것은 명백한 사실이다.

서양 회사들은 중국 중개인이라는 거래선을 확보하기 위해서 시간과 비용 이외에 창의성까지 발휘하여야 했다. 1869년 자딘매디슨사와 러셀사는 "새해마다 중국 중개인을 초청하여 연회를 베풀었고,"75) 이는 버터필드사도 마찬가지였다. 이 행사에 외국 직원들도 참석하게 하여 성대한 만찬을 제공한 것으로 미루어 그들이 이 행사에 건 기대감을 읽을 수 있다. 중국 선하주를 유치하기 위해 화물 운송비의 일부를 상당한 액수의 리베이트와 '수고료' 명목으로 되돌려주는 방법도 사용되었다. 러셀사와 자딘매디슨사 그리고 버터필드사 등 세 회사 모두 이 방법을 사용하여 경쟁이 치열하였다. 러셀사의 프랭크 포브스Frank. B.

Forbes는 1873년 6월 상하이~톈진 노선을 운항하면서 모든 선하주에게 "때때로 리베이트를 주지 않으면 안 되었다"고 하였다.76) 버터필드사는 더욱 탄력적인 방법을 사용하였는데, 그 무렵 이 회사의 매판(1873~1881)이었던 정관잉에 따르면, "5%의 특별 수당을 지급하거나 사무실 임대료 명목으로 지불하기도 하는 등 물량이 많은 선하주를 특별 우대"하였다고 한다.77) 1873년 말, 상하이기선해운회사가 화물을 15일 동안 창고에 무료로 보관해 주는 서비스를 제공하자 버터필드사도 곧바로 이를 따라 하였다.78)

서양 상인들 사이의 경쟁이 해운업에만 국한된 것은 아니었다. 1870년 자딘매디슨사는 '동방 무역의 성장'이라는 전제 아래에 경쟁 상대인 미국 회사들이 오랫동안 중국인과 긴밀한 관계를 유지해 온 방법에 대해 주목하고, 교역 증진이라는 명분하에 회사가 소유하고 있는 주식의 일부를 탕징싱과 더성 등과 같은 중국인 명사들에게 나누어 주었다. 존슨은 윌리엄 케스윅에게 보낸 편지에서 "탕징싱에게 주었던 주식의 반을 더성에게 줌으로써 현지의 영업을 증가되기를 바란다"고 하였다.79) 또 자딘매디슨사는 광둥보험회사(Canton Insurance Office)의 신주 100주 발행을 발표하면서 거기서 발생하는 이익의 3분의 2는 비축하고 나머지 3분의 1은 회사에 공을 세운 주주들에게 분배하기로 결정함으로써 1874년 3월 상하이의 '명망 있는 중국인' 7명의 투자를 이끌어 내기도 하였다.80) 이처럼 청대 말기, 중국에 있는 주요 서양 회사들은 한결같이 중국인과의 관계를 개선하려 노력하였으며, 특히 중개인과 매판의 고용 등과 같은 인사 방면에서 치열한 경쟁을 벌였다.81)

합작 무역

19세기에는 서양 상인들이 국내에 있는 위탁자나 개항 항구의 중국인들과 합작 무역을 하는 일이 보편화되었다. 로버트 포브스는 1830년대에 광저우에서 뉴잉글랜드의 친구들과 함께 투자를 하였으며,[82] 1860년대에는 이러한 방식이 더욱 일반화되었다. 1860년대 초기까지 대부분의 중국 대리상들은 런던 및 뉴욕의 투기 자본을 유치한 뒤 서양 제품을 수입하여 판매하고 중국 생사와 차를 수출하였는데, 이는 위험이 적은 반면 이익 또한 많지 않았다.

1860년대 수에즈 운하가 개통되고 기선과 전보가 중국에 들어오자, 과거의 전통적인 경영 방식은 혁명적인 변화를 겪게 되었다. 새로운 사업의 성장으로 전통적인 대리 업무는 차츰 도태되었다. 1861년 러셀사의 에드워드 커닝엄은 "우리는 자신도 알지 못하는 사이에 커다란 변혁 속으로 빠져들고 있다. …… 우리가 하던 업무는 없어질 것이고, 주위에서 누가 무엇을 하고 있는지 주의 깊게 살펴보아야 한다. 오거스틴허드사 등 다른 회사들도 더 이상 대리 업무를 하지 않는다. 모두 혼자서 하고 있다. …… 업무가 복잡해져서 대리인들이 처리할 수 없게 되었다"[83]고 하였다. 시장에서의 직접 판매와 투자는 점차 순수한 대리 업무를 대신하게 되었다.

직접 투자가 새로운 방식으로 떠올랐지만 중간 규모의 많은 회사들은 자신의 능력만으로 이러한 사업을 해 내는 것이 불가능하였다. 그들은 1년에 선박 두세 척 정도의 화물밖에 감당할 수 없었으므로 차츰 국내 상인과 공동으로 투자와 위험을 분담하면서 더 많은 이익을 올릴 수 있는 방안을 모색하였다. 합작은 위험을 분산시키는 것 이외에도 단기적으로 여유 자금을 이용하여 하나의 회사만으로는 독자적으로 실행하기 어려운 대규모 사업에 투자함으로써 중국과 본국의 새로운 고객들을 흡수할 수 있었다. 그러나 가장 중요한 목적은 역시 위험 부담을 줄이는 것이었다. 반드시 '스스로 책임져야 하는' 사업가들은 위험을 감수해야 했지만, 거액을 투자하는 데 따르는 위험을 줄이는 동시에 투자도 조절할 줄 알아야 했다. 따라서 중국의 외국 상인들은 무역에서 위험을 줄이기 위해 협정을 맺었으며, 해운업에서 이 같은 합작은 자연스러운 일이 되었다. 특히 1860년대 이후에는 국내 무역과 해외 무역에 두세 명 이상이 참여하고, 이익이나 손해도 투자액에 따라 분담하는 방식이 보편화되었다.

대외 무역

1850년대 이후 사업 패턴의 변화를 느낀 오거스틴허드사는 무역에서 부수적인 서비스를 제공하거나, 해운업에서의 합작 등 경영 방식의 변화를 통해 이익을 꾀하려 하였다. 1850년대 후반, 새로 설립된 소규모 회사들이 합작을 통해 선하주를 유치하려 하자 오거스틴허드사도 비로소 합작에 관심을 갖기 시작하였다. 예컨대, 올리펀트사 같은 신설 회사가 합작을 통해 빠르게 성장하자 위협을 느끼지 않을 수 없었던 것이다. 오거스틴허드사의 앨버트 허드는 "올리펀트사가 이렇게 빨리 성장한다면 올해 우리는 업계 순위에서 3위로 밀릴 것이다. 우리가 받은 주문은 한계가 있어서 10만 달러 정도면 매우 성공적"이라고 하였다.[84] 1859년, 이 회사는 유럽과 미국, 중국의 위탁자들과 67차례의 당좌 결제를 하였다.[85] 1861년 허드는 "경영 방식을 바꿔야 한다. …… 대리 업무는 …… 이제 신화가 되었다. 올리펀트사 같은 회사들이 어떻게 우리의 고정 고객들을 빼앗아 갈 수 있단 말인가?"라고 하며 대리 업무보다는 투자에 더 중점을 두어야 한다고 강조하였다.[86] 1860년대 이후로 오거스틴허드사에게도 합작은 보편화되었고,[87] 타이완의 한 관리에게 합작하여 타이완의 장뇌 수출을 독점하자고 제의한 일도 있었다.[88]

그러나 합작 무역은 미국의 오거스틴허드사보다도 오히려 영국 회사들이 더욱 적극적이었다. 1861년 러셀사의 커닝엄은 "우리도 모르는 사이에 엄청난 변화가 있었고, 미국 회사들의 추격으로 대리 업무는 더 이상 경쟁력을 잃게 되었다"고 보고하였다.89) 자딘매디슨사는 일찍이 1849년 7월부터 합작 무역을 시도하여, 1850년을 전후로 '상하이에서 신용이 뛰어난' 완펑항과 합작하여 정기적으로 유럽에 차를 수출하였다. 완펑항은 타이지와 아편을 취급하는 그의 친구가 경영하던 곳으로서,90) 이 곳과의 합작은 댈러스가 차상 아시를 통해 결정하였다.91) 댈러스는 1852년에 상하이를 떠났지만, 1850년대와 1860년대에 제임스 휘틀과 에드워드 휘틀은 이지가 이끄는 중국 상인 집단과 긴밀하게 합작을 계속하였다.92) 차 이외에도 1852년 여름, 자딘매디슨사는 타이지와 합작하여 대량의 생사를 유럽에 수출하였고,93) 1860년대와 1870년대에는 더 적극적으로 중국 상인들과 공동으로 투자할 기회를 모색하였다.94)

합작은 중국과 일본, 특히 상하이와 나가사키를 비롯하여 요코하마, 가나가와(神奈川) 사이에서도 이루어졌다. 자딘매디슨사는 1859년 5월 휘틀이 야지와 합작하여 9,884냥어치의 중국 화물 300포를 트로아스 Troas 호에 실어 나가사키로 운송하였다.95) 1860년 여름에는 무역량이 증가하여 대량의 화물이 운송되었으며, 타이지와 야지는 이 모험적인 거래에 적극적으로 참여하였다.96) 1863년 10월, 홍콩 본사는 윌리엄 케스윅에게 지나치게 복잡하게 전개되는 이 무역을 자제하라고 지시하였다.97)

오거스틴허드사도 같은 방식으로 1860년대와 1870년대에 중국 및 미국 상인들과 합작하여 상하이와 나가사키, 요코하마를 잇는 무역을 하였다.98) 이들은 일본에서 차를 수출하면 많은 이익을 올릴 것이라는 기대를 갖고 1860년대 초에 사쓰마번(薩摩藩)의 다이묘(大名)에게 사람을 보내 합작으로 차를 수출하는 방법을 제의하기도 하였다.99)

국내 무역

해외 무역의 합작 경험은 내륙의 생사와 차를 구매하는 데까지 확대되었다. 자딘매디슨사는 1852년 타이지와 공동으로 생사를 구매하여 수출하였고,[100] 1865년에는 이지와 함께 유럽에 보낼 차를 구매하였다.[101] 오거스틴허드사도 해외 합작 무역이 한창인 1859년에 국내 무역에서 주로 광저우 상인들과 60여 차례 합작하였다.[102]

이들은 내륙에서 때로는 투기를 통해 생사와 차를 구매한 뒤 개항 항구에서 판매하였다.[103] 1840년대 후반에 댈러스는 완평항과 내륙에서 생사와 차의 구매에 관한 협정을 맺었으며, 이 화물들이 상하이에 도착하면 자딘매디슨사가 보증을 섰다.[104] 이러한 구매 방식은 1860년대에 더 큰 규모로 확대되어, 1867년에 차상 아리는 신속한 구매를 위해서 자딘매디슨사와 합작으로 차 생산지에 '지체 없이' 가공 공장을 세우자고 강력하게 제안하였고,[105] 회사도 바로 이를 받아들였다.

자딘매디슨사는 또 다른 중국 상인 유룽과도 합작을 통해 차를 구매하였다. 1868년 유룽은 회사의 동의를 얻어 생산지에 4개의 차행을 세우고 적극적으로 구매하였다. 그러나 다음 해에 차 거래가 침체할 것을 염려한 자딘매디슨사는 지분을 줄이려 하였지만, 유룽이 전력을 다해 매달리고 있었기 때문에 존슨은 갑작스럽게 재정 지원을 축소하는 것은 이롭지 못하다고 판단한 뒤 10만 냥만 지원하고 6만 냥은 연 12%의 이율로 대출해 주었다.[106]

19세기 중엽 이후 중국에 기선이 도입되자 합작 무역은 연해까지 확장되었다. 1861년 중국인과의 관계 개선에 적극적이던 커닝엄은 러셀사에게 합작 무역을 권유하였고,[107] 그 해 여름에는 중국 상인과 합작하면서 뉴좡과 푸저우 간의 콩 무역에 보스턴의 덱스터F. G. Dexter를 대신하여 5,000냥을 투자하였다.[108] 자딘매디슨사의 합작 무역은 더 규모가 크고 빈번하여, 1861년에는 한 중국 상인과 약 10만 냥의 거래를 합작하기도 하였다.109) 자딘매디슨사는 연해의 중국 상인 가운데에서도 적극적이고 진취적이었던 산터우 출신의 더성과 주로 합작하였다. 1860년대 이후, 이들은 '콩·콩깻묵·콩기름 등 북쪽 생산품'을 뉴좡에서 푸저우나 광저우 등의 중부 및 남부 항구로 운송하고, 설탕과 무명 등 '남쪽의 물건'을 뉴좡과 톈진 등의 북방 항구로 운송하였다.110) 1860～1870년대에 이러한 무역은 매번 15～20%의 이익을 올리며 크게 번성하였다.111)

1871년 8월, 상하이 지사의 존슨은 '탕징싱의 친구'와 '합작'하여 쌀을 전강(鎭江)에서 광저우로 운송하기로 하였는데, 그 무렵 시장이 경색되어 있어 윌리엄 케스윅의 우려에도 불구하고 결국 추진할 수밖에 없었다.112) 몇 달 뒤에 대규모의 선적이 재개되었는데, 이 가운데 4,000담만 회사의 몫이었으며, 1만 담이 '현지의 친구들'과 합작한 분량이었다.113) 이는 합작이 대단히 성공적이었음을 보여 주는 것이었다.

합작 사업에는 '전당포나 극장 같은 현지의 사업'도 포함되었다.114) 1866년 자딘매디슨사는 중국 상인들과의 합작으로 상하이에 전당포를 설립할 것을 고려하였다. 상하이에 제대로 된 전당포가 드물고 전당포의 이윤이 연 40%에 달한다는 것을 알고 있던 탕징싱은 윌리엄 케스윅에게 자딘매디슨사와 아친 그리고 자신이 공동으로 운영할 것을 제의하였다. 그러나 자딘매디슨사는 직접 참여하는 대신 아친과 탕징싱에게 10만 냥을 대출해 주고, 두 사람은 1866년 경위(庚裕)라는 이름의 전당포를 설립하였으며, 1870년에 대출금은 상환되었다.115)

다양한 투자

합작 이외에도 이익을 올릴 수 있는 다양한 투자가 시도되었다. 버터필드사의 '동방의 공동 경영자'인 존 스콧이 "달걀은 한 바구니에 담지 말라"는 충고처럼,116) 연해 상인들은 중·서 상인을 막론하고 동시에 여러 종류의 사업을 운영하였다.

중국 상인

유명한 상인 탕징싱은 19세기 후반에 여러 회사에 투자하였다. 전통적인 투자 방식 가운데 그가 처음 흥미를 느낀 것은 전당포였다. 1850년대 후반에 그는 홍콩에서 4년 동안 두 곳의 전당포를 운영하면서 연 25~40%의 이익을 올린 적이 있으며, 위에서 언급한 것처럼 1866년에도 자딘매디슨사로부터 10만 냥을 빌려 상하이에서 친구와 공동으로 전당포를 운영하면서 연 40%의 이익을 올리다가 나중에 양저우(揚州)로 이전하였다. 1860년대 초부터 그는 상하이에서 차와 생사 및 면화를 수출하였고,117) 후반에는 아친, 아리와 함께 상하이의 자딘매디슨사 등 외국 회사에 대량의 차를 공급하였다.118) 1869년 그는 다시 자딘매디슨사로부터 2만 냥을 빌려 정부로부터 염상鹽商 허가를 받은 뒤, 양저우에서 한커우로 소금을 운송하여 60%의 이익을 올렸다. 그는 3년 간 이 일에 종사하면서,119) 동시에 아친, 아리와 함께 세 곳의 전장에 투자를 하였고, 1870년대 초에는 내륙에서 구매한 차를 상하이로 가져와 자금을 마련하였다.120)

시간이 갈수록 탕징싱은 근대식 기업에 흥미를 느끼게 되었다. 1868년 그는 친구와 전강(鎭江) 근처의 땅을 사서 부근의 흑연黑鉛 광산을 개발하려 하였지만 정부의 허가를 얻지 못하였다. 대략 이 때부터 탕징싱은 해운업에 전력을 쏟기 시작하여 영국의 유니언기선해운회사와 노스차이나기선회사의 주주 및 이사가 되었다. 1870년 그는 자딘매디슨사가 관리하는 선박에 투자하였고, 또 2~3년 동안 양쯔강을 왕복하는 부정기 화물선과 오거스틴허드사의 선박에도 투자하였다. 그는 1872년 자딘매디슨사가 해운 주식을 합쳐 중국연해기선해운회사를 설립할 때 이사로 선출되었으며,[121] 광산과 신문사에도 적은 규모이지만 투자를 하였다.[122]

더성 역시 여러 종류의 사업을 운영하였다. 유명한 아편 상인이었던 그는 고향인 광둥에서 아편을 취급하였다. 제3장에서 살펴보았듯이, 더성도 상하이 외항인 우쑹에 정박한 외국 선박에서 아편을 구입하여 쑤저우로 가져와 판매하는 보편적인 방식을 택하였다. 그는 아편을 판 돈으로 생사를 사서 다시 상하이에서 판매하였다. 1850년대 후반, 그는 타이지와 함께 적극적으로 '쑤저우 시스템'을 활용하였다.[123] 그는 이후 10년 동안 자딘매디슨사로부터 대량의 아편을 구입하였다. 한 예로, 그는 1869년 4월 12일 자딘매디슨사로부터 백피토 100상자를 구입하였는데,[124] 그 무렵의 시가로 1상자당 580냥씩[125] 총 5만 8,000냥이라는 거액을 지불하였다.

세월이 흘러 아편 상인으로 크게 성공한 더성은 여러 외국 상인들에게 아편을 구입하면서 특히 아편 식별에 특별한 재능을 보였다.[126] 그는 자딘매디슨사 외에 새순사와도 밀접한 관계를 유지하였다. 자딘매디슨사와 새순사는 그를 통해 아편 시장을 조종하면서 1상자당 540냥의 가격을 유지하도록 하였다.[127] 1858년에 톈진조약이 체결된 뒤, 외국 상인들의 활동 영역이 북방 항구까지 확대되자, 더성의 사업도 연해를 따라 북쪽으로 확장되었다. 1861년 여름부터 그는 자딘매디슨사의 톈진 지사를 통해 아편을 구입하였다. 그 해 6월 10일 1담당 595냥에 10상자, 575냥에 6상자를 구매하는 등,[128] 20년 후에 은퇴할 때까지 북방의 아편 시장에서 활약하면서 자딘매디슨사 톈진 지사의 주요 고객이 되었다.[129] 또 양은 많지 않았지만 미국의 오거스틴허드사 등 다른 외국 회사와도 수시로 거래를 하였다.[130]

더성은 북동 연해에서도 아편을 판매하였다. 1864년 뉴좡 항구가 개방되자 이 곳을 돌아본 더성은 판매를 확신하고 즉시 상하이에서 구입한 아편을 운송해 왔다. 그는 주로 자딘매디슨사의 상하이 지사를 통해 홍콩에서 가져온 대량의 아편을 공급받았다. 1868년 1월 31일, 존슨은 윌리엄 케스윅에게 "좋은 기회가 될 것이다. 우리는 이러한 방식으로 충분한 양을 공급할 수 있을 것 같아 매우 기쁘다"고 하였다.131)

더성은 아편 이외에 북동과 남동 연해에서 콩과 콩을 원료로 한 제품도 거래하였다. 1861년 봄에 그는 뉴쫭으로 갔으며, 6～7월에 정크선을 이용하여 여러 차례 상하이와 광저우를 오가면서 콩과 콩 제품을 운송함으로써 많은 이익을 올릴 수 있었다.132) 1862년 7월에는 두 차례에 걸쳐 5,811냥어치의 콩과 보리를 즈푸에서 상하이로 가져와 현지 상인에게 팔았고, 8월 초 다시 뉴쫭에 가서 5,000냥이 넘는 콩 제품을 광저우까지 직행으로 운송하였다.133) 그는 난징의 무명도 취급하였는데, 1868년 9월에 적어도 1만 5,000냥을 투자하였다.134) 더성은 광저우와 홍콩·산터우·상하이·톈진 그리고 북동 연해 등지에서 아편과 콩, 콩 제품, 보리, 난징 무명 등의 상품을 취급하면서 많은 이익을 올렸다.

정관잉이 1859년 상하이에서 사업을 배우기 시작했을 때에는 겨우 17세였다. 이후 10년 동안 그는 차와 서양 옷감, 그 밖의 잡화 등을 취급하는 소매상을 운영하다가 마침내 상하이와 뉴쫭, 산터우에서 도매상으로 성장하였다. 그는 상하이의 영국계 덴트사에서 9년 동안 중개인으로 일하면서 익힌 해운 업무를 바탕으로 상하이·푸저우·한커우에 자신의 중개 사무실을 열었고, 상하이에는 작은 선박 회사를 설립하기도 하였다.135) 1868년에는 영국 회사가 세운 유니언기선해운회사의 주주가 되었다.136)

1870년대에 정관잉은 신문사와 서점, 제지 공장, 해상 보험 및 화재 보험, 양저우의 소금 사업, 해산물 회사를 비롯하여 카이핑(開平)과 산둥, 안후이 등지의 광산에 이르기까지 다양한 업종에 투자하였다. 또 윤선초상국의 주식을 사들여 해운업에 대한 투자를 강화하였다. 1880년대에 그는 자본의 일부를 목축과 개간, 전보 및 러허(熱河)의 귀금속 광산 등에도 투자하였지만, 주요 투자 부분은 역시 상하이의 기계 직조 공장이었다. 1879년 그는 이 회사의 영업 부문 책임자로서 50만 냥의 창업 자금 가운데 35만 2,800냥을 유치하였다. 1890년대부터 광저우에 중개 사무실을 열고 철도 사업에도 관심을 쏟기 시작하여,[137] 1906년 광저우~한커우 철도가 민영화되자 최대 주주 가운데 한 사람이 되었다.[138]

이와 같이 연해 상인들의 투자 방식은 다양하였지만, 좀더 자세한 자료가 없어 쉬룬의 자서전을 통해서만 그 맥락을 살필 수 있다. 19세기 후반부터 20세기 초, 쉬룬은 내륙과 개항 항구에서 여러 종류의 사업에 투자하였다. 그는 처음에는 1850년대와 1860년대 초반의 수출입 무역에 뛰어들어 상하이와 생사 및 차 생산지에서 차·생사·면화·곡물·옷감 등을 취급하였으며, 동시에 전당포와 전장 등 전통적인 사업도 함께 운영하였다. 근대식 기업에 관심을 갖게 된 그는 1870년대에 기선과 보험, 부두 회사 등에 거액을 투자하였고, 1880년대에는 석탄 광산과 은광에 투자하였으며, 방직·제당·유리·제지업 등의 주식을 대량으로 매입하였다. 즈리성의 황무지 개간 사업과 상하이와 톈진의 부동산 등 전통 사업에 대한 투자도 멈추지 않았다. 1859년부터 1907년까지 48년 동안, 그는 적어도 55개의 기업 — 전통적 기업과 근대적 기업, 상업과 제조업을 포함한 — 에 투자함으로써[139] 매우 다양한 모습을 보여 주었다.

중국 상인들은 액면가가 낮은 외국 주식을 선호하였는데, 이것도 투자의 다양성을 나타내는 것이다. 상하이기선해운회사는 1868년 2월, 더 많은 중국인 투자자를 모으기 위해 주식의 액면가를 1,000냥에서 100냥으로 낮추면서 "양쯔강의 해운업에 관심이 많은 중국인들은 …… 1주당 1,000냥의 거금을 투자하기를 원하지 않는다. …… 많은 사람이 살 수 있도록 하기 위해 금액을 낮추었다"고 설명하였는데,[140] 결국 이 정책은 성공을 거두었다. 사실 많은 중국인 투자자들은 결코 부자가 아니어서 액면가가 낮은 주식을 살 수밖에 없기도 했지만, 그러나 그들은 분명히 다양한 투자를 원하고 있었다.

서양 상인

19세기 상반기에 미국의 퍼킨스사는 무역업과 다른 회사의 주식을 보유하는 업무 외에 고객들의 위탁을 받아 대리 업무도 담당하였는데, 주로 선박 임대와 보험, 창고업과 환어음 교환 등을 취급하였다. 이 회사의 광저우 책임자였던 존 쿠싱은 1828년에 보스턴으로 돌아간 뒤에도 경영의 다양화라는 회사의 방침에 따라 퍼킨스Perkins, 브라이언트Bryant, 스터기스Sturgis와 함께 대 중국 무역을 계속하였다[141](1829년 그들은 3척의 배를 광저우에 보냈는데, 쿠싱이 4분의 1의 주식을 보유하였다).

대 중국 무역에 종사하던 뉴잉글랜드 상인들은 모든 것을 한 번에 투자하거나 한 배에 모든 화물을 싣는 모험은 거의 하지 않았다. 오히려 그들은 주식을 여러 사업에 분산 투자하여 위험을 최소 한도로 줄이고자 하였다. 1832년 1월 1일, 존 쿠싱의 투자 기록에 따르면 당일 운항하는 배의 주식 3분의 1과 다른 배 5척의 주식 4분의 1, 차와 생사 및 대모玳瑁를 실은 다른 6척의 선박 지분 등을 나누어 갖고 있었다.[142] 1830년대 중반 이후 존 쿠싱은 많은 자본을 중국 무역에서 미국 국내 시장으로 전환하였지만 여전히 중국의 여러 사업에 투자하였다. 1835년부터 1851년까지 그는 개인 대출과 부동산, 정부의 철도 채권, 보험, 은행, 제조업과 철도 공사의 주식을 가지고 있었는데, 총액이 1835년 78만 5,158달러에서 1851년에는 157만 4,930달러로 증가하였다.[143] 뿐만 아니라 회사들도 '상당히 넓게 분포'되어 있었다.[144]

19세기 말에 미국은 대 중국 무역에서 큰 변화를 겪게 되었다. 젊은 기업들이 러셀사 같은 전통적인 유명 회사의 뒤를 이어 출현하였지만 규모가 작았고, 남북전쟁 뒤에 출현한 많은 회사들은 자금이 충분치 않아 마치 거인과도 같았던 그들의 선배들과는 다른 방식으로 운영할 수밖에 없었기 때문이다.[145] 여기에 1850년대 후반에 일어난 중국의 불안정한 정치 및 경제 상황도 그들로 하여금 더욱 다양한 형태의 경영을 모색하도록 만들었다. 전문화의 위험을 무릅쓸 만큼 신뢰할 만한 무역 수입원은 하나도 없었으므로 외국 회사들은 통상적인 수출입 업무와 금융, 환換 기능, 해상 운송과 보험 대리인, 법률 문제 처리 이외에 수많은 직접 투자를 하기도 하였다.

근대식 은행과 선박 회사 등 보조적 성격을 띠는 설비들은 경영 다양화의 추세를 반영하는 것으로, 원래 대리인들의 부대 사업이나 부분적인 업무에서 발전한 것이었다. 1864년 서양 상인들이 후이펑은행에 투자하면서부터 이 은행은 이후 반세기 동안 중국 연해의 금융 업무를 선도할 수 있었다. 외국 회사는 이렇게 빨리 성장한 은행 등에는 영향력을 미치지 못하였으나, 선박 회사 같은 느슨한 조직에서는 여전히 지배력을 유지하였다. 러셀사는 1862년 자금을 모아 상하이기선해운회사를 설립한 뒤에도 계속 필요한 인원과 조직을 지배함으로써 '영원한 대리인 겸 금고'로 이용하였다. 버터필드사가 1872년에 설립한 중국해운회사와 자딘매디슨사가 다음 해에 설립한 중국연해기선해운회사도 모두 같은 경우였다.[146]

외국인의 투자는 무역과 관련된 거의 모든 영역에 걸쳐 적극적으로 이루어졌다. 이들은 대외 무역이라는 영역을 개척하기 위해 이와 관련된 전 업종에 적극적인 투자를 하였던 것이다. 영국의 자딘매디슨사처럼 비교적 안정적인 무역 회사는 더욱 그러하였다[표 12]. 수출입 업무 이외에도 1836년 광저우보험회사(Canton Insurance Office), 1868년 홍콩화재보험회사(Hongkong Fire Insurance Co.)를 설립하였고, 금융 부문에도 진

〔표 12〕 상하이 자딘매디슨사의 각종 사업 명세서(1875년 4월 30일) (단위 ; 냥)

차변	금액	설명
현금	54,806	잔금
후이펑은행	79,103	잔금
인도차이나 기선해운회사 주식	258,766	
우쑹철도회사 장부IV-1	1,386	창업자 계좌
우쑹철도회사 장부IV-2	25,850	쑤저우 부동산 11,000냥 포함
중국인 대출	186,013	5월 말 만기
상하이-한커우부두회사 (Shanghai and Hongkew Wharf Co.)	9,600	주 식
저우완지(周萬記)	2,220	화하이회사(華海公司) 대출
탕징싱	25,000	1875년 8월 25일, 10,000냥을 갚아야 함.
젠선안(謙愼安)[전장]	40,000	아리가 보증 선 대출
아리	20,000	일시적 대출
타이지	602	재산 등기 비용
홍칭궁(洪慶恭)	3,000	이허(怡和) 대출
카이장(凱張)	47,564	아편 대출
Kessowjee & Co.	106,154	아편 대출
부두 : 순타이, 경기, 푸둥	94,201	경상 계좌
생사 대출	1,438	경상 계좌
D. Burjorjee	3,000	옷감 대출
A. J. Howe	9,958	화하이회사(華海公司) 주식
E. A. Fabris	3,906	농장 자산 담보

자료 : 상하이 지사 비망록, 자딘매디슨사.

출하여 1864년에 후이펑은행, 1898년에는 중·영은행(British and China Corporation)에 투자하였다. 1870년대 중반에 대외 무역은 회사의 주된 업무였고, 해운업에 대한 관심이 날로 증가하였다. 실제로 자딘매디슨사

<그림 11> 초기의 자딘매디슨사 건물.

는 1873년 선박들을 모아 중국연해기선해운회사를 설립하였고, 1882년에는 인도차이나기선해운회사를 설립하였다. 동시에 조선造船 회사와 부두의 창고 등 보조적인 시설도 건설하였다. 1880년대 이후에는 제조업에 진출하여 제사製絲와 포장, 양조, 공공 사업, 냉장, 건설, 설탕 정제, 방직 및 철도 사업까지 영역을 넓혔다. 따라서 회사의 전통적인 영역이었던 부동산 투자와 중국 정부에 대한 대출은 상대적으로 줄어들 수밖에 없었다.147) 다양한 투자를 모색한 것은 자딘매디슨사뿐 아니라 오거스틴허드사도 마찬가지여서, 1860년대 후반에는 해운업과 보험업을 비롯하여 제빙소, 정미소, 거룻배, 항타기杭打機, 부양식 독dock 공사 등에도 투자하였다.148)

제9장 최대의 이익을 위하여

무역이란 합법적인 수단으로 이익을 얻는 것이지만, 연해 상인들은 불법적인 수단을 이용해서라도 좀더 많은 이익을 남기려고 하였다. 중국 상인들은 외국인들에게 명의를 빌려 주거나 외국 회사의 비호를 받는 방법으로 정부 관리들의 압박을 피하기도 하였다. 결국 중국 상인들은 서양 회사의 주식을 사는 방법을 통해 이들의 보호를 받으며 불법적인 거래를 하였다. 이러한 방법들은 법의 저촉 여부를 떠나 대부분 단기간에 많은 이익을 남겨 주었기 때문이다.

중국인들의 외국 회사에 대한 투자 : 지분 참여

1860년대부터 개항 항구에서는 중국 상인들이 외국 회사의 지분을 사는 일 — 중국어로 푸구(附股)라고 하는 — 이 매우 보편화되었다. 이들은 서양 회사 가운데 특히 선박업과 은행, 보험 회사, 창고업 등에 많은 돈을 투자하였다. 소규모이기는 했지만 제사製絲와 전등, 전력 사업과 1895년 이후에 건립되기 시작한 면방직 공장 등에도 투자하였다.

이러한 활동은 1842년에 난징조약이 체결된 뒤부터 시작되어 1860년 대 근대 선박의 출현으로 더욱 확대되면서 갈수록 증가하였으며, 영국 상인들이 조직한 '중국협회(China Association)'는 19세기 말 중국에 있는 "영국 주식 회사의 지분"은 "중국인들이 대부분을 소유하고 있다"고 하였다.[1] 1895년에 시모노세키조약(下關條約)이 체결된 뒤로는 영국 제조 회사들이 더 많이 설립되었으며, 중국협회의 런던 본부는 1899년 3월 14일의 비망록에 이에 대해 이렇게 기록하였다.

> 해마다 영국과 중국의 경제 관계는 더욱 긴밀해지고, 자본가들의 이익 문제도 더욱 복잡해지고 있다. 최근 상하이에 세워진 외국인들의 제조 회 사에는 많은 중국인들이 투자하고 있는데, 이들은 현지의 화재 및 해상 보 험 회사와 대다수 은행의 주주이기도 하다.[2]

외국 회사에 투자하는 사람들 가운데 상인뿐 아니라 관리들도 있었 으며, 위의 비망록에 따르면 "관리들과 상인들은 여러 해 동안 외국 회 사의 주주로서 많은 이익을 향유해 왔다"고 하였다.[3]

해운업

오거스틴허드사와 자딘매디슨사의 자료에는 중국인들의 해운업 지 분 참여에 대해 비교적 자세한 내용을 밝히고 있다. 1859년 오거스틴허 드사는 이 방식으로 10만 달러의 자본을 모아 이 회사의 첫 번째 선박 인 파이어다트Fire Dart 호를 구입하여 상하이~한커우 노선에 투입하였 다. 2명의 중국인이 초기부터 여기에 투자한 것으로 알려졌는데, 1850 년대 후반과 1860년대 초반에 상하이의 매판이었던 아팡(阿龐)이 5,000 달러를 투자하였고, 이 회사와 거래하던 궁뤄퉁(龔若同)이 10만 달러를 투자하였다. 또한 3년 뒤에 천위창(陳裕昌)도 5,000달러를 투자하였는

데,[4] 그는 1865년부터 1874년까지 이 회사의 상하이 매판을 지내기도 하였다.[5]

1863년 천위창은 이 회사의 선박인 산둥(山東) 호에 6만 9,000달러를 투자하였는데, 이는 전체 가격의 85%에 달하는 금액이었다. 또 옌창(嚴昌)과 원창(溫昌)은 장룽(江龍) 호에 1만 달러씩 투자하였으며,[6] 12명의 중국인 주주가 하이룽(海龍) 호에 7만 3,500냥, 또 다른 8명의 주주는 톰 헌트Tom Hunt 호에 5만 달러를 투자하였다. 1863~1864년 이 회사는 다시 미국에서 진산(金山) 호와 수완다Suwanda 호를 구입하여 광저우~홍콩 노선에 투입하였는데, 이 때 7명의 중국인이 진산 호에, 10명이 수완다 호에 투자하였다. 중국인들은 구입 가격이 17만 달러인 진산 호에 4만 5,000달러를 투자하였으며,[7] 워싱턴Washington 호에도 액수 미상의 투자를 하였다.[8] 또 다른 중국 상인 다이훙창(戴洪昌)도 이 회사의 해운 사업 계획에 액수 미상의 투자를 하였다.[9] 오거스틴허드사와 더글러스사(Douglas Lapraik & Co.)는 1865년에 75만 달러의 자본금으로 홍콩·광저우·마카오기선회사(Hongkong Canton and Macao Steamboat Co.)를 설립하였고, 궈간장(郭甘章)·리신(李新)·셰타이판(邪泰蕃) 등이 중국인 주주로 참여하여 중요한 역할을 하였다.[10]

1862년 러셀사가 설립한 뒤 1860년대와 1870년대에 최대 선박 회사로 자리잡은 상하이기선해운회사의 경우에도 중국 자본이 중요한 역할을 하였다. 이 회사는 상하이의 공동 경영자였던 에드워드 커닝엄이 세웠는데, 당시 러셀사는 자본의 여유가 없었을 뿐 아니라 자금을 관리한 홍콩의 워런 델라노 주니어Delano Warren Jr. 또한 보수적이었기 때문에[11] 모든 것을 커닝엄의 개인적인 역량에 의지해야 했다(1861년 3월, 커닝엄은 '중국인 친구들과 위탁인'들에게 4만 5,000달러를 유치하는 데 성공하여 서프라이즈Surprise 호를 구입할 수 있었다[12]). 1861년 8월부터 1862년 3월까지 커닝엄은 다시 100만 냥의 자본을 유치하였고, 중국인

들은 이 회사의 최대 주주가 되어 총지분의 절반 이상을 차지하였다.[13]

이러한 성공에 힘입어 그는 곧바로 32만 달러를 유치하는 계획에 착수하여 상하이에서 1만 7,000달러, 홍콩에서 약 7만 5,000달러를 모집하였으며, 나머지 7만 5,000달러는 중국 이외의 투자자들을 위해 남겨 두었다. 상하이의 투자자로는 연해에서 러셀사와 거래하던 아카이(阿開)와 아유(阿游)·쉬룬·창파·천위창·후지(胡記)·구펑성(顧豊盛)·룽창(融昌)·왕융이(王永益) 등이 참여하였으며,[14] 그 가운데 저장성 상인 천위창이 최대 액수인 13만 냥을 투자하였다.[15] 1863년 천위창이 투자한 총액은 21만 5,000냥에 달했는데, 이 액수는 당시로서는 대단한 거액이었다.[16] 산터우 출신인 구펑성은[17] 한때 러셀사의 매판을 지낸 인물로서[18] 1862년 상하이기선해운회사에 15만 냥을 투자하였으며,[19] 상하이에서 가장 큰 생사 공장을 가지고 있었다.[20] 쉬룬은 나중에 윤선초상국의 부책임자가 되었다.

제7장에서 살펴보았듯이 1868년 2월에 상하이기선해운회사의 이사회는 주식이 잘 팔리도록 하기 위해 액면가를 1,000냥에서 100냥으로 낮추었다. 이 정책은 성공을 거두어 그 해에 자본금이 187만 5,000냥으로 증가하였고, 1872년에는 225만 냥이 되었다.[21] 1874년 이 회사의 중국 자본은 60만 냥까지 늘어났는데, 이 가운데 구펑성과 천위창이 3분의 1을 차지하였고, 쉬룬은 1876년에도 여전히 이 회사의 주주로 남아 있었다.[22]

노스차이나기선회사는 영국의 트라우먼사(Trautmann & Co.)사가 1866년에 설립한 회사로서 상하이~톈진 노선을 운항하였다. 실제 자본금은 19만 4,000냥이었으며, 이 가운데 3분의 1은 북방 무역을 하는 중국인들이 투자하였다.[23] 또 다른 회사인 글로버사(Glover & Co.)는 상하이기선해운회사와 경쟁하기 위해 이듬해에 상하이에서 유니언기선해운회사를 설립하였다. 이 회사의 중국인 투자가로는 연해의 유명한 상인들,

즉 궈간장과 탕징싱·리쑹윈(李松云)·신창(信昌)·아장(阿江)과 정관잉 등이 참여하였다.24) 이 가운데 궈간장 외에 상하이의 자딘매디슨사 매판을 지낸 탕징싱은 영향력이 매우 큰 상인이었다. 리쑹윈도 이 회사의 매판이었으며, 신창은 후이펑은행의 매판이었다.25) 아장은 1860년대에 한커우와 쥬강(九江)에서 주로 오거스틴허드사와 거래하던 상인이었고,26) 정관잉은 당시에는 아직 덴트사의 직원으로서 생사와 중개 업무를 담당하고 있었다.27)

1868년 자딘매디슨사는 1만 1,500파운드를 들여 상하이~푸저우 노선에 투입할 선박 두 척을 건조하기 위해 1주당 500냥에 5만 냥의 자금을 유치하려고 하였다. 그러나 1868년 4월 존슨은 드래건Dragon 호를 발견하고 나서 이 배를 구입하기로 마음을 바꾸었다.28) 존슨은 구입 가격인 6만 냥 정도는 투자자들을 통해 쉽게 모을 수가 있을 것이며,29) 또 회사에서 일정 부분을 사들일 것이라고 하였다.30)

자딘매디슨사는 1860년대에 이미 기선 회사를 경영하였지만, 1873년이 되어서야 중국연해기선해운회사를 설립하였다. 전체 주식 4,600주 가운데(1주당 65냥) 탕징싱을 비롯한 중국인들이 소유한 난징 호가 400주를 대표하였고, 탕징싱이 300주를 조성하였으며, 푸저우 매판인 아웨이(阿偉)가 235주를 조성하였다. 따라서 중국인이 모두 6만 775냥에 이르는 935주를 소유함으로써 총 자본금의 20.5%를 차지하였다.31) 1870년대에 탕징싱과 그의 형인 탕마오즈가 이사가 되었고, 탕징싱은 한때이 회사의 부책임자를 지내기도 하였다.32) 또 다른 회사인 모리스루이스사(Morris, Lewis & Co.)에 소속된 둥팅(洞庭) 호와 한양(漢陽) 호의 지분은 대부분 탕징싱이 이끄는 중국인들의 소유였다.33)

1870년대 중반 이전에는 이 밖의 중국인들도 부분적이나마 다른 외국 기선 회사에 투자를 하였다. 저장성의 연해 상인인 리전위(李振玉)와 광둥성의 연해 상인인 가오구산(高顧山)은 미국 상인 홈스M. G. Holmes와

손잡고 1860년 상하이에 홈스사(Holmes & Co.)를 설립한 뒤, 드래건 호를 6만 3,750냥에 구입하여 상하이~즈푸~톈진 노선에 투입하였다.[34] 1860년대 초에 자딘매디슨사와 덴트사, 플레처사, 새순사 등과 같은 외국의 대기업뿐 아니라 작은 회사들까지도 모두 양쯔강 노선을 확보하기 위하여 노력하였다. 그리고 이 선박들의 구매 자금 가운데 상당 부분 중국인의 투자로 조성되었다.[35] 1872년에는 런던에서 중국태평양기선회사(China Trans-Pacific Steamship Co.)가 설립되어 홍콩~캘리포니아 노선을 계획하였고, 러셀사의 두 공동 경영자 외에도 홍콩의 중국 상인들이 이 사업에 투자하였다.[36]

1870년대 중반 이후, 중국 해운업은 두 가지 이유에서 전망이 아주 밝았다. 첫째, 선박의 소유권을 변경하기가 쉬워졌다. 1875년 이전에 상하이 상인들은 영국에 등록된 선박을 구매하거나 팔고자 할 때에는 반드시 홍콩에 등록을 해야 했다. 홍콩은 중국 연해에서 영국 선박이 등록을 할 수 있는 유일한 항구였기 때문이다. 그러나 1875년 이후에는 상하이에서도 영국 선박의 등록이 가능해지자 영국 국기를 달고 있는 선박은 이 곳에서 편리하게 매매와 등록을 할 수 있게 되었다. 중국 연해의 절대 다수의 선박은 실질적으로는 중국인이나 외국인 소유이더라도 모두 영국 국기를 달고 운항하였고, 이와 같은 선박 소유권에 대한 전매의 편리함이 자본의 유동성을 신속하게 해 주었기 때문에 결국 많은 투자자들을 유치할 수 있게 되었다.

둘째, 1870년대 후반부터 영국 상법, 특히 유한 배상 책임에 관한 법률이 중국에 있는 영국 선박에도 보편적으로 적용되었다. 이로 인하여 많은 중국 자본이 외국 회사, 특히 해운업과 보험업으로까지 더욱 편리하고 안전하게 투자를 확대할 수 있게 되었다.[37]

자딘매디슨사는 누구보다도 이러한 기회를 가장 잘 이용하여 중국연해기선해운회사를 설립하였고, 1879년에는 중국 자본을 유치하여 양쯔강기선회사를 설립하였다. 이 회사의 '동방 책임자'(1874~1886)였던 윌리엄 케스웍은 인도차이나기선해운회사를 설립하고 앞에서 언급한 두 회사의 선박을 인수하였다. 물론 두 회사에 투자했던 중국인 투자자들은 새로운 회사의 주주가 되었고, 44만 9,800파운드(137만 냥)의 실제 창업 자본 가운데 15만 파운드는 중국과 홍콩에서 유치하였다.38) '적극적인 중국인 투자자' 허둥(何東 ; 1862~1959)은 홍콩 본사의 매판(1883~1900)을 지냈고, 19세기 말 홍콩에서 가장 부유한 상인으로 이름을 떨쳤다.39)

1882년 런던에서는 대서양을 횡단하기 위해 주화상인협력윤선공사(駐華商人協力輪船公司 ; China Shippers' Mutual Steam Navigation Co.)가 설립되었고, 한 달 뒤에 많은 중국인들이 '적극적으로' 투자함으로써 1883년 4월에 이미 중국인들에게 할당된 액수를 초과하였다.40) 같은 해, 상하이에서 해상운송협동회사(Co-operative Cargo Boat Co.)가 자본금 10만 냥으로 설립되었는데, 역시 대부분 중국인들의 투자로 조성되었다. 1880년대 이후 중국의 기선 회사들, 특히 1886년 상하이의 화안기선회사(華安汽船會社), 1889년 톈진의 다구보촨회사(大沽駁船會社), 1890년 상하이의 홍안기선회사(鴻安汽船會社) 등은 중국인과 외국 상인들이 공동으로 소유하기도 하였다.41) 이와 같은 합작 회사의 경우, 중국 자본이 차지하는 비율도 점차 증가하였다. 예를 들어 홍안기선회사는 중국 및 영국 상인의 공동 소유로 되어 있었지만, 20만 냥이 넘는 자본금 가운데 적어도 70%는 중국인이 투자한 것이었다.42)

중국 상인들은 또 창고와 부두, 독dock 등 해운업과 밀접한 관계가 있는 시설에도 투자하였다. 1860년대 후반, 상하이기선해운회사의 창고인 진리위안(金利源)의 지분 가운데 절반은 구펑성을 비롯한 중국인들의 소유였고,43) 1872년에 설립된 상하이 - 한커우부두회사가 1895년 13만 냥에서 20만 냥으로 증자할 때 중국 주주들을 대표하는 허진저우(何金

洲)도 대투자자의 한 사람이었다.[44) 1882년에 설립된 버트부두회사
(Birt's Wharf Co.)도 중국 자본을 유치하였다.[45) 선박 건조 및 수리는 중
국에서 외국인들이 운영한 최초의 공업 회사로, 상하이의 판햄보이드사
(Farnham, Boyd & Co.)와 홍콩의 브랜트사(Brandt & Co.)를 포함한 많은 외
국 회사에 중국 투자가들이 부분적으로 출자하였다.[46)

보험과 금융업

1835년 영국의 덴트사가 마카오에 보험연합회(Union Insurance Society)
를 설립하자마자 많은 중국 상인들이 투자를 하기 시작하였다. 자딘매
디슨사는 이보다 조금 늦은 1836년 광저우에 광저우보험회사(Canton
Insurance Office)를 설립하였는데, 이 곳에는 중국 자본이 처음부터 개입
되었을 가능성이 있다. 이와 같이 1860년대 이후에 많은 중국인들이 이
회사의 주주가 되었다는 것은 의심할 여지가 없다.[47)

1862년 6월, 러셀사의 에드워드 커닝엄은 양쯔강 해운에 착안하여 양
쯔강보험회사(Yangtze Insurance Association)라는 주식회사를 설립하고 중국
자본을 유치하였다. 이 회사는 러셀사를 대리인으로 하여 상하이기선해
운회사가 운송하는 대부분의 화물에 대한 보험을 맡았다. 1878년 이후
에는 자본금을 15만 7,000냥에서 42만 냥으로 증자하였으며, 중국인 투
자자의 수도 증가하였다.[48) 1863년 상하이에서 데이비드새순사(David
Sassoon & Co.)와 트래버스·클라크·스콧하딩사(Travers & Clark, Scott
Harding & Co.) 그리고 그 밖의 다른 외국 회사들이 연합하여 노스차이나
보험회사(North-China Insurance Co.)를 설립한 뒤, 양쯔강보험회사와 강력
한 경쟁을 벌이면서 중국의 크고 작은 투자자들을 흡수하였다. 12만
5,000냥으로 시작한 자본금은 1867년에 25만 냥, 1883년에는 100만 냥
으로 증가하였다. 이 회사가 이렇게 많은 이익을 내고 중국인 투자자들
이 적극적으로 참여하자, 1870년대에는 투자에 제한을 두어 투자자가

회사에 얼마나 많은 영업을 수주하는가에 따라 주식이 분배되었다.49)

1864년부터 1871년까지 5개의 외국 보험 회사가 홍콩과 상하이에 설립되었는데, 1864년 중국화재보험회사(China Fire Insurance Co.)와 1865년 중국무역보험회사(China Traders Insurance Co.), 1868년 홍콩화재보험회사(Hongkong Fire Insurance Co.), 1870년 중·일해상보험회사(China and Japan Marine Insurance Co.), 1871년 중국보험회사(Chinese Insurance Co.) 등이 그것이다. 중국화재보험회사를 제외하고는 모두 중국인이 투자를 하였고, 액수는 정확하게 알 수 없지만 중국보험회사 자본금의 절반 이상이 중국인의 투자로 조성되었다는 점은 분명하다.50)

외국 보험 회사에 대한 중국인의 지분 참여 활동에 대해서는 중국무역보험회사에 가장 상세한 기록이 남아 있고, 오거스틴허드사의 자료에 따르면 적지 않은 중국인들이 이 회사의 주식을 샀다고 한다. 1865년 오거스틴허드사가 홍콩에 설립한 이 회사는 자본금 100만 달러를 목표로 1주당 5,000달러에 200주의 주식을 발행하였다. 오거스틴허드사는 자금이 부족해서 많은 투자를 하지 못하고 "자신과 미국의 위탁자 몫으로" 10주밖에 할당하지 못하였다.51) 당시 홍콩의 다른 영·미 회사들은 올리펀트사와 존버드사(John Burd & Co.), 옥스퍼드사(Oxford & Co.), 애덤스콧사(Adam Scott & Co.)를 포함한 신설 회사에 흥미를 가졌지만, 역시 대부분의 주식은 현지의 중국 상인들이 차지하였다.52) 1860~1870년대에 중국 상인들은 꾸준히 투자를 하였으며, 중신지(鐘新記)와 위안(裕安)은 1870년대 후반에 중요한 주주가 되었다.53)

후이펑은행은 설립할 때부터 중국 자본의 유치에 노력하였는데, 1864년 7월에 주식이 발행되자마자 홍콩과 상하이, 일본 등의 거의 모든 회사와 상인들이 관심을 보였다. 창업 자본금은 500만 냥이었지만 6개월이 채 안 되어 주식은 모두 팔렸다. 1880년대에 저우밍지(周明記)와 뤄서우충(羅壽嵩), 쉬쯔징(徐子靜), 탕구이성(湯癸生) 등의 중국인들이 주주 회

<그림 12> 영국풍의 3층 건물인 초창기의 후이펑은행 모습.

의의 대표가 되었고,54) 뤄서우충은 이 은행의 매판이 되었다.55)

1872년에는 올리펀트사의 헤이스 주니어A. A. Hayes Jr.와 푸스타우사 (Pustau & Co.)의 베후O. C. Behu를 포함한 외국 상인들이 상하이에 중국은 행(Bank of China)를 설립하기 위하여 상하이와 홍콩에서 중국인들의 자 본을 모았지만, 등록 문제로 실현되지 못하였다.56) 1890년에 설립된 중 일해협신용대출회사(Trust and Loan Co. of China, Japan and the Straits Ltd.)는 중국 자본의 지원을 받아 세워졌는데, 1890년에 증자할 때 중국인 주주 의 이익을 대표하는 18명의 중국인들은 중국 자본이 이미 총액의 절반 을 초과했다고 발표하였다.57) 이들의 대표인 상하이의 저명한 상인 리 관즈(李貫之)는 1870년대 후반에 전강(鎭江)에서 아편 무역을 하던 인물 이었다.58) 1898년 이 은행의 영향력 있는 중국인 주주로 자딘매디슨사 의 매판인 웨이바오지(魏寶記)와 슐츠사(Schultz & Co.)의 매판인 우즈탕

(吳芝堂)이 있었는데, 우즈탕은 이 은행의 주식을 1,000주나 가지고 있었다.[59]

1891년에는 또 하나의 외국 은행인 중국국민은행(National Bank of China)이 설립되었다. 이 은행의 홍콩 본사의 이사 7명 가운데 3명이 중국인이었고, 상하이 지사의 고문들이 모두 중국인이었던 것으로 보아 중국인이 많이 투자를 했을 것이 분명하다.[60] 외국 은행의 주식을 살 수 있었던 중국인은 부유한 상인이었겠지만 소액 투자자들도 많았다. 그 예로 1892년 동양은행(Oriental Bank)이 파산하였을 때 많은 소액 주주들이 투자한 사실이 밝혀졌던 것을 들 수 있다.[61]

수출 가공과 다른 회사들

중국인들은 소규모이지만 외국인들의 수출 가공업에도 투자하였다. 독일의 크라세만Crasemann과 하겐Hagen이 1877년에 설립한 옌타이광사국(煙臺繰絲局 ; Chefoo Silk Filature Co.)은 자본금 4만 냥으로 출발하였지만, 1881년에 10만 냥으로 증자하면서 많은 중국인들이 새 주주가 되었다.[62] 자딘매디슨사도 1881년 상하이에 중국 자본을 유치하여 제사製絲 공장을 설립하였으며, 1883년 3월 '화폐 감정사와 기술자 등 남자 직원 10명'과 170여 명의 부녀자를 고용하였다. 1883년 3월 7일, 자딘매디슨사는 영국 영사의 문의에 "기밀이지만 우리는 중국인들이 많은 관심을 기울이고 있다는 사실을 알고 있다. 그러나 지배권은 완전하게 우리의 수중에 있다"고 답변하였다.[63] 1880년대 중국 자본은 이미 60%에 달했고 6명의 이사 가운데 3명이 중국인이었다. 이 밖에도 외국 제사 공장이 7개 더 있었는데, 자세한 방법은 알 수 없지만 모두 중국 자금을 유치하였다.[64]

남방에서 생산되는 식용 설탕을 가공하기 위하여 거의 모든 외국 제당 회사들이 광저우와 홍콩 등 남쪽 항구에 공장을 설립하였다. 1869년

<그림 13> 자딘매디슨사의 제사 공장

중·영 상인들은 광저우 부근의 황푸에 공장을 설립하려고 하였지만 현지 수공업자들의 강력한 반대로 무산되었다. 그러나 이들은 포기하지 않고 1877년 중국제당회사(China Sugar Refining Co.)라는 새로운 회사를 세운 뒤, 자딘매디슨사의 관리 아래 많은 중국 투자가들을 유치하였다.65) 1881년 버터필드사는 홍콩에 타이쿠제당회사(Taikoo Sugar Refinery)를 설립하고 1주당 200달러에 주식을 발행하였다. 이 회사의 자료에 따르면 1882년에 적어도 6명의 다른 상호를 가진 중국인 주주가 있었다. 이들 가운데 1명은 200주, 3명은 각각 300주, 나머지 2명은 각각 400주를 보유했다고 하는데, 이 액수만 모두 합하더라도 중국인의 총 투자액은 38만 달러가 넘는 거액이었다.66)

1868년과 1888년에 영국 상인들은 뉴좡에 2개의 근대식 콩기름 회사를 설립하였는데, 그 가운데 하나는 이 지역에서 같은 사업을 하는 중국인과 밀접한 관계가 있었다. 1882년 상하이에 설립된 중국피혁회사

(China Tannery Co.)는 독일의 시엠센사(Siemssen & Co.)를 대리상으로 하였으며, 다른 두 명의 중국인 주주는 상하이의 유명한 상인이었다. 1883년 3월에 이르자 이 회사의 주주는 "주로 중국인"이라고 하였다.[67] 상하이 버터필드사의 '동방 책임자' 부아J. C. Bois는 1895년 존 새뮤얼 스와이어에게 중국 투자가들이 합작으로 정미 공장을 설립하는 데 홍미를 가지고 있다고 전하면서 "샤먼의 시 티 왕(C. T. Wong)은 …… 우리와 합작하기를 열망하고 있으며, 그의 친구들과 함께 하루에 쌀 100t을 처리할 수 있는 공장을 세울 수 있는 자본금 가운데 3분의 2를 준비하고 있다. …… 이 공장은 버터필드사보다는 이사회가 지배하기를 바란다"는 보고를 하였다.[68]

개항 항구의 각종 공공 사업, 즉 상하이가스회사(Shanghai Gas Co., 1864)와 프랑스가스회사(Compagnie de Gaz, 1865), 상하이수도공사회사(Shanghai Waterworks Co., 1881), 상하이전기회사(Shanghai Electric Co., 1882), 톈진가스회사(Tientsin Gas Co., 1888) 등도 모두 중국 자본에 의해 설립되었다. 중국 투자자 가운데에는 유명한 탕징싱과 리쑹원, 탕마오즈 등이 있었다.[69] 중국 자본은 때로는 외국인이 경영하는 다른 회사의 배후에 숨어 있는 경우도 있었는데, 액수는 알 수 없지만 화싱유리회사(華興玻璃公司 ; Hua Hsing Glass Co., 1882)와 톈진중국성냥공장(Tientsin Chinese Match Factory, 1886), 메이저브러더스사(Major Brothers & Co., 1889), 상하이오채화인공사(上海五彩畵印公司 ; Shanghai Chromo & Photo-Lithographic Co., 1890), 상하이제빙회사(Shanghai Ice Co., 1890년대), 중국제분회사(China Flour Mill Co., 1890년대 후반) 등이 그런 경우였다.[70] 비교적 공개된 경우에 속하는 중국제지회사(China Paper Mill Co., 1881)의 주주도 사실상 모두 중국인이었고,[71] 상하이의 중국유리회사(China Glass Works Co., 1882)도 광둥 상인들이 대거 투자하여 창업 자금 10만 냥 가운데 80%를 차지하였다.[72]

1895년 이후 외국인도 개항 항구에서 제조 공장을 설립할 수 있게 되

<그림 14> 1882년 영국인이 투자 설립한 상하이전기공사.

<그림 15> 1891년 화신방직회사.

자, 상하이에 라오궁마오방직회사(老公茂紗廠 ; Loau Kung Mow Cotton Spinning and Weaving Co.)와 이허방직회사(怡和絲廠 ; Ewo Cotton Spinning and Weaving Co.), 홍위안방직회사(鴻源紗廠 ; International Cotton Manufacturing Co.), 루이지방직회사(瑞記絲廠 ; Soy Chee Cotton Spinning Co.) 등 4개의 면방직 공장이 설립되었다. 이 가운데 첫 번째 공장의 자본금만 80만 냥이고 나머지는 모두 100만 냥이었으며,[73] 중국인에게 배분된 주식 수와 이사회의 구성원으로 보아 중국 자본은 이들 공장 창업 자본의 40~50%를 차지하였다.

투자 액수와 그 의의

중국인이 푸구(附股) 형태로 참여한 회사 가운데 대다수의 경우 40% 정도의 중국 자본이 투입되었지만, 상하이기선해운회사·중국연해기선해운회사·상하이수도공사회사 등은 50%, 옌타이광사국·이허방직회사·화싱유리회사는 적어도 60% 이상이었으며, 중국유리회사와 중일해역신용대출회사 등은 80%에 달하였다. 이 회사들의 총 자본금은 4,000만 냥 이상이었으며,[74] 중국 자본은 평균 40%인 1,600만 냥을 차지하였다.[75]

1895년에 시모노세키조약이 체결됨에 따라 외국 상인들도 개항 항구에서 공장을 세워 제조업을 운영할 수 있는 법률적 근거가 마련되자, 1896년부터 1910년까지 78명의 개인 또는 기업 투자자들이 17개의 공장에 투자하여 상하이에 8개의 면방직 공장과 제분 공장이 설립되었다.[76] 19세기 후반, 100명이 넘는 탁월한 중국 투자자들이 중국 주주의 대표나 외국 기업의 이사회에 진출하였고, 그들 가운데 18명은 1860년대부터 이미 투자를 시작하여 5개 외국 은행의 지분을 가지고 있었다. 1860년대 이후에는 중국 투자자와 외국 기업이 모두 증가 추세였는데, 이 부분에서는 그 수에 대해 주목할 필요가 있다.[77]

시 기	중국 투자자의 수	외국 기업의 수
1860년대	18	5
1870년대	27	6
1880년대	21	14
1890년대	64	19

실제로 중국 투자가들이 원하는 대로 외국 지분을 얻을 수 있었다면 이 숫자는 훨씬 더 늘어났겠지만, 1880년대 이후에 외국 회사의 주식은 공급이 부족하여 수요를 만족시키지 못하였다. 그 결과 1881년의 상하이수도공사회사와 1882년의 주화상인협력윤선공사, 1882년의 상하이전기회사와 화싱유리회사, 메이저브러더스사 등의 주식은 아예 구할 수조차 없었다.78)

이 같은 지분 참여는 여러 방면에서 몇 가지 경제적 의의를 시사한다. 먼저, 근대 기업에서 이보다 용이하게 막대한 중국 자금을 모을 수 있는 방법은 없었다는 것을 증명하였다. 둘째, 중국 투자자들은 이익을 낼 전망이 있는 사업에 신속한 반응을 보였다는 점이다. 그들은 빠르고 분별 있게 투자할 가치가 있는 외국 회사를 선택하였다. 그 무렵에 어떤 외국 기업은 자금이 부족하여 실패하기도 하였고, 또 중국인들은 같은 이익을 낼 수 있다면 기꺼이 중국 기업으로 투자처를 바꾸기도 하였다. 이른바 관독상판官督商辦(관청의 감독 아래 상인들이 운영하는 시스템)이라고 하는 형태의 기업이 설립되자, 원래 외국 회사에 투자하던 탕징싱과 쉬룬 등이 여기에 투자하기도 하였다.

지분 참여는 개항 항구에서 중국 상인과 서양 상인들이 서로 이익을 다툴 때 그들을 밀접하게 연결시켜 주는 역할도 하였다. 자딘매디슨사의 존슨은 1880년대 회사의 정책 가운데 면방직과 제사 방면에서 중국인 투자자들과 합작한 것은 현명한 일이었다고 생각하고, '관독상판' 기업에 투자하기를 꺼리는 사람들을 유치하여 중국 상인들과의 관계 개선을 꾀하였다.79) 또 이러한 지분 참여는 중국 상인들이 얼마나 정부 관리의 협박에 시달리고 있었는지를 분명하게 보여 주는 것이기도 하다. 그들은 관리들에게 자신의 재산이 노출되는 것을 극도로 싫어하였는데, 이는 1870년대 초에 '관독상판' 기업인 윤선초상국은 자금 부족으로 어려움을 겪었지만, 러셀사의 상하이기선해운회사는 중국 투자가들의 열띤 참여로 전혀 어려움을 겪지 않았던 사실을 통해서도 알 수 있다. 중국 경제 발전의 주요 문제는 결코 자금 부족이 아니라 관료들에 대한 투자자들의 신뢰가 부족했다는 점이다.

서양인 명의의 중국 기업

조약 시스템의 주요 목적은 외국 상인에게 편리를 제공해 주는 것이어서 서양 상인들은 중국 상인들이 가지지 못한 특권을 누릴 수 있었다. 조약 관세는 고정 금리로 정하여 1858년에는 대략 5%였다. 그러나 이후 몇 십 년 동안 물가 상승에 따라 보편적으로 하락하는 추세였다. 외국 수입품과 수출품은 개항 항구와 내륙 사이를 오갈 때 2.5%(관세의 절반)의 통과세만 내면 국내의 화물이 내야 하는 통행세와 다른 세금을 면제받았다. 마찬가지로 2.5%의 '연해 무역' 세금을 내면 외국 선박에 실려 있는 중국 화물이 한 항구에서 다른 항구로 운송될 때 내야 하는 일체의 세금도 면제되었다. 중국 상인들은 합법적인 수단을 통해 이 문제를 개선할 방법이 없었기 때문에 결국 외국의 보호라는 출구를 찾게 되었다.

연해 해운

중국 상인들은 낮은 관세를 적용받기 위해 서양 선박으로 화물을 운송하였다. 1845년 이후에는 수출 무역과 국내 무역 사이의 혼란으로 이러한 방법이 크게 유행하였다. 영국 상인은 재수출의 특권, 즉 서양에서 수입한 화물이 개항 항구로 들어와 세금을 내면 다시 다른 항구로 운송되어도 수입세를 낼 필요가 없는 특권이 있었다. 그런데 영국인이 중국 화물을 거래하거나 중국 상인이 영국 선박으로 화물을 운송하면 원래의 대외 무역과 국내 무역의 한계가 불분명해졌다. 두 가지 세칙稅則, 곧 중국의 전통 세칙과 새로운 조약 세칙이 동시에 존재했기 때문에, 이를 운영하는 데에도 많은 혼란이 따를 수밖에 없었다. 중국의 세칙에 따르면 중국 화물이 항구를 떠날 때 수출세를 납부한 뒤 두 번째 항구에 들어가면 수입세를 내야 했으며, 두 번째 항구를 떠나면 다시 수출세를 내야 했다. 그러나 조약 세칙의 경우 비록 세율은 본국 세칙보다 높았지만 수입세를 한 번만 내면 무제한적으로 여러 항구를 드나들 수 있었기 때문에 외국 상인들에게는 오히려 유리하였다.80)

두 세칙의 이와 같은 차이점으로 인해 중국 상인들은 자신의 화물이 영국 선박에 실려 있을 경우 어떤 세칙에 따라 세금을 내야 할지 몰라 곤혹스러워 했다. 일반적으로 서로 다른 항구나 동일한 항구의 경우에도 시간에 따라 적용하는 세칙이 모두 달랐다. 대부분 상인들이 이처럼 외국 상인의 특권과 본국의 낮은 세율을 적용받기를 원하는 것은 당연한 일이었다. 1847년 봄, 샤먼 당국은 중국 상인들에게 영국 선박에 화물을 싣지 말도록 경고하였지만, 홍콩 총독이 이에 항의하자 곧바로 철회하였다. 영국 당국은 중국인들이 영국 선박에 화물을 선적하였을 때 중국 세칙에 의해 낮은 세금을 내야 한다고 주장하였는데, 이는 영국이 연해 해운에 완전하게 개입했다는 사실을 의미한다. 치잉(耆英)이 어떠한 반응을 보였는지에 대해서는 확실하게 알 수 없지만 영사들은 이미 그가 동의한 것으로 간주하였다.81)

많은 중국 상인들은 한 걸음 더 나아가 연해에서 자기 배에 영국 국기를 걸고 운항하기도 하였다. 이는 여러 방면에서 유리하였는데, 적어도 중국 관리의 강탈을 최소화할 수 있었다. 1907년 프랑스에 주재한 중국 외교관은 관리들이 불법으로 가혹하게 중국인의 선박을 착취하는 행위에 대해 상소를 올리기도 하였다.[82] 같은 시기의 다른 자료에도 "중국 선박이 외국 국기를 달면 세관원이 감히 강탈하지 못하였다. 그렇지 않으면 외국 상인들이 나서서 보호하였다"고 하였다.[83] 또 해적들도 외국 선박에는 함부로 접근하지 못했다. 특히 태평천국 기간(1850~1864) 등 국내가 혼란스러울 때에도 외국 국기를 단 선박은 안전하였으며, 일단 해적들에게 손실을 입더라도 배상받을 확률이 높았다. 마지막으로 중국 선주들은 자신들의 화물에 대해서도 비교적 낮은 세금이 적용되길 원하였다.[84]

아편전쟁이 끝난 뒤에 중국 관리들은 연해에서 서양 국기를 달고 운항하는 선박에 대해서는 그저 바라만 볼 뿐이었다. 1843년 이후 중국 연해를 운항하는 영국 선박은 영국 국기를 걸고 운항 면허를 소지하도록 함으로써 영국 법률이 부여하는 권리를 인정하였지만 조약은 그렇게 명확한 것이 아니었다. 1843년 '오구통상부점선후조관五口通商附粘善後條款'에 따라 승객 또는 편지를 수송하는 소형 영국 선박에는 중량세가 면제되었고, 150t 미만의 화물선은 1t당 1전, 150t 이상일 경우에는 1t당 5전의 세금을 내도록 하였다. 모든 영국 선박은 홍콩에서 운항 면허를 발급받은 뒤 광저우 항구에 도착하면 영국 영사관에 제시하도록 하였다.[85]

조약의 내용은 광저우로 제한되었지만, 몇 년 뒤에는 소형의 영국 선박(홍콩 면허를 가진)도 남동 지역의 연해에서 아무런 거리낌 없이 운항을 하였다. 영국 상인은 면허를 남용하였고, 일단 면허를 취득한 선박은 선주가 멀리 떨어진 곳에 있더라도 본인이나 선박이 직접 연기 수속을 할 필요가 없었으므로 연해를 운항하는 아편 선박의 선장은 몇 척의 배에 선주로 이름을 걸어둘 수도 있었다. 중국 상인들은 이러한 선박을 이용하여 장사를 하면서 세금 혜택을 누렸다.[86]

1850년대 이후, 기선의 발전으로 중국 기선이 외국 당국에 등록하는 일도 보편화되었고, 유럽식 범선을 가진 중국 선주도 선상에 외국 국기를 걸 수가 있었으므로 중국 소형 선박도 증가하였다. 이는 아주 교묘한 거래, 즉 범선의 소유권을 법률상으로 외국인에게 이전하고, 외국인은 선박을 가격에 따라 저당 잡힌 뒤 공동 운영권을 중국인에게 돌려주는 방식으로도 이용되었다. 따라서 외국 국기는 외국 소유권이라는 것을 증명하기 위하여 높이 걸어 놓을 뿐, 선박 증서에 서명한 외국인은 문제가 발생하기 전에는 신분을 노출할 필요가 전혀 없었다. 1856년 광저우에서 문제가 생겨 결국 1858~1860년 영국과 프랑스가 중국을 상대로 전쟁을 일으키는 데 발단이 된 쾌속정 애로우Arrow 호도 이와 같은 방법으로 영국 국기를 달고 있었던 것이다.[87] 1850년대 후반에 중국 선박이 외국 국기, 특히 영국 국기를 달고 연해를 운항하는 일은 이미 흔한 현상이었다.[88] 이 방법은 홍콩과 광저우 등 남쪽 항구에서뿐 아니라 양쯔강 유역의 상하이에서도 이용되어, 1860~1870년대 연해의 외국 상인들은 "전문적으로 이를 취급하기도 하였다."[89]

1860년대 후반에는 일반 중국 선박도 서양 국기를 달고 운항하였다. 1868년 총중량 3,314t인 38척의 정크선이 서양 국기를 달고 한커우와 전강(鎭江)을 운항하였고,[90] 톈진에서도 비슷한 일이 있었다. 이 무렵 중국 당국이 톈진에서 퉁저우로 진상 곡물을 운송하기 위해 톈진의 화물선을 징발하는 것은 일상적인 일이었다. 1869년에는 사용 가능한 정부 소유의 거룻배가 1,436척 있었는데도 560척이나 되는 개인 선박을 징발하기도 하였다. 중국 관리들은 외국인 소유이거나 외국인에게 고용된 선박은 징발할 수 없었기 때문에 이 배들을 적발하는 데 무척 고심하였다. 관리들은 외국 영사의 도장과 사인이 기재되고 지방 행정관의 도장이 찍힌 통행증을 요구하였지만, 많은 중국 선주들은 톈진에서 거래하며 통행증을 구입하여 사용한 뒤, 항구를 떠날 때에는 다른 선박에 되팔았다. 통행증 남발을 최소화하기 위해 중국 당국은 이 통행증을 선박의 돛대에 부착하도록 하였지만 근절하지는 못하였고, 영국 영사도 통행증 남발을 막는다는 것은 어려운 일이라고 공개적으로 실토하였다.[91]

중국 상인들은 서양 국기를 달고 운항할 경우나 기선을 새로 구입했을 경우 서양 상인에게 관리를 맡겼다. 1869년 2월 '옌타이(煙台)와 톈진의 유명한 중국 상회'가 드래건 호를 8만 5,000달러에 구입하였는데, 명의상의 선주는 홈스사였다. 1년 뒤 이 선박의 선주는 "총수익의 5%에 해당하는 수수료와 부두 비용을 전액 부담"한다는 조건으로 선박의 관리를 자딘매디슨사에게 넘겼다.[92] 앞에서 살펴본 것처럼 상하이기선해운회사는 미국 회사인 러셀사가 1862년에 설립하였지만 중국인들이 많은 지분을 가지고 있었다. 1877년 이 회사가 윤선초상국에 매각되자 산터우의 일부 주주들은 지분 양도를 거절하는 대신 선박을 사들여 닝보기선해운회사(Ningpo S. N. Co.)를 설립한 뒤 미국 국기를 걸고 운항하기도 하였다.[93]

이러한 방식은 1880년대까지 계속되어 중국 관리, 특히 양쯔강 유역의 관리들은 항상 불만을 토로하였다.[94] 이와 같은 현상은 1890년대에 들어 중국 당국이 중국 선박과 외국 선박에 대하여 동일한 세금을 적용하고, 외국 선박이 누리던 특권을 취소하자 비로소 줄어들기 시작하였으며,[95] 특히 량광(兩廣 ; 광둥성과 광시성) 총독은 외국인만이 자국 국기를 걸 수 있도록 강력하게 집행하였다.[96]

통행증과 '가짜 외국 회사'

이금厘金과 여러 가지 규제들을 피하기 위해 중국 상인들은 자신들의 사업을 서양인들이 경영하는 것으로 위장하기도 하였다. 이들은 외국

<그림 16> 1928년에 철골로 다시 건립된 새순사의 전경.

상인들에게만 허용되던 통행증(transit passes)을 불법으로 사용하여 내륙
과 개항 항구를 오가며 사업을 하였다. 1860년대에 톈진 상인들은 영국
회사, 즉 콜린스사(Collins & Co.)와 데이비드새순사로부터 사들인 통행증
을 이용하여 가죽 제품을 몽골에서 톈진까지 운송하였다.97) 1860년대

와 1870년대에 이러한 통행증이 매우 유행하자 1874년 상하이 당연국糖捐局은 세수稅收가 갈수록 악화될 것을 우려하고, 1874년 8월 설탕에 대한 세금을 절반으로 줄여 중국 상인들이 자신의 신분으로 거래하도록 유도하였지만 상황은 나아지지 않았다.[98]

중국 세관의 총 감독관인 로버트 하트도 1876년에 "통행증의 남용"을 표명하였고,[99] 세관뿐 아니라 전강의 영국 영사도 똑같은 우려를 표시하였다.[100] 1882년 전강의 영사는, 중국 상인들이 "외국인을 대리인으로 고용하여 양쯔강 상류에서 화물을 운송하면서 이금 대신 관세를 납부"하며,[101] "영국과의 조약 사항"을 충분히 이용하고 있다고 하였다. 그러나 이 같은 중국 관리들의 항의에도 불구하고 통행증의 남용은 청 왕조가 멸망할 때까지 계속되었다.[102]

아편 무역은 외국인을 이용하는 방법이 매우 특출하였다. 자딘매디슨사 상하이 지사의 댄 패트리지Dan Patridge는 1862년 10월 16일에 보낸 편지에서, 중국 아편 상인들은 지방관에게 "1상자당 은 10냥"씩 상납해야 하는 뇌물을 안 주기 위해 "외국인들을 이용해서 아편을 통관시킨 뒤에 1상자당 5~10냥의 수수료를 주고 먼저 외국 회사로 운송한 다음 야간에 다시 인수하는 방법"을 이용한다고 하였다.[103] 이 같이 서양인의 명의를 이용하는 방법은 아편에서 점차 중국의 토산품으로까지 확대되었다.[104]

현지의 중국어 및 영자 신문을 자세히 살펴보면, 중국 상인들이 서양인의 통행증을 이용하였으며, 또 수시로 외국 회사의 명의를 이용한 사실을 쉽게 발견할 수 있다. 중국인들의 자금으로 관리하는 '가짜 외국 회사'는 이금과 다른 세금을 피할 수 있었고, 여기서 '절약'된 금액의 절반은 당연히 이름을 빌려 준 외국인에게 지급해야 했다.[105] 전장의 영국 상인 워커W. F. Walker는 광저우와 산터우의 중국 상인과 합작하여 3개의 중국 상호를 가지고 있었으며, 중국 상인들은 이 명의로 사업을 하였다. 당시 전장에 있던 외국 회사들은 거의가 서너 개의 중국 이름을 가지고 운영하고 있었다. 1879년 한 중국인은 "서양인들이 중국인에게 명의을 빌려 주는 일"은 "일반적인 방법"이라고 했으며,106) 이는 1870년대 후반 상하이와 전강 및 한커우에서 특히 성행하였다.107)

1890년 충칭(重慶)이 개방되자 중국 상인들은 다시 이 방법을 이용하였다.108) 한 세관 직원은 1892년 닝보에 보낸 사적인 편지에서 연해와 양쯔강 일대에 이러한 "사기꾼 같은 상인들이 …… 자신의 이름을 파는 일을 생업으로 삼고 있다"고 하였다.109) 이러한 수법은 많은 이익을 남길 수 있었기 때문에 1880년대의 제조업에서도 이용되었다. 1883년 푸젠 상인들은 샤먼에서 영국인과 독일인의 명의로 공장을 세워 철제 냄비를 생산하려 하였지만, 현지 관리들은 조약 규정상 외국인이 중국에서 제조업을 할 수 없다는 이유로 허가하지 않았다.110) 1895년에 비로소 외국인에게도 허용되자 중국인들은 외국인의 명의로 공장을 세워 제조업에 참여할 수 있었다.111)

소수의 중국 상인들은 서양인 명의로도 이익을 얻을 수 있었지만, 사실 이 같은 방법은 중국의 상업 유통을 방해하는 행위였다. 상인들은 외국 상인을 찾지 못해 명의를 빌리지 못할 경우 아예 자본을 투자하지 않았기 때문이다. 정관잉은 개혁을 논한 그의 저서 『성세위언盛世危言』에서 이러한 방법이 중국 경제를 혼란시킨다고 맹렬하게 비판하고, 정부가 취해야 할 가장 중요한 대책은 이금의 완전 철폐라고 주장하였다.112) 또 일부 고위 관료들은 중국 상법을 개선해야 한다고 주장하였고, 장즈둥과 류쿤이(劉坤一) 등은 정부가 적극적으로 상인들에게 사업을 하기에 좋은 환경을 만들어 주어야 한다고 역설하였다.113)

조약에 따르면 개항 항구의 외국인 조계租界에서 "토지나 건물의 매매 또는 전매 등을 금지하고, 이를 위반하면 벌금에 처한다"고 하였다.114) 그러나 몇몇 중국인들은 조계에서 거주하거나 영업할 목적으로 외국인 명의를 빌려 부동산을 구입하거나 임대하였는데, 이런 현상은 1860년대 이후에 특히 심하였다.115) 전강의 영국인 조지 코위George Cowie는 "중국인의 대리인으로 유명"해진 사람으로서,116) 1882년 중국 상인들은 그의 이름을 빌려 기브리빙스턴사로부터 부지를 구입하기도 하였다. 1880년대 후반과 1890년대 초반에 개항 항구에서는 이러한 일들이 끊임없이 행해졌다.117)

서양 상인과 유대 관계를 맺고 있는 중국 상인들은 이들을 이용하여 합법적인 보호를 받을 수 있었다. 1845년 러더퍼드 올콕Rutherford Alcock은 푸저우에서 중국 당국과 광둥 사람들의 문제에 관여해 적극적인 중재 역할을 함으로써 보호자 역할을 하였고,118) 이로써 외국 상인이 중국 회사의 이사회에 적극적으로 참여하는 계기가 되었다. 1871년 중국 보험회사를 설립할 때 미국 올리펀트사의 공동 경영자를 이사로 초청하였고, 이사회의 의장도 서양 사람이었다.119) 관료 출신 기업가인 성쉬안화이(盛宣懷)조차도 그의 면방직 공장을 홍콩에 있는 외국 세력의 명의로 등록하였다.120) 중국 상인들은 심지어 아예 국적을 바꾸는 경우까지 생겨, 허푸청(何福成)은 영국, 시리궁(席立功)은 포르투갈 국적을 취득하기도 하였다.121)

서양 상인들은 중국인들에게 명의를 빌려 주는 대신 그들을 보호해야 할 책임이 있었다.122) 이를 위해 그들은 가끔 무력을 사용하기도 하였다. 1850년대, 태평천국 때문에 차 생산지가 영향을 받자 중국인들은 덴트사와 자딘매디슨사의 보호를 받으며 상하이까지 차를 무사히 운송하였고,123) 1860년대 초기에 오거스틴허드사도 마찬가지였다.124) 또 1883년에 독일은 토지 분쟁에 휘말린 자국의 한 회사를 보호하기 위해 산터우에 군대를 파견한 일도 있었다(사실상 토지는 중국인 소유일 가능성이 컸다).125)

중국과 외국의 상인들이 서로 결탁하여 가짜 명의로 회사를 경영하였으므로, 견실한 서양 회사는 자신들의 회사 이름은 이러한 방식으로 도용되지 않는다는 점을 특별히 보증하였다. 자딘매디슨사는 특별 대리인들이 회사의 이름을 임의로 사용하지 못하도록 규정하였고,[126] 데이비드새순사도 매판들에게 회사가 대금 결제를 하지 않는 이상 절대로 회사 이름을 사용하지 말도록 엄격하게 지시하였다.[127] 19세기 후반부터 20세기 초반까지 일부 중국 상인들은 이름 뒤에 '양행洋行'을 덧붙이기도 하였다. 이 명칭은 행상 시대에 '외국 화물을 취급하는 중간 상인'이라는 의미였지만,[128] 청대 최후의 몇 십 년 동안에는 이미 '외국 회사'라는 의미로 변하여 중국에 있는 외국 회사를 지칭하였다.[129] 따라서 외국 상인들은 중국 상인들이 이 단어를 사용하여 사람들은 오도한다고 불만을 토로하였다.[130]

단기간에 많은 이익을 거두다

비록 자료는 충분하지 않지만 근대 상업에서 얻는 이익과 전통적 투자 방법 사이에는 차이점이 있었다. 1870년대의 무역은 인구 증가에 따른 토지 가격의 상승에도 불구하고 토지보다도 훨씬 많은 이익을 얻을 수 있었다.[131] 19세기에 들어와 토지에 투자한 수익률은 계속 떨어져 이미 상당히 낮은 수준을 이루고 있었다. 18세기 후반에 세금을 내기 전의 수익률은 약 10%였는데, 1870년대에는 4% 정도까지 하락하였다. 1880년대 산둥성의 어떤 지역은 1묘畝(0.15에이커)당 임대료가 3냥이 채 안 되었지만 매매 가격은 150냥까지 폭등하였다. 이러한 상황에서 수익률은 2%도 안 되었고, 벅J. L. Buck이 민국民國 시기에 실시한 연구 결과도 마찬가지였다. 토지의 투자 수익률은 아주 낮았고, 시간이 흐름에 따라 임차료를 받는 것도 어려워졌다. 결국 19세기, 특히 후반에 토지 소유에 따른 이익은 하락하였고,132) 소금처럼 전통적으로 정부가 독점한 사업의 이익도 내리막길을 걷고 있었다.133) 중국 투자자들은 이러한 환경의 변화를 인식하였고, 이에 따라 근대 상공업에서 출로를 모색하게 되었다.

많은 이익

아편 무역에서 얻은 총이익이 얼마인지 알 수는 없지만 여러 가지 증거로 보아 대단히 많았던 것만은 사실이다. 19세기 중엽의 한 자료에 따르면, 19세기가 시작된 10년 동안 인도와 중국의 아편 거래를 통한 6개월 평균 순이익은 투자액의 15%를 초과하였다고 한다. 외국 아편상은 "단기간에 별다른 잡음도 없이 이렇게 풍부한 이익을 올릴 수 있어 …… 다른 사업에는 투자할 생각조차 하지 않았다"고 할 정도였다.134) 자딘매디슨사의 앤드류 자딘Andrew Jardine은 1840년대에 파트너와 함께 300만 파운드(약 1,500만 달러)라는 엄청난 이익을 올렸는데, 이 가운데 대부분은 약 10년 간 행하여 온 아편 무역에서 얻은 것이라고 하였다. 1848년에 영국 선박 한 척이 1,800상자의 아편을 봄베이에서 홍콩으로 싣고 와 1상자당 750달러로 계산하여 모두 135만 달러에 판매하였다. 그들은 이 한 가지 화물만으로도 평균 15%의 순이익을 올려 20만 2,500달러를 벌 수 있었다. 1852년 11월 갠지스Ganges 호는 2,500상자의 아편을 싣고 왔는데, 이것의 가격과 수익률을 위의 것과 동일하게 적용했을 경우 화물주는 28만 1,250달러라는 큰 이익을 올렸을 것이라는 계산이 나온다.135)

차도 역시 수익률이 높았다.136) 1784~1785년에 차이나특급(Express of China) 호의 순이익은 3만 727달러로서 최초 투자액의 25%에 달하였다.137) 1797~1798년 벳시Betsey 호의 순수입도 12만 달러를 초과하여 5만 3,118달러의 이익을 올렸다.138) 쾌속선이 차를 운송하던 시절에는 배의 속도가 빠른 만큼 수익률이 더 높았다. 오리엔탈Oriental 호는 1850년의 한 번 운항에서 4만 8,000달러의 이익을 남겼는데, 이것은 이 배값의 3분의 2에 해당하는 금액이었고, 또 다른 쾌속선 레인보우Rainbow 호도 한 번 운항에서 배값의 두 배를 벌기도 하였다.139)

1854년 푸저우의 경우에서도 알 수 있듯이 차 무역은 이익이 많은 반면에 위험 또한 컸다. 푸저우는 차 생산지와 가까웠지만 1854년 이전에는 차 수출량이 많지 않았다. 1853년 상하이는 삼합회三合會 일파인 소도회小刀會의 난동에 의해 장악되고, 상하이로 통하는 요로는 태평천국군의 수중에 들어갔으며, 광저우 역시 반도들에게 포위되었다. 이로 인해 두 지역의 수출이 중단되자, 사업 경험이 있던 상하이 지방관 우젠창은 평소 유대 관계를 쌓아 온 러셀사의 미국 상인들에게 "푸저우에서 차 수출을 시도해 볼 좋은 기회"라고 제안하였다.140)

오거스틴 허드 주니어Augustine Heard Jr.는 '즉시 이 제안을 받아들였고', 이듬해 초에 자딘매디슨사·러셀사·덴트사·오거스틴허드사 등 외국 회사들은 '적극적으로 움직여 많은 사람과 자금을 내륙으로 파견하였다.' 그러나 이렇게 차를 구매하는 데에는 세 가지 어려움이 있었다. 첫째, 허드 주니어가 "우리는 전에 해 보지 않았던 일을 하고 있다"고 말했듯이 이 일은 처음이었고 시험적이었다. 둘째, 이러한 일은 조약의 보호를 받을 수가 없었다. "1월에 처음 내륙으로 돈을 보낸 뒤 2~3월에는 더 많이 보냈지만 5월이 되어서야 차를 받을 수 있었다. 이는 대단히 큰 모험이었다. 그것은 조약에 우리가 내륙의 생산품을 살 수 있다는 것에 대한 보장이 없었고, 만약 손실을 입더라도 배상을 받을 수도 없었기 때문이다."141) 따라서 그들은 오직 자신들이 고용한 중국인들의 충성심에 의지할 수밖에 없는 모험을 하였던 것이다.

마지막으로 차 구매를 위험스럽게 만드는 또 다른 요인은 내륙의 사회 불안이었다. 허드 주니어는 "고용한 중국인을 얼마나 신뢰할 수 있을지 모르겠다. 이 나라는 (태평천국으로 인해) 가장 위험한 상태에 있고, 그들은 돌아와서 단지 강도를 만나 가지고 있는 모든 것을 털려 미안하다는 말만 한다"고 했다. 이것은 소문만이 아니라 허드 주니어도 이 같은 일을 직접 경험하고 나서 "나는 (내륙으로) 떠나기 전에 먼저 중국인 직원들을 샤먼에서 육로를 통해 파견한 후 숙소 등 일체를 준비하도록 하였지만 내가 도착했을 때까지 그들은 아직도 그 곳에 도착하지 않았다. 그들은 도중에 강도를 만나 돌아갔던 것이다"라고 술회하였다. 이렇게 큰 위험을 내포하고 있었지만 허드 주니어의 말대로 "문제는 우리가 얻을 수 있을지도 모르는 이익과 명성을 위해 모험을 할 가치가 있느냐는 점이었다." 그러나 결국 중국 고용인들의 충성으로 그들은 "엄청난 이익을 얻어" 만족할 수 있었다.[142]

푸저우의 개방은 중국 차상들에게도 유리하였다. 1854년 이후 우이산 지역의 차 구매가 순조로워 많은 차상과 판매인 및 매판들은 호황을 누렸다. 상하이에서 온 러셀사의 아훙(阿洪)도 그 가운데 한 사람으로서 푸저우에서 새로운 기회를 잡았다. 오거스틴허드사는 아치(阿啓)·석관·탕룽마오 등과, 자딘매디슨사는 아시·아린·타이성·퉁싱·융타이와 차를 공급하는 계약을 체결하였다. 거래가 성행하자 내륙에서 차 창고를 가지고 있던 사람까지 돈을 벌었다.[143] 이들은 내륙에서 구매와 검사를 하면서 수수료를 받았고, 차를 가공해서 푸저우까지 운반하고 가외로 돈을 받았다. 이 돈들은 "당연히 상회의 관리인에게 주어야 할 돈"이었다.[144]

매판 상인인 린친(林欽)은 1868년 자딘매디슨사의 선박으로 생사를 프랑스 리옹까지 운반하고 '화물의 4분의 1에 대한 이익'을 얻었다.[145] 그러나 대부분의 경우에는 이보다 더 많은 이익을 남겼다. 1861년에는 한 중국인이 상하이에서 1담당 360달러에 생사를 구입하고 여기에 운송비와 보험료를 1담당 30달러씩 들여 프랑스의 마르세유로 보낸 뒤,

그 곳에서 1담당 575달러에 판매하여 1담당 185달러의 차익을 남겼다. 그는 불과 6~9개월 만에 47%에 달하는 이익을 남길 수 있었던 것이다.146) 1870년대에도 이러한 상황은 계속되었다.147) 만약 저장성과 장쑤성에서 직접 상하이보다 싼 가격(약 250달러)으로 구입해 프랑스 남부 지방보다 비싸게 받을 수 있는 영국의 런던(약 600달러)으로 보냈다면 65%의 이익을 남길 수 있었을 것이다.

1860년 말의 몇 개월 동안 청 정부는 태평천국운동과 중·영 전쟁 및 황허(黃河) 건설 등으로 인하여 베이징으로 조량을 운송하는 노선이 막히게 되자 미국 상인들과 베이징에 쌀을 공급하는 계약을 체결할 것을 고려하였다. 미국 선박은 정치적 중립 태도와 빠른 운송 속도 그리고 근대식 무기로 무장하여 영국인과 반군 및 해적의 습격에서 벗어날 수 있었기 때문이다. 오거스틴허드사의 허드와 러셀사의 에드워드 커닝엄은 서로 합작하기로 하고, 각 회사가 60~70만 달러의 현찰로 동남아시아의 여러 항구에서 쌀 100만 담을 구입하여 톈진까지 가져온 뒤 다시 중국 정크선을 이용하여 운반하기로 하였다. 쌀 가격과 운송비, 보험료, 환율, 중국 고용인 경비까지 계산하여 각 회사는 100만 달러 이상이 필요하였지만, 그 가운데 60~70%는 쌀의 계약금이었고, 이익은 120만 달러 정도로서148) 약 50%로 추산되었다. 청 정부의 고위 관리들도 19세기 중엽의 쌀 무역이 많은 이익을 남긴다는 점을 인정하였는데, 푸젠성의 순무(巡撫) 선바오정은 1862년에 올린 상소문에서 중·서 상인들이 동남아시아와 광둥성, 푸젠성 간의 쌀 무역을 통해 많은 이익을 올리고 있다고 하였다.149)

신속한 이익

연해의 많은 상인들은 '맨 밑바닥에서 시작하여 부자가 되기까지' 그리 오랜 시간이 걸리지 않았는데, 이는 역시 연해 무역이 단기간에 많은 부를 축적할 수 있게 해 주었다는 사실을 보여 주는 것이었다. 사실, 연해 무역은 많은 사람에게 큰 돈을 벌게 하기도 하고 불안정한 환경으로 많은 사람들을 파산하게 만들기도 하였지만, 빠르게 부를 축적할 수 있는 발판이 되어 주었던 것도 사실이다.150)

이는 조약 시스템에서 성장한 상인들뿐 아니라 부유한 공행 상인도 마찬가지여서, 호관처럼 어느 정도 유산을 받은 경우도 있지만 대부분은 자신의 노력으로 필생의 부를 축적하였다. 광저우의 경관經官이었던 량징궈(梁經國 ; 1761~1837)도 그런 경우에 속하는 사람이었다. 가난한 시골 서당의 선생이었던 아버지가 1767년에 세상을 떠났을 때 그는 겨우 6세였는데, 네 식구는 너무 가난해서 먹고 살기도 어려웠다. 그는 어린 나이였지만 낮에는 길거리에서 장사를 하고 저녁에는 어머니를 도와 베를 짰다. 성장한 뒤에는 공장에 취직하여 10여 년 동안 근무하였고, 한 행상의 책임자가 될 때까지 그는 성실하고 근면하게 일하였다. 1808년 그는 마침내 공행 상인이 되었고, 1811~1827년까지 16년 동안 차 판매량이 세 배나 증가하여 많은 돈을 벌었다. 그는 돈을 벌자 여러 차례 국가에 기부를 하여 결국 지부知府라는 직위를 얻었는데, 이는 돈으로 살 수 있는 가장 높은 관직이었다. 그는 19년 동안 행상으로 활동하다가 1827년에 은퇴하였다.151)

쉬룬의 자서전을 통해서도 그 무렵 유명했던 광둥 상인의 빠른 성장사를 엿볼 수 있다. 쉬룬은 1852년 14세 때 상하이로 건너간 뒤 영국 회사인 덴트사에 들어가 일을 배우기 시작하였고, 16년 동안 근무한 뒤에 매판이 되었다. 그는 1859년부터 사업에 투자하기 시작하여 전장錢莊과 부동산, 차, 생사, 면포와 기타 토산품 등을 취급하는 많은 상점과 회사를 경영하였으며, 1883년 11월에는 상하이에서 가장 부유한 상인 가운데 한 사람이 되었다[표 13]. 1883년 8월, 『노스차이나헤럴드』의 보도에 따르면 그 무렵 농민의 연평균 수입은 약 15원이었는데,152) 쉬룬의 자

〔표 13〕 쉬룬의 재산 상황(1883년 11월) (단위 : 냥)

자 산	
부동산	2,236,940
주 식	426,912
전당포	348,571
주식 담보로 받아야 할 자금	397,000
합계	3,409,423
부 채	
전장 대출	1,052,500
주식 담보 대출	419,920
부동산 담보 대출	720,118
사채	329,709
합계	2,522,247
자산 가치	887,176

자료 : 徐潤, 『年譜』, 2쪽, 5쪽, 34~35쪽.

산은 대략 31만 6,000명의 농민의 연간 수입을 합친 것과 같았고, 자산 가치는 82,150명의 농민의 자산을 합친 것과 같았다.

남부에는 쉬룬과 비슷한 경우로 허둥(何東)이라는 상인이 있었다. 그는 광둥 사람이었지만 일생의 대부분을 홍콩에서 지내면서 사업을 하였다. 어려서 아버지를 잃고 생활이 어려워 학교 교육도 제대로 못받았지만 독학으로 영어를 익혀 1879년부터 광저우 세관에서 일하다가 1883년에 자딘매디슨사의 매판이 되어 7년 동안 일했다. 30세 때에는 해운업과 보험, 부동산과 대외 무역에 투자하여 이미 백만장자가 되었고, 20세기 초에는 홍콩과 상하이의 18개 대기업의 이사를 지냈으며, 그 가운데 여러 회사의 회장과 최대 주주가 되었다.153)

저장浙江 상인들도 연해에서 빠르게 성장하였는데, 그 가운데 다채로운 경력을 지닌 4명을 그 예로 들 수 있다. 1840년대 중반에 타이지(泰

記)는 닝보에서 상하이로 와서 처음에는 노동을 하다가 생사 사업을 시작하였다. 그는 똑똑하고 유능하여 연해서 기회를 놓치지 않고 20년도 안 되어 백만장자로서 상하이의 거부가 되었다.[154] 또 생사 무역으로 유명한 천위창(陳裕昌)도 1850년대 초에 무일푼으로 상하이에 왔지만,[155] 1862년에는 이미 부자의 대열에 서게 되었다. 허드는 그 해 4월 8일에 쓴 편지에서 그를 언급하면서 "기선 산둥 호의 판매는 천위창과의 친분으로 인해 성공적으로 마쳤다. 그는 이 곳에서 가장 부유한 사람 가운데 하나이고, …… 최근에 생사 무역으로 성장한 사람으로 기억한다"[156]고 했다. 또 한 사람은 후광융(胡光墉)이다. 그는 항저우(杭州)의 전포錢鋪에서 쌓은 경력과 고위층과의 밀접한 관계를 바탕으로 금융계에서 중요한 역할을 하였고, 쌀과 생사 무역 이외에도 상하이·닝보·항저우·원저우·푸저우·샤먼·한커우·베이징 등지에 은호銀號와 세관 은호를 설립하여 1883년에 백만장자가 되었다.[157]

마지막으로 예청중(葉澄衷)은 대대로 닝보 전하이(鎭海)의 가난한 농민이었다. 1845년 아버지가 세상을 떠나자, 5세였던 그와 여섯 식구는 졸지에 생계가 어려워졌다. 집안 재산은 겨우 논 8묘(1.2에이커)가 전부여서 그는 논농사 외에 기름집에서 일을 하며 생계를 꾸려 나갔다. 14세 때 그는 니(倪) 씨 성을 가진 고향 친구와 상하이로 가서 장사를 배우기 시작하였고, 이후 보증인의 도움으로 프랑스 조계의 잡화점에서 일을 하게 되었다. 1862년 그는 자신의 가게를 열어 황푸 강가에서 외국 선박을 대상으로 잡화를 팔았다. 그는 근면하고 성실하였으며, 무엇보다 엉터리 영어[pidgin English ; 어법은 잘 맞지 않지만 뜻은 통하는 영어]를 할 줄 알아 성공할 수 있었다. 그는 사업의 규모가 커지자 지점을 설치한 뒤 외국인들과 더 많은 거래를 하였고, 저녁에는 영어 교사를 초빙하여 직원들에게 영어를 가르쳤다. 19세기 말, 그는 상하이에 세운 6개의 상점과 한커우에 세운 2개의 상점을 비롯하여 쥬강·우후·전강·즈푸·

톈진·잉커우(營口)·닝보·원저우 등지에도 상점을 세워 무역과 기계 등의 사업을 하였고, 전장도 몇 군데 소유하였다. 1890년대에는 상하이와 한커우에 제사 공장과 성냥 공장을 설립하여 제조업으로 방향을 전환하였으며, 세상을 떠날 때 그의 자산은 800만 냥이라는 엄청난 액수였다.158)

작은 도시나 마을에도 부유한 상인은 있었다. 저장성 북부의 난쉰진(南潯鎭)은 생사 생산과 교역의 중심지로서 부유한 상인들이 많았는데, 재산의 정도에 따라 100만 냥 이상은 '코끼리(象)', 50만 냥에서 100만 냥까지는 '소(牛)', 30만 냥에서 50만 냥까지는 '개(狗)'라고 불렀다. 1860년대 이후 이 곳에는 4명의 '코끼리'와 8명의 '소', 72명의 '개'가 있었고, 나중에는 1,000만 냥 이상을 가진 '사자(獅)'도 2명이나 생겼다.159)

서양 상인들도 연해에서 많은 이익을 얻을 수 있었다. 개항 항구에 사는 외국인들의 특징은 모험성이 큰 사업을 하여 단기간에 거부가 되는 것을 유일한 목표로 삼았다는 점이다.160) 1828년 41세의 존 쿠싱은 광저우에서 약 60만 달러를 벌어 보스턴으로 돌아갔다. 그는 사업에서 은퇴하여 윌리엄 스터기스William Sturgis에게 자금을 관리하도록 맡겼다.161) 그러나 실제로 이런 사람들 가운데 대부분은 본국으로 돌아간 뒤에 경제적 어려움을 겪게 되어 다시 중국으로 건너와 단기간에 이익을 실현하려 하였다. 로버트 포브스는 중국 무역에서 많은 돈을 벌어 1830년대에 보스턴으로 돌아갔지만, 1837년 대공황에 휩쓸려 그의 기업이 도산하자 어쩔 수 없이 1838년에 다시 광저우로 돌아왔으며,162) 1839년 1월 1일 러셀사에 들어가 책임자가 되었다.163) 1830년대 후반에 오거스틴 허드도 마찬가지였다. 그의 조카인 허드 3세의 일기에 따르면 "삼촌이 중국으로 다시 돌아간 것은 몇 년 전에 가지고 온 돈을 친구인 로버트 포브스나 다른 사람들이 추천하는 곳에 투자했다가 손해를 입었기 때문"164)이었다.

서양 상인들에게 중국 생활이 결코 유쾌한 것만은 아니었다. 그들은 덥고 습기 찬 기후와 특수한 질병에 시달려야 했다. 오직 많은 이익만이 그들로 하여금 이 어려움을 극복할 수 있도록 해 주는 유일한 희망이었다. 따라서 일단 돈을 벌면 그들은 고국으로 돌아갔다. 존 포브스는 1835년 광저우에서 호관의 건의로 광저우 러셀사의 파트너가 되었고, 2년 뒤에 15만 달러를 벌자 보스턴으로 돌아가 그 곳에서 러셀사의 대리인으로 대 중국 무역을 하였으며, 마침내 철도 사업으로 유명한 기업가가 되었다. 1834~1836년에 러셀사의 또 다른 파트너였던 새뮤얼 러셀Samuel Russell과 필립 아미던Philip Ammidon, 존 그린John C. Green, 조셉 쿨리지Joseph Coolidge 등도 모두 성공을 거두었다.[165] 이들은 1834년에 약 10만 달러의 이익을 분배받았고, 1836년까지 파트너로 일하면서 40만 달러가 넘는 수익을 올렸다. 이들의 연평균 수익은 약 13만 3,000달러였으며, 미래에 대한 전망도 밝았다.[166] 러셀사는 예상 목표를 달성해서 1870년대에는 정기적으로 보너스를 지급하였다.[167]

오거스틴허드사의 정확한 수익률은 알 수 없지만 공동 경영자였던 허드 3세가 회사의 대우에 극히 만족하였다고 한 것을 보면 상당하였을 것으로 추정된다. 그의 일기에 따르면 1847~1852년에 연평균 5만 달러의 이익을 올렸고,[168] 그 이후 5년 동안 이익이 더욱 급속하게 불어났다고 한다. 1857년의 일기에는 "전체적으로 나는 큰 이익을 남겨 1년에 18만~20만 달러를 벌었다"고 기록되어 있다.[169]

연해의 상업에서 얼마나 많은 이익을 올릴 수 있었는지 정확히 알 수는 없지만, 국제 무역이 국내 무역보다 이익이 많았던 것은 분명하였다. 나는 중국 국내 무역의 연간 수익률은 투자액의 20% 정도이고 국제 무역은 40% 정도였다고 생각한다. 따라서 연해에서의 평균 수익률은 30% 정도였으며, 이는 농촌에서 토지에 투자해서 얻은 수익률 — 1870년대의 4% — 을 훨씬 초과하였다. 이처럼 연해의 상인들은 합법적인 수단과 불법적인 수단을 가리지 않고 단기간 내에 막대한 이익을 남길 수 있었지만, 동시에 수시로 발생하는 여러 가지 정치적 변화와 상업상의 위험을 감수해야만 했다.

제10장 위험하고 불확실한 시장

　상업 자본주의의 분명한 특징 가운데 하나는, 많은 이익을 얻을 기회
가 있지만 위험과 불확실성 또한 항상 존재한다는 점이다. 존 새뮤얼
스와이어는 한커우의 영국 무역상에게 보낸 편지에서 "앤더슨R. Anderson
은 대 중국 무역에서 은퇴하면서 많은 돈을 벌었지만 손해도 많이 보았
다"고 하였다.[1] 과거의 전통적인 공장은 오직 주문에 의해서만 생산하
거나 아니면 적어도 고객의 취향을 알 수 있었지만, 근대의 상인은 아
주 먼 지역에서 생면부지의 사람에게 상품을 팔아야 한다는 차이점이
있었다. 그는 발생할지도 모르는 많은 변화, 즉 멀리 있는 고객이 어떤
물건을 원하는지, 어디서 얼마만큼의 화물을 어떤 가격에 내놓아야 팔
릴 수 있는지 등에 항상 대비하여야 했다. 이와 같은 환경에서 많은 정
치적, 경제적 불확실성에 적응해야 하는 새로운 형태의 상인 - 사업가
가 출현하게 되었다.

정치 동란

경제 발전에서 안전한 환경이 조성된다는 것은 대단히 중요하였다. 중·서 상업 자본주의는 모두 국외 시장과 내륙의 구매에 의존도가 컸으므로 외국에서 발생한 분쟁과 중국 연해 또는 내륙에서 발생한 정치적 불안이 자연히 그 발전에 많은 영향을 미쳤기 때문이다.

전쟁이 상업에 미친 영향

외국에서 일어난 대규모 전쟁은 중국 연해 경제에 많은 영향을 미쳤다. 나폴레옹전쟁으로 유럽에 대한 무역이 급격히 줄어들었고, 미국의 남북전쟁 역시 중국 연해에 작으나마 영향을 미쳤다. 1864년부터 영국의 대기업인 덴트사의 영업 실적이 나빠지기 시작하여 1865~1866년에는 더욱 악화되었는데, 이 회사의 매판인 쉬룬은 1867년 "남북전쟁으로 각 항구의 거래가 뜸해지자 동치同治 5~6년 이후로 회사의 영업이 대단히 어려워졌다"고 하였다.2)

19세기의 중국 연해는 전쟁의 영향을 많이 받았는데, 호관의 편지(최근 학자들이 이용하는)를 통해 아편전쟁이 연해 무역에 미친 불리한 영향에 대해 명확하게 알 수 있다. 아편전쟁으로 화폐 부족 현상이 심각해지자 1841년 "영국인들의 행동은 모든 상인들을 불안하게 만든다. 돈이 있는 사람들이 예전처럼 돈을 빌려 주지 않아 외국 물건을 구매할 수가 없다"3)고 했다. 공행 상인들은 아편전쟁으로 특히 심한 타격을 입었다. 1841년 5월 영국의 찰스 엘리엇Charles Elliott이 군대를 이끌고 광저우를 공격하기 시작했지만, 공행 상인들로부터 600만 달러의 '배상금(贖金)'을 보장받고 성 밖으로 철수하였다. 1842년 5월 11일 호관은 존 포브스와 로버트 포브스에게 편지를 보내, 이미 행상들에게 200만 달러를 걸었고 나머지 400만 달러는 국가 재정 담당인 포정사布政使가 공행 상인들이 분할해서 갚는다는 조건으로 제공할 것이라고 하였다.

> 지난 열 달 동안, 공행 상인들에게 거액의 자금을 걷어 전함을 수리하고 대포를 주조하였으며, 군대를 조직하였다. 매년 홍태洪泰와 무관茂官, 경관經官, 수관壽官에게 지급할 거액의 배당금까지 이 불쌍한 노인네가 부담해야 한다.[4]

호관은 전쟁으로 공행 상인들의 부담이 가중된 것에 대해 불만을 터트리며, 1843년 4월 5일 다시 포브스 형제에게 편지를 보냈다.

> 행상은 7월 중에 폐지되었고, 당국은 우리에게 홍태와 경관의 빚(이는 매년 분할 상환을 약속함)을 갚으라고 강요하고 있다. 100만 달러는 이미 3개월 동안 갚았고, 나머지 200만 달러는 7월 1일 이전에 갚을 것이다. 이 밖에도 관리들은 500만 달러가 넘는 광저우의 배상금을 가로챘다. 당신은 우리의 어려움과 암담한 장래를 짐작할 수 있을 것이다.[5]

행상들 가운데에서도 호관의 손실이 가장 컸다. 아편전쟁으로 인한 귀족 호관의 몰락은 전쟁이 어떻게 상인의 사업에 막대한 손실을 입히는가를 분명하게 보여 주었다. 호관은 아편전쟁이 광저우 경제에 장기적으로 영향을 미칠 것을 우려하여 1840년 보스턴과 뉴욕에 있는 미국 친구에게 "오랜 전쟁으로 대단히 걱정스럽다"고 하였는데, 그의 예상은 적중하였다. 이듬해에 존 포브스에게 보낸 편지에서 전쟁에 대해 언급하면서 "영국 때문에(아편전쟁) 나는 막대한 금전 손실을 입었고, 전쟁은 갈수록 확대되어 언제 끝날지 모르겠다"고 걱정하였다.[6]

호관이 외국의 개별 상인들과 거래하던 사업은 아편전쟁이 벌어지는 동안에 사실상 종지부를 찍었다. 비록 미국 상인들은 계속 거래를 하였지만 호관은 관리들의 방해를 받고 있었다. 1840년 여름, 호관은 뉴욕에서 그의 생사 사업을 대리 운영하는 존 그린에게 "돈을 받으면 러셀사에 송금하라"고 지시하고,7) 존 포브스에게는 해외 투자 부분을 잘 처리해 달라고 부탁하였다.

> 현재 미국과 유럽에 있는 자금에 대해 최선을 다해 안전하게 이자 수익을 올릴 수 있도록 관리를 부탁한다. 이번 영국 사정(아편전쟁)이 해결되면 모든 자금을 중국으로 가져와 러셀사에 투자하고 싶은데, 미국 달러나 방글라데시 환어음 가운데 어느 것이 더 유리할지 판단해 주기 바란다. 만약 내게 무슨 일이 생겨 미국과 유럽의 자금 관리에 대해 지시를 할 수 없게 되면, 나의 대리인인 러셀사가 나와 후계자를 위해 전권을 가지고 가장 유리한 방법을 선택하여 행동할 것이다.8)

그는 아편전쟁 동안 정부가 자신을 감옥에 가두거나 극형에 처할지 모른다고 우려하여 사업 의욕을 완전히 상실하였고, 전쟁이 끝나자 국제 무역에서 손을 떼고 말았다.

아편전쟁이 끝났을 때 그는 비록 200만 달러가 넘는 손해를 보았지만, 런던의 플로덴W. H. C. Plowden에게 보낸 편지에서 "1841년 5월 영국군이 광저우를 공격할 때 나는 80만 달러에 이르는 손해를 입었고, 또 같은 액수의 배상금을 내는 등 전쟁으로 인한 손해는 200만 달러가 넘는다. …… 그러나 전쟁이 끝난 것은 대단히 기뻐할 일이다"라고 하였다.9) 1842년 8월 29일에 체결된 난징조약에 의해 공행이 폐지되자, 1843년 4월 5일 호관은 포브스 형제에게 "차를 빨리 팔도록 하라. 특히 1841년에 보낸 차 가운데 남은 분량은 빨리 처분하는 것이 좋겠다. 이익이 남는다면 빨리 처분하라"고 지시하였다.10) 이 때 그는 아마 일생에서 처음으로 자신의 사업을 축소하고 싶었는지도 모른다.

아편전쟁은 호관에게 재산상의 손실과 예기치 못한 부담을 안겨 주었다. 청 정부가 거액의 경비를 필요로 할 때 공행 제도의 미묘한 균형이 흐트러짐으로써 호관이 선두에서 관리들의 협박을 당해야 했기 때문이다. 1841년에 그는 모두 200만 달러(스페인 은화)를 부담했는데, 그 가운데 110만 달러는 개인적으로 광저우의 '배상금' 명목으로 낸 것이었다. 1843년 8월 호관이 세상을 떠나기 전에 청 정부의 관리들은 그와 광저우의 다른 공행 상인들에게 100만 달러를 갈취하였다.11) 제2차 중·영전쟁으로 호관 일가는 더 큰 타격을 입었고, 1856년 12월 광저우에서 발생한 대화재는 그의 건물과 공장, 상점, 집 등을 모두 태워 버렸다.12)

1883년 베트남에서 중국과 프랑스가 충돌하자 상하이에서는 금융 위기가 발생하여 많은 유명한 상인들이 파산하였는데, 여기에 대해서는 제11장에서 상세하게 다루기로 한다. 1894~1895년의 중일전쟁 동안에도 상하이의 금융 시장이 위축되어 은의 유통량이 1,300만 냥으로 줄어들었다.13) 외국인의 거주지에서는 폭동이 발생할지도 모른다는 공포감으로 차 거래에 커다란 동요가 일기 시작하였다.14)

중국의 개항 항구는 국내의 정치적 소요로 인한 영향을 간접적으로 받았다. 연해 상업은 거의 내륙과 연계되어 있었으므로 수입 화물은 팔리지 않고 수출 화물도 공급되지 않는 등 내륙의 정치적 소요와 사회적 불안은 연해 상업 자본주의의 발전에 많은 영향을 미쳤다. 중국 상업에 가장 타격이 컸던 동란은 1850~1864년의 태평천국운동이었다. 홍슈취안(洪秀全)의 종교적 스승이었던 로버트I. J. Robert[중국 이름은 뤄샤오취안(羅孝全)] 목사는 1862년 난징에서 "홍슈취안은 상업을 반대하여 내가 이 곳에 온 뒤로 상업을 하던 그의 수하 십수 명을 이미 처단하였고, 외국인들이 이 곳에서 합법적으로 사업을 하겠다는 제의도 일언지하에 거절하였다"라며 태평천국군의 지도자들이 상업에 부정적인 견해를 가지고 있음을 전하였다.15)

태평천국군의 파괴적 행태는 미국 상인 허드 3세의 기록에도 생생하게 나타나 있다. 1861년 4월 11일, 그는 업무차 상하이를 출발하여 양쯔강을 따라 여행을 하다가 전강(鎭江)과 난징 등 강 연안의 도시들이 파괴되어 황폐해진 것을 목격하였다. 그는 처음 전강을 방문하여 "여기는 새로 개방된 항구여서 어떤 모습인지 빨리 보고 싶었는데, 이럴 수가 …… 완전히 파괴되지 않았는가! 이 곳은 지금까지 내가 본 도시 가운데 가장 참혹한 모습이다. 지금은 몇 백 명에 불과한 불결한 부랑자들만이 거리를 배회하고 있다"[16]고 기록하였다. 1862년에는 이와 같은 비참한 상황은 조금 개선되었지만, 한 영국인은 "이 곳의 지금 상황은 매우 걱정스럽다. …… 전강은 여전히 파괴된 채 눈 뜨고는 볼 수 없는 황폐한 광경으로 변하였다"고 하였다.[17] 이 도시는 1869년 이전까지 태평천국으로 인한 동란에서 회복하지 못하였다.[18]

양쯔강 상류 지역도 마찬가지여서, 허드는 강을 따라 여행하면서 쥬강(九江)의 모습을 다음과 같이 묘사하였다.

> 이번 여행에서 내 머리 속에 남아 있는 강렬한 인상은 '대반란'으로 양쯔강 유역의 도시들이 폐허가 된 광경이다. 나는 쥬강의 모습을 또렷하게 기억한다. 성 안을 통과하는 큰 길가에는 집이 한두 채밖에 남지 않았고, 사람의 그림자도 보이지 않았다. 다만 한 노인이 사방을 헤매고 다니면서 자신이 살던 집터를 찾고 있었다.[19]

그는 사람들이 반란 세력이 무서워 돌아오지 않고, 남아 있는 사람들도 겨우 물물 교환만 하여 "난민들이 물건을 사지 않기 때문에"[20] 사업이 어렵다고 토로하였다.

해상 운송도 영향을 받았다. 청 정부와 태평천국군이 서로 군사적 목적을 위해 상선을 징발하였으며, 1852년 9월 15일 자딘매디슨사의 댈러스는 "항저우에서는 배가 부족하여 거래가 중지되었다. 청 정부가 배로 군대를 후난에 보냈기 때문이다. 그 곳에서 반군이 상승세를 타고 있다는데 사실인 것 같다"고 보고하였다.[21] 태평천국군의 사정도 마찬가지여서 1855년 1월 7일 자딘매디슨사는 "반란군이 이미 황푸 부근의 많은 선박(30~40척)을 탈취하였다. …… 중국 사람들은 외국이 간섭할까봐 매우 걱정하고 있다. 그 가운데 서너 척은 탕마오가 난아오(南澳)로 보내던 배들"22)이라고 기록하였다. 1850년대 중반에 태평천국군이 저장 성과 장쑤성을 점령하자 대운하를 통한 조운漕運도 중단되었고, 이에 따라 어쩔 수 없이 바다를 이용하게 되었는데, 1853~1854년 소도회小刀會가 상하이를 점령한 뒤에는 이마저도 중단되었다. 1861~1863년 태평천국군이 토벌되기까지 최후의 몇 달 동안에는 해상 운송도 다시 중단되어 베이징의 양식은 외국 선박을 이용해서 겨우 운송되는 실정이었다.23)

1853년, 태평천국군으로 인하여 상하이의 경제는 생기를 잃었다. 3월 3일 루더퍼드 올콕은 "난징이 함락되면 무역은 중지될 것이라는 예측만 하고 있다"고 하였고,24) 8일 뒤 "중국 상인들 사이에 공황이 일고 있다. …… 지금은 거래가 아주 드물거나 전혀 없으며, 은을 구하기가 힘들다"고 하였다.25) 은이 줄어들자 알렉산더 퍼시벌은 1856년 동전으로 계산하는 은의 값이 계속 오를 것이라고 예상하였다.26) 제조업 역시 영향을 받아, 광둥성의 석탄 광산의 경우 사람들이 난리를 피해 도망가서 아예 가동조차 되지 않았다.27)

태평천국군에 의한 이 같은 간접적인 영향은 상업에 매우 불리하게 작용하였다. 정부는 재정 위기를 극복하기 위해 1853년 상인들에게 세금을 징수하기 시작하였는데, 이것이 바로 이금厘金이다. 이는 화물이 지역 경계를 넘을 때 매기는 통과세가 아니라 물건을 판매하는 상점에 매기는 판매세로서, 결국 소비품의 거래를 약화시켜 상업 발전을 저해하는 결과를 초래하였다. 허드는 1861년 "반란군은 고정적인 세칙을 정하려 하고 정부 관리들은 강제로 세금을 징수하여, 물건이 상하이에 도착하기도 전에 이미 많은 손해를 입었다"28)고 하였다. 태평천국군이 정부처럼 이금을 징수하려 하였는지는 알 수 없지만 어떤 방식으로든 상업 활동에 대해 세금을 걷으려 했던 것은 사실이다.

새로운 세금의 징수로 생활 비용이 상승하였는데, 이는 개항 항구에서는 더욱 심하여 1862년 10월 제임스 휘틀은 상하이 자딘매디슨사의 직원들 월급을 인상하지 않을 수 없었다. 그는 본사에 "이 곳의 생활비가 많이 올라 직원의 월급을 80냥에서 100냥으로 올려 주었다"고 보고하였다.29)

태평천국군이 개항 항구에 미친 또 다른 영향은 부동산 가격이었다. 1850년대와 1860년대 초, 태평천국군을 피하기 위해 많은 부자들이 상하이로 옮겨 와 갑작스럽게 인구가 증가하자, 많은 중국인들이 부동산에 투자하여 짧은 시간에 큰 이익을 보았다. 그러나 1865년부터 부동산 가격이 하락하여 오히려 손실을 입기 시작하자, 영국 영사 찰스 윈체스터Charles A. Winchester는 1866년 3월 16일 "이 곳에서 무역을 시작한 이래 1865년만큼 암담한 적은 없었다. 반란이 실패하자 많은 중국인들이 떠났고, 남은 상인들은 많은 어려움에 처해 있다. 부동산이 많은 수익을 올리자 너도나도 모든 자금을 부동산에 투자했기 때문"30)이라고 하였다.

태평천국 이외에도 삼합회와 염군捻軍, 의화단義和團 등이 일으킨 동란으로 연해는 많은 영향을 받았다. 1853년 소도회가 폭동을 일으키기 전날 밤에 상하이 시장은 심각한 타격을 받았다. 스페인 은화가 폭등하였고, 외국 제품은 찾는 사람이 없어 화폐 부족 현상이 심화되었다. 심지어 아편 시장도 혼란에 빠져 물물 교환의 상태로 변하였다. 상하이의 주요 영국 회사는 현금이 부족하고 시장에서 수입품이 팔리지 않아 선박들이 출항하지 못하고 있다고 불평하였다.31) 1860년 4월 12일 광저우의 영국 영사 윈체스터는 외교부에 보낸 보고서에서 삼합회의 난동으로 "무역이 거의 정지"되었고,32) 11일 뒤에 올린 두 번째 보고서에서는 "중국 경제는 정치적 변화에 특히 민감하다"는 점을 강조하였다.33)

염군에 대해 한커우 주재 영국 영사인 메드허스트W. H. Medhurst는 1866년 "이 항구의 발전을 저해하는 중요한 요인은 반란과 정부에 불만을 품은 사람들이 일으키는 주기적인 소란"이라고 보고하였다. 이들은 민심을 흉흉하게 만들어 자본이 시장에 유입되는 것을 막았기 때문이다. 그는 "염군 때문에 이 곳의 세포細布가 3개월째 출하되지 못하고 있다"고 하였다.[34] 1900년, 의화단 역시 중국 상업의 쇠퇴를 불러 왔다. 그 무렵 쉬룬의 아들 쉬수핑(徐叔平)은 상하이에서 해운과 수출입 업무를 취급하는 독일 회사의 매판으로 있었는데, 의화단으로 인해 이 회사가 '심각한 손실'을 입었고 쉬수핑 자신도 50만 달러의 손실을 입었다.[35]

전쟁이 대외 무역에 미친 영향

만약 군사 행동이 경제 발전에 해를 끼친다고 한다면 대외 무역에 미치는 부정적인 영향은 더욱 분명할 것이다. 청 정부는 종종 매판이 중국과 전쟁을 치른 나라를 위해 일하는 것을 금지하였다.[36] 따라서 내부에 동란이 발생하게 되면 매판과 그에게 고용된 직원들은 심각한 불안을 느껴 회사를 떠나곤 하였다. 1860년 9월 4일, 태평천국군이 상하이를 위협하자, 허드는 "내가 그들을 잡아 둘 수 있는 유일한 방법은, 만일 떠난다면 총을 쏘겠다고 위협하는 것"이라고 하였다.[37] 중국인 요리사와 인부, 화폐 감정사 등도 같은 입장이었다.

중국 상인들에게 수입 물품을 판매한다는 것은 전시戰時에는 더욱 어려운 일이었다. 아편전쟁을 치르던 1841년 11월에 호관은 "내게 약 80만 달러에 달하는 영국 물건이 있는데, 어느 정도의 시간이 지날 때까지는 판매하기 어려울 것 같다"고 걱정하였다.[38] 태평천국의 동란 속에서 중국인들은 수입품을 거의 사지 않아 수입 무역이 전혀 이루어지지 않았다.[39] 외국 면화를 내륙으로 운송하던 선박 업자들은 태평천국군의 강탈과 외국의 봉쇄를 걱정하여 면화를 수입할 엄두조차 내지 못하였고, 러셀사와 오거스틴허드사 등 많은 미국 회사들은 팔지 못한 면제품을 쌓아두는 것 외에 다른 해결책이 없었다.40) 1860년 허드가 태평천국군에 대해 "면화는 물론이고 중국과 인류를 위해 이런 사람들은 전부 없어져야 한다"고 표현한 것은 외국 상인들의 생각을 대변한 것이라고 할 수 있다.41) 1862년 2월 24일, 상하이의 영국 상의회 역시 상하이의 수입 무역이 정체된 것은 태평천국군 때문이라는 성명을 발표하기에 이르렀다.42) 자딘매디슨사의 자료에 따르면, 1870년 톈진 대학살로 톈진의 옷감 시장뿐 아니라 양쯔강 항구와 특히 한커우의 시장이 직접적인 피해를 입었다고 한다.43)

국내 상품의 수출은 태평천국군의 난동 시기에 비해 약간 증가하였지만,44) 만약 전쟁이 없었다면 증가폭은 더욱 컸을 것이다. 전쟁이 중국의 수출 무역에 미친 가장 큰 영향은 생사와 차의 가격 및 공급에 불안정과 비정상을 초래하였다는 점이다. 태평천국은 차의 수출 노선에도 변화를 가져와, 상인들로 하여금 운송에 위험이 따르는 양쯔강보다는 안후이성과 장시성, 푸젠성, 저장성 등의 육로를 통해 상하이로 가는 노선을 선호하게 만들었다. 또 제6장에서도 살펴보았듯이 1854년 이후에는 푸저우가 수출의 주요 항구가 되었다. 1852년 상하이에서 수출한 차는 약 6,000만 파운드에서 다음 수확철에는 6,900만 파운드로 증가하였지만, 1854년에는 5,000만 파운드, 1859년에는 3,900만 파운드로 감소하였고,45) 상대적으로 푸저우의 차 수출은 1855년 1,570파운드에서 1860년 4,000만 파운드로 증가하였다[표 14].

태평천국으로 인한 동란으로 도시에서는 신용 대출이 축소되고, 내륙의 수확이 감소하는 등 수출의 기반이 무너졌다. 1850년대 후반과 1860년대 초반에 태평천국이 양쯔강 삼각주까지 세력을 확장하자, 차 무역은 더욱 심각한 영향을 받았다. 1860년 허드는 전장이 신용 대출을 줄임으로써 많은 차상들이 "거래를 멈추거나", "통상적인 도움도 얻지

〔표 14〕 상하이와 푸저우의 차 수출(1855~1860) (단위 : 100만 파운드)

연도	상하이		푸저우		합계
	수량	비중	수량	비중	
1855	80.2	84	15.7	16	95.9
1856	59.3	59	41	41	100.3
1857	41	56	32	44	73
1858	51	65	28	35	79
1859	39	46	46.5	54	83.5
1860	53.5	61	203.2	39	527.2

자료 : Morse, 『Conflict』, 466쪽. 통계는 저자가 산출한 것임.

못하고", "쑤저우와 항저우 및 자싱(嘉興)에 있는 차행茶行 절반 가량이 점령당하여 환어음 거래"가 중단되었다고 하였다.[46] 그는 또 1861년에는 "성省의 업무는 전쟁으로 중단되었고, 일꾼들은 몸을 피해 전 지역이 황폐해졌으며, 돈은 모두 땅에 묻어 숨겼다. 상인들은 새로운 사업을 하지 않는다"[47]고 하였다.

국내 상품을 구매하는 상업망도 파괴되었다. 1850년대에 우이산 지역에서 자딘매디슨사의 대리인으로 차를 구매하던 아시는 1856년 4월에 조지 피셔에게 주변의 여러 성에서 일어난 일들에 대해 우려를 표명하였다.[48] 그 해 5월에 상황이 더욱 악화되자 조지 피셔는 본사의 조셉 자딘에게 "아시가 말한 것처럼 닝저우(寧州)와 어난(鄂南), 어베이(鄂北), 먀오링(廟嶺) 등지가 모두 반란 세력에 장악되어 아무도 그 곳에 가려고 하지 않는다"고 보고하였다.[49] 1860년대 초반, 아시 대신 구매를 맡은 타이성은 1861년 8월 29일 자딘매디슨사 푸저우 지사의 새 대리인 매클라우드에게 "반란군이 허커우(河口)에서 활동하여 그 곳에서는 무슨 일도 할 수 없다"고 보고하였다.[50]

1862년 3월 에드워드 웨브Edward Webb(덴트사의 경영자이자 상하이 서양 상인회의 회장)는 상하이 주재 영국 영사에게 태평천국군 때문에 상하이의 생사와 차 무역이 영향을 받고 있으며, 생사 생산지와 상하이의 거리가 가까워 운송에 유리하지만 "선박들이 강탈당해", "많은 돈을 주고서야 풀려났으며", 또 "정부에서 군사 비용으로 무거운 세금을 물리겠다"고 하는 등의 두 가지 요인이 생사 원가를 증가시켜 "지난 수확철보다 수출이 1만 4,000포나 감소하였다"고 전했다. 더구나 태평천국군이 난쉰(南潯)과 전쩌(震澤), 링후(菱湖) 등의 주요 생산지를 점령하여 다음 수확철에 대한 전망을 더욱 암담하게 하였다. 그는 "생사 무역의 중심인 난쉰이 불타고 몇 차례나 반군에게 점령당해 잠종蠶種(누에알)이 대량으로 손실을 입었고, 또 곧 수확할 잠충蠶蟲(누에고치)도 반군들이 뽕나무를 베어 버리거나 불태워 마을을 파괴시킴으로써 큰 피해를 보았다"고 하였다.51) 그의 말대로 이후 몇 년 동안 생사 생산은 크게 감소하였다.52)

웨브는 차가 상하이 부근에서 생산되지는 않았지만 태평천국군이 "내륙에서 상하이에 도달하는 노선을 완전히 봉쇄했고 …… 1860년 상반기에 쑤저우와 자싱을 공격하여 닝보와 양쯔강을 통하는 길 이외에는 어떤 차도 상하이로 들어오지 못한다"고 하였다. 그러나 닝보도 곧 함락되어 핑후(平湖) 지역의 녹차도 운송이 불가능해졌다. 닝보와 허커우의 홍차는 양쯔강을 통해서만 운반이 가능했으므로 상하이는 오로지 양쯔강을 통해서만 차를 공급받을 수 있었다. 웨브는 "반군이 한커우와 쥬강까지 점령한다면 어떤 차도 상하이로 들어올 수 없을 것"이며, 다음 수확철에 대해서는 "허커우와 닝보의 대부분 지역이 반군에게 강탈당하여 차행이 불타고 농민들이 흩어져 생산 감소가 불가피할 것"53)이라며 비관적인 견해를 피력하였다. 장래는 분명히 암담하였다.

1865년 태평천국이 진압되었지만 바로 이익을 내지는 못했다. 영국의 상하이 주재 영사 윈체스터는 양쯔강 유역의 차 생산지가 회복되었으나 남북전쟁으로 인한 미국 시장의 침체로 영국에 차가 과잉 공급됨으로써 "국내 시장의 가격이 폭락하였으며,"[54) 그 결과 상하이의 중국 및 서양 상인들이 모두 타격을 입었다고 하였다. 그는 또 이렇게 말했다.

> 세계적으로 유명한 회사들도 엄청난 손실을 입었다고 하는데 …… 그들은 선대先代에서 벌어 놓은 자금을 투자하려 하고 있다. 얼굴 표정은 암담하고, 거래는 위축되었다. 물건을 팔기 위해 자금을 투자해도 이익을 올릴 방법이 없다. 차의 운송비는 1t당 30실링까지 떨어졌고 …… 선박들은 모두 이 항구를 떠나고 있다. 이들과 연계된 중국과 외국의 여러 상점 주인 및 종업원 등도 지금 모든 활동을 멈추고 있다.[55)

중국 경제가 정치적 소요에서 회복하기 시작한 것과 동시에 연해 상인들이 엄청난 손실을 입었다는 것은 분명 아이러니가 아닐 수 없다.

시장의 동요

연해 지역의 상품 가운데 특히 차와 생사, 아편의 가격은 짧은 시간에 등락폭이 아주 심했는데, 이는 주로 해외의 영향 때문이었다.

상품 가격

중국의 가장 중요한 수출 상품인 차와 생사의 가격은 수요와 공급에 따라 대단히 민감하게 반응하면서 매우 불안정하였다. 1852년 9월, 자딘매디슨사의 댈러스는 수확이 좋지 못할 것으로 예측하고 상하이에서 차 구매를 서두르며 "이번 수확철에는 차 수확량이 감소할 것으로 보여 구매량을 늘리고 있으므로 아이오나Iona 호와 루킹Looking 호에 있는 은화가 모두 필요할 것 같다"[56)고 하였다. 차를 확보하지 못할 때면 상황은 더욱 악화되었다. 1859년 자딘매디슨사의 제임스 휘틀은 상하이의 녹차 수출에 대해 "레드펀Redfern과 알렉산더Alexander가 다음에 운송할 차를 포함하여 봄철에 수확한 차 500~1,000상자를 외상으로 달라고 하는데, 지금 녹차는 살 수가 없고 다음 수확철의 차가 나오기 전에 확보할 수 있다는 희망도 보이지 않는다"57)고 하였다.

1852년 1월, 상하이의 녹차 가격이 급격히 하락하였다. 이 때문에 많은 중국 차상들이 손해를 입었는데, 특히 영국 덴트사의 매판이었던 광둥 상인 쉬룽춘(徐榮村)의 손해가 컸다. 1852년 1월 13일 댈러스는 홍콩 본사에 "덴트사의 매판이 차 거래에 깊이 개입하여 녹차를 대량으로 시장에 출하했으니 손해가 막심할 것"이라고 보고하였다.58) 1857년에는 미국의 차 가격이 떨어져 중국과 무역을 하는 많은 상인들이 큰 손해를 보았다. 특히 오거스틴허드사의 손해가 컸지만, 존 허드는 "차 거래는 보편적으로 손해를 보았지만 회사가 영업을 잘하여 이보다 더 큰 손실도 감수할 수 있다"고 하였다.59) 1874년에도 비슷한 상황이 발생하였는데, 그 무렵 상하이에서는 차 가격이 너무 떨어져 연해 상인들이 원금을 까먹는 손해를 보았다.60)

생사는 중국의 두 번째 주요 수출품이었다. 1840년대에 상하이의 생사 가격이 요동치자 닝보의 상인 양팡은 1849년 잠시 휴업하기도 하였다. 그 때 그는 자딘매디슨사와 긴밀한 관계를 맺고 내륙에서 잠사蠶絲를 수매하였다. 댈러스는 1849년에 보낸 편지에서 "이번 계절에 생사와 다른 사업에서 완펑항의 양팡이 손해를 입어 내가 지출이 많았다. …… 그는 사업을 접고 직접 생산지에 가 있으려고 한다. 그는 다른 지사가 우리와 협력하지 않는다고 불만을 토로하였다"61)고 보고하였다. 이들의 협력은 거의 3년이나 계속되었다.

19세기 연해의 생사 시장은 제한된 시장에서 가격 변동이 빠르다는 점을 보여 주었다. 시장의 수요가 예상만큼 크지 않을 때 가격은 곧바로 하락하였는데, 1852년 댈러스는 "여러 정황으로 보아 이번 계절의 수출은 2만 2,000포 이하일 것이다. 지금 사겠다는 사람은 없고 팔겠다는 사람들이 많아서 가격이 하락하고 있다"[62]고 했다. 1874년에도 비슷한 일로 가격이 갑자기 하락하자, 중국과 외국 상인들 모두 손해를 볼 수밖에 없었다.[63] 3년 뒤에는 "유럽 시장에 재고량이 쌓이자" 가격이 폭락하여 많은 외국 상인들이 손해를 보았으며, 적지 않은 중국 상인들이 파산을 하기도 하였다. 또 이로 인해 외국 회사도 심각한 영향을 받았다.[64]

1869년 상하이의 유명한 생사 상인 아리(阿李)를 포함한 중국 상인들은 자딘매디슨사와 계약을 체결하고 내륙에서 생사를 구매하였지만, 예상치 않게 가격이 급등해서 손해를 보게 되었다. 그 해 여름 존슨은 홍콩 본사에 "아리가 생사를 구입할 때 가격이 1포당 350냥에서 530냥으로 폭등하는 바람에 겨우 몇 포밖에 구입하지 못하였다"고 보고하였고,[65] 3개월 뒤에는 "아리가 우리에게 빚진 액수라며 비싼 생사 10포를 가져왔다. 나는 이를 받아들였지만 손해가 너무 크다"고 하였다.[66]

19세기 상하이 시장에서 가장 극심한 변동을 보인 것은 1863년의 면화 가격이었다. 그 해 미국에서 남북전쟁이 발발하자 영국 제조상들은 미국에서 충분한 면화를 확보할 수 없었기 때문에 원료 수입처를 인도와 중국으로 전환하였다. 상하이에서는 1담당 9.8냥에서 13냥으로 오른 뒤 10일도 안 되어 다시 18냥으로 올랐으며, 보름 만에 26냥까지 올랐다.[67] 그러나 영국의 광저우 주재 영사는 1868년에 알 수 없는 이유로 가격이 크게 떨어지자, "이 곳의 면화는 주로 북방에서 공급되는데, 가격이 이미 많이 떨어졌다. 우리는 중국 경제의 수급 조절에 대해 충분히 알지 못하기 때문에 이 파동을 어떻게 해석해야 할지 모르겠다"며 곤혹스러워 했다.[68]

자딘매디슨사는 1880년대 초, 상하이에서 탕징싱을 통해 린유마오(林又茂)라는 중국 상인과 고정된 가격에 구리를 구매하기로 하였다. 그러나 구리의 가격이 내륙에서는 비싸고 상하이에서는 낮아 쌍방이 모두 손실을 입었다. 린유마오의 손해가 자딘매디슨사보다 컸기 때문에 그는 자딘매디슨사에 손실 부분을 보충해 달라고 요청하였다. 1884년 5월 13일, 탕징싱은 린유마오를 대신하여 자딘매디슨사의 상하이 대리인인 윌리엄 패터슨에게 편지를 보내 "린유마오가 회사에 손해를 입힌 점은 분명하나 그의 손실이 더 컸다. …… 그는 거의 1,200냥을 손해 보았지만 서로 한 발씩 양보하여 차액의 절반을 부담하겠다고 한다"는 타협안을 제시하였다.69) 외국 상인들은 돈을 갚지 않고 도주하는 중국인들과 채무 관계를 원만히 해결하는 데 많은 시간을 소비했기 때문에 자딘매디슨사는 이 타협안을 받아들였다.70)

19세기 초반에는 아편 가격도 극심한 변화를 보였다. 공반토公班土는 1상자당 550~1,375달러까지 가격이 일정하지 않았고, 백피토는 이 가격의 3분의 1 정도였다. 이러한 변화는 캘커타에서 판매하는 공반토 및 자반토刺班土의 수량과 봄베이와 다만Daman에서 수출하는 백피토의 수량과 질, 인도와 중국의 재고량, 투기상들의 활동, 관리들의 현지 상인에 대한 태도 등을 포함한 여러 가지 이유 때문이었다.71)

몇 가지 중요한 원인들

경직된 수요와 불규칙한 공급, 복잡하고 불안정한 화폐 제도 등은 가격 파동을 부추기는 또 다른 원인이었다. 19세기 말 이전에 중국 통화 제도는 기본적으로 은과 동전이 같이 사용되는 복본위 제도였지만, 정부는 이의 수급을 효율적으로 조절하지 못하였다. 또한 복본위 제도는 시장의 수용에 따라 화폐를 적절하게 공급하는 유통 매개체로서의 탄력성이 부족하였다. 그리고 복본위 제도는 은을 기초 계산 단위로 삼았지만 통일되지 않아서 은의 가치가 지역과 업종에 따라 달라지기도 하였다.72) 모스H. B. Morse는 충칭의 상황을 다음과 같이 설명하였다.

이 곳에서 은의 표준 중량은 555.6그레인으로, 특정한 저울을 사용하지 않는 일반적인 거래에서 적용된다. 그러나 때로 상인들 간에 그들이 어디서 왔는지, 누구와 거래하는지 또는 어떤 물건을 가지고 왔는지에 따라 수시로 변화가 생길 수 있다.[73]

제3장에서 말한 바와 같이 은화는 처음에는 스페인과 멕시코, 미국 및 다른 지역의 것을 수입하여 사용하다가 중국에서 제조하면서 점차 화폐로 인정받았다.[74] 1856년 상하이의 은화 질량 검사에는 몇 가지 등급이 있어서 하자가 없는 것으로 판정받은 은화는 일반적으로 통용되었지만, 하자가 있는 경우에는 생사 상인들이 받지 않으려고 했으므로 경우에 따라 10%, 20%, 30% 단위의 할인율이 적용되었는데, 가장 질이 떨어지는 것이 '흑원黑元'이었다.[75] 대다수 사람들은 일상적인 거래에서 동전(또는 동원銅元)을 은과 같이 사용하였는데, 동전의 가치는 액수와 주조한 질량에 따라 달랐다.

복본위제를 구성하는 은과 동전의 상대적 가치는 시장의 힘에 따라 결정되었다. 비록 이론적으로는 은 1냥이 동전 1,000문文과 같았지만 동전으로 계산하는 은의 가격은 장기 또는 단기적인 영향에 따라 달라졌다. 장기적으로는 국가의 안정과 동전을 주조하는 황동의 가격, 세계 시장의 은·동의 가격 등이 모두 중국에 은과 동전을 수급하는 데 영향을 미쳤기 때문이다. 단기적으로는 은과 동전의 계절적 수요 변화가 주된 영향을 미쳤다. 양력 연말에는 전귀은천錢貴銀賤[동전의 가치가 올라가고 은이 가치가 떨어짐] 현상이 나타났는데, 이는 중국인들이 관습적으로 설날 이전에 모든 채무를 청산하기 위해 동전을 필요로 했기 때문에 은에 대한 태환율이 올라가게 된 것이다.[76] 그러나 이런 전통적 관습에 관계없이 전쟁시에는 숨기거나 휴대가 간편한 은의 수요가 급증하여 은귀전천銀貴錢賤[은의 가치가 올라가고 동전의 가치가 떨어짐]의 상황이 발생하기도 하였다. 1856년 태평천국군이 한참 기승을 부릴 때 알렉산더 퍼시

벌은 "반군이 점차 압박해 오자 모든 형태의 은이 대단히 귀해졌다"고 하였다.77)

중국 시장을 안정시키는 중요한 요인은 세계 시장의 은값이었다. 1935년 11월까지 중국은 세계에서 유일하게 은본위제를 채택한 상업 대국이었고, 1870년대 이후 세계의 은값은 큰 폭으로 요동쳤다(당시 대다수의 나라는 이미 금본위제를 채택하였다). 중국 외환은 세계 은값의 등락에 민감한 영향을 받음으로써 대외 무역이 매우 불안해질 수밖에 없었다. 1868년 루더퍼드 올콕 경은 베이징에서 "대외 무역과는 무관하게 지금 유럽에서 은화와 백은의 태환율이 매우 낮은 데 반해 중국의 내륙과 항구에서 동전과 교환하는 은의 가치는 아주 높다"고 하였다.78) 이와 같은 상황 때문에 중국의 상업은 가격 파동에 아주 취약한 약점을 지니게 되었다.

나라 밖의 요인들로 인해 중국 경제, 특히 연해 상업은 많은 영향을 받을 수밖에 없었다. 20세기 초반까지 세계 은값의 파동은 중국 경제에 지대한 영향을 미쳤으며, 은값의 변동 및 외국 투자와 무역의 변화, 부동산과 금융 투기 등에 따라 중국 경제는 악화되거나 자극을 받았다. 중국에 있는 외국 상인과 은행가, 기업가들은 조약에 따른 특권을 향유하면서 상공업과 금융업 등에 강력한 영향력을 행사하며 사업을 하였지만, 이들에 대해서 중국 당국은 거의 모르고 있거나 아니면 통제 자체가 불가능하여 손을 놓고 있는 상태였다.79) 제3장에서 보았듯이, 19세기 후반에 외국 은행이 중국에서 화폐를 발행할 수 있었던 것도 바로 그런 예이다.

시장이 불안정한 또 다른 이유는 많은 예금과 대출을 해 주는 전장錢莊의 자본 문제에 있었다. 1868년 전강(鎭江)의 영국 영사는 현지에 있는 27개 전장의 자본금은 5,000~2만 냥에 불과했지만 거의 6~10만 냥에 달하는 예금을 유치하고 있다고 하였다.80) 상하이 푸캉(阜康) 전장의

〔표 15〕 상하이 푸캉(阜康) 전장의 예금과 대출(1896~1907년) (단위 : 냥)

연도	예금	대 출			실제 자본		
		미담보	담보	총계	수량	예금 비율	대출 비율
1896	103,152	134,766	0	134,766	20,000	19.4	14.8
1898	177,547	182,820	0	182,820	20,000	11.3	10.9
1899	318,988	371,621	0	371,621	20,000	6.3	5.4
1900	398,244	215,736	168,718	384,454	20,000	5.0	5.2
1901	432,563	395,014	0	395,014	20,000	4.6	5.1
1902	506,292	407,176	107,260	514,436	20,000	3.9	3.9
1903	547,748	340,944	485,550	826,494	20,000	3.6	2.4
1904	488,951	356,024	561,860	917,824	20,000	4.1	2.2
1905	768,041	443,578	426,734	870,312	20,000	2.6	2.3
1906	825,123	613,995	317,500	931,495	20,000	2.4	2.1
1907	817,069	539,424	501,443	1,040,867	20,000	2.4	1.9
평균	489,429	363,736	233,546	233,546	20,000	5.9	5.1

자료 : 『上海錢庄』, 774~775쪽, 780~781쪽, 저자 통계. 주 : 阜康錢庄은 1894년 자본금 2만 냥으로 설립. 1894년, 1895년, 1897년의 수치는 얻지 못했음.

예를 보면 더욱 명확해져 실제 자본의 비율은 아주 적었다는 것을 알 수 있다. 1896년부터 1907년까지 이 전장의 경영자들은 2만 냥밖에 투자하지 않았지만 예금액은 아주 많아서 1896년에 10만 3,152냥, 1906년에는 82만 5,123냥이나 되었다. 이에 따라 전장들은 아주 많은 대출을 하였는데, 실제 자본은 예금액의 5.9%, 대출의 5.1%에 지나지 않았다 [표 15]. 더구나 장부에 기재된 자본액은 실제 투자액보다도 적어 전장은 금융 위기에 취약할 수밖에 없었다.

제4장에서 보았듯이 전장은 외국 회사로부터 '단기 대출'을 받았다. 정상적으로는 이자율이 14%였지만 시중에 은이 부족하면 매판이 조정하여 28%까지 오르기도 하였다.[81] 따라서 중국의 금융 시장은 단기 대출을 받을 수 있는가의 여부에 따라 민감해지지 않을 수 없었다. 또 제7장에서 보았듯이 중국 연해는 내륙에 비해 상인들끼리 벌이는 치열한 경쟁의 영향을 더욱 심하게 받았다.[82]

단기 매매 - 투기 거래

투기 거래는 일상적인 것이었지만 연해 상인들은 여건상 더 많은 유혹을 받아 투기적 성향이 훨씬 강하였다. 중국인이나 외국인을 막론하고 연해 상인들은 수시로 투기 거래를 하였으며, 심지어 완전히 몰입하는 경우도 있었다. 많은 사람들이 투기 거래가 정상적인 거래보다 더 많은 이익을 가져온다고 믿고 있었으며, 제조업을 하는 사람들조차도 투기를 하였다.[83]

투기 상인들

연해의 많은 중국 상인들은 투기적인 거래를 하였다. 19세기 초, 행상 호관 밑에서 일하던 매판은 외국 상관商館의 돈 5만 달러를 투기에 사용했다가 실패하였다. 호관은 자신의 수하에 있던 사람이 저지른 일이었기 때문에 책임을 지고 외국인에게 변상해 주었다.[84] 1842년에 공행 제도가 폐지된 뒤, 연해의 투기 거래는 더욱 심해졌다. 상하이의『노스차이나헤럴드』는 1857년 5월에 타이지가 투기 무역으로 "더 많은 돈을 벌 수 있을 것"이라고 보도하였다. 1860년대에 투기 무역이 최고조에 달하자, 이 신문은 1867년 7월 19일자에 "시장의 변화에 따라 투기꾼들이 벌떼처럼 몰려들지만 실패는 뻔한 결과"라는 논평을 싣기도 하였다.[85]

1860년대에 상하이에서 자딘매디슨사와 거래하던 차상 이지(怡記)는 1867년에 재정적 어려움을 겪게 되었는데, 이에 대해 탕징싱은 "경솔한 거래와 투기" 때문이라고 지적하였으며,[86] 결국 그 해 연말에 이지는 파산하고 말았다.[87] 1860년대에 한커우에서 자딘매디슨사의 매판으로 일한 유룽은 회사의 자금을 횡령하여 투기 거래를 하다가 1867년 9월 자딘매디슨사의 대리인인 가워에게 발각되었다. 가워는 창고에서 "흰

색 옷감 3상자, 동전 478포, 백피토 10상자, 공반토와 자반토 각각 1상자 등이 내 허락 없이 사라졌다"고 했는데, 그 액수가 7만 4,000냥이나 되었다고 한다. 가워는 즉시 남은 돈을 모두 외국 은행에 맡겼으며, "은행에 지급해야 할 7만 냥의 수표에 대해 유룽은 3~4일 간 백방으로 노력하였지만 3,000냥의 은화와 3~4일에서 한 달짜리 전장 장표莊票에 대한 지불금을 구할 수가 없었으므로, 결국 1만 2,500냥은 태환이 불가능하였다." 그 결과 유룽은 파산하였고, 얼마 후 그의 친구들도 도산하였다.[88]

연해 상인은 중국뿐 아니라 일본에서도 투기 거래를 하였다. 1860년 4월 말, 오거스틴허드사는 아커우[천위츠(陳玉池)]라는 중국인을 일본 요코하마의 매판으로 고용하였다.[89] 존 허드는 그의 재능과 집안 배경을 높이 평가하였지만 그가 투기 거래를 할까 우려하여, 1860년 5월 2일 홍콩에서 보낸 편지를 통해 "그는 적극적이고 총명한 사람이다. …… 그의 가족들이 마카오에서 존경받는 명망 높은 가문의 사람들인 것으로 미루어 그도 역시 성실하겠지만 혹시 투기를 하여 손해볼 가능성이 있으니 대리인은 주의를 게을리하면 안 된다"고 경고하였다.[90] 아커우가 일본에서 과연 투기를 하였는지는 알 수 없지만 허드의 우려는 이유가 있는 것이었다. 1876년 나가사키에서 온 편지에, "이 곳의 중국인들은 자신들의 약점을 쉽게 노출하는 편이다. 그들은 투기를 하지 않으면 생선에 양념을 하지 않은 것처럼 단조롭고 재미없게 느낀다"라는 내용이 담겨 있었기 때문이다.[91]

연해 지역 중국인의 투기 성향 때문에 대부분의 외국 상인들은 영민한 매판을 선호하지 않게 되었다. 자딘매디슨사의 상하이 매판 아싼(阿三)이 1846년 병으로 회사를 떠나자,[92] 광둥 사람 아타오(阿陶)가 그의 자리를 대신하였다. 댈러스는 "아타오는 그다지 똑똑하지는 않지만 이것이 그의 강점이다. 아웨(阿約)나 다른 중국인들의 업무를 중개 거래에만 국한시킨다면 잘 할 것"이라며 우려를 표명하였다.93) 외국인들의 눈에 아타오는 뛰어난 면을 지닌 인물로 보이지는 않았지만, 그것은 오히려 장점으로 작용하였던 것이다.

연해의 많은 서양 상인들도 벌떼처럼 몰려들어 투기를 하였다. 그들에게 대 중국 무역은 세계의 다른 어느 지역보다도 투기성이 강한 것이었다. 그래서 그들은 더욱 큰 모험을 더 오랜 시간 계속함으로써 더 많은 이익을 얻기를 원했다. 1860년에 보스턴의 윌리엄 콜William Cole은, "중국은 자본과 머리가 있는 사람들에게는 투기의 기회를 제공한다"고 하였고,94) 오거스틴 허드는 광저우에서 보스턴으로 돌아간 뒤에도 중국 화물에 대한 투기 거래를 계속하다가 많은 손해를 입었지만 다시 광저우로 돌아왔다.95)

일상적이고 직접적인 투기

투기를 하는 간단하고 보편적인 방법은 물건을 싼 가격에 단기간 보관하거나 빨리 다른 지방으로 가져가 높은 가격에 판매하는 것이었다. 이는 중국 물건이나 외국 물건 모두에게 해당되었고, 특히 아편 투기는 연해 상인에게 일상적인 일이었다. 연해 상인 아팡(阿方)은 1860년대에 아편 가격이 떨어지자 상하이에서 아편을 사들여 공급이 부족할 때 판매하였다.96) 그의 친구들은 우쑹의 외국 선박에서 아편을 사서 외국인들이 북방과 양쯔강의 각 항구에 운송하기 전에 먼저 가져가 이익을 남겼다. 자딘매디슨사의 제임스 휘틀이 1863년 상하이의 아편 영업에 대해 "중국 투기꾼들이 톈진과 한커우 등 양쯔강 유역에 아편을 가져옴으로써 우리 영업을 방해하고 있다"고 한 것이 그런 경우의 예이다.97)

중국 물건에 대한 투기는 더욱 빈번하였고, 시장에서 쉽게 구할 수 있는 화물일수록 상인들의 투기를 더욱 부추겼다. 1865년 『노스차이나 헤럴드』는 "많은 토산품이 각 성에서 한커우 시장으로 쏟아져 들어와

…… 투기 바람이 일었는데 중국인들은 이 유혹을 떨쳐 버리지 못하고 있다"고 보도하였다.98) 많은 중국 상인들은 1860년대에 면화에도 투기를 하였다. 앞에서 언급했듯이 영국의 제조상들이 남북전쟁을 치르고 있는 미국에서 면화를 충분히 구하지 못하게 되자 신속하게 중국을 포함한 세계의 다른 지역에서 수매를 하였기 때문이다. 자딘매디슨사는 중국에서 직접 면화를 수출하는 일 외에 상하이에서 중국 대리인을 고용하여 리버풀 시장으로 운송하기도 하였다. 이러한 관계를 통해 자딘매디슨사는 투기 거래를 원하는 중국 상인들과 밀착하게 되었다. 제7장에서 보았듯이 1865년 자딘매디슨사가 이지 등과 함께 설립한 이허전장(怡和錢庄)의 주요 고객은 바로 이들이었다. 1864년 상하이의 한 중국 상인은 "투기 성향이 강해 대량의 면화를 거래하였는데 …… 한 번은 류자오팡(劉兆方)에게 많은 양을 구입하여 외국 상인에게 되팔기도 하였다"99)고 한다.

1860년대 이후로는 매년 외국 시장에서 생사와 차가 대량으로 거래됨에 따라 연해 상인들의 투기가 더욱 성행하였다.100) 1869년 영국의 상하이 주재 영사 메드허스트는 "영국 시장에서 매년 처음 출시된 생사와 차가 높은 가격에 팔리자, 이 곳의 상인들은 앞뒤 가리지 않고 투기에 뛰어들고 있다"고 하면서, 물건들이 영국 시장에 "대량으로 신속하게 운송, 공급"됨으로써 "몇 달 지나지 않아 재고량이 쌓이게 되어 남은 시간 동안 회복이 어려워졌으며", 그에 따른 결과는 당연히 "대규모로 투기한 사람들의 손실로 연결되었다"고 하였다.101)

투기에 참여하는 사람들은 대부분 부유한 중국인들이었다. 그들은 투기를 해도 손해 보지 않을 때까지 가격이 떨어지기를 기다렸다가 매입을 시도하였다.102) 허드는 천주핑[陳竹坪 ; 陳裕틀이라고도 함]을 거론하면서 "그가 생사로 부를 축적했듯이 이 곳의 부자들은 모두 생사 상인들"103)이라고 했다. 그러나 제11장에서 언급하겠지만 최대의 생사 투기상으로는 후광융(胡光墉)을 꼽을 수 있을 것이다.

광둥 상인은 차를 거래하는 투기 그룹 가운데 제일 큰 세력이었다. 영국 덴트사의 매판인 셰지(協記)도 그 가운데 한 사람이었는데, 보도에 따르면 1851~1852년에 그는 1,200t이나 되는 많은 차를 구매하였다고 한다.104) 자딘매디슨사의 댈러스는 1851년에 "덴트사는 매판 셰지를 통해 대량의 투기를 하였다"고 보고하였다.105) 차 가격이 떨어지자 댈러스는 셰지가 "1담당 2~3냥의 손실을 감수하지 않는다면 지금은 팔지 못할 것"106)이라고 했으며, 이런 상황이 1852년 초까지 계속되자 "매판이 너무 깊이 관여하여 이번에는 큰 손해를 볼 것"이라고 우려하였다.107) 그러나 이러한 투기는 때로 이익을 안겨 주기도 하였다. 1854년 푸저우가 개방되어 차 수출을 시작하게 됨에 따라 수출량이 점차 늘어났고, 가격이 상승하자 많은 중국 상인들이 차 투기에 뛰어들었다. 1856년 8월, 한 연해 상인이 푸저우에서 1,000상자의 차를 수매한 뒤 바로 판매하여 1담당 0.5냥에서 1냥의 이익을 남긴 일도 있었다.108) 그러나 차 투기도 생사처럼 위험이 많이 따랐다. 영국 영사는 1868년이 "푸저우의 차 투기에서 최악의 한 해"였다고 술회하였다. 그 해 영국 시장에서 차 가격이 오르자 외국 상인들은 앞을 다투어 차를 사들였지만, 처음에 영국까지 운송하는 데 성공한 몇몇 상인들 이외에는 모두 손해를 보았기 때문이다.109)

상품을 통한 투기 이외에도 현지와 국제 시장 사이의 환율 변동을 통한 환 투기도 있었다. 비록 위험이 따랐지만 각종 은화의 고유 가치와 시장 가치 간의 차이는 상인들로 하여금 환 투기를 하도록 유도하는 구실을 하였다. 상하이의 광둥 상인 아싱(阿興)은 종종 은화를 매매하였는데, 이는 그의 매판 업무와 밀접한 관계가 있었다. 그가 손해를 입고 채무 불이행 상태에 처하자 그의 보증인이 법정에서 "만약 그가 은행의 매판이 아니어서 은화 매매를 하지 않았다면 선물 시장의 유혹에 빠져들지도 않았을 것"이라고 진술한 점을 통해서도 알 수 있다.110) 위쩌샹(余則相)이라는 또 다른 상인은 1860년대에 동전에 투기하였다가 막대한 손실을 입자 1870년 9월 도주한 일도 있었다.111)

댈러스는 1851년 상하이에서 보낸 편지에서 요동치는 태환율에 대해 "광저우에서 상하이 은화를 10일짜리 환어음으로 교환하면 1~1.5%의 프리미엄을 받을 수 있는데, 급히 필요로 하는 사람이 있으면 비율이 더 높아지기도 한다"고 하였다.112) 따라서 은화가 한 항구에서 다른 항구로 가기만 해도 이익을 남길 수 있었다. 자딘매디슨사의 톈진 대리인 댄 패트리지는 1865년 6월 산시 상인들이 이와 같은 이익을 얻기 위해 10만 냥의 백은을 옌쯔페이(燕子飛) 호에 싣고 상하이로 가서 러셀사 매판인 천주핑에게 판매를 위탁했다고 하였다.113)

1878년 홍콩에서는 주식 투기가 정점에 달하였다. 주가는 1870년대에 계속 상승하였지만, 1878년 "조정 불가능한 투기가 주식 시장을 이끌며 물가 상승을 부추기고 화폐 가치를 떨어뜨리고 있다"는 지적과 함께 오래된 상점이 도산하였으며, 홍콩과 중국의 다른 개항 항구를 비롯하여 일본까지도 침체기에 빠져들었다.114) 또 자딘매디슨사의 존슨은 1884년 "요코하마에서 15만 달러의 손실이 발생하여 은행 주식에 투기한 상인들이 큰 어려움에 봉착했다"고 하였다.115) 상하이에서도 주식 시장의 투기 활동이 드러났지만 정부는 거의 아무런 조치도 취하지 않았다.

특히 새로 발행하는 주식에 대한 투기가 가장 성행하였다. 다음 장에서도 언급하겠지만 투기상들은 1882년에 새로 설립된 광무국鑛務局이 20년 뒤에는 크게 성장할 것이라고 예측하고 주식에 투기하였다. 서양의 투기상들은 1908년에 가공의 회사를 설립하여 주식을 판매하기 시작하였다. 개인과 기관(특히 전장) 투기상들은 거액의 이익을 기대하였고, 주가는 천정부지로 올랐다. 그러나 이 회사가 '거품'이었다는 것이 알려지자 외국 주주들은 1910년에 중국을 떠나 버렸고, 엄청난 손실을 입은 투기상들의 유명한 전장 몇 군데가 파산함으로써 심각한 금융 위기가 초래되었다.116)

19세기 하반기에도 연해에서는 투기가 끊이지 않았다. 17세기의 암스테르담처럼 많은 브로커들이 분별 없이 뛰어들었지만 "물건을 사려거나 소유하려는 마음도 없으면서 큰 거래만 무성하여 …… 팔려는 사람은 소문 이외에 무엇도 팔 수 없고, 사려는 사람도 소문 이외에는 살 것이 없는" 상황이 되어 버렸다.117) 허드는 1855년 8월 22일자 일기에서 중국 중개인들이 상하이에서 아편 투기를 하는 방법에 관해 다음과 같이 묘사하였다.

어제와 오늘, 한 아편 중개인과 크게 다투었다. 그는 14일에 20상자를 사고 20상자를 골랐는데 돈은 지불하지 않았다. 나는 세 번이나 매판을 보내 지불할 것을 요구하였으나, 그는 핑계를 대며 362달러를 주지 않았다. 매판은 그가 20일에 이 백피토를 판매하는 것을 발견했고, 나는 그에게 저녁 때까지 대금을 지불하지 않는다면 매매를 취소한다고 통보하였다. 결국 나는 주문서를 찢어 버렸다.118)

1864년 상하이의 프로이센 상인이 경험한 바에 따르면, 중국 상인은 "아주 황당한 거래를 하였다. 그는 시장의 등락을 미리 예측해서 가지고 있지도 않은 화물을 매도하고, 매입할 때에는 돈을 지불하지 않는다"고 하였다.119) 지방 관리들도 문제점을 감지하고 1867년 12월 상하이의 합동 법정에서 "자금도 없이 물건을 샀다가 시장이 악화되면 계약을 파기하는 …… 투기상들을 처벌하겠다"고 선언한 일 등은120) 모두 상하이에 이러한 투기상들이 많았다는 사실을 입증해 주는 것이다. 그들은 주로 전장에서 대출을 받았는데, 이처럼 전장의 대출액이 많으면 많을수록 금융 위기는 더욱 분명해졌던 것이다. 1894년에 상하이 전장의 절반 이상이 휴업하였던 것이 그 증거이다.[121] 그러나 몇몇 투기상들은 정부를 희생양으로 삼아 경제 쇠퇴가 관청의 협박과 강탈 때문이라고 강변하기도 하였다.[122]

선택적이고 옵션이 있는 무역

유한한 자금으로 대규모 투자를 하는 것은 일종의 모험이었으므로 선택권을 가질 수 있는 계약을 하기도 하였다. 이 계약은 어떤 주식이나 상품을 예정된 가격으로 정해진 날짜 안에 구매할 수 있는 권리를 취득하는 것이었다. 이러한 거래에서는 한쪽이 계약을 취소하면 그에 따른 일정한 대금을 치르기로 동의하는 옵션 등이 따르기도 하였다.[123] 가격의 등락이 신속하게 이루어지는 주식과 상품에 적합한 옵션은, 비교적 적은 투자로도 큰 이익을 얻을 수도 있다는 이점을 제공해 주기 때문에 모험을 즐기는 상인들에게는 매우 유혹적이었다. 19세기 중국 연해에서 이러한 거래는 매우 보편적으로 이루어져 바로 선물 무역으로 연결되었다. 즉, 생사와 차는 실제 매매 이전에 이미 거래가 이루어졌으며, 많은 외국 상인들은 중국 상인들에게 먼저 계약금을 주고 상품의 '우선 취사권'을 얻었던 것이다.

1850년대 초반에 자딘매디슨사가 상하이에서 타이지와 함께 하였던 생사 거래는 이러한 무역의 성격을 잘 설명해 준다. 자딘매디슨사의 대리인 댈러스는 먼저 타이지와 생사 계약을 맺었다. 회사측은 먼저 수량과 가격에 동의한 뒤 타이지에게 자금을 대주고 생사를 구입하도록 하였다. 타이지의 입장에서 본다면, 그는 일정한 조건에서 자딘매디슨사에게 일정한 수량의 생사를 분할 판매하여야 했다. 수량이 많을 때 타이지는 10만 달러를 대출받아 다시 소규모 생사 상인들과 계약을 맺었다. 그러나 나중에 그는 병이 들어 "대규모 거래에서 당연히 해야 할 감독 행위를 할 수 없었고" 또 "1포당 50달러를 미리 주었으나 사기를 당하여"124) 계약을 이행할 수 없었다. 결국 "시장에 나온 대량의 생사가 급히 필요했던 상인이 현금으로 구입하려다가 타이지와 심하게 충돌하였다."125) 타이지는 계약에 정해진 기일에 댈러스에게 생사를 인도하지 못하였다.

댈러스는 9월 15일 "나는 그에게 자금을 더 이상 지원하지 않을 것이며 계약을 취소하고 싶다. …… 나는 시장 가격이 아니면 다시는 그에게서 생사를 구입하지 않겠다"고 보고하면서, 본사가 동의하지 않을 것을 우려하여 "이 곳에서 대량 투기를 하는 사람이라면 언제든지 당할 수 있는 사고였다. 때로 나의 우려는 말로 표현할 수 없을 정도이다. 사실상 지금 시장에서 더 좋은 조건으로 구매할 수 있으므로 이번 일로 입은 손해는 그리 크지 않을 것이다"라고 보고하였다.126) 그러나 본사의 데이비드 자딘이 계속 우려를 표시하자, 댈러스는 옵션 무역이 가지는 불안정성에 대해 "이와 같은 대규모의 거래에는 항상 책임이 따르지만, 그것은 한 사람의 뛰어난 신용이나 재능에만 의지하는 것이 아니라 배상을 할 수 있는 능력, 즉 만약 생사 가격이 너무 올라 그가 계약을 이행할 수 없을 경우에 배상을 요구할 수 있느냐는 점 등을 고려해야 한다"고 설명하였다.127)

쉬룬과 탕징싱 등 많은 중국 상인들은 상하이에서 면화에 투기를 하였다.128) 그러나 1863년 면화 가격이 갑자기 상승하자 계약을 맺었던 많은 도급상들이 모두 도망쳐 버렸다. 상하이 자딘매디슨사의 윌리엄 케스윅은 11월 24일에 홍콩의 알렉산더 퍼시벌에게 상황을 보고하면서 다음과 같이 말했다.

> 많은 도급상들이 도망쳤다는 소문을 듣고 대출에 주의하라는 충고를 보내준 데 대해 감사한다. 계약을 이행하지 못하는 사람들은 계속 도망가겠지만 나와 계약한 사람들은 모두 원만하게 계약을 이행할 것이라고 믿는다. 최근에 보내 온 면화를 보더라도 계약은 반드시 이행될 것이라고 생각

한다. 그러나 그들 가운데 자금 부족으로 손실을 메우지 못해 계약을 이행하지 못하는 사람도 생길 것이다.[129]

차에 관한 옵션 계약은 주로 푸저우에서 이루어졌다. 예를 들어 투기 매매로 1867년에 차 가격이 지난해보다 크게 상승하자, 3월 9일 푸저우의 영국 영사 찰스 싱클레어Charles Sinclair는 "금년 1월에 내륙에서 투기 매매가 활발하여 차 가격이 전혀 예상하지 못한 정도로 올랐다. 어떤 외국 상인들은 작년보다 20~25% 높은 가격 — 이렇게 가격이 올라간 것은 푸저우에서는 처음 있는 일이었다 — 을 지불하였다"고 보고하였다.[130] 이처럼 정치적·경제적으로 불안정한 상황에서 숱한 상인들이 파산하는 등 심각한 상업적 후유증이 따른 것은 당연한 일로서 그렇게 놀랄 만한 일도 아니었다.

제11장 · 경영 손실과 파산

연해의 상인들은 정치적·경제적 불안정 외에도 항상 심각한 경영상의 손실을 감수해야 했다. 대부분 이와 같은 심각한 손실로 적지 않은 상인들이 파산하였는데, 그 가운데에는 유명한 상인도 있었다. 또한 위험과 손실은 서로 연결되어 있어 연해에서 몇 차례 경제 위기를 초래하기도 하였다.

경영 손실

정치적 동란과 관리들의 협박 외에도 연해 상인들은 항상 일상적인 손실과 예기치 않은 손실에 대비해야 했다. 위험과 불안정성은 대 중국 무역에서 피할 수 없는 일처럼 여겨졌다. 1850년대 중반에 세계 여행중이던 오거스틴허드사의 존 허드는 숙부에게 보낸 편지에서 중국에서의 사업에 대한 걱정으로 여행이 유쾌하지 못하다고 말하기도 하였다.[1]

공행 상인

위험과 불안정성은 늘 공행 상인을 따라다녔다. 그들은 사치스러운 생활을 즐기면서도 관리들의 협박에 시달려야 했으며, 사업에서 발생할 수 있는 손실을 걱정해야 했다.[2] 이들은 서로 경쟁하여 때로는 외국 상인에게 지나치게 높은 가격을 지불함으로써 손실을 입기도 했다. 또 많은 행상들은 외국 상인에게 돈을 빌려 쓰기도 하였는데, 외국 상인들은 돈을 빌려 주고 서양에서보다 높은 이자를 받아 이익을 취하였다. 그러나 때로 대출 금액이 많아지면 상환하지 못하는 경우도 있었다.

관리들은 한 행상이 파산하면 그의 부채에 대해 행상 전체에 공동으로 책임을 물었기 때문에 행상들의 손실 위험은 더욱 컸다. 이와 같은 채무에 대한 연대 책임의 원칙은 1780년부터 시작되어[3] 1794년에는 이미 확고해져서, 그 해 석경관石經官이 파산하자 모든 행상들이 공동으로 책임을 졌다.[4] 또 1823년 판창야오[潘長耀 ; 리취안항(麗泉行)]가 세상을 떠났을 때 밀린 세금과 외국인에게 빌린 돈이 30만 냥이 넘었는데, 관청에서는 강제로 다른 행상들에게 그의 부채를 갚도록 요구하였다.[5] 이 밖에도 행상들은 의외의 손실을 감수해야 했다. 예를 들어 1777년 행상들이 광둥 순무巡撫 리후(李瑚)에게 올린 문서에 따르면, 그들이 후이저우(徽州)와 우이산 지역의 차를 광저우로 가져오는 과정에서 인부들이 질이 떨어지는 차와 좋은 차를 바꿔치기 했기 때문에 행상들이 부득이 손실을 배상한 일도 있었다.[6]

행상들은 서양 상인들에게 채무를 지는 경우가 많았다. 1759년 리광화(黎光華)가 영국 동인도회사에 5만 냥이 넘는 돈을 빌려 문제가 생기자,[7] 총독 리스야오(李侍堯)는 행상이 외국 상인에게 돈을 빌리지 못하게 하는 법령을 선포하기도 하였다.[8] 그러나 이 법은 제대로 시행되지 않아서 1779년에 행상들이 영국 상인에게 진 빚은 모두 380만 8,076달러에 달하였다.[9]

〔표 16〕 행상들이 서양 상인에게 진 채무(1815년) (단위 ; 냥)

상호 명칭	공행 상인		부채 액수
	영문 이름	중국 이름	
푸룽(福隆)	Manhop	관청파(關成發)	338,929
시청(西成)	Pakqua	리광위안(黎光遠)	295,194
리취안(麗泉)	Conseequa	판창야오(潘長耀)	228,095
둥위(東裕)	Goqua(오관鰲官)	셰칭타이(謝慶泰)	91,981
퉁타이(同泰)	Pooneque	마이진(麥觀)	88,903
완위안(萬源)	Fatqua(발관發官)	리셰파(李協發)	11,040
톈바오(天寶)	Kingqua(경관經官)	량징궈(梁經國)	6,962
총 계			1,061,914

자료 : 梁嘉彬, 『廣東十三行』, 131~132쪽, 246쪽, 251쪽, 255쪽, 261쪽, 267쪽, 268쪽.

1815년 총독 장유셴(蔣攸銛)의 상소문에 따르면, 이 해에 행상들은 외국에 모두 106만 1,914냥을 빚지고 있었다[표 16]. 행상이 서양 상인의 돈을 빌려 쓰는 일은 이미 일반적인 현상이었지만, 1829년에 채무를 완전히 상환할 능력이 있는 행상은 세 곳, 즉 호관과 반희관潘喜官, 오관鰲官뿐이었다.[10] 행상들은 채무 외에 정부에 내야 할 세금도 내지 못하고 있었는데, 1833년에는 이 액수가 모두 130만 6,600냥에 달하였다.[11]

1832년에 유명한 행상 무관茂官은 재정적 위기에 처하였다. 5월 15일, 러셀사의 오거스틴 허드는 새뮤얼 러셀에게 "어제 호관이 나를 불러 말하기를, 무관이 위태로워 곧 무너질 것 같으니 대금 지불을 중지하라고 하였다. 나는 즉시 무관을 만났으나, 그는 일상적으로 외국 회사, 특히 덴트사와 매그니악사, 우리 회사 등에서 돈을 대출받았다고 하였다"면서[12] 무관이 갚지 못한 채무는 다음과 같이 18만 6,000냥이라고 보고하였다.[13]

채권자	금 액(냥)
덴트사	50,000
매그니악사	25,000
블리터만사(Blitterman & Co.)	26,000
러셀사	15,000
파시스(Parsees)	30,000
하박소河泊所	40,000

19세기 초, 거상 호관도 해외 무역에서 많은 손실을 입었다. 1837년 초에 그는 베어링브러더스사를 통해 생사를 런던으로 보냈다. 그러나 생사 가격이 떨어지자 호관의 보스턴 대리인인 존 포브스는 런던에 "시장 가격이 오를 때까지" 가지고 있으라고 지시하였지만, 베어링브러더스사는 기다리지 못하고 팔고 말았다. 1837년 12월 30일 호관이 광저우에서 포브스에게 편지를 보내 "베어링브러더스사가 경솔하게 생사를 싼 가격에 파는 바람에 나는 막대한 손해를 보았다"며 격노하여 런던 주재 대리인을 포브스로 교체하였다.[14]

호관은 이렇게 입은 손실을 줄이기 위해 직접 영국 제품을 구입했다.

나는 당신이 베어링브러더스사에 내린 지시가 옳았다고 생각한다. 자금 가운데 일부를 런던에서 찾아 제조품을 주문할 테니 당신은 그 곳에서 비슷한 주문을 하지 말기 바란다. 영국의 상인들은 상품 수출에 대한 잘못된 인식을 가지고 있다. 그들이 광저우에 있는 재고량을 고려하지 않아 여기서는 엄청난 손실을 입고 있다. 내가 여기서 직접 주문하는 편이 좋을 것 같다.[15]

그러나 호관은 존 포브스에게 "내 밑에서 오래 있었으니 당신에게 광범위한 재량권을 주겠다. 내가 원하는 것이 무엇인지를 잘 이해하고 특정한 상황에서 내가 어떤 결정을 내릴 것인가를 판단해서 따라 주기 바란다"며16) 여전히 신뢰감을 나타내었다.

그러나 포브스가 이듬해에 정작 이런 권한을 행사하자 호관은 큰 불만을 표시하였다. 포브스가 존 쿠싱의 충고와 동의를 얻어 호관의 지시를 따르지 않고 2만 5,000파운드에 달하는 면직품을 런던에서 광저우로 보냈기 때문이다. 아마도 이것이 최선의 투자였는지도 모르지만(러셀사의 런던 대리인도 7만 2,000파운드의 면화를 보냈다), 이 화물들이 광저우에 도착했을 때 시장에 재고가 너무 많아 호관은 다시 한 번 엄청난 손실을 입을 수밖에 없었다. 결국 호관은 즉시 포브스의 권한, 즉 유럽에서 화물을 선정하고 미국에서 광저우로 송금하는 등의 권한을 박탈하지 않을 수 없었다.17)

그의 형제인 로버트 포브스도 호관의 사업에 참여하여 1837년 면직품을 광저우에 보냈는데, 불행히도 '시장이 침체'되었을 때였다. 그러나 호관은 사전에 그에게 충분한 주의를 주지 않았기 때문에 비록 큰 손실을 입었지만 그를 탓하지는 않았다.18)

매판의 위험

매판은 중국에 있는 외국 회사의 중국인 매니저로서 중국인과의 거래를 주선하는 중간 역할을 하였다. 매판 제도는 중국인들이 전통적으로 가지고 있던 '무한 책임[바오(包) ; complete responsibility]'의 개념에 기초한 것으로 매판은 그가 통솔하는 직원과 회사가 중국인 고객에게 해 주는 대출, 회사가 받아서 보관하는 전장 장표의 안전 등에 대해 완전한 책임을 져야 했다.19) 따라서 매판은 항상 손실의 위험에 직면하였다.

매판이 겪는 가장 일상적인 위험은 고용한 직원들을 모두 신뢰할 수 없다는 점이었다. 1874년 오거스틴허드사의 상하이 매판은 스페인 은화가 들어 있는 금고를 잃어 버려 배상을 해야 했고,20) 항상 직원들이 불법으로 이익을 얻는다거나, 매판의 도장을 위조한다는 일 등에 대한 고

발이 끊이지 않았다.[21] 매판이 고용한 사람 가운데에는 비리를 저지르고 발각되기 전에 도망치는 일이 허다하였다.[22] 또 매판은 중국인 고객의 상환 능력을 보장해야 하기 때문에 만약 이들이 상환하지 못하면 대신 배상해야 했다. 오거스틴허드사의 한커우 대리인인 브리지스는 1866년 6월 한커우 매판인 루이성(瑞生)이 "그가 판매한 전부에 대해 책임을 인정"했다고 하였다.[23] 이것은 브리지스가 "3년 전(1863년)에 전장들이 파산하자 러셀사의 매판은 이미 도산한 전장의 장표를 막아 2만 냥을 손해 보았다. …… 한커우에서 오래 살았던 골드스미스Goldsmith는 자기 회사(Dow & Co.)의 매판도 이미 여러 차례 손실을 입었다고 한다"[24]고 말한 것처럼, 매판은 태환 과정에서 손실을 입을 수도 있었다. 1863년 12월 24일, 자딘매디슨사의 샤먼 대리인은 "전장이 적당한 가격으로 태환해 주지 않으면 매판이 손해를 입을 것"이라고 하였고,[25] 새순사의 전강(鎭江) 매판 쑹차이(宋彩)도 이런 식으로 1870년대에 아편을 팔아 받은 대금 가운데 0.2%의 손실을 보았다.[26]

큰 회사의 매판이 파산하는 경우는 흔한 일은 아니었다. 1883년 『노스차이나헤럴드』는 "죄를 지어 합동 법정에 출정한 매판은 통상적으로 신설 회사인 경우가 많다. 역사가 오래 된 큰 회사의 매판은 …… 교제 범위가 넓어 투기 실패로 어려움을 겪을 때 친구들의 도움으로 회사와 함께 문제를 해결할 수가 있기 때문"이라고 하였다.[27] 그러나 유명한 매판들이라고 해서 예외는 아니었다.

비교적 작은 회사에 속한 매판들의 위험이 컸던 것에 대해 와이 시 탕(Y. C. 唐)은 "최근 외국의 투기꾼들이 우후죽순처럼 회사를 설립하여 신용을 담보로 한 대출로 사업을 하지만, 매판이 어려움에 처했을 때에는 도와 주지 않는다"고 비난하였다.[28] 그 결과 규모가 작은 매판들은 손실을 입고 채무 불이행 상태에 처하는 경우가 잦을 수밖에 없었다.

서양 회사가 사업에서 실패했을 때 매판이 입는 영향에 대해서는 샤오아퉁(小阿同)의 경우를 통해서도 잘 알 수 있다. 그는 1850년대 초부터 푸저우에서 차 거래를 시작하여 1850년대 후반에 킹사(King & Co.)의 매판이 되었지만 1862년에 "회사의 사업 실패로 심각한 손실을 입었다."29) 그 후 쥬강에서 차 무역을 하다가 오거스틴허드사의 대리인 브리지스의 눈에 들게 되었고, 브리지사가 그를 매판으로 고용하려 하였으다.30) 그러나 그 해 10월에 웰러G. F. Weller가 "푸저우의 채무가 해결되지 않았으니 고용하지 않는 것이 좋겠다"는 불리한 보고를 함으로써31) 결국 고용되지 못했다.

매판의 사업 실패는 자연히 다른 상인들의 손실과 연결되었다. 1867년 상하이 지방관은 "수백 명의 무고한 상인들이 회사 매판들이 입은 손실 때문에 사람과 재산을 모두 잃고 있다"고 언급하였다.32) 심지어 엄청난 손실을 입은 매판이 자살하는 일까지 발생하였다. 1883년 『노스차이나헤럴드』는 "매판은 때로 너무 많은 손실 때문에 법률적 제재를 피하기 위해 자살을 선택하곤 한다"고 보도하였다.33) 매판은 스스로 독립적인 상인이기도 했지만 매판이라는 직위에 따르는 위험과 불안정성으로 인하여 사업에서 항상 손해를 감수해야만 했다.

위험이 따르는 상품

아편과 차 등의 거래에는 위험이 따랐다. 아편은 무게가 가볍고 작게 나눌 수가 있어 쉽게 도난당하기도 했기 때문이다. 외국 상인들은 항상 회사 내의 매판과 중국 고용인들을 감독하였지만, 고용한 사람들이 모두 성실한 것은 아니어서 손해의 가능성은 항상 존재하였다.34) 아편 매매에 따르는 또 다른 위험은 이 거래가 1858년 이전에는 불법이었기 때문에 외국 정부의 보호를 받지 못했다는 점이다. 미국에서는 정부와 여론이 모두 아편 거래를 못마땅하게 생각하였고, 영국 정부의 정책도 영국인이 아편을 거래하는 것을 금지하고 있었다. 헨리 포팅거Henry Pottinger

경은 1843년 2월 24일 아편을 거래하는 모든 영국 사람들은 본인이 위험을 감수해야 하며 영국 정부의 보호를 받을 수 없다는 점을 명백히 밝혔고,35) 4월 17일 에버딘Aberdeen 경에게 보낸 편지에서도 다시 한 번 이를 강조하였다.36)

아편과 비교한다면 차는 부피가 커서 훔치기가 쉽지 않았으며, 합법적이었기 때문에 안전한 것처럼 보였지만, 이를 취급하는 상인들에게도 역시 위험이 따랐다. 먼저 차는 건조하거나 습기, 저온 등 나쁜 기후 환경으로 훼손될 수 있기 때문이었다. 1860년대 후반과 1870년대 초반에 자딘매디슨사는 매판 아리를 통해 한커우에서 내륙의 차를 대량으로 구매하였는데, 1871년 봄에 예상하지 못한 폭우와 이상 저온 등으로 크게 훼손되었다. 존슨은 이런 차들이 이익을 낼 수 있을지 우려하였다.37) (추운 기후는 '누에고치'에게도 좋지 않은 영향을 미쳐 생사를 구매하는 데에도 어려움이 많았다.38))

외국 상인의 위험은 더욱 컸다. 신속하게 질 좋은 차를 확보하기 위해 수시로 현지의 차상들과 계약을 맺고 계약금이나 아편을 지급하였는데, 이러한 돈은 보증이 없어 떼일 위험이 많았기 때문이다. 자딘매디슨사의 푸저우 대리인 매클라우드는 1861년 5월 11일, 홍콩의 알렉산더 퍼시벌에게 차상 옌타이(嚴泰)에게 1만 2,000달러의 계약금을 주었으나 그가 병을 얻어 "대단히 우려스럽다"고 보고하였다.39) 1862년 자딘매디슨사는 차상 둔신(惇信)에게 996냥을 주었으나, 그가 상하이에서 행방불명되는 바람에 회수하지 못한 일도 있었다.40)

중국 차상들도 마찬가지로 손실을 입는 경우가 있었다. 1856년 자딘매디슨사의 푸저우 지사는 중국인 차상 아웨이(阿偉)에게 1만 달러어치의 아편을 미리 지불하였고, 아웨이는 이 가운데 일부를 소매상들에게 지급하였다. 그러나 이 현지 상인의 일부가 "돈을 갚지 않고 도망가서" 아웨이는 먀오링차 생산지에서 큰 손실을 입었다.41) 2주일 후, 또 다른 차상 아시는 그가 파견했던 사람들에게 상등차의 가격을 지불했지만 질이 나쁜 차를 넘겨받음으로써 9,000달러 정도의 손실을 입었다.[42]

면화를 거래하는 중국 상인들, 특히 외국 상인과 계약을 체결한 경우에 차 거래와 마찬가지로 큰 손실을 입는 경우도 있었다. 제10장에서 보았듯이 1863년 상하이의 면화 가격은 1담당 9.6냥이었지만, 이틀 뒤에 갑자기 13냥까지 상승하자 이미 계약했던 상인들은 오른 가격으로 10만여 담을 공급하기로 하였다. 게다가 미국 남북전쟁의 영향으로 세계 면화 시세가 좋아질 것같이 보이자 상하이의 가격은 8일 만에 18냥까지 폭등하였다. 가격이 올라가자 멀리 충밍섬(崇明島)의 면화 상인들까지 가세하여 외국 상인과 계약을 체결하였다. 그러나 5일 후, 면화 가격은 다시 26냥의 최고가까지 폭등하여 15일 만에 2.5배나 상승하였고, 적어도 약 100만 포의 면화가 거래되었다. 그 가운데 30~40만 포는 부근의 쑹강(松江)과 타이창(太倉) 지역에서 온 것이었다. 시골 생산지의 면화 가게에서도 23~24냥보다 높은 가격으로 거래되어 미리 계약을 체결하였던 중국 상인들은 엄청난 손실을 입었고, 손실을 줄이기 위해 면화를 물에 적셔 중량을 불리는 방법을 써서 계약을 이행하였다. 외국 상인 역시 이런 면화를 받아 막대한 손실을 입었다.[43]

면화 역시 쥐도 새도 모르게 도둑맞곤 하였다. 1861년 3월, 제임스 휘틀은 홍콩에서 상하이로 운송된 면화가 중량이 부족한 것을 발견하였으나 어찌된 일인지 알 수가 없었다.[44] 위험이 따랐던 또 다른 상품은 생사였다. 1877년 "유럽 시장에 재고가 넘쳐" 생사 가격이 폭락하자 중국 생사 상인들은 큰 손실을 입었으며, 외국 회사들도 그 영향을 받았다.[45]

자연 재해와 불의의 사고

19세기의 중국은 수시로 가뭄과 홍수, 기황 등의 자연 재해를 당했는데, 이는 바로 경기 쇠퇴로 이어져 상인들이 큰 손실을 입었다. 1852년 상반기에 화둥(華東) 지역에 가뭄이 들자, 그 해 여름에 차 거래가 부분적으로 중단되기도 하였다. 댈러스는 "새 차가 나오지 않아 상황이 안좋다. 고온과 가뭄으로 거래는 대부분 중단되었고, 중국 상인들은 지칠대로 지쳐 있다"고 하였으며,46) 이는 서양 상인들도 마찬가지였다.

1875~1876년에는 화베이 지역에 가뭄이 들었다. 자딘매디슨사의 톈진 대리인 헨리 베버리지는 1876년 8월, 이번 재해가 "이미 중국 북방의 최대 불경기를 초래"했다며,47) "봄부터 여름까지 설탕을 사는 사람이 없다. 홍콩 본사의 재촉을 받고 더 노력하겠다. …… 그러나 여기는 설탕 재고가 너무 많아 어떤 수입상은 이미 1년이나 계속 보관중인 채로 있다"고 보고하였다.48)

화재나 사망 같은 불의의 사고에 의해서도 상인들은 비싼 대가를 치러야 했다. 화재는 과거의 공행 시대부터 광저우의 공행 상인과 서양상인들이 항상 부닥치는 위험이었다. 1822년의 화재는 외국 '상관商館'에 큰 피해를 입혔고, 1856년에는 대화재가 발생하여 상관들이 거의 잿더미로 변하고 말았다.49) 난징조약 이후, 외국 회사에서는 불시에 화재가 발생하곤 하였는데, 1875년 6월 홍콩 러셀사의 본사에서 발생한 화재가 대표적인 경우이다.50)

외국 상인들은 중국에서 불의의 사고로 사망하기도 하였다. 1823년광저우에 설립된 러셀사는 호관의 대외 무역을 관리하다가, 1828년 회사 대표인 존 쿠싱이 보스턴으로 돌아가게 되자 토머스 포브스를 새로운 업무 담당자로 추천하였다. 그러나 그는 이듬해 마카오에서 익사하고 말았다. 쿠싱은 런던에서 이 소식을 접하고 즉시 광저우로 와서1831년 3월까지 머물며 그의 사망으로 인한 문제들을 처리하고 존 포브스로 하여금 업무를 대신하도록 하였다. 1834년에는 이 회사에 근무하던 퍼킨스사의 경영자 새뮤얼 캐벗Samual Cabot의 아들 핸드세이드 캐벗Handsayd Cabot이 천연두에 걸려 21세로 세상을 떠나기도 하였다.51)

또 상인들이 공금을 횡령하여 중국과 서양 회사에 손실을 입히기도 하였는데, 데이비드 웰시David Welsh가 그런 경우였다. 그는 1875년 베이하이(北海)에 살면서 "자딘매디슨사가 위탁한 화물을 판매"하였는데, "한 중국 상회와 계피 구입을 계약하고 대금을 지불하러 홍콩에 갔다가 자기가 손해 볼 것 같은 상황이 되자 돌아오지 않고 오스트리아로 도피함으로써"52) 모두에게 손실을 입혔다.

파산

손실이 커지면 곧바로 파산으로 이어졌다. 연해 상인들은 엄청난 부를 쌓기도 하였지만 예측할 수 없는 투기적 경영으로 하루 아침에 무너지기도 하였다. 유명한 『런던 타임스』의 기자 쿡G. W. Cooke은 이와 같은 중국 무역의 특성에 대해 "극단적으로 멀리 바라보는 상인은 항상 파산의 위험을 안고 있어야 한다. 절대적으로 믿을 수 있는 결과는 동시에 가장 불확실한 것일 수도 있기 때문"이라고 지적하였다.53)

서양 상인

중국에서 사업을 하던 외국 회사들 가운데 자딘매디슨사와 버터필드사를 제외한 다른 유명한 회사들, 즉 1867년의 덴트사와 1875년의 오거스틴허드사, 1879년의 올리펀트사, 1891년의 러셀사 등은 모두 실패로 마감했다. 영국의 상하이 주재 영사 윈체스터는 많은 "전통 있는 외국 회사"들이 1860년대 중반에 파산하였지만, "영국 상인의 손실이 가장 컸다"고 하였다.54) 1867년에는 메이틀런드부시사(Maitland, Bush & Co.)와 매켈러사(Mackellar & Co.) 등도 문을 닫았다.55) 덴트사는 오랜 전통과 큰 규모를 가진 영국 회사로서, 1861년 유명한 중국 상인 쉬룬을 매판으로 고용하여 사업을 확장함으로써 상하이에서만 연간 총 매출액이 적어도 1,000만 냥에 달하였다. 자본금과 매출액으로는 "외국 회사 가운데 으뜸"이었지만,56) 1864년 이후에는 미국의 남북전쟁으로 인한 영향 등으로 경영이 악화되기 시작하였다. 이 회사는 또한 치열한 경쟁에 직면하였는데, "수많은 외국 회사들이 상하이와 홍콩, 푸저우와 북방 연해, 양쯔강 연안에 설립되었기"57) 때문이다. 덴트사는 결국 1867년에 문을 닫고 말았다.58)

미국의 오거스틴허드사는 1839년에 설립되어 36년 뒤인 1875년 4월 19일에 파산하였다. 존 허드 3세는 오거스틴 허드에게 1873년부터 "어려움이 시작"되었는데,59) 미국 대리인인 에버렛사(Everett & Co.)가 자금을 남용하고 형제의 막내인 오거스틴 허드 주니어가 1871년 이후 중국을 떠나 있었던 것이 직접적인 원인이라고 하였다. 그러나 더욱 근본적인 원인은 1870년대 중국 무역의 특성, 즉 쉽게 돈을 벌 수 있는 가능성은 점차 줄어들고, 동업자들끼리의 첨예한 경쟁은 갈수록 심화되었기 때문이다.

오거스틴허드사는 파산한 지 9일 후인 1875년 4월 28일, 홍콩에서 "세계 각지에 있는 모든 재산"은 "채권자들의 권익을 위해" 이미 "두 사람"에게 위탁하였다고 발표하였다.60) 이와 동시에 존 허드와 앨버트 허드도 미국에서 파산을 공표하고 보스턴의 토지를 매각하였다.61) 상하이의 『선바오申報』는 이에 대하여 "상하이에서 가장 오래된 회사로서 중국 및 서양 상인들의 존경을 받았는데, 파산 소식을 접하자 모두 아쉬움을 금할 수 없다. 이는 최근 서양 상인들의 경영이 어렵다는 것을 보여 주는 사례"라는 논평을 실었다.62) 한 번 경영에 실패한 회사가 재기한다는 것은 매우 어려운 일이어서 허드 형제들은 모두 자신감을 잃었다. 존 허드 3세는 존 포브스와 윌리엄 엔디컷William Endicott, 채너리F. W. Channery와 그 밖의 사람들에게 오거스틴허드사를 허드사(Heard

& Co.)라는 이름으로 재설립하기 위한 자금을 지원해 줄 것을 요청하였다. 그들은 모두 3만 달러의 자금을 모아서[63] 1875년 4월 28일에 마침내 새로운 회사를 설립하였지만,[64] 영업이 순조롭지 못하여 1877년 2월 다시 사업을 중단하였다.[65] 로버트 포브스의 경우와 마찬가지로 허드 일가도 두 번의 파산을 기록하였다.

1879년에는 유명한 독일 회사인 렌터브로켈만사와 미국의 올리펀트사도 도산하였다.[66] 1870년대에 상하이에 있던 외국 회사가 이처럼 도산하는 일이 잦아지자 리훙장도 더 이상 그들을 신뢰하지 않았다. 1879년 상하이에 직포창織布廠을 설립하자는 건의에 대해 리훙장은 "외국 회사들은 잔꾀만 부린다"고 질책하였다.[67] 1892년 초의 몇 개월 동안 미국의 유명한 러셀사가 파산하고, 뉴오리엔탈은행(New Oriental Bank)도 문을 닫았다. 자딘매디슨사의 뉴욕 대리인 윌리엄 케스윅은 몽고메리G. L. Montgomery에게 "동방 무역의 손실이 막중한 것은 어제 오늘의 일이 아니다"라고 한탄하였다. 자딘매디슨사는 은밀하게 대리인을 통하여 자신들의 상환 능력에 대한 우려를 불식시키려고 노력하였다.[68]

중국 상인

18세기의 마지막 몇 년 동안 연해의 많은 중국 상인들도 파산하였다. 광저우 시스템 시절 많은 행상이 돈을 빌려 썼고, 채무가 너무 많아 상환이 불가능할 경우에는 곧바로 파산으로 이어졌다. 위관韋官[니원훙(倪文宏)]은 영국 상인에게 빌린 약 1만 1,000냥을 갚지 못해 1777년에 이리(伊犁)로 유배되었다. 3년 후, 영수瑛秀[옌스잉(顔時英)]와 구수球秀[장톈츄(張天球)]도 같은 이유로 위관의 뒤를 따랐고,[69] 이관怡官[우자오핑(吳昭平)]과 석경관石經官[스중허(石中和)]도 각각 1791년과 1795년에 이리로 유배되었다.[70]

19세기에 행상의 파산은 1809년의 성관聲官[무스팡(沐士方)]과 1810년의 유관留官[정충첸(鄭崇謙)]의 경우를 포함하여 더욱 빈번하게 일어났다.[71] 두 사람 모두 이리로 유배를 갔지만 1810년 영관英官[덩자오샹(鄧兆祥)]은 처벌을 받기 전에 도주하였다.[72] 시청항(西成行)의 리광위안(黎光遠)은 66만 7,000냥 이상의 채무를 남기고 1822년에 이리로 유배되었다. 그의 뒤를 이어 1827년 퉁타이항(同泰行)의 마이진팅과 1828년 푸룽항(福隆行)의 관청파(關成發), 1829년 중관中官[류청(劉承)]도 유배되었다.[73] 신관新官은 차상 반정관潘庭官의 집사를 지냈는데, 광저우를 방문했던 미국인 오스먼드 티파니 주니어Osmond Tiffany Jr.는 1844년 그에 대해 "갑자기 상황이 나빠져서 결국 '붕괴'하고 말았다"고 언급하였다.[74] 행상들이 이렇게 빨리 파산한 것은 그들이 지나친 위험을 감수해야 했다는 사실을 증명해 준다. 이관怡官은 1786년 공행 상인이 되었지만 5년 뒤에 파산하였다.[75] 문관文官[차이스원(蔡世文)]은 행상의 우두머리인 총상總商을 8년(1788~1796) 동안 역임하였지만, 나라 안팎으로 50만 냥을 빚진 끝에 1796년에 자살하고 말았다.[76]

1842년에 행상이 폐지된 뒤에도 많은 연해 상인들이 계속해서 파산하였다. 그들 가운데에는 이지와 후광융 같은 독립 상인도 있었고 쑹차이와 양구이쉬안(楊桂軒) 같은 매판 상인도 있었지만, 이들은 모두 직접 또는 간접적으로 대외 무역에 관여한 사람들이었다. 제8장에서 살펴보았던 것처럼, 이지는 연해에서 자딘매디슨사와 긴밀하게 접촉하며 활동했던 상인이지만 생사 시장의 침체로 손실을 입었다. 또 자딘매디슨사와 합작한 전장도 예상만큼 이익을 올리지 못했으며, 과도한 사업 확장이 가장 큰 화근이 되어 1866년에 결국 파산을 선고하였는데, 이 때 자딘매디슨사에 대한 채무만 해도 6만 7,000냥에 달하였다.[77] 회사는 이를 돌려받기 위해 노력하였다(1868년 존슨F. B. Johnson은 중국 관리들에게 이에 대해 협조를 구하기도 했다).[78]

또 다른 경우로는 후광융을 들 수 있다. 그는 저장성 출신으로, 1880

년대 초반에 상하이에서 가장 유명한 생사 상인이었다. 그는 쭤쭝탕(左宗棠) 밑에서 일하면서 부를 축적하였는데, 1867년 쭤쭝탕은 그를 상하이 채운국釆運局에 파견하여 자신의 군대에 필요한 물건을 공급하는 책임을 맡겼다. 그는 한편으로는 푸캉 전장을 경영하여 중국에서 가장 신용이 좋고 안전한 곳으로 성장시켰다. 언제부터 그가 상품의 투기에까지 손을 뻗쳤는지는 알 수 없지만 그의 재산 가운데 일부는 투기를 통하여 조성된 것이 확실하였다. 1881년 그는 생사 투기에 뛰어들어 1882년에 큰돈을 벌었다고 보고했지만, 결국 시장의 동향을 잘못 파악하여 1883년에 파산하고 말았다.[79]

많은 연해 상인들은 매판 상인으로서 항상 매판 직무에 따르는 필연적인 위험과 불안정성에 시달려야 했다. 중국의 관례에 따르면 매판은 무한 책임을 져야 했으며, 손실이 쌓이면 경영 악화를 피할 수 없게 되어 독립 상인으로서 운영하던 사업까지 완전히 문을 닫아야 했다. 1859년 10월에는 제임스보먼사(James Bowmann & Co.)의 매판인 아시(阿熙)가 도주하였다.[80] 1860년대 이래 매판의 파산과 도주는 보편적인 일이 되었고, 상하이에서는 특히 더하였다. 눈에 띄는 사례로는 광저우의 황푸 출신인 펑싱(馮興)이 있는데, 그는 1861년 7월부터 1864년 1월까지 상하이의 오리엔탈은행(Oriental Banking Corporation)의 매판을 지내면서 투기로 경영을 확대하다가 1864년 1월 4일에 파산하였다.[81] 광둥 사람 아셴(阿顯)도 같은 경우로서, 그는 1850년대에 상하이에 와서 10년 동안 차상을 경영한 뒤, 1860년대 초에 기브리빙스턴사의 매판이 되었다가 1869년 파산하였다.[82]

1870년대에 발생한 파산 사건 가운데에는 1874년 상하이 켈리워시사(Kelly, Wash & Co.)의 매판 천리탕(陳理堂)의 파산과[83] 1876년 전강(鎭江) 새순사의 매판 쑹차이가 '수만 냥'을 빚지고 도주한 일이 있었다.[84] 이 밖에도 채무가 비교적 적은 상인들이 도주한 경우도 많았다.[85] 자딘매디슨사의 산터우 매판인 아저우(阿周)도 1874년에 파산하였다.[86] 1880년 대에는 더 많은 매판, 특히 비교적 규모가 작은 회사의 매판들이 도주하였다. 1883년 3월 28일자 『노스차이나헤럴드』에는 다음과 같은 논평이 실렸다.

> 규모가 작은 양행의 매판은 자신들과 마찬가지로 신뢰도가 떨어지는 사람들의 보증으로 고용되어, 생존을 위해 공개적으로 불법적인 방법을 사용하다가 발각되면 도주한다. 매판들이 수천 냥의 빚을 남기고 도주하여 고발당한 사례가 여러 건에 이른다.[87]

1881년부터 1884년까지 3년 동안 상하이 버터필드사의 매판인 양구이쉬안은 회사에 10만 냥이라는 거액의 빚을 졌는데, 이 빚은 매판과 투기상으로서 입은 손실을 나타내 주는 것이었다.[88] 1892년에는 조약 항구에서 큰 영향력을 미치던 상하이 후이펑은행의 매판이 파산하여 금융 시장에 엄청난 파장을 일으켰다.[89]

20세기에도 홍콩에서 많은 중국 매판이 파산하였다. 예를 들면 1905년 5월 1일 룽줘성(容卓生)과 웨이린스(韋麟石)가 법적으로 파산을 선고하였다.[90] 이들 가운데 대부분은 소규모 양행의 매판이었는데, 홍콩의 주요 신문인 『화쯔르바오華字日報』는 매판을 고용할 때 더욱 신중한 절차가 필요하다고 지적하였다.[91] 상하이와 홍콩 이외에 다른 항구에서도 대규모 양행의 매판이 도망가는 문제가 발생하였다. 예를 들면, 1902년 카를로비츠사(Carlowitz & Co.)의 매판 한덩탕(韓登堂)과 아르놀드카르베르그사(Arnhold Karberg & Co.)의 매판 한메이칭(韓梅卿)이 많은 채무를 남기고 도주하였다.[92]

상하이 상인 왕사오윈(王少云)은 동향 사람인 쉬룬이 설립한 징룬방직공장(景綸紡織工場)의 관리자로 있다가 1904년 오스트리아 회사의 매판이 되었다. 그는 자신이 지급 보증한 중국 상인들이 사업에 실패하여 매판이 된 지 3개월 만에 5만 냥의 손해를 보게 되자 결국 종적을 감춰 버렸다.[93] 거대한 후이펑은행의 부매판인 웨이랑산(韋郎山)은 1908년 홍콩에서 파산을 선언하였다.[94] 한커우의 류신성(劉歆生)은 19세기 말부터 20세기 초까지 현지에서 가장 부유하고 유명한 상인 가운데 한 사람으로서 라신아커만사(Racine Ackerman & Co.)와 인도차이나은행(Banque de l'Indochine)의 매판 외에 철 공장과 목재 공장, 기름 공장 등 자신의 기업도 가지고 있었으며, 한커우상인총회의 부회장을 맡기도 하였다. 그러나 그는 지나친 사업 확장으로 1911년에 파산하고 말았는데, 그 무렵 그는 중국 및 외국 상인들에게 500만 냥을 빚지고 있었다고 한다.[95] 다른 도시에서도 이와 비슷한 사건이 발생하여 많은 중국 상인과 전장이 엄청난 손실을 입었다.[96]

상하이에서 활동했던 두 명의 걸출한 중국 상인인 탕징싱과 쉬룬의 경력은 19세기 중국 연해에서 사업을 경영하는 데 따르는 위험성과 불안정성을 대표하는 경우였다. 그들은 몸소 정치적·군사적 동란과 시장 파동, 투기 매매, 거래 손실 등을 겪다가 결국 파산하고 말았다. 1883년 말에 일어난 탕징싱과 쉬룬의 재정 붕괴는 부분적으로는 인도차이나에서 벌어진 청 - 프랑스 전쟁이 원인이 되었다.[97]

1883년의 금융 위기

19세기 중·서 무역은 많은 위기를 겪었는데, 이는 상업 자본주의의 발전 과정에 수반되는 위험이었다. 서양의 경우, 1837년의 불경기는 소수의 대 중국 무역 상인에게만 영향을 미쳤지만, 1857년에는 미국 증권 시장이 붕괴 위기를 맞아 중국에 있는 미국의 주요 대리점인 웨트모어사와 킹사가 파산하였다.[98] 1873년 유럽의 금융 위기는 상하이 시장의 자금 경색에 부분적인 원인이 되었으며, 1890년의 금융 위기에서는 런던 베어링브러더스사가 경영에 실패함으로써 1891년 중국에 있는 미국 회사 가운데 가장 명망 높은 러셀사가 파산하는 결과를 가져왔다.99)

중국의 경우, 어떤 영국 영사의 말처럼 "1866년은 대 중국 무역에서 전대 미문의 침체를 겪으며 보낸 한 해"였으며, 이듬해에 많은 중국 상점들이 문을 닫았다.100) 이 밖에도 상하이의 전장들은 1871년과 1873년, 1878년, 1879년 그리고 1910년에 다양한 정도의 배상 문제와 파산을 경험하였지만,101) 가장 심각한 경제 위기는 1883년에 발생하였다.

위기의 배경

이 위기는 1876~1877년 중국 내륙에서 발생한 자연 재해로 인하여 내륙과 조약 항구 사이에 무역이 감소했기 때문에 발생한 것이었다. 이 기간에 화베이 지방에서는 메뚜기떼가 극성을 부렸고, 장난성 지역은 폭풍과 장마, 후난성과 광시성 지역은 가뭄, 푸젠성과 광둥성 지역은 홍수로 인한 범람에 시달렸다. 화베이의 가뭄은 특히 오랫동안 광범위하게 진행되어 수백 명이 사망하였다. 우리가 앞에서도 논의했듯이 이와 같은 자연 재해는 경기 침체를 유발하여 시장의 구매력을 감소시켰다.102) 1883년 황허가 홍수로 범람하여 다시 한 번 광범위한 지역에 영향을 미쳤고, 그 결과 내륙의 구매력이 하락함으로써 상하이 시장의 토대를 약화시켰다.103)

국제적으로 중국은 1877년부터 무역 역조(부분적으로는 세계 시장의 은값 하락에 기인)를 나타내어 1881년에는 총액이 2,000만 냥에 달하였다 [표 17]. 이러한 추세는 중국 연해, 특히 상하이의 금융 시장에서 자금 경색을 유발하였다.104)

그러나 금융 위기의 근본적인 이유 — 또한 직접적인 원인 — 는 시장의 투기 현상이었다. 윤선초상국과 카이핑탄광(開平煤鑛)의 성공에 힘

〔표 17〕 중국의 대외 무역 : 수출과 수입(1876~1884년) (단위 : 1,000세관냥)

연도	순수입	수출	순차(+) 역차(-)
1876	70,270	80,851	+10,581
1877	73,234	67,445	-5,789
1878	70,804	67,172	-3,632
1879	82,227	72,281	-9,946
1880	79,293	77,884	-1,410
1881	91,911	71,458	-20,458
1882	77,715	67,337	-10,378
1883	73,568	70,198	-3,370
1884	72,761	67,148	-5,613

자료 : 肖亮林, 『中國國際貿易統計, 1864~1949』, 22쪽.

입어 1880년대 초, 여러 성省들이 상하이에서 주식을 발행하여 합작으로 광업 회사를 설립하고자 하였다. 그 결과 1882년까지 적어도 14개의 회사가 새로 생겼다. 또 많은 개별 상인들과 함께 전장에서 이 주식에 투기함으로써 가격 폭등을 유발하였는데, 1882년 9월의 상황은 다음과 같다.105)

회사명	액면가(냥)	1882년 9월 26일의 시장가
윤선초상국	100	253
상하이기기직포국	100	110
카이핑광무국	100	216.5
후베이 창러동광(長樂銅鑛)	100	168
러허 핑취안동광(平泉銅鑛)	105	256
후베이 허펑동광(鶴峰銅鑛)	100	155

이렇게 설립된 새 회사들은 대부분 성공을 거두지 못하여 1883년 주가가 폭락함에 따라 전장들은 큰 손실을 입었다. 1883년 10월에 한 현

지 신문은, 그 해 8~9월에 전장들이 파산한 이유는 예금주들이 돈을 많이 인출해서가 아니라 주식 투자에 실패하였기 때문이라고 보도하였다.106) 그리고 다른 신문들도 이와 비슷한 견해를 나타내었다.107) 자딘 매디슨사의 상하이 주주인 윌리엄 패터슨은 10월 10일에 "이미 몇 개의 전장이 파산하였으며, 그 숫자는 계속 증가할 것이다. 이는 중국 회사의 주식 투기로 인한 것"이라고 하였다.108)

청나라와 프랑스가 안남安南에서 충돌하자 위기는 더 심각해졌다. 이 전쟁이 1883년 상하이의 금융 위기에 어느 정도의 영향을 미쳤는지에 대해 학계에서는 아직 의견이 분분하지만, 쉬룬은 직접적인 관계가 있다고 주장하였다. 그에 따르면 위기가 발생하기 전에 프랑스 해군이 우쑹 입구에 이미 도달해 있었다고 한다. 그러나 존 스탠리John C. Stanley 와 류광징(劉廣京)은 쉬룬이 1884년에 발생한 사건을 1년 전의 일로 잘못 안 것이라고 하였다. 왜냐 하면 어떤 증거도 서윤의 기억, 즉 1883년에 프랑스 해군이 이미 도착해서 상하이의 장난 제조국을 공격하려고 위협했다는 것을 증명할 수 없었기 때문이다.109) 상하이 부근의 군사 충돌 시점에 대한 스탠리와 류광징의 지적이 옳을지도 모르지만, 그러나 금융 시장은 항상 사건이 발생하기 전에 그 기미를 미리 알아차리거나 군사 충돌의 가능성에 예민한 반응을 보인다는 점을 그냥 지나쳐서는 안 될 것이다.

사실, 1883년 5월에 카이핑탄광의 주가는 210냥까지 올랐다가 8월 말에 120냥으로 폭락하였다. 그 해 여름은 중국과 프랑스가 비록 정식으로 선전 포고를 하지는 않았지만 중국측에서는 지방 무장군(흑기군黑旗軍)이 이미 6월에 바다에서 프랑스군과 교전을 하였고, 정부에서는 정규군을 통킹만에 파견하였다. 7월에는 프랑스 해군이 안남 북부에 도착하였고, 8월에는 안남의 모든 항구를 봉쇄하였다. 전쟁은 이미 중국 연해 지역을 위협하고 있었던 것이다. 전쟁에 대한 불안감이 점차 확산되고 있던 금융 위기를 부채질하였다. 『선바오』는 1883년 여름과 가을에 많은 예금자들이 이미 전쟁의 위협을 느끼고 전장에서 돈을 인출하기 시작했다고 보도하였다.110) 영국 영사도 전강(鎭江)에서 "전쟁이 코앞에 닥쳤다는 일반적인 생각이 산시 표호들로 하여금 상하이의 전장에 맡긴 은을 인출하도록 하였다"고 보고하였다.111)

위기

1883년 상하이는 중·서 무역 사상 공전의 금융 위기를 맞았다. 전장은 문을 닫고, 자금이 끊긴 상태에서 가격은 떨어졌으며, 주식 시장은 폭락하여 유명한 상인들도 파산하였다. 1월 12일, 진자지(金嘉記)의 사잔絲棧이 56만 냥의 손실을 입고 40여 개 전장에 부채를 갚지 못해 문을 닫자 위기가 폭발하였다. 이 일은 음력 정월 초하루가 지난 뒤에 터졌는데, 이 시기는 금융 시장의 자금 압박이 더 심할 때여서 연쇄 반응으로 2월 7일까지 약 50여 개의 상점(차잔茶棧, 사잔, 당행糖行, 포호布戶, 면화행棉花行, 철호鐵號, 잡화호雜貨號, 사선호沙船號 등)이 문을 닫았고, 부도 액수는 150만 냥을 초과하였다. 채무 불이행으로 2월 11일까지 99개의 전장 가운데 41개가 영업을 중단하였다. 10월에서 12월 사이에는 살아남은 58개의 전장 가운데 48개가 파산하였으며, 유명한 많은 상점들도 그들과 함께 도산하였다.

이와 같은 엄청난 위기로 상품 가격도 크게 폭락하였는데, 일반 상품은 30~50% 폭락하였고, 모든 부동산은 거래가 중지되었다.112) 탕징싱 개인의 노력에도 불구하고 주식 가격도 폭락하였다. 1883년 8월 1일 자딘매디슨사의 윌리엄 패터슨은 상하이에서 이렇게 보고하였다.

> 탕징싱은 약 3,000주의 카이핑탄광 주식을 담보로 전장에서 거액을 대출받았다. 6~8개월 전, 시장에서 이 주식을 매입하자 다른 사람들이 따라서 구입함으로써 가격이 상승하였다. 다음 날 (영국을 방문하고 있던 그가) 주

식을 더 매입함으로써 시장을 안정시키기 위하여 1주당 120냥씩 500주를 구입하였으나 다른 사람들이 따라 오지 않자 결국 115냥 이하로라도 투매하려 하였다.113)

위기는 증폭되었고, 패터슨은 두 달 뒤 "260냥까지 올라갔던 카이핑탄광 주식은 지금 70냥에 내놓아도 살 사람이 없고, 전망이 좋았던 윤선초상국도 90냥 정도에서 대량 투매가 나오고 있다"고 하였다.114) 1884년까지 위기가 계속되어 카이핑탄광 주식은 29냥, 윤선초상국은 34냥까지 폭락하여115) 1882년 9월과 비교했을 때 가격이 87%나 떨어졌다.

많은 전장들은 이 주식을 담보로 대출해 주었다. 영국 영사는 1883년에 이에 대해 이렇게 보고하였다.

전장들이 주식을 담보로 광업 회사와 다른 회사들에게 아낌없이 대출을 해 주었는데, 이 회사들은 대부분 초창기여서 전장들은 가격 하락에 따라 큰 어려움을 겪고 있다. 이 실패에 따른 신용 추락이 하반기 금융 시장에서 자금 경색을 만연시키는 한 원인이 되었다.116)

『노스차이나헤럴드』의 한 기자도 "(1883년 초) 거의 모든 전장들이 중국 주식을 담보로 대출해 주었는데, 주식 가격이 하락하여 심지어는 휴지 조각이 되어 버렸다"117)며 비슷한 견해를 제시하였다. 그 무렵의 중국어 및 영자 신문을 자세히 읽어 보면 이러한 의견이 매우 근거가 있음을 알 수 있다.118) 이들은 전장이 확실한 근거도 없이 이처럼 주식을 담보로 대출해 준 것은 나름대로 이유가 있다고 하였다. 1860년대 초기 이후에 전장들은 새로운 자금 조달 방법으로 대략 두 가지 방법, 곧 산시 표호와 '탁표拆票' 대출을 이용하였고, 이로 인해 그들은 더욱 강한 경쟁력을 가질 수 있었지만 대출 조건은 오히려 느슨해졌다.

1860년 이후, 상하이는 중국의 주요 상업 거점지로 빠르게 성장하여 많은 산시 표호를 유치하였는데, 1864년에는 이미 24곳이나 되었다. 산시 표호는 고위 관리들과 긴밀한 관계를 유지하면서 그들의 거액을 예치하고 이 자금을 다시 작은 점포들에게 대출해 주었다. 이러한 형식의 대출을 '장기(長期 ; long term)'라고 하였지만, 실제로는 언제든지 회수할 수 있는 것이었다. 시장의 경기가 좋을 때 이 대출액은 200~300만 냥에 달하였다. 1883년 금융 위기로 시장 경제가 악화되자, 산시 표호는 10월 30일 장기 대출을 모두 회수하였는데, 그 액수가 100만 냥이 넘었다.[119]

1860년대 중반 이후, 전장이 자금을 조달한 두 번째 방법으로는 서양 은행과 회사에서 단기로 대출받는 탁표를 들 수 있다. 1883년 10월 29일의 편지에서 자딘매디슨사의 존슨은 외국 은행들이 이미 200만 냥 이상을 회수하고 있다고 보고하였다.

> 중국인들은 프랑스와의 전쟁이 불경기를 가져왔다고 말하지만, 내가 보기에는 외국 자본이 홍콩과 상하이의 전장에서 자금을 회수하고 있기 때문인 것 같다. 최근 몇 년 동안 외국인들의 대출액은 200만 냥도 안 되고, 중국 투자가들도 토지나 광산 등 다른 곳에 투자하였지만 엄청난 손실을 입었다. 그 뒤 외국 자본이 빠져나가기 시작했는데, 이것이 기업이 붕괴하기 시작한 원인이라고 할 수 있다.[120]

영국의 상하이 주재 영사가 1883년에 올린 보고서에도 "현지의 전장들이 외국 은행에서 자금을 빌리지 못해 어려움을 겪고 있는데, 외국 은행은 이전에는 습관적으로 해 주던 단기 대출을 신중하게 거절하고 있다"고 하였다.[121]

그 해 10월, 전쟁에 대한 긴장감이 고조되자 더 많은 상인들이 자산을 현금으로 바꾸었고, 개인들은 전장에서 예금을 인출함으로써 시중에는 돈이 더욱 부족하게 되었다. 또 회사들의 경영 실패로 장기 대출과

탁표에 대한 회수도 빨라져서 채무 상환 문제가 더욱 악화되었다. 1883
년 말에 상하이에는 극도의 공포감이 확산되었고, 자본이 빠져나가기
시작하였다. 은의 비축률도 90% 이상 줄어들어 38만 냥밖에 남지 않았
다.122) 이로 인해 상하이의 가장 부유한 상인이었던 쉬룬과 후광융도
결국 파산하였다.

쉬룬은 1861~1867년에 영국 덴트사의 매판을 지내면서 많은 돈을
벌었다. 독립 상인으로서 자금 시장에 투자하여 유명한 바오위안상(寶
源祥)이라는 차잔茶棧을 설립하였고, 1870년대 이후에는 상업과 공업 및
보험업 등 여러 기업에 투자하였다. 그는 자금을 주로 상하이 외국 조
계의 부동산에 투자하였다. 1883년 초에 구입한 토지는 2,900묘에 달했
으며, 그 가운데 320묘에는 건물을 지었다. 그는 부동산에 대한 과도한
투자로 그 해 11월에 결국 파산하고 말았다. 전장의 압력에 시달리다
못해 그는 220만 냥에 달하는 부동산 전부와 98만 2,530냥에 달하는 기
업 및 전당포의 주식을 내놓아 250만 냥의 부채를 해결하고자 하였
다.123)

앞에서 살펴본 대로 후광융은 유명한 금융가이자 부호였다. 그는
1860년대 초에는 쌀, 1880년대 초에는 생사에 투자하여 큰돈을 벌었다.
그는 1881년 6월에 3,000포의 생사를 대량으로 구입하여 1882년 5월에
재고량을 8,000포로 늘리고, 10월에는 1만 4,000포에 이르게 함으로써
상하이의 생사 가격을 자연스럽게 끌어올렸다. 1882년 9월 말, 상하이
에서 상등품 생사의 가격은 이미 17실링 4펜스까지 올랐지만, 런던에서
는 16실링 3펜스에 불과하였다. 한편, 1883년에는 이탈리아의 생사 생
산이 회복되어 점차 증가하였다. 서양 상인들은 후광융이 머지않아 재
고량을 팔 것이라고 판단하여 매입을 중지하였다. 1883년 8월부터 10월
까지 후광융은 자신이 제시한 가격을 고집하였고, 매입자들도 움직이지
않아 상하이의 생사 거래는 거의 중지되었다. 침체가 계속되자 모든 상

품의 가격이 하락했고 후광융도 어쩔 수 없이 11월부터 생사를 내다 팔기 시작하였으나 이미 100만 냥 이상의 손해를 보았다.[124] 1883년 12월 5일, 후광융은 결국 재정적 위기를 맞았고, 명망 높은 푸캉 전장도 도산하고 말았다.

1883년 말, 상하이의 금융 위기는 이미 광둥성과 장쑤성 연해로까지 확산되었다. 후광융의 푸캉 전장을 비롯한 상하이의 많은 전장들은 저장성과 장쑤성 등 인근 성의 상업과 긴밀한 관계를 맺고 있었으므로, 이들의 파산은 자연히 연해 상업에 아주 불리한 영향을 미쳤다. 더욱 중요한 사실은 이 전장들이 내륙에서 생사와 차를 구매하는 자금을 모으는 데 중요한 역할을 하였기 때문에, 그들의 붕괴가 내륙의 상업과 농업 발전을 저해하게 되었다는 점이다.

의미

1883년의 경제 위기는 중·서 상업 자본주의의 역량과 약점을 동시에 표출한 것이었다. 1860년 이후 20년 동안 중국 연해의 상업은 자유 무역과 화폐를 통한 대출 확장으로 유례없는 발전을 경험하였다. 그러나 신속한 확장은 모순을 잉태하게 되었고, 이어진 침체는 연해 금융 제도의 취약성과 신용 대출의 한계, 주식 시장의 변화무쌍한 점 등을 노출하였다. 투기와 가격 파동, 은행에 대한 지불 청구의 쇄도, 전쟁에 대한 공황, 경영 손실과 파산 등 경영의 불안정성이 도처에 널려 있었던 것이다.

상하이의 중국인 상업계에 들이닥친 금융 재난은 중국의 산업화에 불리한 영향을 미쳐 상업과 금융에 종사하는 많은 사람들을 괴롭혔을 뿐 아니라 근대 기업에 관심을 가진 상인들에게 치명적인 타격을 입혔다.[125] 이러한 상인들 가운데에는 전통적인 사업체를 가지고 근대식 기업에 관심을 가진 사람들도 포함되었다. 전장을 경영하던 후광융은 1882

〔표 18〕 1880년대 초 쉬룬이 투자한 기업과 투자액 (단위 ; 냥)

기업	투자액
윤선초상국	480,000
5대 광산(카이펑탄광은 제외)	280,000
카이펑탄광	150,000
보험 회사 2곳	150,000
상하이기기직포국	50,000
상하이중국유리회사	30,000
홍콩제당공장	30,000
홍콩우유회사	30,000
다구(大沽) 부근 개간회사	30,000
상하이제사공장	25,000
상하이제지공장	20,000
서양 회사에 대한 투자	100,000
상하이 부동산	2,237,000
전당포 8곳	349,000
전장	50,000
총계	4,101,000

자료 :『徐愚齋自敍年譜』, 34~35쪽, 81~82쪽, 통계는 저자가 산출한 것임.

년 초에 총독 쭤쭝탕에게 상소를 올려 단독으로 양쯔강 연해의 전보 사업을 해 보겠다고 밝힌 적이 있는데, 그가 파산한 뒤로 중국에는 1,000만 냥 정도의 거금을 산업에 투자할 사람은 더 이상 나타나지 않았다.

더욱 중요한 것은 이런 상인들 속에 탕징싱과 쉬룬, 정관잉 등과 같은 정력적이고 현대적 감각을 가진 기업가들이 속해 있었다는 점이다. 이들은 중국 근대 기업의 선구자로서 해운업과 신식 광업, 기계 제조업에 종사한 경험을 가지고 있었다. 특히 쉬룬은 부동산과 전당포 외에 다른 여러 기업에도 투자하고 있었다[126][표 18 참조]. 탕징싱과 쉬룬이 금융 재난으로 윤선초상국을 떠났고, 정관잉도 손실로 인하여 1883년에

막 생산 단계에 접어든 상하이기기직포국(上海機器織布局 ; Shanghai Cotton Textile Co.)의 설립을 오랫동안 중단하게 되었다. 발걸음을 내디디려던 중국 산업 자본주의는 1883년 이전에 이미 발전할 수 있는 기회가 있었지만, 금융 실패로 인해 싹이 꺾이는 아픔을 겪어야 했다. 따라서 현대적 사상을 가진 중국인들은 처음부터 다시 시작해야 했고, 중국은 조기 산업화라는 귀중한 시기를 놓치고 말았다.[127]

1883년의 경제 위기는 관료 자본주의에도 전환점이 되었다. 후광융이 더 이상 양쯔강 연안의 전보 사업을 추진하지 못하자, 나중에 성쉬안화이가 주도하는 '관독상판(官督商辨)' 형식으로 중국전보총국中國電報總局에서 이 사업을 담당하였는데, 성쉬안화이는 자신이 상인이 아니라고 여기는 관리였다.[128] 탕징싱과 쉬룬, 정광잉 등 전문 지식과 진보적 기업가 정신을 가진 사람들이 떠난 뒤에 '관독상판' 기업이 새로운 형태로 등장하였다. 1884년 총독 리훙장은 성쉬안화이를 탕징싱과 쉬룬 후임으로 임명하여 윤선초상국을 운영하도록 하였지만, 이후 이 회사는 거의 발전을 하지 못했고 서방 경쟁자들의 비약적인 발전을 지켜보아야만 했다. 선박의 수와 중량면에서도 10년 동안 자딘매디슨사와 버터필드사에 훨씬 뒤짐으로써 중국 수역에서의 지배적 지위를 상실하고 말았다.[129] 바꿔 말하면 1883년 이후, 불행하게도 성쉬안화이를 우두머리로 하는 관료들이 '관독상판'으로 기업들(이들은 중국 공업화의 선봉자들이었다)을 장악함으로써 산업 발전에서 관료주의가 기업 정신보다 우선하게 하는 잘못을 저질렀던 것이다.

끝으로, 1883년의 금융 위기로 인하여 이후로는 산업체의 자본 모집이 더욱 어려워졌다. 청대 말기에 국가가 거둔 세수입 총액은 겨우 중국 국민 순수입의 2.4%에 머물러, 근대 기업의 발전에 필수적인 정부 지원이 극도로 제한적일 수밖에 없었다.[130] 게다가 1883년의 위기는 합작 기업과 중국 투자가들의 믿음을 송두리째 빼앗아 버렸다. 1870년대 후반부터 1882년 말까지의 전체적인 경제 발전은 윤선초상국과 카이핑 탄광 등 초창기의 성공에 힘입어 일반인들에게 중국 근대 기업에 대한 열정을 불러일으켰지만,131) 1883년 말의 주가 폭락으로 새로 설립된 많은 주식 회사들 — 유명 무실한 회사를 포함하여 — 이 엄청난 손실을 보았다. 그 무렵의 신문 보도에 따르면 "유명 무실한 회사들이 300만 냥에 달하는 상하이 주민들의 재산을 물거품으로 만들었다"고 하였다.132)

1885년 상하이 황푸 강변의 부두에는 여전히 비어 있는 채 쓸모 없이 버려진 건축물들과 도산한 기업들의 경계석만 도처에 흩어져 뒹굴고 있었으니……. 그것은 말 없는 공장의 유령이요, 태어나자마자 질식하여 죽어간 기업의 무덤이었다.133) 1887년 근대 광업에 정통한 한 중국 사업가는 "상하이에 수십 개의 회사가 있었지만 마무리가 좋았던 경우는 극히 드물었다. 특히 광업 부문이 심각하여 수시로 파산함으로써 가산을 탕진하곤 하였다. 오랫동안 사람들에게 '공사公司'라는 말은 떠올리기조차 싫은 말이었다"라고 술회하였다.134) 사실, 개항 항구의 금융 구조는 기복이 너무 심하여 주식 시장이 필요로 하는 안정적인 환경이 조성되기 어려웠다. 1883년 이후에는 자금을 모아 회사를 설립하는 일이 갈수록 더 난망한 일이 되어 버렸다.

제12장 결 론

　근대 중국 연해에서 활발하게 진행된 무역의 결과로 중·서 자본주의 형태의 상업 혁명이 탄생하였다. 19세기, 특히 1820~1880년대에 중국 경제는 상업 부문에서 새롭고 중요한 발전을 하였다. 상업 자본주의는 이러한 발전의 중요한 형태로서, 세계 경제사적 관점에서도 상업에서 이처럼 중대한 변화가 이처럼 거대한 규모로 짧은 시간 안에 나타났던 것은 그리 흔한 일이 아니었다.[1] 따라서 이 과정을 '상업 혁명'이라고 일컫는 것이 타당할 것이다.

　중국에서는 18세기 후반에 이미 새로운 경제 에너지가 꿈틀대고 있었지만, 1820년대에 들어서야 페르낭 브로델이 언급했던 "여러 상황들이 합쳐져" 많은 조건들이 한꺼번에 모아졌다.[2] 근본적인 변화는 1860년대에 크게 성숙되어 1880년대에 엄청난 세력으로 성장하였다. 그러나 이 과정에서 청 정부는 서양의 다른 나라들과는 달리 적극적인 역할을 하지 않음으로써 오히려 더 깊은 인상을 주었다.

　이 상업 혁명에는 여러 가지 명확한 특징이 있다. 중국 경제는 19세기 초에 이미 여러 방면에서 전형적인 근대적 특징을 나타내고 있었다. 과거와는 달리 중국 연해의 상업은 광저우 시스템 시기(1757~1842)에 이미 대부분 '개별 상인(鋪戶)'의 활동이나 아편 밀수, '항각港脚' 무역의 독립, '산상散商'의 독자적인 활동처럼 '자유로웠다'. 이러한 상황이 몇 십 년 동안 유지되다가 1820년대에 영국과 미국의 대리상들이 등장하면서 변화의 속도가 빨라졌다.[3] 뒤이어 조약 시스템은 진정한 자유 무역의 신기원을 이룩하였다. 따라서 많은 사람들의 생각과는 달리 난징 조약은 새로운 시작이라기보다는, 단지 상업 자본주의를 촉진시킨 하나의 요인에 지나지 않았던 것이다.

1820년대의 경제에 새로운 활력을 넣은 것은 멕시코 은화와 중국의 지폐(私票) 등 보편적으로 사용된 화폐였다. 청대의 화폐량은 과거에 비해 9배나 증가하였고, 이와 같은 증가 속도는 인구 증가를 초월하는 것이었다. 런던과 중국 사이의 환어음을 통한 신용 대출은 1820년대에 이미 전통적인 상업 관례를 무너뜨렸고, 아편 무역은 시장의 확대를 의미하였다. 연해 상인들은 선박을 '근해에 정박시키는 방법'과 '연해 시스템' 등 혁신적인 방법을 추진하여 결국 '쑤저우 시스템'으로 발전시켰다. 19세기 초에 아편의 연평균 수입량은 약 4,000상자였으나 1879년에는 8만 3,000상자로 최고조에 달하였다.

1860년 영국-프랑스 전쟁과 태평천국운동이 실패로 끝나면서 중국 상업 혁명의 기세는 한층 더 고조되었다. 내륙, 특히 잠사를 생산하는 장난성 지역과 우이차(武夷茶)를 취급하는 푸젠성과 장시성 그리고 후난성과 후베이성 등 양쯔강 유역의 차 생산지의 경제는 내륙 구매라는 혁신적인 방법으로 새로운 활력을 찾게 되었다. 차 무역의 성장은 농업의 상품화를 의미하였고, 충안·젠닝·푸저우 등은 새로운 상업 중심지로 성장하였다. 차 수출은 1880년대에 2억 5,000만 파운드를 기록하여 중국 총 수출액의 60%, 세계 차 수출의 88%를 차지하였으며, 생사 수출도 증가하였다. 차와 아편도 시장의 성장을 이끌었으나, 중국인은 영국인이 차를 마셔대는 것처럼 아편을 피우지는 않았다. 넓은 의미에서 이러한 습관은 19세기 자본주의의 특징인 효과적인 생산과 유연한 시장의 결과였다고 할 수 있다.

자본주의는 경쟁이 없으면 존재할 수 없듯이, 1860년 이후 거의 모든 영역, 곧 내륙에서의 구매와 수출입, 연해 해운업 등에서 치열한 경쟁이 전개되었다. 이 과정에서 서양 상인들은 자유 경쟁과 자유 방임 정책을 신봉했던 반면, 중국인들은 외국 상인들과의 극심한 경쟁으로 촉발된 경제 민족주의에 더 많이 의존하였다. 그러나 이익을 위해서라면 이들은 언제든지 서로 협력하였다. 이런 협력을 통하여 중국 상인은 선금을 받거나 낮은 이자의 대출 또는 전문 지식과 시설, 정치적 비호를 얻을 수 있었으며, 서양 상인들은 시장 정보와 질 좋은 상품을 얻어 해운과 보험 등의 사업을 운영할 수 있었다. 다양화된 투자와 무역에서의 합작 시스템은 모두에게 유리한 것이었다. 시장에는 항상 불안과 위험이 존재하고 있었고, 연해 상인들은 내륙 상인들과 달리 좋은 기회와 치명적인 위험이라는 두 가지 요소를 동시에 감수해야만 했다.

18세기 후반, 중국 연해에 새로운 경제 에너지가 유입되어 1820년대에 상점과 교역 방법에 근본적인 변화가 일어나자 상업 혁명의 기세는 다시 높아졌다. 이로 말미암아 '항각' 무역이 비약적으로 발전하였고, 전통적인 상업 시스템(광저우 시스템과 영국 동인도회사)이 해체되었으며, 대리인들의 활동으로 화폐량이 급증하였다. 또한 신용 대출이라는 새로운 시대로 진입하였으며, 세계적으로 아편 무역의 중요성이 강조되었다. 사람들은 이러한 변혁을 상업 혁명의 시작이라고 여겼다. 1842년 이후, 자유 무역에 유리한 '조약 시스템'이 이러한 진행에 새로운 힘을 실어 주었다. 1860년 이후 국내외가 안정을 되찾자 상업 혁명은 그 무렵 세계를 무대로 하는 통신 혁명과 함께 새로운 활력을 얻어 더욱 속도가 빨라졌다. 경쟁이 가열되었고, 농업의 상품화와 시장 개척도 빨라졌다(내륙 구매 시스템에서 증명된 것처럼). 이로 인한 불안정한 시장 형세에 따라 유리한 기회도 찾아왔다.

1820년대에 상업계가 기능적인 변화를 겪었다면, 1860년대는 기능면에서뿐만 아니라 구조적인 면에서도 더 빠르고 큰 규모의 변화를 수반하였다. 그리고 1870년대에는 화폐 공급의 증대와 신용 대출의 확대, 아편 무역의 수량, 내륙 구매의 활발함, 중국 차와 생사가 세계 시장에서 차지하는 위치 그리고 대외 무역과 연해 무역의 치열한 경쟁으로 상업 혁명은 절정기를 맞게 되었다. 이 혁명은 1883년의 공황으로 상징적인 종말을 고하였지만 금융 위기가 불행인 것만은 아니었다. 그것은 어떤 의미에서는 중국 경제, 곧 곤혹스러운 금융 문제로 새로운 방법을 모색하던 중·서 자본주의에 고통을 주기도 하였지만, 사실상 19세기의 중국 경제를 더욱 발전시키는 계기가 되었기 때문이다.

결론적으로 사람들은 1820년대부터 1883년까지 연해 지역 중·서 상업 자본주의의 발전으로 근대 중국의 상업 혁명을 볼 수 있었다. 이러한 상업의 변화는 대단히 복잡하면서도 상호 연관성이 있었다. 화폐 담보와 자금의 유동성으로 인해 저금리가 유지되었고, 이는 자금의 유동성을 높여 상공업에 대한 투자로 이어졌다. 개항 항구에서 이러한 수익이 상대적으로 안정성을 보이자, 나선형처럼 다른 업종으로까지 연쇄 반응을 일으켜 결국 정점에 도달하게 되었다.

중·서 상업 자본주의는 대단히 복잡한 과정을 거치며 발전하였다. 한편으로는 '항각' 무역과 대리상, 수입과 수출, 화폐와 신용 대출이 활성화되었고, 다른 한편으로는 백은白銀 유출과 정치적 동란으로 화폐가 부족하여 아편을 교환 매개물로 대신 사용하기도 하였다. 대외적 전쟁 이외에도 재난과 같은 결과를 가져온 금융 위기가 있었고, 태평천국운동은 상업 혁명을 거의 요절시킬 뻔하였다. 역사에서 우연이란 있을 수

없으므로, 우리는 반드시 동시 다발적으로 발생하는 여러 사건들에 주의해야 할 것이다.4)

이 같은 상업 자본주의는 중국과 서양의 전통적 상업 발전과 어떻게 비교할 수 있을까? 중국에서 '상업 혁명'은 당대唐代 중기(8세기)부터 남송南宋 때(13세기)까지 꾸준히 지속되었지만, 19세기의 상업 혁명은 그 속도가 훨씬 빨랐을 뿐 아니라 여러 방면에서 중국의 전통적인 모습과는 상당히 다른 형태를 나타내었다.

첫째, 19세기 중국의 상업 혁명은 서양 열강에 의해 이루어진 중·서 무역에 기초를 두고 있었다는 점이다.

둘째, 더 넓은 시각에서 본다면 19세기 연해의 중국 상인은 이전에 비해 정부의 간섭을 훨씬 적게 받았다. 중국에서 상인 계층은 국가의 엄격한 통제를 받는 계층으로,5) 18세기 양저우의 상업이 정부에서 허가한 염상鹽商들에 의해 발전한 것이 좋은 예가 될 것이다.6) 그러나 이 시기의 상업 자본주의는 진정한 개인 사업을 기초로 하는 제도 아래에서 성공했다는 점이 다르다. 19세기의 연해 중국 상인은 관청의 비호를 받지 않고 자신들의 적극적인 정신으로 상업에 참여하여 많은 부를 축적한, 중국 역사상 처음으로 독립성과 현대적 의식을 지닌 상업 자본가들이었다. 그리고 이러한 자본주의가 내륙이 아니라 정부의 통제가 비교적 느슨했던 연해에서 출현하였고, 또 18세기 '중화 태평 성대(Pax Sinica)'가 아니라 19세기에 청 왕조가 몰락하는 과정에서 활발하게 발전한 것은 당연한 일이었다.7)

셋째, 중·서 상업 자본주의는 광범위한 지역에서 빠른 속도로 진행되었다. 아편 무역은 그 엄청난 수량만으로도 중대한 의미를 지녔다. 아편은 하찮은 밀수품이 아니라 당시 세계에서 단일 상품으로는 최대의 품목이었으며, 생사와 차도 중국 역사상 전례 없는 무역량을 기록하였다. 화폐량은 최고 기록에 달하였으며, 신용 대출도 일찍이 이렇게 활발하게 이루어진 때가 없었다. 기회와 위험이 상존하면서 사람들은 순식간에 빈털터리에서 거부가 되기도 하였고 또 거부에서 거리의 부랑아로 전락할 수도 있었다.

넷째, 과거의 부유한 상인들은 자신들의 부를 함부로 낭비하였지만 근대의 연해 상인들은 많은 부분을 기업에 투자하였다. 다만 이 상업 자본주의는 극히 불안정하여 혁신적이고 생기발랄한 분위기도 1883년 금융 위기가 닥치자 곧바로 사라졌고, 상하이에 있던 전장의 85% 이상을 궤멸시켜 버렸다. 중국에 있던 오래된 미국 회사들은 모두 파산하였으며, 영국 회사는 오직 두 곳만이 파산을 면할 수 있었다. 그렇다면 이 제도는 왜 이렇게 불안정하였는가?

우리가 이미 강조한 것처럼 부분적 원인은 중·서 상인들의 투기적이고 모험적인 자세와 무관하지 않다. 또 쌍방이 서로 깊이 의존하며 연결되어 있었다는 점도 하나의 원인이다. 서양 상인들은 중국인에게 지나치게 의존한 결과 자신들 특유의 진일보한 개혁과 다양한 경영을 펼쳐 보지도 못한 채 망하였으며, 중국 상인들 또한 외국 상인의 비호에 안주하였으나 항상 유리한 것만은 아니어서 기회를 놓치는 경우도 많았다. 이 밖에 경제 발전에서 이익을 얻는다는 것은 중요한 일이지만 기대값이 지나치게 높아 불법으로 경영함으로써 오히려 장애가 되기도 하였다.8) 그 결과 많은 투자가들이 단기 투자나 외환, 사재기, 부동산 등 투기성 사업에 투자하였다. 정관잉 등 소수의 상인을 제외하고는 많은 사람들이 외국의 비호라는 타성에 빠져, 결국 자신 있게 중국의 사회·정치 개혁을 추진하지 못하였던 것이다.

치열한 경쟁도 건강함과 활력을 상징하는 것만은 아니었다. 경쟁은 상인들 모두를 고도로 위험한 상황에 빠트렸기 때문이다. 그들은 용이한 신용 대출과 내륙의 운송비에 대한 과도한 경쟁으로 항상 불안한 상태였다. 이러한 상황은 중간 대리상과 행회行會를 난립하게 하여 이익을 분할하게 함으로써, 같은 시기에 일본과 인도 등이 비교적 절제된 상황에서 많은 이익을 취한 것과 분명한 대조를 이루었다. 이처럼 사업 환경이 극히 불안정할 수밖에 없었던 것은 정치적 상황이 달랐기 때문이다. 중국은 인도보다는 정치적 독립성을 유지하였지만 완전한 독립성을 유지한 일본과 달리 반식민지 상태에 놓여, 외국 세력이나 본국 정부가 강력하게 상황을 통제하지 못하는 상황에서 치열한 경쟁이 계속 이어질 수밖에 없었던 것이다.

마지막으로 19세기 상업 혁명은 중국에 과거와는 다른 새로운 경영 조직과 기법을 전해 주었다. 보험과 신식 은행이 출현하였고, 주식 회사는 새로운 추세가 되어 주식 시장이 자금을 모으는 새로운 수단이 되었다. 중·서가 공생하는 사업은 합법이든 불법이든 모두 성공을 거두었다. 은화가 광범위하게 유통되었으며, 신용 거래로 돈은 절약되고 사사로운 개인 감정은 배제되었다. 또한 신용 대출 기관이 제도화되어 대출에 대한 인식이 사회적 지위에 대한 인정이 아니라 사업을 확장하는 수단으로 전환되었다. 이로써 주식과 어음, 선박에 실려 있거나 창고에 보관중인 화물 등 비전통적인 대상들을 담보로 한 대출이 가능하게 되었다. 또 아편을 판매하는 연해 시스템과 생사를 매매하는 쑤저우 시스템, 내륙에서 구매하는 시스템, 계약, 옵션, 선물 거래 등 새로운 시스템이 계속 시행되었다.

상하이와 홍콩은 과거의 행정 도시와 다른 새로운 상업 도시로 발전하여 국내외적으로 확실한 위치를 확보하면서 거대한 상업 중심지로 발돋움하였다.9) 이 곳을 중심으로 거래와 자금 회전이 빨라지면서 상인들은 새로운 투자에 대해 더 폭넓은 선택을 할 수 있었다. 또 이 곳에서 전 세계의 시장 상황에 관한 전문적 지식이나 상품의 가격 형성 및 분류 기술, 정확한 정보의 대리 업무와 신용 대출, 환어음, 보험, 판매에 관한 복잡한 시설들을 제공받을 수도 있었다.

19세기의 상업 혁명에서 중국인들은 서양과 비슷한 패턴을 경험하였다. 그 대표적인 예로 중국과 서양 모두 연해 지역을 중심으로 발전하였지만 상업화가 균형적으로 이루어지지 못했다는 점을 들 수 있다. 이런 점에서 중국은 17세기 네덜란드의 고전적 상업 자본주의 모습을 연상하게 한다. 즉, 정치적 안정으로 각지에서 많은 예금을 흡수하고, 넓은 지역을 중심으로 활발하게 신용 대출이 이루어졌으며, 저금리로 상품과 주식의 투기 매매가 활발하게 이루어지는 등 자유로운 거래가 정부의 통제 없이 이루어졌다는 점이다.10) 1880년대 초에 중국에서 성행한 투기는 18세기 초의 프랑스[미시시피 포말泡沫 사건(Mississippi Bubble)]나 영국[남해 포말 사건(South Sea Bubble)]과 비슷한 상황이었다. 시장이 불안정한 것은 중국뿐이 아니었으며, 서양에서도 1850년 이전에는 빈번한 금융 위기로 수십 개의 지역 은행이 도산하기도 하였다.

중국과 서양 간에 큰 차이가 있다면 서양의 상업 자본주의는 자연적이고 자발적이었던 데 반하여,11) 중국은 서양의 강요에 의해 진행되었다는 점이다. 그 결과로 19세기 중국 상업 혁명의 속도는 더욱 빨라져서, 서양에서는 오랜 기간에 걸쳐 완만하게 성장한 경제 시스템들이 중국에서는 불과 수십 년 만에 등장하게 되었다. 중국과 네덜란드의 차이는 중국의 자본주의가 오래된 국가 경제의 주변에서 번성하였다면, 네덜란드는 이전부터 베니스와 앤트워프 등의 도시를 중심으로 진행되었다는 점이다. 더욱 중요한 것은 암스테르담의 상업 자본은 금융 부문에서 조달되었지만, 중국 연해에서는 새로운 상업 자본이 산업 쪽으로 유입되지 못했다는 점이다.

19세기 중국의 상업 자본주의는 규모와 정교함에서 동시대의 서양과 비교할 수 없다. 증권 시장은 미약한 채 정부가 간여하지 않았고, 근대적인 상법은 아직 마련되지 않았으며, 금속 화폐를 사용하고 금융 기구도 미약하여 개인이 발행하는 유가 증권이 경제에 큰 영향을 미치지 못하였다. 또 차와 생사, 아편, 설탕 등 부가 가치가 높은 상품들이 유통될 근대적 경제 개념을 갖춘 전국적인 시장이 없었다.12) 바꿔 말하면 중국에는 시종 일관하고 통일적이며 정치와 경제가 한 방향을 향해 같이 움직이는 진정한 의미의 '민족 경제'가 없었다는 점이다.13) 넓은 시야에서 본다면 중·서 상업 자본주의는 영국이 주도하는 세계 자본주의 체계의 한 변두리일 뿐이었다.

브로델은 모든 경제 활동을 세 가지 단계로 분류하였다. 그 가운데 가장 낮은 단계는 기본 필수품과 습관, 일과 등을 포함한 일상적인 물질 생활에 관련된 것이다. 두 번째 단계는 간단하고 직접적인 교환을 포함하여 생산과 소비를 연결하는 시장 경제이다. 가장 높은 세 번째 단계는 거대한 자본과 높은 이익을 포함하는, 고도로 정밀하고 복잡하며, 예측할 수 없고 독점적인 자본주의 구조이다.14) 그러나 중·서 상업 자본주의는 이 세 가지 단계 가운데 어느 것과도 일치하지 않는다. 전체 경제 활동은 계획적인 결정과 계산에 의한 것이어서 일상적인 면은 찾아볼 수 없었다. 한편으로 앞의 제2, 4, 9, 10, 11장에서 보았듯이 어느 정도까지는 자본주의의 복잡성과 예측 불허성, 국제성, 많은 이익 등이 있었지만, 그러나 또 한편으로는 복잡할 정도로 정교하지도 않았으며 절대적인 독점도 아니었다. 또 제3, 5, 6, 7, 8장에서 보았듯이 낮은 단계의 시장 경제에 맞닿아 있어 간단하고 일상적인 시장 교환, 곧 브로델이 말한 '속이 다 보이는(transparent)' 직접 교환이 이루어졌으며, 노동자와 운반공, 소상인, 뱃사람, 환전상, 점포 주인, 내륙의 상점 경영자, 중개인, 대출업자 등을 포함한 수많은 사람이 참여하였다. 따라서 중·서 상업 자본주의는 시장 경제와 빠른 성장의 자본주의라는 두 영역의 특성을 지니면서 어느 한 쪽이 아닌 두 가지의 혼합물이라고 하는 것이 타당할 것이다.

상업 혁명은 몇 가지 결정적인 요소를 포함하여 여러 측면에서 근대 중국의 경제 발전에 많은 영향을 미쳤다. 전통 화폐가 새로운 경제 시스템에 잘 적응하지 못하자 은화와 은행권銀行券이 중요한 역할을 하였다. 필자의 통계에 따르면 1910년의 중국 화폐량은 대략 2억 5,000만 달러이다. 1880년대 중국의 연평균 수출은 1억 700만 달러(7,700만 냥), 1890년대에는 1억 8,500만 달러(1억 3,300만 냥)였으며, 1890년대 초반 중앙 정부의 세수입은 1억 2,400만 달러(8,900만 냥)였다.15) 청대 말기에는 화폐 사용량이 크게 증가하여, 새 화폐가 전체의 71%를 차지하였다.

새 화폐는 여러 가지 중요한 역할을 하였다. 금융 기관에서는 새 화폐의 공급으로 현금 유동성이 높아져 신용 대출이 확대되었고, 이로써 자금의 유동성 문제가 해결되었다. 새 화폐는 내륙과 연해에서 유통되면서 대외 무역을 촉진시켰으며, 국내 상업에 중요한 역할을 하였다. 게다가 새 화폐는 경영 생산성을 높여 주기도 하였다. 전통 화폐와 태환 제도는 지나치게 복잡해서, 상품이나 자본이 상업망을 거칠 때마다 일정 비율의 태환 비용이 들었다. 이런 상황은 비효율적인 서비스가 만연하는 결과를 초래하여 배급 과정에 필요 이상의 인력과 조직이 투입되었다. 이는 필연적으로 상품 유통을 지연시켰으며, 너무 많은 사람이 매달리다 보니 가격은 높아질 수밖에 없었다. 따라서 새 화폐가 사용됨으로써 효율성은 높아졌고 원가는 절감되었다.

정교하고 복잡한 상업화의 특징을 가지고 있는 경제는 시스템을 통해 한 경제 부문에서 축적된 구매력을 자금으로 전환하여 다른 부문에서 더욱 유용하게 쓰이도록 하였다. 만청 시기 이전에는 이렇게 중요한 신용 대출 제도가 그다지 발전하지 못했지만, 19세기 중엽 이후 연해에서는 필수 불가결한 것이 되었다. 신용 대출의 특징에 관해서는 이미 논의한 바 있지만, 경제 발전에서는 저금리 대출보다 더 중요한 것은 없을 것이다. 필자의 통계에 따르면 연이율은 약 12%였는데, 이는 같은 시기의 유럽(6~8%)보다는 조금 높았지만, 중국의 이전 시대나(보통 40%

또는 그 이상) 동시대의 내륙 지역(35~50% 또는 그 이상)보다는 아주 낮았다. 저금리가 가능했던 것은 서양 회사들 사이의 경쟁으로 담보 설정이 쉬웠다는 점과 청 정부가 금융 시장에서 돈을 많이 빌리지 않았기 때문이기도 하지만, 더욱 중요한 것은 개항 항구가 이러한 자금들이 정치적 영향을 받지 않고 활동할 수 있는 안전한 환경을 제공해 주었기 때문이다.16)

내륙에서의 차와 생사 구매는 위에서 언급한 세 단계 가운데 두 단계, 곧 대도시의 복잡하고 정교한 '자본주의 시스템'과 지방의 '시장 경제'를 연결하였다는 점에서 중요하다. 광범위한 지역에서 시스템을 통해 관리 비용을 절감하고 상품의 질을 높여 생산성을 향상시켰던 것이다. 더욱 중요한 것은 내륙 구매로 인해 은화가 내륙으로 유입되어 연해 상업과 연결됨으로써 중국 농업과 세계 시장 사이에 다리가 놓였다는 점이다.

중·서 상업 자본주의의 중요한 특징 가운데 하나는 경쟁력이 있는 시장은 — "사람들에게 유용한 첫 번째 컴퓨터"라는 점이다.17) 조약 시스템 아래에서 연해의 상업 경쟁은 사실상 순수한 경쟁이었다. 즉, 개인이나 집단이 시장을 독점할 수 없었고, 정부도 판매 과정에 거의 개입하지 않아 시장이 비교적 자유롭고 편안하였다.18) 중국 상인들은 현지의 상황에 밝아 중간 유통 단계를 거치지 않았으며, 적은 이윤에도 불구하고 전체적으로 서양 상인보다 경쟁력이 있었다. 그들은 신속하게 서양 상인들이 제공하는 좋은 시설과 저렴한 대출을 받으면서 신식 거래에 적응하였다. 더욱 중요한 것은 중국의 전통적 사회·경제 제도가 여전히 유효하였다는 점이다. 중국 상인들은 혈연과 지연 관계를 바탕으로 투자와 판매를 하였는데, 배타주의와 인간 관계 역시 서양 상인과의 경쟁에서 우월할 수 있는 강력한 수단이 되었다.19)

연해 무역에서 상인들은 약 30%의 큰 이익을 얻을 수 있었다. 이는 만청 시기에 토지 수익률이 점차 하락하여 말기에는 2%도 채 안 되었던 것과 비교하면 엄청난 수익이었다.20) 정부가 독점하던 소금의 수익도 하락하고 있었으므로 연해 무역은 대단히 매력적인 투자 대상이었다. 경제 발전 과정에서 많은 이익은 창업 정신을 북돋워 주는 대단히 중요한 요소였다.

이러한 이익 지향적인 행동에는 몇 가지 경제적인 의미가 내포되어 있다. 첫째, 일반적으로 19세기의 중국 경제 발전은 자금 부족으로 그 속도가 완만했다고 알고 있는 것과 달리 그것은 중요한 요인이 아니었다는 점이다. 많은 중국인들은 손쉽게 자금을 구할 수 있었다. 둘째, 중국 상인들은 정부의 착취를 경계하였다. 그들은 합법적인 경로로는 자신들의 지위를 개선할 수 없었으므로 어쩔 수 없이 서양 사람들의 도움을 구하였다. 셋째, 중국인 투자자들은 이익을 얻기를 원하였지만 그것은 선택적이었고, 마지막으로 전통 중국과는 달리 만청 시기에 연해에서 축적된 대부분의 자산은 투자 자본이 되어 상공업을 통해 활기차게 새로운 자본을 형성하였다는 점이다.21)

시장의 위험성과 경영 실패로 금융 위기가 일어났지만, 부분적으로는 연해 지역이 세계 경제와 밀접하여 그 영향을 받은 것이 사실이었다. 국제 은값의 파동으로 외국인의 투자와 무역이 줄어들었고, 부동산과 금융 투기로 중국 경제가 크게 악화되었기 때문이다. 국내에서는 정부가 상업 부문에서 적극적인 역할을 하지 않았다. 1883년의 금융 위기가 좋은 예로서, 이 과정에서 중국 상인들은 정부의 지지를 얻지 못하였고, 전장과 서방 은행의 금융 원조가 절박하게 필요했지만 대출 특혜도 받지 못했다. 중국 경제에는 여전히 여러 가지 불건전한 금융 제도와 방법들이 존재하고 있었다.

연해 상인들은 중국인과 외국인을 막론하고 모두 때로는 수단과 방법을 가리지 않고 투기 매매를 하였다. 투기는 당연히 위험을 수반하였다. 그러나 투기자의 '도박'적 욕망과 기업가로서의 정상적인 위험에 대한 부담은 구분해야 할 것이다. 장기적 투자에 대한 위험과 단기 이익을 노린 투기를 구분하는 것은 대단히 중요한 일이다. 어쨌든 연해 상인의 투기에 대해서는 반드시 당시의 정치적·경제적·사회적 상황을 아우른 폭넓은 배경에서 고려해야 할 것이다. 가격 변동의 기복이 심하다는 것은 자금이 많지 않은 사람도 투기에 빠지게 하는 강렬한 유혹이었다. 이와 같은 투기는 자본을 은밀하면서도 빠르게 이동시킬 수 있게 해 주었으므로, 많은 돈을 가진 사람들은 이를 통해 자금 전환을 하기도 하였다. 많은 기업이나 기업인들이 보험이나 익명을 통해서 얻을 수 있는 수익률이 투기의 모험을 통해서 얻는 것에 필적할 수는 없을 것이다. 이렇게 투기가 광범위하게 이루어졌다는 것은 현대적 개념의 전문적인 훈련이 부족하였다는 점과 정부의 소극적인 역할 등을 반영한다. 이는 청 정부가 근원적으로 중국의 경제 발전을 저해하지는 않았다 할지라도 안정된 환경을 유지하거나 상법의 제정과 도량형의 표준화 등 경제 발전에 중요한 기능을 수행하지 않았다는 것을 의미한다.

투기는 중국의 경제 발전에 두 가지 나쁜 영향을 미쳤다. 개인적으로는 많은 부가 연해 상인의 손을 거치는 동안 그들 가운데 대부분을 투기에 빠지게 함으로써 장기적으로 부를 보유하지 못하게 하였다는 점이다. 만약 그들이 금융 방면에서 장기적으로 투자하였다면 중국 경제와 사회의 전체적인 면에서 더 적극적인 영향을 미칠 수 있었다. 이 밖에도 투기 시장이 자금을 흡수함으로써 공업에 새로운 투자가 이루어지지 않았다는 점을 들 수 있다. 경제적 위기는 어느 곳에서나 항상 존재하지만 중국의 국내외적인 특수한 상황이 투기 심리와 결합함으로써 1883년 상하이의 공황이라는 엄청난 재난을 불러일으켰던 것이다.

1883년의 금융 위기는 곧바로 농업과 상공업의 발전에도 영향을 미쳤는데, 이 무렵은 상업 자본주의에서 산업 자본주의로 넘어가는 중요한 시기였기 때문에 중국의 산업화에 미친 영향은 특히 심각하였다. 1880년대 초반은 중국의 상업 발전에서 성숙한 산업화가 가능하였던 중요한 시기였다. 그러나 상하이에 불어닥친 재난은 중국의 야심만만한 투자자나 기업가들에게 깊은 좌절감을 안겨 주었다. 그러나 이보다는 이 금융 위기로 1883년 이전부터 지속적으로 성장하고 있던 산업 자본주의의 싹이 잘려 나갔다고 하는 것이 더 정확한 표현일 것이다.

그 뒤로 현대적 의식을 가지고 있던 중국인들은 처음부터 다시 시작할 수밖에 없었으며, 초기 산업화의 속도 또한 느려질 수밖에 없었다.[22] 그러나 이 위기가 중국의 산업 발전에 치명적인 타격을 준 것은 아니어서 짧은 좌절 이후 산업화는 다시 계속되었지만, 이 위기는 강력한 경제 기초가 없으면 결코 산업화에 성공할 수 없다는 교훈을 일깨워 주었다. 분명히 산업 자본주의는 시장 경제와 기초 경제의 에너지와 활력을 통해 탄생하는 것이다.

연해의 상업 활동은 중국 산업 발전의 뜀틀로서 중요한 두 가지 작용을 하였다. 첫째는 경제가 발전하지 않은 사회에서 경제 발전의 뛰어난 원동력을 갖추려면 그보다 일찍 발전한 선진 경제에서 기술을 받아들여야 한다는 점이다. 서양 상인들은 상업에 능하였고, 일찍이 무역의 기초인 산업에 투자하고 있었다. 그들은 1842~1895년 중국에서 100개 이상의 산업체에 투자하였는데, 그 가운데 대부분은 조선소와 부두, 제사 공장, 기름 공장, 정유 공장, 수출입 가공업 등으로 중·서 무역과 긴밀한 관계를 맺고 있었다. 따라서 상업은 서양에서 중국으로 기술 이전을 추진하는 매개 역할을 하였다.[23]

더욱 중요한 것은, 산업화는 새로운 자본이 쉬지 않고 유입되어야 하는데, 전통 상업 사회가 이처럼 새로운 산업 부문을 지지해 주었다는 점이다. 마치 영국의 초기 산업화에서 글래스고Glasgow의 담배 상인들과 런던 및 브리스틀Bristol의 차상들이 자금을 제공했던 것처럼 연해의 중국 상인들도 무역으로(쉬룬과 탕징싱은 차, 타이지와 천위창은 생사, 더성과 탕마오즈는 아편, 예청중과 정관잉은 사포紗布) 얻은 자본을 산업 쪽의 창설 기업에 투자하였다. 이 기업들 가운데에는 중국 최초의 기선 회사(1872년의 윤선초상국), 최초의 근대 광산(1878년의 카이핑탄광), 최초의 대형 기기 제조국[1883년의 융창기기창(永昌機器廠)], 최초의 방직 공장(1890년의 상하이기기직포국)과 초기의 주요 철도 등이 있었다. 이처럼 중국 초기 산업화의 자본은 농업이 아닌 상업에서 제공되었던 것이다. 마찬가지로 중국의 걸출한 산업체 경영자는 모두 상인 출신으로서, 상업에서 현대식 관리 기술을 배웠던 것이다.24) 연해의 왕성한 상업 발전은 중국의 초기 산업화 과정에 필요한 자금과 관리 기술, 기업가 정신 등을 제공하였다.25) 중국의 산업 발전은 일본과 비교해서 그렇게 강렬한 인상을 주지 못하지만, 그러나 만약 이런 상업 혁명이 없었다면 아마 그 시작조차도 어려웠을 것이다.

이상에서 살펴본 것처럼 연해의 상업 혁명은 중국의 경제 발전을 촉진시켰다고 말할 수 있다. 연해 무역을 근본적으로 변화시켰을 뿐 아니라 내륙 경제에도 구체적인 영향을 미쳤기 때문이다. 화물 유통의 속도가 빨라졌고, 양질의 서비스를 제공하였으며, 혁신을 촉진하였다. 구체적으로 원가를 절감하고 효율을 높임으로써 시장의 기동력을 증가시켰으며, 적극적으로 금융 자원을 활용하였다. 상업화는 경제 발전 과정의 일부분으로서 스스로의 작용으로 수요에 응하는 것이기도 하다. 마침 꽃을 피우려는 중·서 상업 자본주의도 근본적인 과정을 통해 중국이 산업 발전 과정에서 부닥치는 문제들을 해결해 주기 위해 노력하였다. 케인스의 관점에서 본다면 대량의 화폐가 공급되어 신속한 신용 대출이 확대되면 저금리가 유지되고, 이것이 상업 투자로 이어져 근대 중국의 경제 발전을 증강시켰다는 것이다. 만청 시기에 대부분의 중국 경제 자원資源들이 이 점을 이용하지 못했다는 사실에 비추어 본다면 이는

대단히 정확한 관점이라고 할 수 있을 것이다.[26]

중·서 자본주의를 세밀하게 관찰하면서 이 책은 중국의 사회 경제 사에 관한 다음의 세 가지 논쟁에 주의하게 되었다. 즉, 봉건주의에서 자본주의로 향하는 과정으로 세계적 논점이 되고 있는 자본주의의 맹아 문제와 중국뿐 아니라 전 세계와 관련된 경제 제국주의 문제, 정치적 색채를 띤 조약 항구가 근대 중국에 미친 작용 등이다.

첫 번째 문제는 중국에서부터 제기된 자본주의의 맹아 문제이다. 나는 이미 중·서 자본주의를 중국의 전통적 경제 형식과 대비해 보았는데, 큰 범주에서 본다면 이는 새 술을 견고하고 오래 쓰며 쉽게 구할 수 있는 옛날 병에 담는 것과 같다고 할 수 있을 것이다. 즉, 19세기의 상업 혁명은 중국에서 일어난 것으로, 중국의 전통적 경제 조직이 대단히 정교하고 복잡하여 중·서 상업 자본주의가 튼튼한 조직으로 성장할 수 있게 하였다는 것이다. 따라서 근대의 아프리카나 라틴 아메리카에서 이와 비슷한 상업 혁명을 경험하지 못한 것은 당연한 일이다.

더 넓은 시야에서 본다면 중국은 농경 생활과 관료주의라는 전통을 가지고 있었고, 해양은 부차적인 것이었다. 12~15세기에 이 부차적 전통인 해양 무역과 해양 군사력이 전성기를 맞았다.[27] 상하이 이남의 연해 해안에서 상인들은 동남아시아를 상대로 이익을 얻을 수 있는 교역을 하였고, 정부가 이들에 대해 별다른 통제를 하지 않음으로써 해양 무역이 성장하였다. 동시에 중국의 중남부에서 하천과 호수를 따라 형성된 방대한 국내 수운水運도 점차 해양 무역과 연계되었다.[28] 따라서 19세기에는 두 개의 중국이 존재하고 있었다고 할 수 있다. 하나는 진취적이고 기동력 있게 근대적인 경제 성장을 추구하면서 식견이 이미 국가의 경계를 초월한 해양 중국이었으며, 다른 하나는 농경에 종사하면서 관료주의와 보수주의를 자신의 영역으로 만족한 채 국제 자본주의의 경제적 우월성을 인식하지 못한 육상 중국이었다. 이 육상 중국이 정치 권력을 장악하고 있었다.

서양은 해양을 통해 중국의 무역 세계에 들어와 중·서 상업 자본주의의 성장에 훌륭한 주변 환경을 제공하였다. 장난성 지방의 생사와 양쯔강 유역의 쌀과 면화, 연해의 콩·쌀·설탕 등이 증명하듯이 조약 항구는 해양 중국에 속하여 이 지역의 상업은 16세기 이후 상당한 발전을 거듭하였다. 이 모든 것이 중국의 발전이었다고 본다면 중·서 상업 자본주의는 중국 역사에서 장기적인 추세의 지속이라고 할 수 있다.

중·서 자본주의의 여러 특징들은 분명히 중국의 전통 경제에 뿌리를 두고 있다는 것을 알 수 있다. 구식 전장은 새로운 활력으로 경영을 확대하여 중·서 무역의 자금 조달에 중요한 역할을 한 것은 물론 초기 산업화 과정에서 오히려 근대식 은행보다도 중요한 역할을 수행하였다. 중국의 화폐는 당대(618~907년)의 '페이첸(飛錢)'에서 시작되어, 19세기 초에 이르러 비로소 둔중한 금은 복본위 제도에서 세 가지 화폐가 병용되는 제도로 개편되었다. 대출은 아직도 땅문서 등을 담보로 하는 전통적인 방식으로 이루어졌지만, 밀수 조직은 국제 조직의 도움을 받아 더욱 정교하고 복잡하게 변했고, 쑤저우와 한커우 등의 상업 도시는 근대 상업 혁명이 일어나기 몇 세기 전부터 이미 크게 이름을 떨치고 있었다.

합작과 경영의 다양화, 고객과의 우호적인 관계 등을 통해 이익을 극대화하는 것은 중국 상인의 전통적 방식이었다. 중국은 세계 시장과 밀접한 경제 관계를 유지하기 위하여 행회와 같은 구식 국내 상업망과 제도에 절대적으로 의지하였다.

또 중국 상인은 상업 혁명 과정에서 활력과 독창성을 보여 주었다. 바로 이러한 중국인의 창의성으로 새로운 제도와 방법들이 탄생하였다. 그 증거로 탁표拆票와 전장 어음 및 장표莊票, 개인이 발행한 어음, 중국 투자가의 외국 회사에 대한 지분 참여, 내륙 구매 제도, 선계약 구매 방법, 해운업계의 운임비 경쟁 등을 들 수 있다. 이와 같은 거대한 상업 변화는 바로 중국 상인의 일상적인 활동을 통해 점차적으로 형성된 것이다.

서양 상인의 출현은 이러한 점진적 과정을 가속화시키는 역할을 하였다. 상업 자본주의의 새로운 특징, 즉 은화와 런던 환어음, 근대식 은행, 보험업과 선박 해운업 등은 모두 서양에서 유입된 것이기 때문이다. 이러한 촉진적 에너지가 없었다면 — 중국의 거대한 경제적 관점에서 본다면 아마도 표면적인 것이겠지만 — 중국은 1820년대부터 1880년대까지의 상업 혁명에서 더 많은 어려움을 겪었을 것이다. 사실, 상업 혁명은 중국 경제에 많은 영향을 미쳤고, 무역과 금융을 중국 고유의 상업 제도와 새로운 시스템으로 접목시키기도 하였다. 따라서 서양의 영향이 없었다면 비록 중국이 자신의 힘으로 점차 자본주의를 이룩할 수 있었고, 또 그것이 19세기의 상업 혁명과 견줄 수 있는 것이라 하더라도 아주 오랜 시간을 필요로 했을 것이다.

외국 상인이 중국에 출현하였다는 것은 경제 제국주의라는 문제를 제기하게 한다. 그러나 때로는 상황을 완전하게 알 수 없는 경우도 있다. 예를 들어 우리는 서양 상인들의 재투자 비율이 어느 정도였는지 알 수 없다.[29] 또 적어도 19세기 말 이전에 제국주의적 침탈은 미약하였다. 서양 상인들이 중국인 노동자(노동력)와 농민(원료)들에게 지급한 돈은 그들의 본토 경쟁자들보다 적지 않았다.[30] 그들은 채굴 또는 천연자원을 소비하는 산업(농장, 광산, 유정油井)이나 수출 원료를 가져다 서양 공장에서 가공하는 등의 일은 하지 않았으므로 중국 농업 경제가 정상적으로 발전하는 데 걸림돌이 되지도 않았다.[31] 또 상업에서도 서양 상인들은 중국 상인이 경영에 참여하는 것을 막지 못했을 뿐 아니라 대체로 그들에게 당하는 편이었다.[32]

중·서 상업 자본주의에서 경제 제국주의가 가장 뚜렷하게 나타난 것은 정부와 상업의 관계였다. 외국 상인들은 본국 정부가 군사적으로 지지하는 '조약 제도'하에서 세금 우대와 정치적 보호 등 중국인들이 누리지 못하는 특권을 누릴 수 있었다. 또 서양 상인들은 조약의 특권으로 이루어진 중대한 경제 행동에 부분적인 책임을 져야 했지만, 중국 당국은 이런 행동을 아예 모르고 있거나 알고 있더라도 제어하지 못하였다. 많은 중국 상인들은 관세를 적게 내거나 이금을 피하기 위해 서양 상인의 보호가 필요하였다. 중국 상인들은 외국 국기를 달고 운항하거나 외국인의 통행증을 이용하여 육로로 화물을 운반했고, 또 서양인들의 명의를 빌려 경영하기도 하였다. 또 중국 상인들은 외국 회사에 투자하기도 하였는데, 청 왕조 최후의 10년 동안 외국 기업에 투자한 중국 자본은 총 1,600만 냥이 넘을 것이다.

16세기부터 시작된 중·서 무역이 18세기에 이르기까지 중국은 이매뉴얼 월러스틴이 말한 '근대 세계 경제'의 한 부분이 아니었다.33) 19세기 초에 이르러 중국은 점차 근대 자본주의 세계 경제와 '긴밀하게 결합'하였고,34) 이후 중국은 변두리에 위치하는 여러 가지 전형적인 특징을 나타내었다.35) 그러면 '긴밀한 결합'과 '변두리화'가 서방 경제의 약탈을 일으켰는가? 의부론依附論(dependency theory)에 따르면 위성국의 낙후 정도는 서방 종주국과의 관계와 정비례한다고 한다. 그러나 중국의 경우에는 남동 연해와 양쯔강 하류 지역에서 서양 세력이 활발하였는데, 이 지역들은 내륙보다 훨씬 발달한 곳이었다. 19세기 말 중국 연해의 제조품과 내륙의 원료가 교환되어 다시 서양으로 수출하는 과정은 연해가 이미 월러스틴이 말한 근대 세계 경제의 변두리 지위에서 반半변두리 지역으로 이전하는 것이라고 할 수 있을 것이다. 이 지역은 서양의 핵심 국가를 한편으로 하고, 화베이와 양쯔강 상류 지역 및 중국 남서부라는 주변 지역을 다른 한편으로 하는 중간적 위치에 있었기 때문이다.

의부론의 중심적 테마는 자본주의가 저개발을 유도한다는 것이다. '자본주의의 저개발' 개념은 어느 정도 중국에 적용될 수 있을 것인가? 물론 중국은 산업국들에게 무역을 개방함으로써 분명히 부정적인 결과를 경험하였다.[36] 더 넓은 관점에서 본다면 조약 제도, 특히 아편 무역으로 중국은 정치적·경제적·사회적으로 그리고 심리적인 면에서도 커다란 타격을 입었다. 그러나 이러한 상황 때문에 중·서 상업 자본주의가 중국의 저개발을 유발하였다고 할 수는 없다. 한 가지 예를 들면, 만청 시기에 상품 교역의 조건이 많이 악화되었지만 무역으로 얻은 총수익과 수입 능력은 뚜렷하게 증가하였기 때문이다.[37] 근대에 들어서도 중국은 서양 기업들과 지속적으로 공존하였으며, 상인들도 상대방과 공생 관계를 유지하였다. 앙드레 프랑크Andre Frank의 주장처럼 제국주의가 산업 자본주의가 아닌 상업 자본주의를 촉진하였다면 중국의 기업가들은 성공적으로 대부분의 상업 이윤을 산업 자본으로 전환하였을 것이다. 마지막으로 경제 민족주의의 흥기와 근대 기업 정신의 출현, 경영 방식의 변화, 기술과 발명, 창조적 수준의 향상 등은 서양이 가져다준 보이지 않는 좋은 점들이었다. 결국 중국과 서양의 경제 관계에서 누가 더 많은 이익을 얻었는지는 분명하지 않다.

실제로, 세계 경제론과 의부론을 지지하는 사람들의 관점은 분명하게 대비되지만, 19세기의 중국에서는 '위성 국가처럼 긴밀하게 결합'한 것으로는 보이지 않는다.[38] 중국은 대다수의 '저개발' 국가와 달리 경제 제국주의로부터 큰 영향을 받았다고 하더라도 식민지가 된 적은 없었다. 내륙의 구매 제도와 서양 상인이 이윤을 추구하는 방식에서 볼 수 있듯이 외국 경제의 침입은 연해에 국한되었다. 그러나 이 경우에도 수출입과 해운업 등에서 모두 중국 상인의 강력한 경쟁에 부닥쳐야 했다. 따라서 외국 무역과 투자는 무제한적인 발전을 누릴 수 없었으며, 사실상 중국은 외국 경제가 내륙으로 침투하는 것을 성공적으로 막아

낼 수 있었다. 남아메리카와 비교해서 중국에 외국의 광산이나 장원莊園이 없었다는 것은 주목할 만한 사실이며, 따라서 의부론은 대부분 중국에는 적용되지 않는다(비록 이 이론이 다른 국가, 특히 남아시아나 라틴아메리카에서는 여전히 유효할지라도).39)

또 다른 논쟁은 조약 항구가 중국에 미친 영향에 대한 것이다. 나는 이미 이 새로운 지역이 어떻게, 왜 중국 경제와 사회에 영향을 미쳤는지 논의하면서 새로운 '상인 - 기업가 계층'의 흥기에 대해 언급하였다. 수십 년에 걸친 흥망의 기복과 중·서 상인들의 협조 및 경쟁을 거치면서 연해에 ― 상업 자본주의 형태의 ― 다른 유형의 시장 경제가 형성된 것은 분명하다. 그리고 이 기업가들은 중국 근대화에 적극적인 작용을 하였다. 서양 상인과 공생하면서 활동했던 중국인 투자가들은 정부 주도의 사업에 참여하기보다는 외국인과 공동으로 투자할 기회만 있으면 언제든 기꺼이 참여하였다. 따라서 중국이 상공업 발전 과정에서 얻은 성과는 모두 그들의 사업 정신의 결과였다.

연해 항구에서 정치적 영향은 크지 않았다. 중국의 대외 무역은 전통적으로 대외 정책의 중요한 부분이지만 무역의 확장은 조공 제도를 훼손하는 것이었다. 영국의 산상과 중국의 포호가 결국 영국 동인도회사를 대신하게 되자, 1842년 광저우 시스템은 무력해지고 말았다. 이후, 서양 상인들의 활동은 조약 제도에서 중요한 역할을 하였다. 중국측에서는 개항 항구에서 민족주의가 출현하였으며, 조약 제도하에서는 관례와는 달리 정치적 간섭과 협박에서 벗어나 부를 축적할 수 있었다. 사회적으로 연해의 벼락부자들은 새로운 사회의 엘리트가 되어 개항 항구에서 전통적인 사신士紳의 역할을 수행하였다. 그들은 상인 계층의 성장을 의미하며, 근대 중국의 서양 지향성을 상징하기도 한다.

아이러니한 것은 서양 학자들이 개항 항구가 근대 중국에 미친 영향을 대수롭지 않은 것으로 다루기 시작했을 때, 인민공화국은 1970년대

후반에 두려움을 느끼게 하는 '바깥으로의 대도약'을 추진하였다는 점
이다. 상하이·광저우·샤먼 등의 연해 항구는 야심만만한 4대 현대화
계획 가운데 가장 특출한 면모를 드러냈다.[40] 물론 현재의 중·서 경제
관계는 불평등 조약 제도와는 전혀 다른 정치적 기초 위에서 세워졌지
만, 중국이 근대 중·서 상업 접촉의 역사를 무시한다는 것은 불가능할
것이다. 21세기가 되면 20세기 중반에 중국이 30년 간 서양과 단절하였
던 기간이 이상하게 보일지도 모른다. 중국은 조약 항구의 이미지로 개
조되지는 않았지만, 이 항구들은 중국에서 현대화를 토론하는 데 과거
는 물론 미래에도 계속 중요한 역할을 할 것이다.

제1장 도론

1) 이 문제에 관한 논의에 대해서는 Fernand Braudel,『Capitalism and Material Life, 1400~1800』, Miriam Kochan 譯(뉴욕, 1975), 12~13쪽과『Afterthoughts on Material Civilization and Capitalism』, Patricia Ranum 譯(볼티모어, 1977), 45~48쪽 참조. Braudel은 '자본주의'를 광범위하게 사용하면서 "조금 독단적으로 말하자면 이 용어는 1902년 Werner Sombart가 유명한 저서『Der moderne Kapitalismus』를 출간했을 때부터 이미 사용되기 시작하였다"고 언급하였다(『Afterthoughts』, 46쪽).

2) 자본주의를 비판하는 많은 학자들에게 사회와 경제의 불평등이라는 문제는 뜨거운 이슈이다. Braudel이 말한 것처럼 "상대방과의 기본적인 불평등이 자본주의 발전의 기초를 이루고, 이는 사회 생활의 모든 계층에서 나타난다"고 하였다(『Afterthoughts』, 62쪽). Immanual Wallerstein은 두 종류의 세계 시스템, 곧 재분배 경제의 세계 제국 world-empire과 자본주의 시장 경제의 세계 경제(world-economy)는 모두 "분명하게 불평등한 보수의 분배를 포함한다"고 하였다[「The Rise and Future Demise of the World Capitalist System」,『The Capitalist World-Economy』(케임브리지, 잉글랜드, 1979), 21~22쪽. 또 그가 편찬한『World Inequality』(몬트리올, 1975)에서도 볼 수 있다]. 그러나 자본주의가 결핍의 시대로부터 잠재적 풍요의 시대로 통하는 길을 열어 놓았다는 점에는 마르크스와 엥겔스도 동의하여 1848년 자본을 기초로 하는 경제 제도가 "100년도 안 되는 시간에 창조한 생산력이 과거의 모든 세대 동안에 창조한 생산력을 합친 것보다 많고 크다"고 하였다[『The Communist Manifesto』(뉴욕, 1964), 10쪽]. 이 책에서는 '중상 자본주의'와 '상업 자본주의'를 번갈아 사용하였다.

3) 淸은 8년 동안의 전쟁 끝에 康熙帝가 1681년 三藩의 亂을 평정하였고, 2년 뒤에는 臺灣을 수복하였다. 1683년 전국을 통일한 후, 19세기 초까지 중국은 역사상 유례없는 경제 발전을 이룩하였다. 이에 관해서는 王業鍵,『中國近代貨幣與銀行的演進,

1644~1850』(타이베이, 1981), 13~15쪽 ;「中國貨幣制度的演變, 1644~1850」, 侯繼明·于宗先 編,『近代中國經濟史』(타이베이, 1979), 434~435쪽 ; 劉石吉,『淸代江南商品經濟的發展與市鎭的興起』(타이완대학교 석사학위 논문, 1975) 등에서 광범위한 지방 사료를 이용하여 市鎭의 興起에 대해 상세하게 설명하였다. 상인의 활동에 관해서는 傅衣凌,『明淸時代商人及商業資本』(베이징, 1956) 참조. 근대 유럽의 경제 발전에 관한 장기적인 추세에 대해서는 Wallerstein, 『The Modern World System Ⅱ』(뉴욕, 1980), 24~29쪽과 130쪽 ; Braudel,『Capitalism and Material Life』, 27쪽 참조.

4) 劉廣京,「Steamship Enterprise in Nineteenth Century China」,『Journal of Asian Studies』, 18기(1959년 8월), 435~455쪽 ; Albert Feuerwerker, 『China's Early Industrialization』(케임브리지, 매사추세츠, 1958) ; Ellsworth C. Carson, 『The Kaiping Mines, 1877~1912』(케임브리지, 매사추세츠, 1971) ; 嚴中平,『中國綿紡織史稿』(베이징, 1955) ; 李國祁,『中國早期的鐵路經營』(타이베이, 1961) ; 王爾敏,『淸季兵工業的興起』(타이베이, 1963).

5) 陳眞·姚洛 編,『中國近代工業史資料』(베이징, 1957~1961) ; 孫毓棠 編,『中國近代工業史資料』제1집, 1840~1895년(베이징, 1957) ; 汪敬虞 編,『中國近代工業史資料』제2집, 1895~1914년(베이징, 1957) ; 李文治 編,『中國近代農業史資料』제1집, 1840~1911년(베이징, 1957) ; 彭澤益 編,『中國近代手工業史資料 1840~1949년』(베이징, 1979).『上海市棉布商業』(베이징, 1979)는 양적인 면에서 위의 자료들과 비교할 수 없지만 최근에 출판된 자료로 주목할 필요가 있다.

6) H. B. Morse,『The Chronicles of the East India Company Trading to China, 1635~1843』(옥스퍼드, 잉글랜드, 1926) ; Michael Greenberg,『British Trade and Opening of China, 1800~1842』(케임브리지, 잉글랜드, 1951) ; Louis Dermingny,『La China et l'occident』(파리, 1964) ; 梁嘉彬,『廣東十三行考』(타이완 타이중, 1960).

7) 중국 인구에 관한 논의는 何炳棣의『Stydies on the Population of China, 1368~1953』(케임브리지, 매사추세츠, 1959) 참조. 유가 사회의 사회 가치 체계에서 상인은 최하층에 속했고, 수공업자는 이보다 조금 높았지만 여전히 농민보다는 낮았으며, 사대부가 가장 높은 지위를 차지하였다.

8) 시게타 아츠시(重田德)의 茶에 관한 연구는 湖南에 국한되었고, 하타노 요시히로(波多野善大)의 유사한 연구도 19세기 중국 茶에 대한 서양 연구를 토대로 아편전쟁 이전까지만 서술하였다. 重田德,「淸末湖南茶生産結構-五口開港後를 중심으로」,『人文硏究』16권 4기, 369~418쪽 ; 波多野善大,「中國茶 輸出의 生産結構」,『名古屋大學部硏究論集』Ⅱ, 史學, 1기, 183~210쪽(1952년) ; Sherman Cochran,『Big Business in China』(케임브리지, 매사추세츠, 1980)는 주로 20세기 담배의 생산과 판매에 대해 논의하였다. 생사에 대해서는 李莉蓮,『China's Silk Trade』(케임브리지, 매사추세츠,

1981)에서 이미 토론한 바 있어 따로 상세하게 논하지 않을 것이다.

9) 경쟁이 자본주의에서 빠질 수 없는 부분이라는 말에 대해서는 논쟁의 여지가 있다. 많은 학자들은 경쟁의 중요성을 인식하지만, Braudel은 독점의 역할을 강조하였다(『Afterthoughts』, 57쪽, 111쪽, 113쪽).

10) 예를 들면, C. D. Cowan이 편찬한 『The Economic Development of China and Japan』(뉴욕, 1964), 49~78쪽에 실린 劉廣京의 「British-Chinese Steamship Rivalry in China, 1873~1885」과 Rhoads Murphry의 『The Outsiders』(앤아버, 미시간, 1977), Sherman Cochran의 『Big Business』 등이 있다.

11) 汪敬虞의 「19世紀外國侵華事業中的華商附股活動」(『歷史研究』 1965년 4기, 39~74쪽)은 매우 세밀한 연구이지만 汪은 중국에서 활동한 영국과 미국 회사의 자료를 활용하지 않았다. 이러한 자료들은 附股(지분 참여) 활동이 우리가 알고 있는 것보다 훨씬 광범위하고 복잡하게 이루어졌다는 것을 말해 준다. G. C. Allen과 G. Donnithorne은 『Western Enterprise in Far Eastern Economic Development』(런던, 1954)에서 간단하게 중국 상인들이 서양의 보험 등에 흥미를 느낀다고만 하였다.

12) 이 논쟁은 Maurice H. Dobb의 서유럽 자본주의 발전에 관한 연구에서 촉발되었다. 다른 관점으로는 Rodney Hilton이 편찬한 『The Transition from Feudalism to Capitalism』(런던, 1976)이 있다. 과도적 성격의 관점을 강조한 것으로는 Wallerstein의 「From Feudalism to Capitalism : Transition or Transitions?」(그의 저서 『The Capitalist World-Economy』, 138~151쪽에 수록)이 있다.

13) 1950년대부터 중국의 역사학자들과 정치 지도자들은 광범위하게 이 문제를 토론해 왔다. 毛澤東의 『毛澤東選集』(베이징, 1963) 2권, 620쪽과 中國人民大學 中國歷史敎硏室 編 『中國資本主義萌芽問題討論集』(베이징, 1957~1960) 참조. 이러한 토론에 관해서는 Albert Feuerwerker의 「Chinese History in Marxian Dress」, 『American Historical Review』 66권(1961년 1월), 327~330쪽 참조.

14) 발전론을 대표하는 저서로는 W. W. Rostow의 『The Process of Economic Growth』(뉴욕, 1962)이 있으며, 현대화론으로는 C. E. Black의 『The Dynamics of Modernization』(뉴욕, 1966)과 S. N. Eisenstadt의 『Modernization』(엥글우드클리프스, 뉴저지, 1966) 등이 있다.

15) John K. Fairbank, Edwin. O. Reischauer, Albert M. Craig 공저, 『East Asia』(보스턴, 1965).

16) 이전에 Singer-Prebisch-Myrdal은 1949~1959년에 '흡수론'을 발전시켜, 개발 도상국들은 부국과의 상업 관계에서 이익을 얻지 못한다고 하였다. 빈국의 수출 성장은 그나마 부족한 기업가의 창업 정신과 국내 투자를 흡수하여 그 나라들이 '발전 목표'로 나아가는 데 장애가 된다는 것이다. 1950년대 후반 이후, 고전학파의 학자들은

이러한 논점을 비판하였다. 侯繼明은 『Foreign Investment and Economic Development in China, 1840~1937』(케임브리지, 매사추세츠, 1965)에서 이러한 관점은 근대 중국에 적용되지 않는다고 하였다(최근에는 'underdeveloped countries' 대신 'developooping countries'라는 용어가 사용되고 있다).

17) '종속론'에 관해서는 James D. Cockcroft, Ander Gunder Frank, Dale L. Johnson 등이 펴낸 『Dependence and Underdevelopment』(가든시티, 뉴욕, 1972) ; Ander Gunder Frank, 『Capitalism and Underdevelopment in Latin America』(뉴욕, 1967)와 『Latin America』(뉴욕, 1969), 『Dependent Accumulation and Underdevelopment』(런던, 1978) ; Fernando Henrique Cardoso와 Enzo Faletto, 『Dependency and Development in Latin America』(버클리, 캘리포니아, 1979) 참조.

18) Braudel은 처음으로 '세계 경제(World-Economy)'라는 용어를 사용하였다. "세계 경제—독일어의 Weltwirtschaft에서 파생된 용어—는 우리 행성에서 작은 일부분만을 나타내고 있으며 경제 전체의 어떤 정도를 나타낸다고 생각한다"(『Afterthoughts』, 81쪽). Wallerstein은 '세계 시스템'을 간단한 분업과 다양한 문화 세계의 단위로 보았다. 세계 시스템에는 공동의 정치 제도를 가지고 있는 것과 그렇지 못한 것이 존재하는데, 전자를 '세계 제국'이라고 하며 후자를 '세계 경제'라고 한다. 바꾸어 말하면, 세계 경제는 간단한 분업을 지칭하는 것으로, 정치와 문화를 말하는 것은 아니다. Wallerstein의 『The Rise and Future Demise』, 5~6쪽 참조.

19) Wallerstean, 「Modernization : Requiescat in Pace」. 그의 저서 『The Capitalist World-Economy』 133쪽에 수록.

20) Wallerstein의 구조론은 현대화론의 도전을 받으면서 'Wallersteinism'이라는 학문적 영역을 구축하였다. 그의 저서 『The Modern World-System』(뉴욕, 1974)과 『The Modern World-System II』는 4권으로 계획된 시리즈 가운데 처음 두 권이다. 『The Capitalist World-Economy』(케임브리지, 잉글랜드, 1979)는 에세이집이고, 이 밖에 자신이 편찬한 『World Inequality』(몬트리올, 1975), Terence K. Hopkins와 공동 편찬한 『Processes of the World-System』(베벌리힐스, 캘리포니아, 1980)이 있다. 그의 의견에 동조하는 사람들이 그의 저서를 평론한 글로는 Angus McDonald Jr.의 「Wallerstein's World-Economy : How Seriously Should We Take It」 참조 ; 『Journal of Asian Studies』 38권, 3기(1979년 5월), 535~540쪽에 수록.

21) Frances V. Moulder의 『Japan, China and the Modern World Economy』(케임브리지, 잉글랜드, 1977)는 일반적이고 논쟁의 여지가 많은 연구이다. McDonald의 『Wallerstein's World-Economy』는 Wallerstein의 이론과 중국에 대한 적용성을 평가한 연구이다. 이 밖에 Dilip K. Basu의 「The Peripheralization of China」는 W. Goldfrank가 편찬한 『The World System of Capitalism』(베벌리힐스, 캘리포니아, 1979), 171~187쪽

에 수록되었으며, Edward Friedman의 「Maoist Conceptualization of the Capitalist World System」는 Terence K. Hopkins와 Immanuel Wallerstein이 공동 편찬한 『Processes of the World System』(베벌리힐스, 캘리포니아, 1980), 181~223쪽에 수록되었다. 또 蘇耀昌의 「Development Inside the Capitalist World System」은 『Journal of Asian Culture』, 5기(1981), 33~56쪽에 수록.

22) 鄧嗣禹와 John K. Fairbank 공저, 『China's Response to the West』(케임브리지, 매사추세츠, 1954).

23) John K. Fairbank가 편찬한 『The Cambridge of China』, 10권, 晚淸 1800~1911, Part I (케임브리지, 잉글랜드, 1978), 제1장과 제2장.

24) Murphey, 『The Outsider : The Western Experience in India and China』(앤아버, Univ. of Michigan Press, 1977), 제1장과 제12장.

제2장 연해의 자유 무역

1) H. B. Morse, 『The International Relations of the Chinese Empire』, 1권, 『The Period of Conflict, 1834~1860』(상하이, 1910), 166쪽. 廣州 시스템과 국제적으로 파생된 결과에 대해서는 Dermigny의 『La China et l'occident』 참조.

2) 중국은 포르투갈이 해적을 소탕하는 데 협조한 보답으로 마카오에 거주하는 것을 허락하였다. 19세기 중엽에 포르투갈은 마카오에 대한 주권을 선포하였다. 마카오의 흥기에 대해서는 張天澤의 『Sino-Portuguese Trade from 1514 to 1644』(레이덴, 1934) 제5장 참조.

3) 『Canton Register and Price Current』, 1833년 3월 24일자.

4) Papers of Payva & Co., JMA.

5) Michael Greenberg, 『British Trade and the Opening of China, 1800~1842』(케임브리지, 잉글랜드, 1951), 제6장.

6) 영국 의회 문건, 『First and Second Report the Select Committee of the House of Commons on the Affairs of the East India Company 1830』, 170쪽과 389쪽.

7) John K. Fairbank, 『Trade and Diplomacy on the China Coast』(케임브리지, 매사추세츠, 1953), 제2장, 56쪽.

8) India Letter Books, 1806년 11월 11일, JMA.

9) Letter Books of Yrissari & Co., 1823년 9월 2일, JMA.

10) 자딘매디슨사는 아편 무역에 전력을 쏟았지만 성공하지 못하였다(Letter Books of Yrissari & Co., 1821~1827, JMA).

11) India Letter Books, 1821~1839, 여러 곳에서 보임. JMA.

12) 총 수입액은 2,804만 6,736 달러이고, 그 가운데 아편은 1,410만 9,600 달러에 달하였다. H. B. Morse, 『The Chronicles of the East India Company Trading to China, 1635~1834』(옥스퍼드, 1926), 4권, 339쪽.

13) 『Canton Register』, 1834년 2월 11일자.

14) Greenberg, 51~57쪽.

15) Letter Books, 1801년 11월 6일, JMA.

16) Letter Books, 1804년 11월 14일, JMA.

17) Letter Books, 1804~1806년, JMA.

18) India Letter Books, 1825~1828년, 여러 곳에서 보임, JMA.

19) India Letter Books, 1830년 7월 26일, JMA.

20) Perkins & Co. 문건, Box 1.

21) William C. Hunter, 『The "Fan Kwae" at Canton Before Treaty Days, 1825~1844』(런던, 1882), 35쪽.

22) Morse, 『Chronicles』, 4권, 168~169쪽.

23) Greenberg, 55쪽.

24) 범선 무역에 관한 최근의 연구는 Sarasin Viraphol, 『Sino-Siamese Trade, 1652~1853』(케임브리지, 매사추세츠, 1976) 참조.

25) 항각 무역에 관한 일반적인 관점에 대해서는 W. H. Coates의 『The Old Country Trade』(뉴욕, 1911) 참조.

26) Morse, 『Chronicles』, 2권, 26쪽. 大班과 상인의 관계에 대해서는 83~93쪽 참조.

27) Fairbank, 『Trade and Diplomacy』, 1권, 59쪽.

28) 이 시기 중국의 대외 무역에 관한 일반적인 평가에 대해서는 J. Phipps의 『A Practical Treatise on the China Trade』(뉴욕, 1895) 참조.

29) Greenberg, 157~159쪽.

30) Fairbank, 『Trade and Diplomacy』, 1권, 61쪽.

31) 1817~1833년의 무역액은 Greenberg, 217쪽 참조.

32) 앞의 책, 10~11쪽.

33) 인도의 영국 대리상에 관한 일반적인 논의는 S. B. Singh, 『European Agency Houses in Bengal, 1783~1833』(캘커타, 1966) 참조.

34) Greenberg, 13~14쪽.

35) 『Canton Register』, 1830년 12월 24일자.

36) Greenberg, 11~12쪽.

37) Greenberg, 98~99쪽.

38) Greenberg, 11~12쪽.

39) 자딘 가문과 파트너, 감독관에 대해서는 Maggie Keswick이 편찬한 『The Thistle and the Jade』(런던, 1982), 262~265쪽과 Fairbank의 『Trade and Diplomacy』, 2권, 56~57쪽 참조.

40) Greenberg, 179~184쪽. 더 좁은 범위에서 말하자면, 동인도회사를 반대하는 압력도 인도로부터 파급된 것이다.

41) 앞의 책 138~141쪽. 제5장에서 아편 무역에 관해 상세하게 토론할 것이다.

42) 이 회사의 아편 무역에 관해서는 Basil Lubbock의 『The Opium Clippers』(보스턴, 1933) 참조. 이 책은 회사의 자료를 사용하였음.

43) James B. Connolly, 『Canton Captain』(가든시티, 뉴욕, 1942), 164~165쪽.

44) 아편 무역의 흥기에 대해서는 張馨保의 『Commissioner Lin and the Opium War』(케임브리지, 매사추세츠, 1964), 16~50쪽, 특히 23쪽 참조.

45) Morse, 『Conflict』, 206쪽.

46) India Letter Book, 1825년 1월 5일~1832년 7월 2일, JMA.

47) Morse, 『Conflict』, 66쪽, 75~76쪽.

48) 1권 263쪽. 2권 28쪽, 97쪽, 298쪽. 3권 60쪽, 105쪽, 244쪽. 4권 123쪽.

49) India Letter Book, 1828년 7월 10일, 1831년 8월 23일, 1834년 6월 5일, JMA.

50) Tyler Dennett, 『Americans in Eastern Asia』(뉴욕, 1963), 6~10쪽. 상업 혁명 초창기에 중국에서 활동한 미국 회사에 대한 상세한 기록은 RP 참조.

51) Dennett, 34쪽.

52) 1780년대에 미국은 Mauritius와의 무역에서 중국 무역보다 더 많은 이익을 얻을 수 있었고, 1790년 이전 인도 항구에서의 총 톤수는 廣州를 능가하였을 것이다. 1821~1879년까지 미국에서 아시아 무역이 차지하는 비중은 대외 무역 전체의 6.5%에 지나지 않았다. 미국의 총 무역액 가운데 대 중국 무역이 차지하는 부분은 1860년 3%에서 점차 하락하여 1897년에는 2%도 되지 않았다. Dennet 24~27쪽, 580쪽 참조.

53) 앞의 책, 21쪽, 36쪽, 41쪽.

54) 앞의 책, 34쪽.

55) 앞의 책, 20~21쪽.

56) 아편전쟁 중 미국 상인의 역할에 관한 사항은 Jacqes M. Downs의 「American Merchant and the China Opium Trade, 1800~1840」, 『Business History Review』, 42호(1968년 겨울), 418~442쪽 참조.

57) 앞의 책, 70쪽.

58) Fairbank, 『Trade and Diplomacy』, 1권, 226쪽.

59) H. H. Lindsay, 『Is the War with China a Just One?』(런던, 1840), 14쪽.

60) Medhurst는 "미국인들은 영국인들과 마찬가지로 큰 범주 안에서는 완전히 몰

입하고 있다"고 덧붙였다(NCH, 1855년 11월 3일, 2쪽).

61) 러셀사가 J. M. Forbes에게 보낸 편지. 1838년 3월 7일, File 12, FC.

62) 퍼킨스사에 관해서는 PCP와 PP 참조. Samuel Russel & Co.에 관해서는 Samuel Russel의 편지, 특히 1820년대 초반의 편지 참조, RP.

63) Case 4, RA.

64) Stephen C. Lockwood, 『Augustine Heard and Company, 1858~1862』(케임브리지, 매사추세츠, 1971), 27쪽.

65) Case 19, HCⅡ.

66) Fairbank, 『Trade and Diplomacy』, 1권, 226쪽.

67) John Heard Jr.가 Augustine Heard에게 보낸 편지, 1844년 9월 1일. EM-4. 이후 특별한 다른 설명이 없으면 '달러'는 멕시코 은화를 말함.

68) "Cumsingmoon Opium Returns," Case 19, HCⅡ.

69) Stephen C. Lockwood, 26~27쪽.

70) 1834년 이후의 廣州의 무역 발전 속도는 기대만큼 빠르지는 않았다. 부분적으로는 상당한 산상 무역이 이미 존재했기 때문이다. Robert B. Forbes는 1834년이 廣州 상업에 아무런 영향을 미치지 못한 시기라고 하였다. 이 시기의 무역에 관한 일반적 논의에 대해서는 Robert B. Forbes의 『Remarks on China and the China Trade』(보스턴, 1844) 참조.

71) 매판의 기원에 관해서는 郝延平의 『The Comprador in Nineteenth Century China』(케임브리지, 매사추세츠, 1970), 45~48쪽을 참조할 것.

제3장 새로운 화폐

1) 이에 관해서는 제1장에서 이미 논의하였다. 주3) 참조.

2) 王業鍵, 『Huo-pi』, 5~12쪽; 『Evolution』, 425~433쪽. Frank H. H. King, 『Money and Monetary Police in China, 1845~1895』(케임브리지, 매사추세츠, 1965), 39~42쪽과 46~47쪽. 백은은 일반적으로 말굽 모양의 덩어리로 주조되었고 제작자의 이름을 표기하였다. 동전은 꾸러미로 사용되었다.

3) Wallerstein, 『Modern World-System Ⅱ』, 108쪽. Braudel, 『Capitalism and Material Life』, 342쪽.

4) 全漢昇, 「明淸間美洲白銀的輸入中國」, 『中國經濟史論叢』(홍콩, 1972), 제1집, 435~450쪽. William S. Atwell, 「Notes on Silver, Forign Trade, and the late Ming Economy」,『淸史問題』, 3권, 8기(1977년 12월), 1~2쪽.

5) K. N. Chaudhuri는 이 주제에 대해 광범위하고 자세한 연구를 하였다. 「The East

India Company and the Expert of Treasure in the Early Seventeenth Century」, 『Economic History Review』, 16:23~38쪽(1963년 8월) ; 「Treasure and Trade Balance」, 『Economic History Review』, 21:480~502쪽(1968년 12월) ; 「The Economic and Monetary Problem of European Trade with Asia during 17~18 Centurys」, 『Journal of European Economic History』, 4:325쪽(1975년 가을).

6) King, 『Money』, 86~87쪽. 『上海錢庄』, 23쪽. 楊端六, 『淸代貨幣金融史稿』, 269쪽(베이징, 1962).

7) 楊端六, 『淸代貨幣金融史稿』, 273쪽.

8) 巫寶山·馮澤吳·朝林 編, 『中國近代經濟思想與經濟政策資料選輯』(베이징, 1959), 38쪽. 中國人民銀行 編, 『中國近代貨幣史資料』(베이징, 1964), 1집, 54쪽.

9) Greenberg, 7장.

10) 梁嘉彬, 『廣東十三行考』(타이중, 1960), 122쪽, 128쪽. King, 『Money』, 272쪽.

11) 楊端六, 『淸代貨幣金融史稿』, 272쪽, 273쪽.

12) 영국 의회 문건, 『Report from the Select Committee on Commercial Relations with China, Minutes of Evidence』, 5권, 24~25쪽.

13) Joseph Jardine은 1853년 홍콩에서 黃埔의 Thomas Hunt에게 보낸 편지에 다음과 같이 적고 있다. "나의 매판은 자신이 이미 Janneson Lifford Co.의 매판에게 70파운드의 금화를 1파운드에 스페인 은화 4.20달러로 쳐서 294달러를 지불했다고 전해달라고 한다. 그는 스페인 은화가 더 좋기는 하지만 당신이 가지고 있지 않다면 멕시코 은화로 지불해도 좋다고 한다"(1853년 4월 17일, JMA).

14) 도장이 찍히지 않은 카를로스 은화가 (上海에) 유통되고 있었다. 내륙의 생사 산지에서도 받았고, 대략 1853년 이후에 생사 무역이 크게 증가하자 그 가치도 많이 올라갔다(『Old China and New』, 33쪽, GQ-2, HC).

15) 楊端六, 『淸代貨幣金融史稿』, 274쪽.

16) (上海의) Perceval이 (홍콩의) Joseph Jardine에게 보낸 편지, 1856년 8월 11일, JMA.

17) 자딘매디슨사의 James Macandrew는 1851년 5월 30일 다음과 같이 언급하였다. "카를로스 은화가 대량으로 廣州로 운송되고 있어 가격이 하락하는 추세이다. 따라서 당신이 예전과 같은 방식으로 송금하기를 원한다면 나는 기쁘겠다(上海에서 Macandrew가 홍콩의 자딘매디슨사에 보낸 편지, JMA).

18) Morse, 『Chronicles』, 3권, 230쪽.

19) 영국 의회 문건, 『Correspondence Relating to China』, 36권, 180쪽. 郭廷以, 『近代中國史事日志』(타이베이, 1963) 제1책, 36쪽.

20) 『Hunter』, 58~59쪽.

21) Morse, 『The Trade and Administration of China』(뉴욕, 1921), 164~165쪽.

22) 아편전쟁이 시작될 무렵 선박 한 척이 도착하였는데, 浩官은 이에 대해 편지에서 이렇게 썼다. "아편 무역이 어려운 형편에 처해 있을 때 은화가 도착했는데, 당시 이에 대한 수요가 없어서 신용할 만하다고 여기지 않는 사람들에게게라도 외상으로 팔지 않는 한 처분할 수 없었다. 이런 이유로 은화는 (黃埔에서) 廣州로 보내졌다. 이곳에 도착했을 때, 시장에서 바로 팔아치우는 것은 현명하지 못하다고 생각하고 수요가 있어 가격이 좋아질 때까지 기다리기로 하였다. 이 은화들은 러셀사의 금고에서 몇 개월을 기다렸다가 결국 받을 수 있는 가장 좋은 가격으로 팔 수 있었다(廣州의 浩官이 J. P. Cushing에게 보낸 편지, 184년 12월 17일, HLB).

23) 『上海研究資料』(상하이, 1936년), 289~291쪽. 동전의 가치가 하락한 것은 태평천국이 봉기한 시기, 특히 1850년대였다. 물론, 은화의 가치가 상승한 것은 백은 가치의 변화를 반영한 것이었다. 청대의 백은과 동전의 비율에 관해서는 陳昭南의 『雍正乾隆年間的銀錢比較變動』(타이베이, 1966) 참조.

24) Morse, 『Conflict』, 468~469쪽. 그러나 元과 파운드, 실링 사이의 변동은 세계 시장에서 金銀의 가격 변화와 관계가 있다는 점에 주의해야 할 것이다.

25) 앞의 책, 469쪽.

26) S. Wells Williams, 『The Chinese Commercial Guide』(홍콩, 1863), 199쪽.

27) 『上海錢庄』, 23쪽. 楊端六, 『清代貨幣金融史稿』, 269쪽, 278~279쪽.

28) 『Old China』, 33쪽.

29) 楊端六, 『清代貨幣金融史稿』, 279쪽.

30) E. J. Eitel, 『Europe in China』(런던, 1895), 35쪽.

31) 『Commercial Guide』, 199쪽.

32) 楊端六, 『清代貨幣金融史稿』, 274쪽.

33) 阿李는 1850년대 자딘매디슨사의 上海 매판이었고, 義隆이라고도 부른 阿欽은 1860~1863년까지 매판을 지냈다(上海의 Johnson이 홍콩의 William Keswick에게 보낸 편지, 1868년 3월 10일, JMA).

34) 앞의 편지, 1869년 7월 10일.

35) 上海의 은화와 말굽은의 태환율은 4~5월과 8월에는 은화가 유리하였다(『上海錢庄』, 593~594쪽).

36) 앞의 책 26쪽, 39쪽.

37) King, 『Money』, 225쪽.

38) Heard Jr., 『Old China』, 33쪽.

39) 楊端六, 『清代貨幣金融史稿』, 279쪽.

40) 『上海錢庄』, 26쪽.

41) Dallas는 1851년의 편지에서 "나는 태환에 관해 듣지는 못했지만, 어음은 필요하다. 필요할 때가 있을지도 모르니 수시로 멕시코 은화의 가격을 알려 주기 바란다. 지금 (영국) 정부가 내게 2만 달러를 제공한다고 한다"고 보고하였다(上海에서 Dallas가 홍콩의 David Jardine에게 보낸 편지. 1851년 5월 3일, JMA).

42) William Keswick은 1864년 上海에서 이러한 상황을 보고하였다. "요코하마의 기선이 이 곳에 온 후, 멕시코 은화 가격은 하락하여 (1,000달러당) 728냥까지 떨어졌다. 오늘은 조금 올라 735냥 선에서 거래되었다. 요코하마에서 생사를 구입했다는 소식을 들으면 그 곳의 가격을 알 수 있을 것이다. 다음 번에 일본에서 오는 소식은 바로 이에 관한 내용일 것이다"(William Keswick이 홍콩의 James Whittall에게 보낸 편지, 1864년 10월 7일, JMA).

43) Eitel, 375쪽, 453쪽.

44) King, 『Money』, 179쪽.

45) 앞의 책.

46) Circular 48호, 1875년 12월 31일. IMC(중국 세관), 『Documents Illustrative of the Orgin, Development and Activities of the Chinese Customs Service』(상하이, 1937) 1권, 350쪽.

47) King, 『Money』, 179쪽

48) 앞의 책, 179~180쪽, 273~274쪽.

49) 앞의 책, 114쪽.

50) 楊端六, 『淸代貨幣金融史稿』, 285~286쪽. 1843년에 道光帝는 외국 은화를 위조하는 것을 금지하는 조서를 내렸다(郭廷以, 『日志』, 1책, 51쪽).

51) 1896년 6월 27일, 중국 세관의 총 세무사 Robert Hart는 각 세관의 세무사들에게 금은과 동전을 다른 보통 화물과 같이 취급하라고 지시하였다. 반드시 상륙 허가증과 선적 허가증을 제시하도록 하고, 만약 허가 없이 상륙하거나 선적할 경우에는 몰수하라고 하였다[Circular 723호, IMC, 『Inspector General's Circulars』(상하이, 1879~1910) 7권, 310쪽].

52) 楊端六, 『淸代貨幣金融史稿』, 285~286쪽.

53) King, 『Money』, 224쪽.

54) 앞의 책, 224쪽.

55) 앞의 책, 81~82쪽. 실제로 4종류의 은화 계산 단위, 즉 가상 은화제, 표준 은화제, 은행 화폐제, 은화 은정제가 있었다(앞의 책, 116쪽).

56) 『上海錢莊』, 556쪽. 북방에서도 은화를 알았지만, 上海에서 지불 표준과 계산 단위의 사용 범위를 정하였다.

57) 『中國近代貨幣史資料』, 54쪽. 彭信威, 『貨幣』, 811쪽. 王業鍵, 『Evolution』, 438쪽.

58) 영국 의회 문건, 『Report from the Select Committee on Commercial Relations with China, Minutes of Evidence』, 5권, 24~25쪽.

59) 영국 의회 문건, 『Returns of Trade』, 40권, 5~6쪽. NCH의 보도는 『中國近代貨幣史資料』 57쪽에서 인용.

60) 王業鍵, 『Evolution』, 438쪽. 彭信威, 『貨幣』, 811~812쪽.

61) Circular 1701호, 1910년 6월 23일, 중국 세관, Circulars, XI, 341쪽.

62) 예를 들어 安徽省 稅入簿의 漕糧 부분, 특히 29쪽 참조. 그러나 일부 재정 보고는 여전히 은량을 계산 단위로 하였다.

63) 1912년의 예비 예산은 수입 3억 5,077만 7,408달러, 지출 3억 5,636만 1,607달러로 책정되었다(賈士毅, 『民國財政史』, 타이베이, 1950년 제1편, 32쪽). 그러나 신해혁명으로 예비 예산은 실행되지 못하였다. 1933년에 이르러 국민당 정부는 구식 은량을 폐지하였고, 상업계에서도 마찬가지였다.

64) King, 『Money』, 103쪽. 楊聯陞, 『Money』, 62쪽.

65) 王業鍵, 『Evolution』, 425~426쪽.

66) 청대 초, 국방비 용도로 정부는 1650~1661년까지 매년 12만 8,000貫의 지폐를 발행하였다(彭信威, 『貨幣』, 808쪽). 태평천국운동 시기인 1853~1862년에도 일시적으로 실험 발행하였으나, 금속 화폐와 태환이 안 되어 가치가 급격히 하락함으로써 실패하고 말았다(楊聯陞, 『Money』, 68쪽). 다른 官銀號에 관해서는 앞의 책 70쪽 참조.

67) 王業鍵, 『Evolution』, 436~437쪽.

68) 앞의 책, 437~440쪽.

69) 『上海錢庄』, 12쪽. 영국 의회 문건, 『Returns of Trade』, 40권, 5~6쪽.

70) 『中國近代貨幣史』, 237쪽 ; 王業鍵, 『Evolution』, 437쪽에서 인용.

71) NCH, 1859년 9월 17일, 17쪽.

72) NCH, 1862년 3월 1일, 34쪽.

73) 영국 의회 문건, 『Returns of Trade』, 40권, 5~6쪽. Sir Harry Parkes, 「An Account of the Paper Currency and Banking System of Fuchowfoo」, 『Journal of the Royal Asiatic Society』, 13권(1852), 179~190쪽.

74) 영국 의회 문건, 『Report from the Select Committee』, 5권, 86쪽.

75) NCH, 1867년 10월 19일, 311쪽.

76) 楊蔭溥, 『金融』, 274~275쪽.

77) 앞의 책, 312쪽.

78) 중국 세관, Decennial Report, 1882~1891(상하이, 1892), 44쪽.

79) 王業鍵, 『Huo-pi』, 68쪽. 19세기 말, 天津의 銀號들은 동부 해안, 서부 해안과

외국 조계안의 3개 그룹으로 나뉘었다(楊蔭溥, 『金融』, 275쪽).

80) 楊聯陞, 『Money』, 69쪽.

81) Greenberg, 152~153쪽. Maggie Keswick, 『The Thistle』, 74쪽.

82) Augustine Heard Jr., 『Old China』, 38쪽, GQ-2, HC.

83) Keswick, 『The Thistle』, 175쪽.

84) NCH, 1873년 7월 26일, 75쪽.

85) Augustine Heard Jr., 『Old China』, 2쪽, 38~39쪽, GQ-2, HC.

86) NCH, 1852년 8월 7일, 3쪽.

87) (上海에서) John Heard III가 (보스턴의) Augustine Heard Sr.에게 보낸 편지, 1862년 5월 12일, EM-7, HC.

88) S. C. Lockwood, 108쪽.

89) NCH, 1879년 2월 28일자.

90) 楊端六, 236쪽. 중국 세관, 『Decennial Report 1882~1891』, 177쪽. King, 『Money』, 104~105쪽, 191~192쪽.

91) 彭信威, 944~945쪽, 951쪽.

92) Augustine Heard Jr., FP-4, 9쪽, HC.

93) 매판 수표에 관해서는 郝延平의 『Comprador』, 72~73쪽과 259쪽 참조.

94) 『中國近代貨幣史資料』의 141~142쪽. 또 W. E. Willmott 編, 『Economic Organization in Chinese Society』(스탠퍼드, 캘리포니아, 1972), 47~77쪽에 수록된 Susan Mann Jones의 「Finance in Ningpo : The Ch'ien-chuang, 1780~1880」과 King의 『Money』, 115쪽 참조.

95) King, 『Money』, 115쪽. 楊端六, 88쪽. 寧波와 牛庄의 계좌 이체에 관한 기술적인 부분은 King, 『Money』, 106~109쪽 참조.

96) Braudel, 『Capitalism and Material Life』, 360쪽.

97) George Bonham 경에게 보낸 편지, 1852년 3월 15일, 홍콩, 영국 외교 문건 FO 405/2, 410쪽.

98) Jonathan Spence, 「Opium Smoking in Ch'ing China」; Frederic E. Wakeman Jr.와 Carolyn Grant 공동 편저, 『Conflict and Control in Late Imperial China』(버클리, 캘리포니아, 1975) 168쪽에 수록.

99) 중국 남방, 특히 雲南과 貴州 등지의 사정에 관해서는 Archibald R. Colquhoun의 『Across Chryse』(런던, 1883), 1권, 24쪽 참조.

100) Spence, 168쪽.

101) 비망록, 1850년 11월 1일, 영국 외교 문건 FO 17/183.

102) John Heard가 Augustine Heard Sr.에게 보낸 편지, 1858년 4월 12일, EM-1, HC.

103) 영국 의회 문건,『Return of Trade』, 39권, 74쪽.

104) (上海의) A. G. Dallas가 (홍콩의) David Jardine에게 보낸 편지, 1852년 1월 13일. JMA.

105) Fairbank,『Trade and Diplomacy』, 1권, 406쪽에서 인용.

106) (홍콩의) Joseph Jardine에게 보낸 편지, 1856년 8월 29일.

107) Macleod가 (홍콩의) Alexander Perceval에게 보낸 편지, 1861년 5월 11일, JMA.

108) Dallas는 "오늘 오후 남은 (아편) 분량을 5상자는 상자당 550달러, 55상자는 상자당 510달러로 쳐서 한 絲商에게 지불하였다"고 보고하였다(홍콩의 David Jardin에게 보낸 편지, 1851년 12월 18일, JMA).

109) 그는 1852년 7월 21일 "아편 시장이 아주 조용하여 (백피토) 1상자당 490달러에서 500달러씩 쳐서 생사의 대금을 지불하느라 어려움을 겪고 있다"고 보고하였다(앞의 편지).

110) 앞의 편지, 1851년 5월 3일.

111) 앞의 편지, 1851년 12월 18일.

112) Whittall이 (홍콩의) Alexander Perceval에게 보낸 편지, 1863년 4월 9일, JMA.

113) 차 생산지의 "중국인 사이에서는 차 가격이 더 오르리란 것이 일반적인 생각이었다"(앞의 편지).

114) 차상들은 又隆, 阿興과 같이 대부분 廣州 사람들이었다(廣州의 James Jardine이 홍콩의 David Jardine에게 보낸 편지, 1855년 1월 7일, JMA). 1860년대의 거래 상황에 대해서는 上海에서 James Whittall이 홍콩의 David Jardine에게 보낸 편지(1863년 4월 9일, JMA) 참조.

115) 일기, 34쪽, FP-4, HC.

116) NCH, 1860년 10월 13일, 附刊. 차상에 관한 부분은 福州에서 M. A. Macleod가 홍콩의 Alexander Perceval에게 보낸 편지(1861년 4월 9일, JMA) 참조.

117) (福州에서) George V. W. Fisher가 (홍콩의) Joseph Jardine에게 보낸 편지, 1855년 5월 1일, JMA.

118) 앞의 편지, 1856년 5월 4일.

119) (福州에서) Macleod가 (홍콩의) Alexander Perceval에게 보낸 편지, JMA.

120) 이틀 후, Macleod는 홍콩 본사에 "새로운 세관 규칙이 6일부터 발효되기 때문에 白皮土 거래가 많아 약 200상자를 1擔당 820~840달러에 넘겼다"면서, "전에 걸던 1상자당 57냥 6전의 리베이트는 계속 건다"고 보고하였다(앞의 편지, 1861년 4월 8일).

121) 차상 泰盛이 내륙에서 "내륙에서 아편을 팔기는 쉬워졌지만, 가격은 좋아지지 않았다"고 하였다(福建 水口에서 泰盛이 福州의 M. A. Macleod에게 보낸 편지,

1861년 8월 29일, JMA).

122) "아편 가격이 조금 올라 福州에서 白皮土는 1擔당 770~780달러까지 하지만 거래가 없다"(앞의 편지, 1861년 9월 9일).

123) "아편 시장은 아주 조용하다. …… 반란군들은 여전히 河口에서 활동 중이어서, 그 곳에서는 거래가 거의 이루어지지 않는다"(앞의 편지, 1861년 9월 27일).

124) 徐榮村은 외국인 사회에서 榮記라는 이름으로 알려졌는데, 상하이의 유명한 상인 徐潤의 숙부였다(徐潤, 『徐愚齋自敍年譜』, 1927, 4쪽, 18쪽. 徐潤等 編, 『廣東香山徐氏宗譜』, 1882, 7쪽, 64쪽).

125) David Jardine에게 보낸 편지, JMA.

126) (홍콩의) 자딘매디슨사에 보낸 편지, 1851년 2월 18일, JMA.

127) (上海에서) A. G. Dallass가 (홍콩의) David Jardine에게 보낸 편지, 1851년 4월 4일, JMA.

128) 앞의 편지.

129) 앞의 편지.

130) 앞의 편지.

131) "내가 허락한다면 그는 우리 건물에 살 수 있다. ……물론, 그는 上海에 자기 가족의 집을 가지고 있다"(앞의 편지).

132) 앞의 편지.

133) 앞의 편지.

134) 앞의 편지.

135) 앞의 편지.

136) 나는 아편과 생산의 교환율에 대해서는 정확하게 알지 못하지만 조정의 여지는 있다. Dallas는 "이 생사 이외에 泰記가 기한 내에 도착하면 더 많은 양을 얻을 수 있을 것"이라고 덧붙였다(앞의 편지).

137) 앞의 편지.

138) 한 예로, 泰記는 1851년 5월 139包의 蘇州 생사를 영국에 보냈다 (앞의 편지, 1851년 5월 7일).

139) 앞의 편지.

140) 앞의 편지, 1852년 1월 22일.

141) 앞의 편지, 1852년 9월 15일.

142) 앞의 편지, 1851년 12월 18일.

143) 앞의 편지, 1851년 5월 3일.

144) 泰記의 계산(앞의 편지 1851년 5월 20일).

145) 앞의 편지.

146) 『財政說明書』7, 50쪽.

147) King, 『Money』, 224쪽.

148) Atwell, 『Notes on Silver』, 1~2쪽.

149) R. M. Martin, 『China』, 1권, 176쪽. 1억 달러라고 계산했으며, 彭信威는 『貨幣』에서 이 통계를 인용하였다. 그러나 최근의 연구에 따르면 이 통계는 비교적 보수적인 듯하다. 全漢昇의 『美洲白銀』 449쪽에서는 1571~1821년에 4억 페소가 美洲에서 필리핀으로 운송되었다고 하고, 그 가운데 반절이 다시 중국에 건너왔다고 한다.

150) H. B. Morse는 클라크대학교의 강연에서 이렇게 계산하였다. 彭信威의 『貨幣』 892쪽에서 인용.

151) J. Smith Homan, 『A Historical and Statistical Account of the Foreign Commerce of the United States』(뉴욕, 1857), 여러 곳에서 보이지만, 특히 181쪽 참조.

152) Atwell, 1~2쪽.

153) 이것은 彭信威의 통계이다. 세관의 통계에 관해서는 肖亮林, 『China's Foreign Trade Statistics, 1864~1949』(케임브리지, 매사추세츠, 1974) 참조.

154) 彭信威, 『貨幣』, 881쪽.

155) 楊聯陞, 『貨幣』, 26쪽. 彭信威, 『貨幣』, 882~883쪽.

156) 彭信威, 『貨幣』, 887쪽. 楊聯陞, 『Money』, 69쪽.

157) 王業鍵, 『貨幣』, 71쪽. 彭信威, 『貨幣』, 887~888쪽.

158) 彭信威, 『貨幣』, 882~885쪽.

159) Morse, 『Conflict』, 556쪽.

160) Earl of Derby, 런던, 1877년 8월 24일, 영국 외교 문건 FO 405/22, 71쪽(중문 내용은 『郭嵩燾先生年譜』, 대만중앙연구원 근대사연구소, 1971년판, 하권, 672쪽 참조 — 옮긴이).

161) 영국 외교 문건, FO 405/27.

162) (上海의) A. G. Dallass가 (홍콩의) David Jardine에게 보낸 편지, 1851년 5월 16일, JMA.

163) 17세기 명대 말기의 화폐량은 약 2억 냥(278억 위안)에 달하였다(彭信威, 『貨幣』, 890~891쪽).

164) 何炳棣는 1850년 중국의 인구가 약 4억 3,000만 명이었고, 1953년에 보도된 숫자는 5억 8,300만 명이라고 하였다(『Population』, 278쪽). 만약 1910년의 인구를 약 4억 6,000만 명, 화폐량을 2억 4,910만 달러라고 추정한다면, 중국인 1인당 5.4위안이라는 계산이 나온다. 彭信威는 명대 말기에 중국에 6,000만의 인구와 2억 냥의 화폐가 있었다고 추산하였는데(『貨幣』, 890~891), 그렇다면 1인당 평균 4.6위안이 된다.

165) 王業鍵, 『Evolution』, 425쪽, 438쪽.

166) 1888년부터 1900년까지 중국에 수출한 은화는 8,876만 9,000개였다(肖亮林, 『Statistics』, 128쪽).

167) 만약 중상주의의 주장처럼 모든 물건이 화폐라면, 반대로 모든 물건이 신용, 즉 장래에 실현될 것이라고 약속하는 것과 같다고 말할 수도 있을 것이다. Joseph Schumpeter는 통화는 단지 신용의 수단으로 유일한 지불 수단을 의미하며, 소비의 증거라고 하였다(Braudel, 『Capiralism and Material Life』, 363~364쪽).

제4장 신용 거래의 확대

1) 『Capitalism and Material Life』, 363쪽.

2) 楊聯陞은 『Money and Creat in China』에서 중국의 전통적 신용 대출에 관해 상세하게 논의하였다. 여기에 따르면, 근대에 돈을 빌려 주는 사람은 일반적으로 빌리는 사람의 3C, 즉 명성(character), 능력(capacity), 담보물(collateral) 등 세 가지 조건을 고려하였으며, 중국 전통에서도 이런 기준을 고려하였다.

3) Morse, 『Conflict』, 179~180쪽.

4) Nathan Allen, 『The Opium Trade as Carried on in India and China』(로웰, 매사추세츠, 1853), 15쪽.

5) Connolly, 『Canton』, 207쪽. Cushing이 Forbes에게 보낸 편지, 1828년 3월 31일, FC.

6) John Heard Ⅲ는 아편전쟁 동안에 "우리는 금고에 약 50만 달러의 거액을 가지고 있는데, 일부는 우리 것이고 일부는 자딘매디슨사의 것"(『일기』, 1841, 42쪽, HC)이라고 기록했다. 연해 지역에서 현금 지불의 중요성은 수입 화물을 보관하는 창고에 대한 필요성이 1844년부터 제기되었지만 1880년에야 세워진 사실을 통해서 부분적이나마 알 수 있다.

7) R. Montgomery Martin, 『China ; Political, Commerical and Social, in an Offical Report to Her Majesty's Goverment』(런던, 1846) 1권, 20쪽 ; Robert Fortune, 『Three Year's Wandering's in the Northern Provinces of China』(런던, 1847), 373쪽.

8) (廣州에서) 浩官이 (Bombay의) Mahomed Alley Rogay에게 보낸 편지, 1833년 11월 23일, F-5, FC.

9) Duncan Yaggy는 『John M. Forbes 전기』(박사 논문, 브랜다이스대학교, 1972)에서 Forbes가 어떻게 런던 환어음을 사용했는지 자세하게 서술하였다. 또 Timothy Pitkin, 『A Historical View of the United States of America』(뉴헤이번, 1835) 303쪽 참조.

10) Connolly, 『Canton』, 186쪽. 이 배의 선장은 F. B. Forbes였다.

11) JMA.

12) (Boston에서) John Heard Ⅲ가 (홍콩의) Augustine Heard Jr.에게 보낸 편지, 1858년 12월 12일, EM-7, HC.

13) Cases 7, 8, 21, HC Ⅱ.

14) (홍콩에서) Donald Matheson이 (上海의) A. G. Dallas에게 보낸 편지, 1847년 9월 7일. (홍콩에서) David Jardin이 (廣州의) Joseph Jardin에게 보낸 편지, 1852년 2월 5일, JMA.

15) 漢口 대표는 "어제 오후 당신이 26일에 보낸 전보를 받았다. …… 나는 이미 (매판) 溫興과 상의하였다. 그에 따르면 당일 이미 일부분은 3% 이하로 태환하였는데, 아직까지 이 태환율에 미치지 못하는 것을 보면 아주 잘한 일이라고 생각한다"(B. A. Clarke가 Keswick에게 보낸 편지, 1885년 5월 28일, JMA).

16) Dallas는 홍콩에 "나는 방금 터너사가 泰記에게 외상값으로 지불한 2,500달러짜리 환어음을 사들였다"고 보고하였다(자딘매디슨사에 보낸 편지, 1851년 12월 8일, JMA).

17) "又隆은 上海에 있는 자금에서 4만 달러 상당을 원하는데, 당신의 반응과 조건에 대해 알고 싶어한다"(廣州에서 Matheson이 홍콩 본사에 보낸 편지, JMA).

18) 漢口의 에이전트인 S. I. Gower는 上海 지사에 "나는 이미 3일 기한의 3,000냥짜리 약속 어음을 월 3%의 이자로 唐景星에게 발행하였으니, 그에게 줄 자금을 준비하기 바란다"고 하였다(자딘매디슨사에 보낸 편지, 1868년 4월 11일, JMA).

19) 又隆이 홍콩 본사에 요구한 대출에 대해 Herbert Magniac은 上海에 보낸 편지에서 이렇게 말했다. "又隆도 우리에게 3만 냥짜리 단기 환어음을 원해서, 나는 73¾ — 은행은 74 — 으로 발행할 수 있다고 하였다. 그러나 나는 그가 언제 바꾸겠다는 소리는 듣지 못했다. 나는 당신이 미리 준비를 하라고 이야기하지만 유감스럽게도 시간은 명확하게 알려 줄 수가 없다"(Francis Bulkeley Johnson에게 보낸 편지, 1870년 1월 7일, JMA).

20) Magniac은 "나는 당신 명의의 1만 냥짜리 환어음을 이미 발행하였다"라고 썼다(앞의 편지).

21) F. S. A. Borune 등, 『Report of the Mission to China of the Blackburn Chamber of Commerce, 1896~1897』(런던, 1898), 89쪽.

22) 『上海錢庄』, 36쪽, 38쪽, 90쪽.

23) 1868년 연 이자율은 12~15%, 1878년은 15~28%였다(上海에서 F. B. Johnson이 홍콩의 William Keswick에게 보낸 편지, 1868년 5월 20일, JMA. 『上海錢庄』, 44쪽).

24) 『上海錢庄』, 28~29쪽.

25) 上海에서 홍콩의 William Keswick에게 보낸 편지, 1868년 5월 20일, JMA.

26) 앞의 편지.

27) 앞의 편지.

28) 앞의 편지.

29) 앞의 편지.

30) 上海, 1874년 4월의 장부, JMA.

31) 자딘매디슨사의 上海 지사에서 홍콩의 본사에 보낸 편지, 1875년 9월 28일, JMA.

32) 『申報』, 1876년 11월 23일, 3쪽.

33) 『上海錢庄』, 44쪽, 60~61쪽.

34) 앞의 책, 38쪽.

35) 葉澄衷에 관해서는 Arnold Wright 編, 『Twenth Century Impressions of Hongkong, Shanghai and other Treaty Ports of China』(런던, 1908), 560쪽, 3개 전장의 도산에 관해서는 『上海錢庄』, 61쪽 참조.

36) 『上海錢庄』, 61쪽, 90쪽.

37) 콜론에 관한 더욱 자세한 설명은 앞의 책 8쪽, 10쪽, 36쪽, 38쪽, 60쪽, 90쪽, 490쪽 참조.

38) 17세기에 이미 환어음이 사용되었다고 하더라도 제일 오래된 山西票號의 역사를 1800년 이전으로 추정하기는 어렵다(楊聯陞, 『Money and Credit』, 82쪽). 18세기 상반기에 錢鋪의 유가 증권이 시장에 유통되었고, 1776년에 上海에 錢庄 公所가 조직되었기 때문이다(『上海錢庄』, 3쪽). 上海錢庄과 寧波幫의 흥기에 관한 자세한 연구는 Susan Mann Jones의 『The Ningpo Pang and Financial Power at Shanghai』, Mark Elvin · G. William Skinner 共編, 『The Chinese City Between Two Worlds』(스탠퍼드, 캘리포니아, 1974), 73~95쪽 참조. 錢庄의 장표에 관한 부분은 楊蔭溥의 『楊著中國金融論』(상하이, 1932년) 232쪽, 楊端六의 『貨幣』147~148쪽, 『上海錢庄』 18~19쪽 참조.

39) 환어음을 발행한 은행에 대해서는 陳其田의 『山西票庄考略』(상하이, 1937) 참조.

40) 王業鍵, 『Evolution』, 436쪽.

41) 張國輝, 「19世紀後半期中國錢庄的買辦化」, 『歷史研究』, 6기(1963), 92~97쪽.

42) 唐景星은 1869년 5월, 자딘매디슨사를 위해 "1만 4,800냥의 庄票"를 받았다(上海에서 F. B. Jhonson이 홍콩의 자딘매디슨사에 보낸 편지, 1869년 5월 6일, JMA).

43) Frederick E. Forbes, 『Five Years in China, From 1842 to 1847』(런던, 1848), 68쪽.

44) NCH, 1853년 5월 7일, 158쪽.

45) R. Alcock이 영국 교민에게 보낸 편지, 1853년 3월 10일, 영국 외교 문건 FO17/204. Fairbank, 『Trade and Diplomacy』 1권, 403쪽.

46) 『上海錢庄』, 177~79쪽, 184쪽.

47) 漢口에서 Gower가 上海의 자딘매디슨사에 보낸 편지, 1868년 4월 4일, JMA.

48) 자딘매디슨사의 상하이 지사에서 홍콩 본사에 보낸 편지, 1879년 1월 18일, JMA.

49) 『上海錢庄』, 551~552쪽.

50) 상하이 1845~1859년 장부와 현금 출납부, JMA.

51) 회사의 대표는 이 일을 대해 "葉克昌의 어음에 관해 …… 지금 그가 어디 있는지 알 수 없다. 몇 통의 편지를 마카오 부근의 그의 고향으로 보냈지만 답장이 없다. 아마 홍콩이나 마카오에 있는 것 같다"고 홍콩에 보고하였다(廣州에서 C .S. Matheson이 홍콩의 자딘매디슨사에 보낸 편지, 1863년 1월 24일, JMA).

52) Macleod는 "阿胡와 嚴坤은 지금 경제적으로 어려운데, 그들에게 1~2일 안에 조금이라도 도움을 주어야 할 것 같다"고 긴박한 상황을 보고하였다(홍콩의 Josrph Jardin에게 보낸 편지, 1849년 1월 4일, JMA.).

53) (上海에서) James Whittall이 (홍콩의) 자딘매디슨사에 보낸 편지, 1861년 2월 18일, JMA.

54) (上海에서) A. G. Dallas가 (홍콩의) David Jardin에게 보낸 편지, 1852년 3월 22일, JMA.

55) 앞의 편지, 1859년 9월 3일.

56) 앞의 편지, 1859년 5월 11일.

57) 「Memorandum of Liabilities and Assets」, 상하이, 1857년 3월 7일, 비망록, JMA.

58) (福州에서) Macleod가 (홍콩의) Alexander Perceval에게 보낸 편지, 1861년 2월 18일, JMA.

59) JMA.

60) 劉廣京, 『唐廷樞』, 146쪽.

61) (上海에서) Johnson이 (홍콩의) 자딘매디슨사에 보낸 편지, 1868년 9월 11일, JMA.

62) 앞의 편지, 唐景星은 6,008냥을 빚졌음.

63) (上海에서) Johnson이 (홍콩의) William Keswick에 보낸 편지, 1869년 5월 10일, JMA.

64) "모든 서양 은행이 홍콩에서 교환하는 환어음을 거절하기 때문에 23~23.5%의 할인율이 아니면 송금할 수가 없다. 그렇지만 이미 福州의 환어음으로 3만 달러를 Hamilton에게 송금하였다"(앞의 편지).

65) William Keswick은 上海의 Johnson에게 "德盛은 무엇을 하고 있으며, 그가 우리에게 빌린 부채 상황은 어떤가"를 물었다(1871년 8월 8일, JMA).

66) 「Trial Balance Sheet」, 상하이, 1875년 4월 30일, 비망록, JMA.

67) 앞의 편지, 1875년 6월 30일, JMA.

68) 1866년 5월 9일, HM-23, HC.

69) 彭雨新, 「抗日戰爭前漢口的洋行和買辦」, 『理論戰線』 11기(1959년 2월), 29쪽.

70) (廣州에서) 浩官이 (보스턴의) J. P. Cushing에게 보낸 편지, 1840년 6월 11일, HLB.

71) Dennett, 『Americans』, 85~86쪽.

72) (上海에서) A. G. Dallas가 (홍콩의) Donald Matheson에게 보낸 편지, 1845년 4월 11일, JMA.

73) (上海에서) A. G. Dallas가 (홍콩의) 자딘매디슨사에 보낸 편지, 1851년 11월 14일, JMA.

74) James Whittall은 上海에서 보낸 편지에서 "廣州 친구들이 대신 거래한 작은 품목들의 장부를 포함하여 함께 보낸다. 장부에 적힌 대로 그들에게 갚아야 할 액수에 대해서는 관례에 따라 내가 조절하도록 하겠다"고 보고하였다(홍콩의 자딘매디슨사에 보낸 편지, 1859년 6월 14일, JMA).

75) (홍콩의) 자딘매디슨사에 보낸 편지, JMA.

76) 앞의 편지, 1851년 10월 14일, lak(또는 lac)는 서양 상인들의 편지에서 자주 등장하는데 10만을 의미한다.

77) (홍콩의) Joseph Jardin에게 보낸 편지, JMA.

78) 郝延平, 『Comprador』, 121쪽.

79) Case 9, HCⅡ.

80) Heard가 (홍콩의) John Heard에게 보낸 편지, 1863년 2월 28일, FM-4, HC.

81) (上海에서) Heard가 (홍콩의) John Heard에게 보낸 편지, 1861년 1월 21일. (홍콩에서) John Heard가 (上海의) A. F. Heard에게 보낸 편지, 1861년 2월 8일, EA-1, HC.

82) 그 예로 G. B. Dixwell은 上海에서 보낸 편지에서 "내가 홍콩에 가기 전에 돈이 부족하여 매판에게 1만 5,000냥을 빌렸다. 그는 한두 달 후에 돈이 필요하다고 해서 무난하다고 생각했고 돈이 준비되는 대로 갚으면 될 것"이라고 했다(홍콩의 Augustine Heard Jr.에게 보낸 편지, 1870년 3월 29일, EM-14, HC).

83) Fairbank, 『Trade and Diplomacy』, 1권, 288쪽.

84) (上海에서) F. B. Johnson이 (홍콩의) William Keswick에게 보낸 편지, 1871년 6월 1일, JMA ; 劉廣京, 『唐廷樞』, 149쪽에서 인용.

85) 『年譜』, 41쪽.

86) (九江에서) Robert Anderson이 (上海의) F. B. Johnson에게 보낸 편지, 1871년 5월 28일과 6월 1일, JMA.

87) 자딘매디슨사의 上海 지사에서 홍콩 본사에 보낸 편지, 1872년 3월 22일, JMA.

88) 한 영국 영사는 1881~1882년 寧波에서 "錢庄들은 가장 견실하고 믿을 수 있는 상인들에게만 아주 신중하게 대출해 주었다"고 하였다(영국 의회 문건, 『Commercial Reports of Her Majesty's Consuls in China』, 1884, 82쪽).

89) "당신에게 말했던 것처럼, 泰記와 阿同에게 대출해 준 금액에 대해서는 담보물 가치 만큼의 이자가 있다"(上海에서 Whittal이 홍콩의 자딘매디슨사에 보낸 편지, 1860년 7월 26일, JMA).

90) 자딘매디슨사의 厦門 지사에서 홍콩 본사에 보낸 편지, 1863년 1월 8일, JMA.

91) 자딘매디슨사의 上海 지사에서 홍콩 본사에 보낸 편지, 1863년 1월 8일, JMA.

92) Johnson은 "又隆의 장부이다. 이 일에 대한 Gower씨의 의견과 이 사항들에 대한 그의 해석을 함께 보낸다. 나는 거래를 시작한 뒤 숫자에 변화가 없는 것이 유감스럽다. 나는 Whittall이 이 채무에 대해 충분한 담보를 확보한 사실을 알고 있다"고 보고하였다(上海에서 홍콩의 William Keswick에게 보낸 편지, 1868년 2월 12일, JMA).

93) 1873년 8월 9일까지 又隆은 회사에 3,809냥의 빚을 지고 있었고, 이 날부터 1874년 4월 30일까지 다시 이 액수에 상당하는 돈을 빌렸다(상하이, 1874년 4월 30일, 비망록, JMA).

94) 上海 지사가 홍콩 본사에 보낸 편지에는 "지난 해 8월 9일부터 이 달 13일까지 又隆의 대출에 관한 사본을 보냈는데, 여기에는 1874년 4월 30일까지 이자를 포함하여 모두 4,139냥의 빚이 있다고 적혀 있다. 그가 당신에게 이를 청산하겠다고 하였는데, 우리는 이 액수와 이후의 이자를 당신의 채무로 처리해도 좋은지 알고 싶다"고 했다(자딘매디슨사의 上海 지사에서 홍콩 본사에 보낸 편지, 1874년 8월 25일, JMA).

95) 又隆은 먼저 채무의 원금과 이자를 포함하여 1874년 8월 31일까지 모두 4,305냥의 빚을 지고 있었다(앞의 편지, 1874년 8월 31일).

96) Johnson은 실제로 唐景星에게 13만 냥을 대출해 주려고 준비하였다. 그는 "불법 남용한 8만 냥 외에 나는 다시 3만 냥을 대출해 주고 21일에 다시 2만 냥을 준비하였는데, 1만 냥만 필요하다고 하여 결국 모두 12만 냥을 빌려 주었다"고 보고하였다(홍콩의 Keswick에게 보낸 편지, 1871년 6월 1일, JMA).

97) 앞의 편지, 劉廣京, 『唐廷樞』, 149쪽에도 보임.

98) (上海에서) Johnson이 (홍콩의) Keswick에게 보낸 편지, 1871년 10월 6일, JMA. 劉廣京, 『唐廷樞』, 151~152쪽에도 보임.

99) EA-1, HC.

100) Edward LeFevour, 『Western Enterprise in Late Ch'ing China』(케임브리지, 매사

추세츠, 1968), 137쪽.

101) '중국인의 외상 계정'에 대해 James Whittall은 "阿欽이 빌린 돈은 시장에서 화물을 구입하기 위한 것이었고, 이 화물들은 아직 우리 창고에 있다"고 보고하였다(上海에서 홍콩의 자딘매디슨사에 보낸 편지, 1861년 7월 18일, JMA).

102) 자딘매디슨사의 厦門 대표인 Henry Smith는 "阿扣 수중에는 아직 차가 있다. 우리는 그 차를 모두 우리 창고에 보관할 것이고, 그는 화재 보험료를 지불할 것이다. 이자가 계속 불어나기 때문에 차는 우리가 보관하는 것이 좋겠다. 그의 차는 이번 수확철에 수확한 것 가운데 가장 품질이 뛰어나다"고 보고하였다.

103) 장부, 상하이, 1874년 4월, JMA.

104) 자딘매디슨사의 上海 지사에서 홍콩 본사에 보낸 편지, 1875년 9월 28일, JMA.

105) 영국 의회 문건, 『Report from Her Majesty's Consuls in China, 1864』, 71권, 1866, 50쪽.

106) 1845년 上海의 Dallas는 이런 방식의 신용 거래에 관심을 갖고 홍콩에 다음과 같이 편지를 썼다. "阿林은 1844년 12월 Vixen 호로 여기서 운송한 50포의 堆桑 생사에 관해 수시로 묻는다. 나는 이미 1擔당 200달러씩 8,000달러를 대출해 주었다. 이 생사가 어떻게 팔렸는지, 그리고 이러한 방식의 거래를 더 원하는지 내게 신속하게 알려 주기 바란다. 지금 나는 이러한 거래를 더 추진할 수 있다"(Donald Matheson에게 보낸 편지, 1845년 11월 17일, JMA).

107) London에서 매디슨사(Matheson & Co.)가 홍콩의 자딘매디슨사에 보낸 편지, 1847년 8월 23일, JMA.

108) (上海에서) James Whittal이 (홍콩의) 자딘매디슨사에 보낸 편지, 1860년 5월 5일, JMA. 상하이, 1861년, 비망록, JMA.

109) Macleod는 이에 대해 "과거에는 榮泰 등 차상들에게 대출을 받아 운송하라고 설득하였다. 지금은 阿林이 이 방식으로 하고 있다"고 하였다(홍콩의 Alexander Perceval에게 보낸 편지, 1861년 2월 18일, JMA).

110) Whittall은 上海에서 九江에 보낸 편지에서 "阿同에게 우리가 이 물건들을 받을 수 없다는 것을 알리기 바란다. 화물 때문에 그에게 해 준 대출이 손실을 입는다면 그는 빨리 해결해야 할 것"이라고 했다(자딘매디슨사에 보낸 편지, 1866년 9월 29일, JMA).

111) 德盛은 회사에 보낸 편지에서 "먼저 내가 요구했던 토산품에 대한 대출에 응해 준 아편 감독관에게 감사의 뜻을 전한다"고 했다(홍콩의 William Keswick에게 보낸 편지, 1868년 1월 15일, JMA). 9월에 자딘매디슨사는 그에게 토산품을 담보로 1만 5,000냥을 대출해 주었다(上海에서 F. B. Johnson이 홍콩의 자딘매디슨사에 보낸 편

지, 1868년 9월 11일, JMA).

112) 자딘매디슨사의 上海 지사에서 홍콩 본사에 보낸 편지, 1875년 9월 28일, JMA.

113) 정리되지 않은 각지의 편지, B2, 176~183상자, JMA.

114) (홍콩의) 자딘매디슨사에 보낸 편지, 1852년 3월 22일, JMA.

115) (홍콩의) James Whittal에게 보낸 편지, JMA.

116) (홍콩의) William Keswick에게 보낸 편지, 1868년 1월 31일, JMA.

117) 앞의 편지, 1868년 3월 10일.

118) 비망록, 상하이, 1868년 4월 1일, JMA.

119) (上海에서) Johnson이 (홍콩의) 자딘매디슨사에 보낸 편지, 1868년 9월 11일, JMA.

120) 『Old China』, 21쪽, GQ-2, HC.

121) (홍콩에서) N. R. Massion이 (홍콩의) 자딘매디슨사에 보낸 편지, 1859년 3월 25일, JMA.

122) Macleod는 福州에서 이에 대해 "香茶에 대해서는 내가 지난 번에 편지를 보낸 지 얼마 되지 않아 永泰, 萬泰, 同興과 일정량의 구입에 대한 협의를 하였고, 지금까지 2만 4,000달러를 대출해 주었다. 그들이 13일에 내륙으로 떠났으니 곧 소식을 접할 수 있을 것"이라고 보고하였다(홍콩의 Alexander Perceval에게 보낸 편지, 1861년 4월 8일, JMA).

123) "차상인 永泰가 생명이 위독하여 며칠 버티지 못할 것이라는 소식이 있어 매우 초조하다"(앞의 편지, 1861년 5월 5일).

124) (上海의) William Dixwell에게 보낸 편지, 1863년 10월 15일, HM-23, HC.

125) (漢口에서) S. I. Gower가 (上海의) William Keswick에게 보낸 편지, 1866년 6월 5일과 6월 16일, JMA.

126) 자딘매디슨사의 샤먼 대표인 Henry Smith는 "阿흠는 이미 1,000달러를 갚았고, 이 달에 다시 2,000달러를 갚을 것이며 나머지는 음력 정월에 갚겠다고 약속하였다. 내가 厦門을 떠나기 전에 갚을 수 있었으면 좋겠다"고 하였다(厦門에서 홍콩의 자딘매디슨사에 보낸 편지, 1863년 1월 7일, JMA).

127) 영국 식물학자인 Robert Fortune은 동인도회사의 의뢰를 받아 차나무를 중국에서 인도로 밀수해 갔다. 1840년대 말, 그는 浙江省의 차 구매에 대해 언급하면서 "때로 중국 상인은 차 수매철이 오기 전에 생산자와 계약을 체결하여 통상적인 방법으로 가격을 정하고 계약금을 지불하였다. 이것은 특정한 차를 얻기 위한 일반적인 방법이라는 것을 알고 있다"고 하였다(『Wanderings』, 213쪽).

128) Donald Matheson에게 보낸 편지, 1846년 1월 5일, JMA.

129) Matheson이 Dallas에게 보낸 편지, 1846년 2월 20일, JMA.

130) (홍콩의) David Jardine에게 보낸 편지, JMA.

131) 앞의 편지, 1851년 5월 20일.

132) (上海에서) James Whittal이 (홍콩의) 자딘매디슨사에 보낸 편지, 1860년 7월 26, JMA.

133) "Chinamen's Account. 惇信과 金泰의 빚은 6월 장부에서 갚거나 크게 감소할 것이다. 이 빚은 누에고치를 구매하기 위한 것이었다"(앞의 편지, 1861년 7월 18일).

134) (홍콩의) William Keswick에게 보낸 편지, 1868년 4월 20일, JMA. Tsatlee와 Red Peacock는 생사의 한 종류이다.

135) 앞의 편지, 1868년 9월 11일.

136) 앞의 편지, 1869년 5월 10일.

137) (홍콩의) 자딘매디슨사에 보낸 편지, 1860년 7월 26, JMA.

138) 앞의 편지, 1861년 10월 5일.

139) 앞의 편지.

140) 앞의 편지, 1861년 9월 13일.

141) "雅記에 대한 대출과 석탄 구입 대금, 다른 채무를 고려하면 우리의 금고는 상당히 줄어들었다"(上海에서 Peter S. Lawrie가 홍콩의 Alexander Perceval에게 보낸 편지, 1863년 1월 10일, JMA).

142) (홍콩의) William Keswick에게 보낸 편지, JMA.

143) 자딘매디슨사의 上海 지사에서 홍콩 본사에 보낸 편지, 1875년 9월 28일, JMA.

144) 이 대출의 연 이자율은 15%였다(상하이, 1874년 4월 장부, JMA).

145) 상하이, 「Trial Balance Sheet」, 1875년, 비망록, JMA.

146) (上海에서) F. B. Johnson이 (上海의) James J. Keswick에게 보낸 편지, 1883년 2월 5일, JMA.

147) (上海에서) F. B. Johnson이 (홍콩의) William Keswick에게 보낸 편지, 1868년 1월 31일, JMA.

148) (런던의) 자딘매디슨사가 (홍콩의) 자딘매디슨사에 보낸 편지, 1847년 8월 23일, JMA.

149) 이러한 신용에 대해 A. G. Dallas는 1845년 4월 11일 上海에서 "金伍正은 내게 생사와 차의 채무를 해결하라고 독촉하였다"고 보고하였다(홍콩의 Donald Matheson에게 보낸 편지, JMA). A. G. Dallas가 1845년 2월 18일에 쓴 편지에도 보임, JMA.

150) (홍콩의) 자딘매디슨사에 보낸 편지, 1851년 10월 18일, JMA.

151) (上海에서) James Whittal이 (홍콩의) 자딘매디슨사에 보낸 편지, 1859년 2월 19일, JMA. Whittal은 "당신이 지적한 試算表의 거액은 雅記의 신용 외상으로서 그가 제공한 대량의 차 가운데 일부분은 계약을 하였으며, 우리는 아직 그것을 청산하지 못했다"고 하였다(앞의 편지, 1860년 5월 5일).

152) 상하이, 1860년 6월 1일, 비망록, JMA.

153) (홍콩의) T. S. Odell이 (홍콩의) 자딘매디슨사에 보낸 편지, 1861년 6월 23일, JMA.

154) 자딘매디슨사 上海 지사는 1869년 6월 漢口 지사에 보낸 편지에서 "又隆과 啓官이 상환을 하는 데 대해 별다른 이견이 없다. 차를 이미 판매했다면 장부의 상황을 알고 싶다. 현지 고객들의 상황에 항상 주의하기 바란다"고 하였다(上海에서 자딘매디슨사가 漢口의 Henry Beveridge에게 보낸 편지, 1869년 6월 17일, JMA).

155) 上海에서 홍콩의 William Keswick에게 보낸 편지, 1871년 6월 1일, JMA.

156) 侯繼明, 『Foreign Investment』, 212쪽.

157) 장부, 상하이, 1874년 4월 1일, JMA.

158) 이러한 금융 붕괴의 원인은 화폐 제도에 있다. 신용이 과도하게 확대되는 것은 단지 화폐 제도가 불안한 징조 가운데 하나일 뿐이다.

159) (上海에서) Swire가 (天津의) H. B. Endicott과 J. L. Brown에게 보낸 편지, 1884년 5월 17일, SP.

160) 중국협회의 회장이 총영사에게 보낸 편지, 1908년 12월 1일, 영국 외교 문건 FO 405/94, 10쪽.

161) 앞의 편지.

162) (上海의) A. F. Heard에게 보낸 편지, HM-23, HC.

163) NCH, 1867년 8월 5일, 191쪽.

164) (漢口에서) H. G. Bridges가 (上海의) A. F. Heard에게 보낸 편지, 1866년 6월 28일, HM-23, HC.

165) NCH, 1865년 9월 16일, 146쪽.

166) 그들은 1865년 9월 4일과 9월 21일에 회의를 열었다. 마지막 회의에서는 회장이 "이 곳(漢口)에서 수입 거래를 하면서 중국 錢庄의 장기 庄票를 받는 나쁜 습관을 종식할 것"이라고 천명하였다(NCH, 1865년 11월 4일, 175쪽).

167) (漢口에서) W. H. Medhurst 영사가 (北京의) Rutherford Alcock에게 보낸 편지, 1866년 3월 3일, 영국 외교 문건 FO 17/456.

168) NCH, 1865년 11월 14일, 175쪽.

169) "중국 상점의 3주일짜리 환어음을 태환할 수 있었다"(NCH, 1867년 2월 22일, 376쪽).

170) NCH, 1865년 9월 16일, 146쪽.

171) NCH, 1867년 6월 15일, 107쪽.

172) (漢口에서) W. H. Medhurst 영사가 (北京의) Rutherford Alcock에게 보낸 편지, 1866년 3월 3일, 영국 외교 문건 FO 17/456. 어떤 매판들은 헛소문을 퍼트리고 있다고 한다(NCH, 1865년 11월 4일, 175쪽). 매판이 庄票를 처리하고 얻는 이익에 관해서는 郝延平, 『Comprador』, 94~95쪽 참조.

173) NCH, 1865년 11월 4일, 175쪽.

174) NCH, 1867년 7월 22일, 167쪽.

175) NCH, 1865년 9월 16일, 146쪽.

176) 영국의 漢口 영사는 1867년 "협의에 참가한 어떤 사람들이 이익이 있다고 생각하는 한 고의로 어겨도 막을 수가 없을 것 같다"고 하였다(W. H. Medhurst 漢口 영사의 보고, 1867년, FO 17/482).

177) NCH, 1865년 9월 16일, 146쪽.

178) (漢口에서) W. H. Medhurst 영사가 (北京의) Rutherford Alcock에게 보낸 편지, 1866년 3월 3일, 영국 외교 문건 FO 17/456.

179) NCH, 1867년 8월 5일, 191쪽.

180) 앞의 자료.

181) NCH, 1865년 9월 16일, 146쪽.

182) 앞의 자료.

183) 楊蔭溥, 『金融』, 233쪽.

184) 『申報』, 同治 12년 5월 16일, 1873년 6월 10일.

185) NCH, 1873년 10월 30일, 367쪽.

186) NCH, 1867년 8월 5일, 191쪽.

187) 楊聯陞, 『Money and Credit』, 95~100쪽.

188) Hunter, 『Fan Kwae』, 39~40쪽.

189) Case 9, HCⅡ. NCH, 1880년 2월 19일, 147쪽.

190) 자딘매디슨사의 廈門 지사에서 홍콩 본사에 보낸 편지, 1863년 1월 7일, JMA.

191) 上海에서 홍콩의 자딘매디슨사에 보낸 편지, 1863년 1월 8일, JMA.

192) (上海에서) William Keswick이 (홍콩의) 자딘매디슨사에 보낸 편지, 1865년 6월 22일, JMA.

193) (上海에서) F. B. Johnson이 (홍콩의) 자딘매디슨사에 보낸 편지, 1868년 9월 11일, JMA.

194) "나는 이 액수를 연 12%에 대출해 주었는데 그는 최근 일부분을 상환하였다.

6월 이래 우리는 이미 3,000냥을 받았다"(앞의 편지).

195) 상하이, 1874년 4월 30일, 비망록, JMA.

196) 상하이, 1874년 4월 1일, 장부, JMA.

197) 이 은행은 "우리 은행은 오늘부터 영업을 시작하며 …… 당좌 예금의 이자는 연 2%"라고 광고하였다(NCH, 1865년 4월 15일, 58쪽).

198) 자딘매디슨사의 上海 지사에서 홍콩 본사에 보낸 편지, 1875년 9월 28일, JMA.

199) 漢口 대표인 S. I. Gower는 唐景星에 대한 대출에 대해 "나는 이보다 더 높은 이율은 어렵다고 생각한다. 지금 일반적으로 3.75%라고 알고 있기 때문"이라고 했다(上海의 자딘매디슨사에 보낸 편지, 1868년 4월 11일, JMA.).

200) 자딘매디슨사의 上海 지사에서 홍콩 본사에 보낸 편지, JMA.

201) LeFevour, 140쪽.

202) 上海에서 홍콩의 James Whittall에게 보낸 편지, 1864년 10월 14일, JMA.

203) "나는 영국 영사를 통해 官에서 진행하는 長岐의 일본 정부에 대한 대출은 안전하다고 생각한다. 이것은 신중하고 근거가 있기 때문이다. 이자율도 비교적 높은 편으로서 월 1.5~2%이다. 신속하게 지시를 내리면 글로버사(Glover & Co.)에 답변해 줄 수 있겠다"(上海에서 Keswick이 홍콩의 James Whittall에게 보낸 편지, 1864년 10월 7일, JMA). Keswick의 건의는 받아들여졌다.

204) 楊聯陞, 『Money and Credit』, 99쪽.

205) 侯繼明, 『Foreign Investment』, 211~212쪽.

206) R. H. Tawney, 『Land and Labour in China』(런던, 1932), 62쪽. Tawney는 심지어 "사실상 이와 같은 이자율이 존재하는 시장은 있을 수가 없다"고 말하기까지 하였다.

207) Ramon H. Myers, 『The Chinese Peasant Economy』(케임브리지, 매사추세츠, 1970), 243~244쪽. 개항 항구의 이자율은 다른 지역에 비해 낮았다. 저자 통계.

208) 앞의 책, 241쪽.

209) 1910년을 전후하여 이자율은 12~15%였다(汪敬虞, 『中國近代工業史資料第二輯』, 2권, 101b).

210) 20세기 초, 토지는 河北과 山東 농민이 대출을 받을 수 있는 주요 담보물이었다. 어떤 鄕村의 경우, 거의 4분의 3에 가까운 농민이 이 방식으로 돈을 빌렸다(Myers, 『Peasant Economy』, 241쪽).

211) 1840년대 전후, 유럽의 이자율은 6~8%였다. Norman S. B. Gras, 『Business and Capitalism』(뉴욕, 1939), 148쪽.

제5장 시장의 성장 : 아편 무역

1) J. Phipps의 상업 안내서인 『A Practical Treatise on the China and Eastern Trade』 (런던, 1836)에서는 당시 아편 무역의 규모를 "세계 어느 지역과도, 어느 상품과도 비교할 수 없다"고 하였다(Greenberg, 104~105쪽에서 인용, 106~107쪽에도 보임). James Matheson의 조카인 Donald는 1849년에 6년 동안 근무했던 자딘매디슨사를 떠났다(Keswick, 『Thistle』, 66~67쪽, 264쪽). 아편 무역이 중국에 미친 영향에 관한 상세한 연구는 Petter Ward Fay의 『The Opium War, 1840~1842』(채펄힐, 노스캐롤라이나, 1975), John K. Fairbank가 편찬한 『The Cambridge History of China』 10권의 「Late Ch'ing 1800~1911, Part Ⅰ」(케임브리지, 잉글랜드, 1978) 163~212쪽에 수록된 Frederic Wakeman Jr.의 「The Canton Trade and the Opium War」를 참조할 것. 이는 이 분야에서 가장 권위 있는 논문이다.

2) Allen, 『Opium Trade』, 8쪽.

3) 張馨保, 18쪽. Fairbank, 『Trade and Diplomacy』, 1권, 66쪽 ; Dermigny, 『La China et l'occident』, 3권, 937~970쪽, 1252~1274쪽.

4) Allen, 『Opium Trade』, 12쪽. 張馨保, 18쪽.

5) Letter Book, 1801, JMA.

6) (廣州에서) Beale and Magniac의 Charles Magniac이 (캘커타의) Mackintosh & Co.에 보낸 여러 편지, 1804년, Letter Book, JMA.

7) (廣州에서) Beale and Magniac이 (캘커타의) Fairlie & Co.에 보낸 편지, 1805년 12월 3일, Letter Book, JMA.

8) (廣州에서) Beale and Magniac이 (캘커타의) Fairlie & Co.에 보낸 편지, 1811년 7월 26일, Letter Book, JMA.

9) David Edward Owen, 『British Opium Policy in China and India』(뉴헤이번, 코네티컷, 1934), 53쪽, 56~58쪽, 65쪽 ; 張馨保, 221쪽 ; Morse, 『Chronicles』, 3권 358쪽, 4권 16쪽, 49쪽, 55쪽.

10) Allen, 『Opium Trade』, 12쪽 ; Morse, 『Conflict』, 178쪽 ; Geoffrey Robley Sayer, 『Hong Kong』(런던, 1937) 12쪽 ; Connolly, 164쪽, 208쪽.

11) 梁嘉彬, 『十三行』, 115쪽 ; Allen, 『Opium Trade』, 13~14쪽.

12) 1838년 6월, Morse의 『Conflict』 183쪽에서 인용.

13) Eitel, 77쪽.

14) 1830년 4월 30일, William Jardine Private Letter Book, JMA.

15) 1837년 5월 29일, William Jardine Private Letter Book, JMA.

16) Connolly, 164쪽.

17) 앞의 책, 208쪽.

18) Crosby Forbes가 소장한 Forbes의 문건들(밀턴, 매사추세츠).

19) 梁嘉彬, 『十三行』, 10~11쪽, 139쪽.

20) J. B. Connolly는 "여러 바이어들이 한 척의 밀수선을 타고 함께 갔는데, 이 밀수선은 빨간색의 커다란 배로 60~70명의 선원과 큰 돛을 달고 있었다. 또 회전포와 구식 소총 그리고 바이어를 위한 안락한 자리까지 구비되어 있었다"고 기록하였다 (207쪽).

21) Lindsay, 『War with China』, 10쪽.

22) Greenberg, 136~141쪽. LeFevour 14쪽 ; 梁嘉彬, 115쪽.

23) 1823년 9월 24일 Matheson의 편지, Yrissari & Co. Papers, JMA.

24) 앞의 편지, 1824년 2월 12일.

25) 앞의 편지, 1823년 9월 24일.

26) 1838년 5월 1일 (廣州에서) Matheson이 (영국의) Alexander Grant에게 보낸 편지. James Matheson Private Letter Book, JMA. 자딘매디슨사의 연해 시스템에 관해서는 William Jardine의 1831~1833년 편지 참조(Private Letter Book).

27) 1844년 6월 4일, Coastal Letter Book, JMA.

28) Hugh Hamilton Lindsay, 『Report of Proceedings a Voyage to the Northern Ports of China in the Ship Lord Amherst』(런던, 1834).

29) Allen, 14쪽에서 인용.

30) Morse, 『Conflict』, 183쪽.

31) Allen, 14쪽.

32) Hunter, 『Fan Kwae』, 66쪽.

33) Connolly, 212쪽.

34) 『Wanderings』, 31~32쪽.

35) Greenberg, 221쪽. 통계는 저자가 산출한 것임. 완전하지는 않지만 비슷한 수치는 Morse, 『Conflic』, 540쪽 참조.

36) 1840년대 후반에 중국의 무역 적자는 잠시 멈춘 듯하였고, 1850년대의 무역은 차와 생사의 수출에 힘입어 수출 초과를 기록하였다[王業鍵, 「淸代物價的長期趨勢 1644~1911」, 『홍콩대학중문연구소학보』, 제5권 제2기(1972)].

37) 이러한 학자들로는 David Edward Owen, H. B. Morse, John K. Fairbank 등이 있다. Michael Greenberg는 무역의 균형을 강조하였다. 그는 『British Trade』 142쪽에서, 영국 정부의 기록에 따르면 1829~1840년에 약 5,600만 달러어치의 은이 유출되었지만, 수입한 은은 겨우 733만 달러어치였다고 하였다. 그러나 이러한 숫자는 비영국인 (특히 인도와 포루투갈)의 아편 무역을 포함시키지 않은 것이다. 또 어떤 서양 상인들은 중국에서 은화의 프리미엄이 높은 점을 이용하여 수입한 뒤 은덩어리로 바꾸어

수출함으로써 막대한 이익을 올리기도 하였다(彭信威, 502쪽).

38) 余捷琼, 『1700~1937年中國銀貨輸出入的一個估計』(창사, 1940), 18~24쪽 ; 王業鍵, 『物價』II, 1572쪽에서 인용.

39) 이것은 王業鍵의 통계로 『貨幣與銀行』 27쪽에서 인용하였다.

40) 王業鍵, 『物價』II, 1554~1555쪽과 『Evolution』, 444~445쪽.

41) 『顯志堂集』(1876) 11권, 30~35쪽 ; 王業鍵 『Land Taxation』, 115쪽에서 인용.

42) 包世臣, 『安吳四種』(1872年序) 26권, 37쪽 ; 王業鍵, 『Evolution』, 444쪽에서 인용.

43) 王業鍵은 상업의 쇠퇴가 특히 중국 남부에 심각한 영향을 미쳐 이 곳에서 태평천국운동이 일어났다고 하였다(『Evolution』, 445쪽).

44) 중국 연해에서 활동하던 미국의 선교사인 V. M. Lowrie 목사는 1843년 아편에 대해 "중국의 관리들은 아편 수입을 막기 위한 어떠한 노력도 하지 않는다. 나는 아편 곰방대가 길거리에서 공공연히 판매되는 것을 보았다. 몇 년 전이라면 이처럼 금지된 물건이 발견되었을 경우, 그 중국인은 거의 목숨을 잃었을 것"이라고 하였다 (Allen, 『Opium Trade』, 15쪽).

45) 郝延平, 『Comprador』, 22~36쪽, 48~54쪽, 173~174쪽.

46) Le Fevour, 24쪽.

47) Sayer, 159쪽.

48) Morse, 『Conflict』, 556쪽, 저자 통계에 의함.

49) Sayer, 158쪽.

50) Allen, 15쪽.

51) 앞의 책, 15쪽.

52) R. M. Martin, 2권, 259쪽.

53) Allen, 17쪽.

54) Morse, 『Conflict』, 541쪽.

55) B-2, JMA.

56) Alexander Matheson Private Letter Book, JMA.

57) 1846년 3월 5일, Private Letter Book, JMA.

58) Hong Kong to coast, 1~5권, Coastal Letter Book, JMA.

59) R. M. Martin, 2권, 258쪽.

60) Morse, 『Conflict』, 542쪽.

61) Downs, 『American Merchants』, 418~442쪽.

62) A. F. Heard가 John Heard에게 보낸 편지, 1860년 7월 30일 HL-16, HC.

63) 앞의 편지, 1860년 5월 19일. A. F. Heard, 『Dairy』, 1855년, HP-1, HC.

64) Joseph Jardine이 (홍콩의) David Jardine에게 보낸 편지, JMA.

65) "며칠 동안 又隆은 公班土를 1상자당 405달러에 다섯 상자밖에 구하지 못했다. …… 더 구입하지 못한 것이 아쉽지만 최선을 다했다. 又隆은 음력 설날이 지난 뒤에 수요가 더 많을 것이라고 기대하였다"(David Jardine이 홍콩의 Joseph Jardine에게 보낸 편지, 1856년 2월 6일, JMA).

66) 앞의 편지, 1856년 6월 2일.

67) 아편 이외에 소금도 밀수되었다. 홍콩에서는 소금 가격이 쌌지만, 중국에서는 정부가 독점하여 아주 비쌌다. H. B. Morse, 『The International Relations of the Chinese Empire』 2권, 「The Period of Submission, 1861~1893」(런던, 1918), 380쪽.

68) Morse, 『Conflict』, 231~233쪽, 669쪽.

69) 앞의 책, 314~315쪽, 335~336쪽, 542쪽.

70) Case 19, HCⅡ.

71) 아편 비망록, Case 9와 19, HCⅡ.

72) Morse, 『Conflict』, 541~542쪽.

73) BP-1, EJ-2, HC.

74) Allen, 15쪽, 28쪽.

75) Fairbank, 『Trade and Diplomacy』, 1권, 223쪽.

76) 앞의 책, 221~222쪽.

77) Allen, 16쪽.

78) 『A Journey to the Tea Countries of China ; Including Sung-Lo and the Bohea Hills』(런던, 1852), 3장.

79) Allen, 15쪽.

80) Fairbank, 『Trade and Diplomacy』, 1권, 332쪽.

81) Morse, 『Conflict』, 358쪽.

82) (홍콩의) Donald Matheson에게 보낸 편지, 1845년 8월 6일, JMA.

83) 시장 추세, Case 26, HCⅡ.

84) 『Conflict』, 542쪽.

85) 시장 추세, Case 19, HCⅡ.

86) Dallas가 (홍콩의) Donald Matheson에게 보낸 편지, 1844년 6월 4일, JMA.

87) 홍콩의 자딘매디슨사에서 (上海의) A. G. Dallas에게 보낸 편지, JMA.

88) 무한 책임과 매판 제도에 관한 논의에 대해서는 郝延平, 『Comprador』, 151쪽, 160쪽, 168쪽 참조.

89) LeFevour, 24쪽.

90) A. G. Dallas는 홍콩에 "Sphynx 호가 도착했지만 거래할 상인들이 없었다. 나는 泰記를 吳淞에 보내 80상자를 蘇州로 가져오도록 하였다. 그가 가져오자 나는 판

매될 때까지 기다리지 말고 여기서 가격을 정하자고 하였지만, 상인들이 吳淞에서의 판매를 우려하여 감히 정하지 못하였다. 나는 지금 蘇州의 수요가 많아 1상자당 500~510달러에 전부 판매할 수 있기를 바란다"고 보고하였다(David Jardin에게 보낸 편지, 1852년 1월 22일, JMA).

91) 앞의 편지, 1852년 9월 15일. 이러한 상황에서 上海에서 질 낮은 아편을 판매했던 상인들은 Dallas가 편지에서 "질이 낮은 아편을 섞어 끓이면 …… 阿隆은 이렇게 거래하면 큰 손해를 입을 것이라고 말했다. 나는 그의 말을 모두 신뢰하며 …… 상인들은 막대한 손실을 입기도 했다"고 썼던 것처럼 큰 손해를 보는 일도 있었다.

92) 1852년 泰記가 지적했던 것처럼 때로는 생사의 공급이 부족하여 江浙 지역에서 가격이 오른 일도 있었다. 자딘매디슨사의 J. Macandrew는 上海에서 "(생사) 시장이 안정되어 다른 상인들은 적당한 소매를 알아 보고 있다. 육로에서 온 소식을 접하고 泰記에게 Dallas가 지시한 금액을 초과하지 않는 선에서 가능한 한 더 많은 양을 구입하라고 하였다. 내가 어느 정도까지라고는 언급하지 않았어도 그는 많이 구매하였을 것이다. 내륙에 저장량이 많지 않기 때문에 그는 지난번보다 싸게 구입할 수 있으리라고는 기대하지 않을 것"이라고 보고하였다(홍콩의 David Jardin에게 보낸 편지, 1852년 3월 5일, JMA).

93) 원부, 1861년, JMA.

94) 이 합의는 홍콩과 중국 모두의 세금 수입에 도움이 되었다(Morse, 『Submission』, 385~386쪽).

95) (廈門에서) Alexander Morrison이 (홍콩의) 자딘매디슨사에 보낸 편지, 1861년 9월 13일, JMA.

96) 福州의 대리인인 M. A. Macleod는 홍콩에 "하루 이틀 전에 인도 상인이 1擔당 700달러에 20상자의 白皮土를 팔았는데 …… 오늘 Gilman Bowman & Co.와 Russell & Co.가 같은 조건으로 30~50상자를 팔려고 한다. 公班土의 가격은 975~980달러에 형성될 것 같다"고 보고하였다(Alexander Perceval에게 보낸 편지, 1861년 2월 18일, JMA).

97) M. A. Macleod는 Alexander Perceval에게 보낸 편지에서 "Manila 호에서 편지를 쓴 지 얼마 되지 않아 白皮土가 대량으로 거래되었다. 새로운 관세법이 6일부터 시행되기 때문에 약 200상자를 1擔당 820~840달러에 팔았다"고 보고했다. 그러나 가격이 조금 더 비싼 아편의 판매는 여전히 침체되어 "벵골 아편은 거의 거래가 없으며, Russell & Co.가 1상자당 1,140달러에 오래된 公班土를 판 것이 유일한 거래였다"고 하였다(앞의 편지, 1861년 4월 8일).

98) M. A. Macleod는 4월 5일 "白皮土 5상자는 1擔당 850달러에, 公班土 5상자는 1擔당 1,150달러에 현금을 받고 팔았다"고 보고하였다." 그는 "오늘까지 내가 판매한

양은 아주 적다"고 솔직하게 인정하였다(앞의 편지).

99) Morse, 『Conflict』; 市價, Case 26, HCⅡ. 저자의 통계.

100) A. F. Heard에게 보낸 편지, 1860년 12월 12일, HM-47, HC.

101) (上海에서) 홍콩의 Perceval에게 보낸 편지, 1863년 3월 30일, JMA.

102) Keswick이 (홍콩의) Perceval에게 보낸 편지, 1864년 1월 11일, JMA.

103) NCH, 1879년 10월 17일, 387쪽.

104) (上海에서) William Keswick이 (홍콩의) James Wittall에게 보낸 편지, 1864년 10월 7일, JMA.

105) NCH, 1879년 10월 17일, 387쪽.

106) 1869년 九江의 대리인인 Robert Anderson은 上海의 F. B. Johnson에게 아편에 관한 소식을 물으며 "나는 당신이 내 매판에게 정기적으로 아편 시장에 관련된 소식을 전해 주기를 기대한다"고 하였다(1869년 2월 7일, JMA).

107) William Keswick이 (홍콩의) James Wittall에게 보낸 편지, 1864년 10월 7일, JMA.

108) (上海에서) William Keswick이 (홍콩의) James Wittall에게 보낸 편지, 1864년 10월 7일, JMA.

109) 오거스틴허드사의 福州 대리인은 "지난번에 편지를 보낸 뒤에 나는 우리 매판(唐隆茂)이 '아편 세금을 걷는 일'을 맡기로 했다는 소식을 들었다. 미국 영사 Dunn은 내게 세관이 이런 이야기를 한 사실이 있다고 전해 주었다. 그들 말로는 우리 매판이 하겠다고 나선 것이 아니라 시켰다는 것이다. Dunn은 Nelson사의 매판이 이 일을 하겠다고 했으며, 우리 매판과 러셀사의 보증인이 되어 이익을 나누기로 하였다고 한다. 계약은 음력으로 다음 달 초하루부터 시작한다고 한다"고 보고하였다(G. F. Weller가 John Heard에게 보낸 편지, 1859년 4월 16일, FM-13, HC).

110) 앞의 편지, 1859년 5월 7일.

111) Morse, 『Submission』, 385쪽.

112) 鄭觀應, 『盛世危言新編』(1892년序) 8권, 1쪽. Spence, 165쪽.

113) Spence, 『Opium Smoking』에서 인용.

114) 鄭觀應, 『增訂』8권, 1쪽과 Eitel, 559쪽. 鄭觀應은 "격렬한 토론을 거친 후" 인도 당국과 협의에 도달했다고 했지만, Eitel은 "인도 당국의 반대로 총독의 건의는 실패로 돌아갔다"고 하였다.

115) 1880년대 이후의 아편 무역의 쇠퇴에 관해서는 肖亮林, 『統計』, 52~53쪽 참조. 林滿紅은 『淸末本國阿片之替代進口阿片(1858~1906)』(臺灣中央研究院近代史研究所集刊 9기, 385~432쪽, 1980년 7월)에서 중국 국내의 아편 생산이 아편 무역의 침체를 가져왔다고 주장하였다. 20세기 초, 국내외의 여러 요인들로 아편 금지 운동

은 큰 성공을 거두었다. 인도는 새로운 투자 방식으로 새로운 세금 수입원을 발굴하였고, 영국 정부는 청 정부로부터 이 운동에 동참할 것을 요구받자 찬성하였다(영국 외교 문서 405/185 ; 405/186). 이 밖에도 20세기 초에 이르러 영국인들은 이미 중국의 아편 시장에서 지배적 위치를 잃고 있었다(Circular no. 1543, 1908년 8월 6일, 중국 세관, X, 540). 중국의 경우, 아편 금지 운동은 錫良 같은 강경파 고위 관리가 아편 재배자들에게 무력을 사용하는 방식을 취하였다.

제6장 농산물의 상품화 : 내륙 차의 수매

1) 합작 정책에 관해서는 Mary Calbaugh Wright, 『The Last Stand of Chinse Conservatism』(스탠퍼드, 캘리포니아, 1957), 21∼42쪽 참조.

2) "Forster의 도움으로 미국 시장에 대해 충분한 지식을 가지고 운송할 화물을 준비하고 있다. 상자에 색깔을 넣느라 1擔당 2錢이 더 들었지만, 우아한 꽃무늬 포장은 판매 가격을 높일 수 있기 때문에 포장비를 제외하고도 이문이 많이 남았다"(홍콩의 Joseph Jardin에게 보낸 편지, 1855년 11월 11일, JMA).

3) 앞의 편지, 1855년 12월 19일. Fisher는 "반 상자씩 포장된 300상자의 보통 工夫茶를 꽃 상자로 포장하여 다른 차들과 같이 미국으로 운송하려고 한다. Wetmores는 미국까지 가는 배는 아직 2∼3주일을 더 기다려야 한다고 한다. …… 그러나 더 일찍 떠나는 배가 있으면 즉시 보낼 것"이라고 보고하였다(앞의 편지, 1856년 1월 2일).

4) (福州에서) Thomas Larken이 (홍콩의) Joseph Jardine에게 보낸 편지, 1856년 8월 29일, JMA.

5) Larken은 "약 2,000상자의 工夫茶 거래가 성사되었다. 이 가운데 700상자는 Russel & Co.가 구입하였는데, 아마도 중국인들이 스스로 수출하려는 것 같다"고 썼다(앞의 편지, 1856년 8월 22일).

6) Fisher가 (홍콩의) Joseph Jardin에게 보낸 편지, 1855년 11월 15일, JMA.

7) 앞의 편지, 1856년 5월 17일.

8) Fisher가 (홍콩의) Joseph Jardin에게 보낸 편지, 1855년 11월 15일, JMA.

9) 阿熙가 (福州의) Thomas Larken에게 보낸 편지, 1857년 7월 30일, JMA.

10) 阿熙가 (福州의) M. A. Macleod에게 보낸 편지, 1861년 5월 20일, JMA.

11) (水口에서) 泰盛이 (福州의) M. A. Macleod에게 보낸 편지, 1861년 8월 29일, JMA.

12) (崇安에서) 泰盛이 (福州의) M. A. Macleod에게 보낸 편지, 1861년 9월 24일, JMA.

13) (水吉鎭에서) John Mayor가 (福州의) F. B. Johnson에게 보낸 편지, 1869년 6월

7일, JMA.

14) (順昌에서) 泰盛이 (福州의) Edward Whittall에게 보낸 편지, 1863년 4월 24일, JMA.

15) Fisher는 1856년 "阿熙와 이 일을 마친 뒤 내륙에 가는 일을 상의하자, 그는 문제 없다고 하였다. 중국 사람처럼 옷을 입으면 어디든지 갈 수 있어, 茶庄과 茶 건조 과정을 볼 수 있었다"고 보고하였다(福州에서 홍콩의 Joseph Jardin에게 보낸 편지, 1856년 3월 30일, JMA).

16) (福州에서) M. A. Macleod가 (水口의) 泰盛에게 보낸 편지, 1863년 4월 30일, JMA.

17) (水吉鎭에서) John Mayor가 (福州의) F. B. Johnson에게 보낸 편지, 1869년 6월 7일, JMA.

18) (福州에서) Fisher가 (홍콩의) Joseph Jardin에게 보낸 편지, 1856년 5월 1일, JMA.

19) (홍콩의) Joseph Jardin에게 보낸 편지, JMA.

20) 앞의 편지.

21) (홍콩에서) N. R. Massion이 (홍콩의) 자딘매디슨사에 보낸 편지, 1859년 3월 25일, JMA.

22) M. A. Macleod는 1861년 福州에서 홍콩으로 보낸 편지에서 "이 편지를 쓰면서 덴트사가 중국인 직원들을 舟山 호에 태워 漢口로 간다는 소식을 들었다. 지금까지는 내륙에서 6~7명의 대리인들이 福州의 수요에 응해 왔지만 최근에는 2~3명만 남아 있다고 한다"라고 보고하였다(Alexander Perceval에게 보낸 편지, 1861년 2월 18일, JMA).

23) 앞의 편지.

24) "나는 수출에 대한 생각을 바꿀 만한 이유가 없다고 생각한다. 나는 여전히 어떤 상황에서도 8,500만 파운드의 거래는 있다고 생각한다"(앞의 편지).

25) M. A. Macleod는 Perceval에게 보낸 편지에서 "福州 시장이 열리면 멕시코 은화를 준비하여 좋은 차를 구입할 시기를 놓치지 말아야 한다는 것을 명심해야 한다"고 적었다(1861년 5월 11일, JMA).

26) 또 다른 이유는 은화의 태환율이 낮았기 때문이다(앞의 편지).

27) 앞의 편지.

28) Macleod는 泰盛의 편지를 요약하여 "그(泰盛)는 상술한 수량이 지시한 양에 접근한다고 하였다."(水口에서 福州의 Macleod에게 보낸 편지, 1861년 9월 9일, JMA). 2주일 뒤, 泰盛은 내륙에서 "이번 수확철에 福州에 공급할 양은 50만 상자 정도로서 작년보다 10만 상자가 적다"고 보고하였다(崇安에서 福州의 Macleod에게 보낸 편지,

1861년 9월 24일, JMA).

29) (水口에서) 泰盛이 (福州의) Macleod에게 보낸 편지, 1861년 9월 27일, JMA.

30) (順昌에서) 阿熙가 (福州의) M. A. Macleod에게 보낸 편지, 1861년 9월 22일, JMA.

31) Mayor는 Johnson에게 보낸 편지에서 "100명의 인부들이 밤낮으로 일을 하여 10% 정도의 경비를 절감하였으며 품질도 개선되었다"고 보고하였다(水吉鎭에서 福州의 F. B. Johnson에게 보낸 편지, 1869년 6월 7일, JMA).

32) 앞의 편지.

33) "런던에 보낼 화물은 이미 준비가 되었으나 쌓아 둘 공간이 없어 고심했는데 선박이 준비되어 다행"이라고 보고하였다(福州에서 홍콩의 Joseph Jardin에게 보낸 편지, 1856년 1월 2일, JMA).

34) (福州에서) Larken이 (홍콩의) Joseph Jardine에게 보낸 편지, 1856년 6월 27일, JMA.

35) 水口에서 (福州의) Macleod에게 보낸 편지, 1861년 8월 29일, JMA.

36) 앞의 편지, 1861년 9월 9일.

37) 阿熙가 (福州의) M. A. Macleod에게 보낸 편지, 1861년 9월 20일, JMA.

38) Williams가 (홍콩의) 자딘매디슨사에 보낸 편지, 1855년 9월 21일, JMA.

39) "보관된 工夫茶가 지금 41건으로 갈수록 줄어들고 있다. 만약 보통 등급의 차 가격이 지금과 같다면 2개월 이내에 우리가 얻을 수 있는 차는 1만 상자가 안 될 것이고, 이는 중국인들이 해결할 것"이라고 보고하였다(福州에서 Fisher가 홍콩의 Joseph Jardin에게 보낸 편지, 1855년 12월 7일, JMA).

40) Fisher는 차상들이 회사가 지급한 대금을 온전히 가질 수 있도록 노력하면서 "나는 선장을 통해 모든 차상들에게 대금을 지급한다. 이는 내가 다른 사람을 통하지 않음으로써 회사가 지급한 액수와 차상들이 얻는 액수가 같다는 것을 의미한다"고 보고하였다(福州에서 홍콩의 Joseph Jardine에게 보낸 편지, 1855년 12월 29일, JMA).

41) (福州에서) M. A. Macleod가 (홍콩의) Perceval에게 보낸 편지, 1863년 8월 10일, JMA.

42) NCH, 1860년 10월 13일, 2쪽.

43) "선박을 따라오는 영국인들을 신뢰해서는 안 된다. 그들에게 자금 운송을 부탁하는 것은 허수아비에게 맡기는 것과 별 차이가 없다. 신뢰할 수 있는 중국인에게 맡기는 것이 더 낫다"(福州의 F. B. Johnson에게 보낸 편지, 1869년 6월 7일, JMA).

44) B-2, 50~55권, JMA.

45) 阿熙가 (福州의) M. A. Macleod에게 보낸 편지, 1857년 7월 30일, JMA.

46) 福州에서 (홍콩의) 자딘매디슨사에 보낸 편지, 1860년 11월 17일, JMA.

47) Fisher는 본사에 보낸 편지에서 "차를 훔친 두 명의 廣州 인부를 해고시켰다. 두 상자의 견본이 있었는데, 다음 날 가서 보니 한 상자에서 4분의 1이 없어졌으며 다른 상자들도 비슷한 상황이었다. 이전에도 이 같은 일이 벌어져 그들에게 경고를 하였지만 결국 해고하지 않으면 안 되었다. 다음 배에 태워 홍콩으로 보내겠으니 (2개월 치) 임금을 지불하기 바란다. 대신 阿興과 阿昌이라는 福州 사람을 훈련시켜 고용하려 한다"고 보고하였다(福州에서 홍콩의 자딘매디슨사에 보낸 편지, 1855년 12월 7일, JMA).

48) 水吉鎭에서 (福州의) F. B. Johnson에게 보낸 편지, 1869년 7월 7일, JMA.

49) 매판의 역할에 관한 자세한 내용은 郝延平,『Comprador』, 77~82쪽 참조.

50) 『Old China and New』, 30쪽.

51) (福州의) M. A. Macleod가 (홍콩의) 자딘매디슨사에 보낸 편지, 1863년 6월 11일, JMA.

52) (福州에서) Larken이 (홍콩의) Joseph Jardine에게 보낸 편지, 1856년 7월 13일, JMA.

53) (홍콩의) Perceval에게 보낸 편지, 1861년 4월 8일, JMA.

54) Fisher는 홍콩에 "유감스럽게도 阿熙와 阿偉가 서로 협조하지 않고 있다. 阿熙는 阿偉가 여러 차례 불법 행위를 저질렀다고 해서 조사중이다. …… 몇 주 전, 阿偉는 내게 차상들이 그들에게 지급한 돈 가운데 손상된 화폐가 많이 섞여 있어 Crawford 선장에게서 받은 돈과 다르다는 불만을 전하였다. 阿熙에게 물었더니, 그는 돈을 바꿨다는 사실을 부인하였고, 거꾸로 阿偉의 여러 가지 잘못을 지적하였다"고 보고하였다(福州에서 Joseph Jardine에게 보낸 편지, 1855년 12월 19일, JMA). 12월 29일에 Fisher는 다시 편지를 보내 "지난번에 언급했던 다툼은 이미 해결되었다. 이전에 차를 훔쳐 해고되었던 사람이 모함한 것으로, 茶房에 대한 질책은 잘못임이 밝혀졌다. 나는 이 일에 대해 어떤 조치도 취하지 않았고, 阿熙와는 다시 친구가 되었다"고 보고하였다(앞의 편지).

55) George Fisher는 "阿熙가 지난 해 가져간 액수는 아편을 포함하여 44만 65달러였고, 그 가운데 43만 2,372달러에 달하는 차를 받았으니 7,693달러가 남았다"고 보고하였다(앞의 편지, 1856년 5월 1일).

56) 福州에서 (홍콩의) Perceval에게 보낸 편지, 1861년 5월 11일, JMA.

57) 앞의 편지, 1861년 4월 8일.

58) (福州에서) George Fisher가 (홍콩의) Joseph Jardine에게 보낸 편지, 1855년 12월 19일, JMA.

59) "…… 그러나 가격은 별다른 변동이 없어 福州의 (白皮土) 1擔당 750달러와 같은 가격이다"(泰盛이 福州의 M. A. Macleod에게 보낸 편지, 1881년 8월 29일,

JMA).

60) "…… 福州에서 白皮土 가격은 770달러에서 780달러 사이이다"(앞의 편지, 1861년 9월 9일).

61) 가격이 오른 지 얼마 되지 않아 내륙의 아편 시세가 위축되자, 泰盛은 "아편 시장은 매우 조용하고 白皮土는 福州와 같은 가격인 812달러에 팔린다"고 보고하였다(앞의 편지, 1861년 9월 27일).

62) (福州에서) M. A. Macleod가 (홍콩의) Perceval에게 보낸 편지, 1863년 8월 10일, JMA.

63) 泰盛은 1861년 "(태평천국군이 閩江 상류에 있어서) 납과 방직 제품은 사려는 사람이 없다"고 보고하였다(水口에서 泰盛이 福州의 M. A. Macleod에게 보낸 편지, 1861년 9월 9일, JMA).

64) 예를 들면, 泰盛은 M. A. Macleod에게 질이 좋은 차를 구매하라는 지시를 받자 각지의 직원들에게 "여러 구매소에 가서 좋은 차를 구매하라"고 지시하였다(앞의 편지, 1856년 8월 29일).

65) 『Old China and New』, 30~31쪽, GQ-2, HC.

66) (福州에서) George Fisher가 (홍콩의) Joseph Jardine에게 보낸 편지, 1856년 3월 30일, JMA.

67) Fisher는 "阿熙는 내가 지시한 대로 차를 Colonies 호에 실을 수 있도록 포장을 끝냈다고 한다"고 보고하였다(앞의 편지, 1856년 1월 2일). 다른 과정은 1856년 5월 4일의 편지 참조. JMA.

68) Fisher는 1856년 초에 "지난 달 19일 리스트를 보낸 이후 廟峪茶는 아직 도착하지 않았지만 阿熙는 2주 안에 보낼 수 있다고 자신하였다. 그 때를 위해 Clyde 호를 준비시켜 놓았다"고 보고하였다(앞의 편지, 1856년 1월 2일).

69) Larken은 阿熙의 활동에 대해 보고하면서 "(工夫茶) 300상자는 조속한 시간 안에 福州에 도착해 2주일 후에는 이 곳으로 오게 될 것"이라고 하였다(홍콩의 Joseph Jardine에게 보낸 편지, 1856년 6월 27일, JMA)

70) (福州에서) George Fisher가 (홍콩의) Joseph Jardine에게 보낸 편지, 1855년 11월 15일과 1856년 1월 2일, JMA.

71) (福州에서) Larken이 (홍콩의) Joseph Jardine에게 보낸 편지, 1856년 7월 13일, JMA.

72) "阿熙는 대부분의 시간을 내륙에서 보내기 때문에 직접 돌보기가 어려우니 다른 사람을 파견하겠다고 하였지만 나는 이 일을 책임질 만한 사람이 없다는 점이 대단히 걱정스럽다"(福州에서 George Fisher가 홍콩의 Joseph Jardine에게 보낸 편지, 1856년 1월 2일, JMA).

73) 앞의 편지, 1855년 12월 19일.

74) 이 (寧波의) 廟岭茶들은 "매일 河口에 도착하였는데, 阿熙는 모두 200건에 달한다고 하였다"(阿熙가 福州의 M. A. Macleod에게 보낸 편지, 1857년 7월 30일, JMA).

75) (홍콩의) Perceval에게 보낸 편지, 1861년 2월 18일, JMA.

76) R. F. Hamilton, 비망록, 福州, 1863년 7월 2일, JMA.

77) 예를 들면, George Fisher는 1855년 "이번 주에 나는 시장에서 원하는 것을 찾지 못해 아무것도 구매하지 않았다"고 보고하였다(福州에서 홍콩의 Joseph Jardine에게 보낸 편지, 1855년 12월 19일, JMA).

78) "지난 주에 거래된 차는 6,000상자에 달하고, 재고량은 변함없이 5,000상자이다. 질이 낮은 보통 차와 품질이 좋은 차들 가운데 후자는 가격이 8.5냥에서 10냥을 유지하고 있어 런던의 가격과 비교한다면 남는 것이 없다(福州에서 Larken이 홍콩의 Joseph Jardine에게 보낸 편지, 1856년 8월 29일, JMA).

79) 덴트사가 가장 많은 양을 구매하여 6,670포에 달하였다(앞의 편지, 1856년 7월 13일).

80) 1856년 7월 1일, 회사의 재고는 工夫茶 5,000상자, 小種紅茶 2,400상자, 반 상자짜리 烏龍茶 9,000상자, 白毫花茶 300상자였다(앞의 편지, 1856년 8월 29일).

81) 福州茶 비망록, R. F. Hamilton, 福州, 1863년 7월 2일, JMA. 계산은 저자가 한 것임.

82) Fisher는 "가공하지 않은 채 시장에 나온 새 차들에 비하면 향이 담백하지만 말린 뒤에야 좀더 자세한 상태를 알 수 있을 것 같다"고 보고하였다(福州에서 홍콩의 Joseph Jardine에게 보낸 편지, 1856년 5월 1일, JMA).

83) Fisher는 "내륙 차는 2~3주일 뒤에 도착할 것이며, 여기서 포장하고 있는 상자는 그 때에나 마무리될 것"이라고 보고하였다(앞의 편지, 1856년 1월 2일).

84) 阿熙는 1856년 3월 28일 아침 Fisher의 말대로 내륙으로 떠났다(福州에서 홍콩의 Joseph Jardine에게 보낸 편지, 1856년 3월 30일, JMA).

85) (福州에서) M. A. Macleod가 (홍콩의) Perceval에게 보낸 편지, JMA.

86) Macleod는 "그들이 보낸 차"에 대해 언급하면서 "建寧府, 4월 13일이라고 적힌 첫 번째 편지를 받았다"고 하였다(앞의 편지, 1861년 4월 23일).

87) 예를 들면, 榮泰와 滿泰, 同興 등은 1861년 4월 13일이 되어서야 내륙으로 출발한 경우도 있었다(앞의 편지, 1861년 4월 18일).

88) (福州에서) Larken이 (홍콩의) Joseph Jardine에게 보낸 편지, 1856년 6월 27일, JMA.

89) Larken은 Joseph Jardine에게 "이미 보고한 사항들 이외에 아직 阿熙의 연락을

받지 못했다. 그가 무엇을 하고 있는지 매우 걱정스럽다"고 보고하였다(앞의 편지, 1856년 7월 3일).

90) (福州에서) M. A. Macleod가 (홍콩의) Perceval에게 보낸 편지, 1861년 2월 18일, JMA.

91) (福州에서) Larken이 (홍콩의) Joseph Jardine에게 보낸 편지, 1856년 8월 22일, JMA.

92) 예를 들면, 阿熙는 1855년 11월 3일 閩江 상류 지역으로 가서 한 달 반을 머문 뒤 12월 19일에 福州로 돌아온 일이 있었다(福州에서 Fisher가 홍콩의 Joseph Jardine에게 보낸 편지, 1855년 11월 15일과 12월 19일, JMA).

93) 앞의 편지, 1855년 11월 15일.

94) 앞의 편지, 1855년 12월 19일.

95) 앞의 편지, 1856년 1월 2일.

96) "阿熙는 육로를 통해 廣州로 간 뒤 다시 홍콩으로 가서 당신을 만나기를 희망하였다"(앞의 편지).

97) Fisher는 Jardine에게 "당신과 사업에 관한 사항을 협의하고자 한다. 사정이 허락한다면 차의 선적을 마친 뒤 홍콩에 가서 만나기를 기대한다"는 편지를 보냈다(앞의 편지). 그의 요구는 이루어졌다.

98) (홍콩의) Perceval에게 보낸 편지, 1861년 4월 18일, JMA.

99) 福州에서 (홍콩의) Jardin에게 보낸 편지, 1855년 11월 15일, JMA.

100) (홍콩의) Perceval에게 보낸 편지, 1861년 9월 30일. Macleod는 "泰盛은 200～300상자의 녹차가 이미 崇安에 도착했고 3,000～4,000상자는 곧 도착할 예정인데, 모두 福州 시장으로 가져가 팔 것이라고 하였다"고 보고하였다(泰盛이 福州의 Macleod에게 보낸 편지, 1861년 9월 24일, JMA).

101) 水口에서 (福州의) Macleod에게 보낸 편지, JMA.

102) 泰盛은 1863년 4월 24일 順昌에서 福州의 Edward Whittall에게 편지를 보냈는데, Whittall은 4월 27일에 이 편지를 받아서 영문으로 요약하였다(1863년 4월 24일, Whittall이 본사에 보낸 첨부 편지, 1863년 4월 30일, JMA).

103) 福州에서 (홍콩의) Joseph Jardine에게 보낸 편지, 1856년 5월 1일, JMA.

104) 順昌에서 (福州의) Macleod에게 보낸 편지, 1861년 9월 22일, JMA.

105) (福州의) Whittall에게 보낸 편지, JMA, Whittall의 매판이 영문으로 번역함.

106) 福州에서 順昌에 보낸 편지, 1863년 4월 30일, JMA.

107) Macleod는 Perceval에게 "Hamilton의 차에 관한 몇 가지 의견을 첨부한다. 다음에 그가 더욱 상세한 보고를 할 것이다. 그의 보고서를 보면 차 시장에 대해 우리의 의견이 일치하지 않는다는 사실을 발견할 것"이라고 솔직하게 보고하였다

(Perceval에게 보낸 편지, 1861년 2월 18일, JMA).

108) Macleod는 1861년 5월 20일 Perceval에게 "어제 阿熙가 5월 8일자로 建寧府에서 보낸 편지를 받았다. 그는 막 새 工夫茶 210상자를 보냈으며, 또 Special Messenger 호로 소량의 견본품을 보낸다고 하였다. 그 가운데 일부와 Hamilton의 감정 결과를 같이 보내겠다"고 보고하였다(앞의 편지).

109) (水口에서) 泰盛이 (福州의) Macleod에게 보낸 편지, 1861년 9월 27일, JMA.

110) 福州에서 (홍콩의) Joseph Jardine에게 보낸 편지, JMA.

111) 福州에서 (홍콩의) Jardine에게 보낸 편지, JMA.

112) (福州의) Macleod에게 보낸 편지, JMA.

113) 앞의 편지, 1861년 9월 22일.

114) Macleod는 "阿熙가 지금 300상자의 견본을 보냈는데, 福州에서 1상자당 18.5냥은 받을 것이다. 이틀 뒤에 도착하는 약 300상자의 상등 차는 1상자당 21.5냥은 받을 것"이라고 보고하였다(앞의 편지, 1861년 9월 26일).

115) 崇安에서 (福州의) Macleod에게 보낸 편지, 1861년 9월 27일, JMA.

116) "지금 내륙에서 상등 차는 福州의 가격으로 22~23냥, 중등 차는 15~16냥이지만 보통 차는 아무도 거들떠보지 않는다"고 보고하였다(水口에서 泰盛이 福州의 Macleod에게 보낸 편지, 1861년 9월 30일, JMA).

117) 앞의 편지, 1861년 8월 29일.

118) (福州에서) Macleod가 (홍콩의) Perceval에게 보낸 편지, 1861년 4월 8일, JMA.

119) 앞의 편지.

120) 앞의 편지, 1863년 8월 10일.

121) 水口에서 (福州의) Macleod에게 보낸 편지, JMA.

122) 福州에서 (홍콩의) Jardine에게 보낸 편지, JMA.

123) "이 차들은 포장을 마치면 내게 운송될 것이고, 그는 정확한 가격을 제시할 수 있을 것이다"(福州에서 Macleod가 홍콩의 Perceval에게 보낸 편지, 1861년 9월 9일, JMA).

124) (福州에서) Eward Whittall이 (順昌의) 泰盛에게 보낸 편지, 1863년 4월 30일, JMA.

125) "첫 번째와 두 번째 수확하여 혼합한 차는 20냥의 가격으로 시장에 나왔지만, 두 번째 수확한 '嘉山茶'는 아직 도착하지 않았다"(福州에서 홍콩의 Jardine에게 보낸 편지, 1856년 7월 13일, JMA).

126) Macleod는 1861년 2월 Perceval에게 "阿林과 同興이 이번 수확철의 새로운 차는 조금 일찍 나와 5월 초에 이 곳에 도착한다고 하였다. 물론 이 내용은 그들의 생각일 뿐이고 별 다른 설명도 없어 무시해도 상관은 없지만, Flying Spur 호를 이 곳으

로 보낼 예정이라면 이 시기에 맞춰 도착하도록 하는 것이 좋겠다"고 보고하였다(福州에서 홍콩의 Perceval에게 보낸 편지, 1861년 2월 18일, JMA).

127) 嚴中平 等,『統計』, 15쪽, 82쪽. 백분율은 저자의 계산.

제7장 치열한 경쟁

1) 대다수 학자들은 경쟁이 자본주의의 중요한 요소라는 말에 동의하지만 Fernand Braudel은 독점을 강조하였다(『Afterthoughts』, 57~58쪽, 113~114쪽).

2) 자딘매디슨사와 오거스틴허드사의 자료들을 통하여 1860년 이후에 주고받은 편지가 눈에 띄게 증가하였음을 알 수 있다. 영국 영사의 기록은 영국 관청의 공식 통신도 비슷한 추세를 나타내고 있음을 보여 주고 있으며, 1861년 上海에서 대량의 편지가 발송된 사실도 이를 증명해 준다(영국 외교 문건 : FO 228, 310~312권).

3)『The Present Position and Prospects of the British Trade with China』(런던, 1836), 1쪽.

4)『Old China and New』, 42쪽, GQ-2, HC.

5) (上海에서) 上海의 Johnson에게 보낸 편지, 1869년 5월 31일, JMA.

6) 영국 의회 문건,『Report from Her Majesty's Consuls in China, 1864』, 71권, 즈푸, 50쪽.

7) 중국 경제 민족주의가 일어나게 된 역사적인 고찰에 대해서는 郝延平・王爾敏의『Changing Chinese Views of Western Relations, 1840~1895』참조 ; John K. Fairbank・劉廣京 編,『The Cambridge History of China』11권, 晚淸 時期, 2장(케임브리지, 영국, 1980), 142~210쪽에 실림.

8) 曾國藩,『曾文正公書札』(상하이, 1876) 17권, 44쪽.

9) 呂實強,『丁日昌與自强運動』(타이베이, 1972), 56~62쪽.

10) 郝延平,「Cheng Kuan-ying : The Comprador as Reformer」,『Journal of Asian Studies 29』(1969. 11) 15~22쪽 ; 劉廣京,「鄭觀應 易言 : 光緒初年之變法思想」,『淸華學報』8권, 1~2기(1970), 373~425쪽 ; 鄭觀應,『盛世危言后編』1권, 53쪽.

11)『交通史』1책, 139쪽, 144쪽, 147쪽.

12) Dallas가 Donald Matheson과 David Jardine에게 보낸 편지 참조, B2, 134~137권, JMA.

13) 徐潤,『年譜』, 7~8쪽.

14) 엘리스사는 자딘매디슨사에 "우리 장뇌를 1擔당 25.50달러에 판 것은, 비록 예상했던 가격보다는 낮았지만 만족스럽다. 상당한 수량이 淡水(臺灣)에서 도착했다는 소식을 들었기 때문"이라는 편지를 보냈다(廈門에서 자딘매디슨사에 보낸 편지,

1868년 6월 11일, JMA).

15) Arthur W. Hummel, 『Eminent Chinese of the Ch'ing Period, 1644~1912』(워싱턴, 1943~1944), 2권, 744쪽.

16) (上海에서) George W. Heard Jr.에게 보낸 편지, HL-35, HC.

17) 중국 세관, 『Decennial Report, 1882~1891』, 322쪽.

18) NCH, 1873년 6월 26일, 75쪽.

19) Lockwood, 35쪽, 129쪽.

20) Cunningham이 P. S. Forbes에게 보낸 편지, 1861년 6월 4일, FC.

21) Heard가 Augustine Heard Jr.에게 보낸 편지, 1861년 10월 22일, HL-36, HC.

22) Bourne 등, 23쪽.

23) 1867년 영국의 廣州 주재 영사 C. B. Robertson은 "외국 상인들끼리 생사와 차 구매에서 경쟁함으로써 중국인들은 자신들이 직접 수출하는 것보다 더 많은 이익을 얻을 뿐 아니라 위험 부담도 없다. 오직 외국 상인들의 연합만이(불가능하겠지만) 경쟁을 멈출 수 있다. 그렇지 않으면 수출 무역도 중국인들에게 빼앗길 것"이라고 했다(Edward Hammond에게 보낸 편지, 1867년 2월 28일, 영국 외교 문건 ; FO 17/481). 자딘매디슨사에 관한 자료는 LeFevour, 152쪽 참조.

24) Swire가 Butterfield & Swire의 상하이와 푸저우 지사에 보낸 편지, 1884년 9월 4일, SP.

25) "중국의 바이어들이 우리가 충분한 차를 가지고 있지 못하다고 우려하여, (1870년) 8~9월에 많은 자금을 풀어 수출량만 증가시키는 쓰레기 같은 물건들을 운송하다 보니 (런던에서는) 일시적으로 공황 같은 투매 현상이 일어나게 되었다. 당시에 가장 싸게 구입한 차조차도 전혀 이익을 얻지 못했을 뿐 아니라 심지어는 손해를 입기까지 하였다"(1870~1871년 수확기 비망록, JMA).

26) "수출 무역도 결국 같은 코스를 가게 되는 일이 일어나지 말라는 법도 없다. 福州 등 다른 지방에서는 이미 중국 상인들이 대량의 차를 직접 영국에 보내고 있다. 작년에 외국 상인들은 본국 시장에서 손해를 입었지만 중국 상인들은 별 영향을 받지 않고 오히려 이익을 챙긴 일들이 이미 벌어지고 있다"(Robertson 영사의 보고, 광저우, 1865년 3월 30일, 영국 외교 문건, FO 17/434).

27) "중국인들은 당연히 주도적으로 자신들의 상품을 중간 상인이나 대리상을 통하지 않고 직접 이 나라에 팔 수 있어야 한다. 이럴 때 상인들은 낮은 자본으로 많은 이익을 얻을 수 있는 더 좋은 기회를 가질 수 있는 것이다"(Robertson 영사가 Edward Hammond에게 보낸 편지, 1867년 2월 28일, 영국 외교 문건 : FO 17/481).

28) 이 회사의 역사에 관해서는 鄭觀應, 『增訂』2권, 18쪽 ; 『申報』, 1876년 3월 18일, 1쪽 참조. 劉述庭에 관해서는 H. G. Bridges가 A. F. Heard에게 보낸 편지 참조,

1866년 4월 11일, HM-23, HC.

29) G. C. Allen과 A. G. Donnithorne, 『Western Enterprise in Far Eastern Economic Development』(런던, 1954) 53~54쪽. 서양 상인들의 경쟁에 대해서는 언급하지 않고, 차 구매에 관해서만 간략하게 서술하였다.

30) Dallas는 덴트사와 린지사에 대해 "그들이 대량으로 구매하게 되어 사정이 복잡해졌다. 먼저 언급했던 대로 지난 달에 덴트사는 자신의 환어음을 9분의 4 가격에 팔아 자금을 내륙으로 보냈다. 泰記는 그들이 蘇州에서 白皮土를 팔고 받은 20만 달러도 내륙에서 물건을 사는 데 썼다고 했다. 결국 그들은 내륙에 30만 달러를 보낸 셈이다. 泰記는 또 린지사도 같은 목적으로 이미 8만 달러를 그들의 사무장에게 보냈다고 한다"(앞의 편지).

31) 上海에서 (홍콩의) William Keswick에게 보낸 편지, 1869년 2월 1일, JMA.

32) 영국 의회 문건, 『Report on Trade by the Foreign Commissioners at the Ports in China Open by Treaty to Foreign Trade for the Year 1866』, 69권, 20쪽.

33) 『Wanderings』, 212~213쪽.

34) 자딘매디슨사에 보낸 편지, 1847년 7월 19일, JMA.

35) "차 시장은 이미 상당히 개방되어 廟岭茶 등은 15~17냥의 가격에서 큰 거래가 이루어지고 있다(가장 좋은 차는 17.5냥에서 18냥으로 질에 비해 높은 가격이었다). Mackenzie Bros & Co.가 가장 많이 사들였는데 그들의 목적에 대해서는 잘 모르겠다. 많은 사람들은 그들이 단지 자딘매디슨사의 대리인이라고 생각한다. Wills는 새 차, 특히 河口의 차는 버려도 주울 가치가 없다며 아주 나쁜 평가를 내렸고, 현재의 가격대로라면 이미 성사된 거래도 어느 정도 손해여서 나는 더 이상 구매하지 않았다"(上海에서 James Macandrew가 홍콩의 David Jardine에게 보낸 편지, 1852년 7월 14일, JMA).

36) "반 상자들이에 포장된 1만 상자의 녹차가 지난 주 寧波에 도착했다. …… 소식을 알려 준 사람은 녹차 상인들에게 가장 존경받고 신뢰할 수 있는 인물이다. 대량의 녹차가 온다면 사업을 해 볼 만한 기회라고 생각한다. 올리펀트사는 오래 기다리지 않을 것이다"(上海에서 Cunningham이 홍콩의 F. G. Dexter에게 보낸 편지, 1861년 1월 26일, DP).

37) 자딘매디슨사에 보낸 편지, 1861년 7월 30일, JMA.

38) (上海에서) William Keswick이 (홍콩의) James Whittall에게 보낸 편지, 1864년 10월 7일, JMA.

39) (上海에서) F. B. Johnson이 (홍콩의) William Keswick에게 보낸 편지, JMA.

40) "阿房이 산지에서 네 번째 수확한 차를 가지고 와서 厘金을 포함하여 185냥이라고 한다. 다른 사람들과 비교하여 좋은 가격이라고 생각한다"(Davis가 上海의

James Whittall에게 보낸 편지, 1861년 9월 4일, JMA).

41) "그들은 자신들에게 차를 팔지 않아, McEvers가 載達盛과의 거래를 성사시키지 못했다고 불만을 토로하였다"(Kenney가 上海의 J. J. Keswick에게 보낸 편지, 1885년 5월 27일, JMA).

42) "又隆이 보낸 편지에 따르면 내륙에서 두 번째 수확한 차가 이미 시장에 나와 4~5개의 차행이 경쟁을 벌이고 있다고 한다. 羊樓洞과 章順堅은 1상자 당 30~32냥에 거래하였는데, 주요 구매자는 러시아 사람들을 대신하는 山西 사람들이다"(Affray가 上海의 Keswick에게 보낸 편지, 1866년 6월 13일, JMA).

43) 上海의 F. B. Johnson은 "최근 漢口에서는 러시아 바이어들이 43.5냥의 고가로 차를 구매하였다고 한다. 영국 상인들은 아직 구매에 뛰어들지 않고 있으며, 선박도 예정대로 도착하지 않았다"고 전했다(홍콩의 William Keswick에게 보낸 편지, 1871년 5월 29일, JMA).

44) "러시아 상인들은 차상에게 품질 좋은 차를 제공하기만 한다면 가격은 높게 책정해 주겠다고 하였다"(漢口에서 上海의 Henry Murray에게 보낸 편지, 1871년 5월 16일, JMA).

45) 열흘 후, 그는 "레이스사와 길먼사, 러시아인들과 스콜필드가 주로 차를 구매하고 있다"고 보고하였다(F. B. Johnson에게 보낸 편지, 1871년 5월 26일, JMA).

46) Robert Anderson은 上海에 "나는 이미 차를 러시아 상인들에게 1擔당 43냥에 되팔았다"고 보고하였다(九江에서 F. B. Johnson에게 보낸 편지, 1871년 5월 28일, JMA).

47) (福州에서) George Fisher가 (홍콩의) Joseph Jardine에게 보낸 편지, 1856년 3월 30일, JMA.

48) Case 9, HCⅡ.

49) "러셀사에서 어제 오래된 工夫茶를 1상자당 8냥도 안 되는 가격에 구입하였는데, 품질이 형편없었다"(福州에서 Williams가 홍콩의 자딘매디슨사에 보낸 편지, 1854년 7월 30일, JMA).

50) 福州에서 (홍콩의) Jardine에게 보낸 편지, JMA.

51) 阿熙가 (福州의) Macleod에게 보낸 편지, 1857년 7월 30일, JMA.

52) George Fisher는 1855년 12월 7일 福州에서 "우리와 러셀사만이 차를 구매하였다. 우리는 이미 4,000상자를 구매하였고 가격이 더 오른다면 필요한 만큼 더 구매할 수 있을 것이다. 그러나 이 곳의 중국인들은 가격이 적당하지 않으면 포장을 해서 내년까지 기다릴 것"이라고 보고하였다(홍콩의 Jardine에게 보낸 편지, JMA).

53) Fisher는 길먼사가 우리를 따라 "구매를 시작하자 모두들 따라서 구매에 뛰어들어 가격이 1냥에서 2냥까지 올랐다. 가격이 조금 오르자 그들은 모두 떠났고 가격

이 내리기를 기다리고 있다"고 보고하였다(福州에서 홍콩의 Jardine에게 보낸 편지, JMA).

54) (福州에서) Larken이 (홍콩의) Joseph Jardine에게 보낸 편지, 1856년 8월 29일, JMA.

55) 福州에서 (홍콩의) Joseph Jardine에게 보낸 편지, JMA.

56) 앞의 편지, 1856년 5월 4일.

57) 앞의 편지, 1856년 5월 17일.

58) "阿熙는 금년 가격이 작년보다 3~4냥 높아서 14~15건밖에 구매하지 못하였고, 10건은 2주일 내에 도착한다고 하였다. 외국 사람이 아니면 구매하는 사람도 없고 차상들도 5~6건밖에는 없다고 하니 너무 늦지 않았다면 선박을 한 척 남겨 주기를 바란다. 阿熙는 廣州와 上海 등지에서 온 차상들이 올해는 모두 開順으로 갔다고 하는데, 2~3명만이 내가 말했던 양을 구입했다고 들었다"(앞의 편지).

59) 앞의 편지, 1855년 12월 29일.

60) 泰盛이 (福州의) Macleod에게 보낸 편지, 1863년 4월 24일, JMA. 이 편지는 중국어를 영어로 번역한 것인데, 회사의 자료에서 중국어로 된 원본은 찾지 못했다.

61) 1863년 Macleod는 "나는 일정 기간 동안 차 가격은 떨어지지 않을 것이라고 생각한다. 러시아 상인들은 계속 구매를 할 것이고, 가격은 계속 상승할 것"이라고 하였다(福州에서 홍콩의 Perceval에게 보낸 편지, 1863년 6월 11일, JMA).

62) 水口에서 (福州의) Macleod에게 보낸 편지, 1861년 8월 29일, JMA.

63) 앞의 편지, 1861년 9월 9일.

64) "어떤 이유로 이 차는 순풍이라는 진짜 이름과 중흥이라는 가짜 이름으로 시장에 출시될 것이다. 그러니 주변 사람들에게 이 차에 대해 절대로 언급하지 말기를 바란다"(Perceval에게 보낸 편지, 1861년 10월 12일, JMA).

65) 泰盛이 1863년 4월 24일에 보낸 편지를 Edward Whittall이 번역하였다. "그[泰盛]는 1863년 4월 22일 水口에 도착하여 소량의 차를 보내 왔는데, 가격은 福州와 같은 1擔당 33냥으로 작년보다 1냥이 올랐다고 하였다. …… 올해 이 곳에서 차를 기다리는 차상의 수가 60여 명이 넘어 가격이 떨어지기는 어렵다고 하였다"(水口에서 泰盛이 福州의 James Whittall에게 보낸 편지, 1863년 4월 23일, JMA).

66) "泰盛은 Whittall이 지시한 가격으로는 차 한 잎도 살 수 없다고 하였다"(앞의 편지).

67) 그러나 Whittall은 1擔당 30냥을 초과하지는 않도록 지시하였다(福州에서 Macleod가 水口의 泰盛에게 보낸 편지, 1863년 4월 30일, JMA).

68) Sinclair 영사의 보고, 푸저우, 1867년 3월 9일, 영국 외교 문건 : FO 17/483, 5쪽.

69) (上海에서) John Heard에게 보낸 편지, HL-38, HC. 福州의 매판은 阿啓라는 인

물로서 매우 뛰어난 상인이었다(FL-6, 136쪽, 221쪽).

70) "시골에서 보내 온 차가 제한되어 차상들의 가격이 이전보다 많이 경직되었다"(福州에서 Larken이 홍콩의 Joseph Jardine에게 보낸 편지, 1856년 8월 22일, JMA).

71) "녹차는 공급량이 아주 적고, 보통 등급인 副熙와 屯溪茶의 비중이 절대적이다. 나에게 차를 공급하는 차상들도 麻珠와 珠茶, 熙春茶 등은 팔지 않으려고 한다"(앞의 편지, 1856년 8월 29일).

72) (順昌에서) 阿熙가 (福州의) Macleod에게 보낸 편지, 1857년 7월 30일, JMA.

73) "국내의 보통 등급 궁푸차 수출이 급증함에 따라 재고량이 감소되어 가격이 상승하리라고 본다. 국내에서 주로 소비하는 것은 1~1/4[1실링에서 1실링 4펜스] 가격의 궁푸차이기 때문이다"(福州에서 홍콩의 Joseph Jardine에게 보낸 편지, 1855년 12월 29일, JMA).

74) Whittall은 "몇몇 외국인이 내륙에 출현하여 가격을 부추겼다는 말을 듣고 놀라지 않을 수 없었다"고 하였다(福州에서 Macleod가 水口의 泰盛에게 보낸 편지, 1863년 4월 30일, JMA).

75) "泰盛이 이 가격 안에서 구매할 수 있다면 첫 번째 수확한 차는 적어도 8,000 상자 정도를 5월 22일에서 25일까지 福州로 보내 주기를 바란다"(福州에서 順昌의 泰盛에게 보낸 편지, 1863년 4월 30일, JMA).

76) 福州에서 (홍콩의) Joseph Jardine에게 보낸 편지, 1856년 5월 1일, JMA. Fisher 는 "덴트사가 최근 200擔을 20~22냥에 구매하였는데, 이는 작년보다 2냥이 비싼 가격"이라고 덧붙였다.

77) (順昌에서) 阿熙가 (福州의) Macleod에게 보낸 편지, 1857년 7월 30일, JMA.

78) (福州에서) Macleod가 (水口의) 泰盛에게 보낸 편지, 1863년 4월 30일, JMA.

79) "小種紅茶의 가격이 너무 비싸 거래가 이루어지지 않았다. 자스민차는 너무 향이 없고, 窨花白毫도 너무 비싸다"(福州에서 Macleod가 본사에 보낸 편지, 1863년 6월 11일, JMA).

80) (福州의) Macleod에게 보낸 편지, 1861년 9월 9일, JMA.

81) 자딘매디슨사의 T. S. Odelly는 1861년 6월 廣州에서 당시의 상황에 대해, "福州 시장의 가격을 듣고 놀라지 않을 수 없었다. 공급량이나 질에 비해 가격이 너무 비싸기 때문이다. 국내의 공급이 부족해서 최상등급의 차는 이윤을 남길 수 있겠지만, 그 이하의 등급에 대해서는 장담할 수 없다"고 논평했다(홍콩의 Perceval에게 보낸 편지, 1861년 6월 8일, JMA).

82) 侯繼明, 『Foreign Investment』, 201쪽.

83) JMA.

84) 侯繼明, 『Foreign Investment』, 201쪽.

85) 上海에서 (홍콩의) Joseph Jardine에게 보낸 편지, 1851년 8월 9일, JMA.

86) 上海에서 (홍콩의) David Jardine에게 보낸 편지, 1852년 7월 14일, JMA.

87) 上海에서 (홍콩의) David Jardine에게 보낸 편지, 1852년 9월 27일, JMA.

88) 1867년, 上海 세관의 세무사는 총 감독관 Robert Hart에게 "1866년의 대 중국 무역은 전례 없는 침체 속에서 끝났다. 상인들은 실망하여 소문에 동요하고 있다. 3년 간의 실패로 많은 상인들은 대단히 신중해져서 비싼 대가를 치르고 소중한 경험을 얻은 것 같다"고 보고하였다(영국 의회 문건, 『Report on Trade by the Foreign Commissions at the Ports in China Open Treaty to Foreign Trade for the Year 1866』, 69권, 104쪽).

89) 上海에서 (홍콩의) Whittall에게 보낸 편지, 1867년 5월 3일, JMA.

90) 上海에서 (홍콩의) William Keswick에게 보낸 편지, JMA.

91) "우리는 리옹의 파트너들과 함께, 우리 담보에만 문제가 없으면 가장 좋은 조건으로 생사 사업을 하기로 하였다. 지금 Rooston과 documentary bill에 대한 서명을 하고 있으므로 합당한 보증금만 있으면 위험은 표면적인 것일 뿐이다"(上海의 William Keswick에게 보낸 편지, 1881년 5월 18일, JMA).

92) LeFevour, 152~153쪽.

93) 1913년, 서양에 공급된 생사의 총량 가운데 일본이 44%, 중국이 31% 이하를 차지하였다(侯繼明, 『Foreign Investment』, 201쪽). 이후 중국의 점유율은 더욱 떨어졌다.

94) 앞의 책, 52쪽.

95) (홍콩의) Joseph Jardine에게 보낸 편지, 1848년 11월 28일, JMA.

96) (上海의) 자딘매디슨사에서 (홍콩의) J. Macgregor에게 보낸 편지, 1893년 4월 12일, JMA.

97) (New York의) G. L. Montgomery에게 보낸 편지, JMA.

98) 영국 외교 문건 : FO 17/434. "1864년의 수입 무역은 …… 많이 증가하여, 처음에는 외국 상인들이 우세하였으나 지금은 중국 상인들이 스스로 잘 운영하고 있다."

99) IMC, 『Report on Trade, 1864』(상하이, 1865), 漢口, 12쪽.

100) BPP, 『Report of the Delegates of the Shanghai General of Commerce on the Trade of Upper Yangtze River』, 65권, 8쪽.

101) Knox, 「John Comprador」, 『Harper's New Monthly Magazine』 57:431(1878). 쌀은 전통적으로 중국 정크선에 실어 운송하였다.

102) Bourne 등, 86쪽.

103) Morse, 『Chronicles』 3권, 357~358쪽 ; 4권, 61~62쪽. Morse는 "마카오에서 포르투갈 상인들은 아편 무역을 할 수 없어 부동산업으로 생활한다. 그들은 端境期에 이 곳에 머무는, 부쩍 불어난 영국과 미국 상인에게 주택을 제공한다"고 하였다

(152쪽).

104) James Matheson의 편지, Yrissari & Co.의 문건, JMA.

105) 앞의 편지, 1825년 12월 10일.

106) B-2, 134~138권, JMA.

107) (홍콩의) Donald Matheson에게 보낸 편지, JMA.

108) (홍콩의) David Jardine에게 보낸 편지, 1850년 12월 13일, JMA.

109) Alexander Perceval이 Joseph Jardine에게 보낸 편지, 1856년 7월 15일, JMA.

110) (홍콩의) David Jardine에게 보낸 편지, JMA.

111) (홍콩의) Alexander Perceval에게 보낸 편지, JMA.

112) Whittall은 "나는 백피토를 1상자당 565냥에 100상자를 팔 수 있다면 한 덩어리의 아편을 덤으로 줄 수도 있지만, 오늘은 560냥에 내놓았어도 팔지 못했다"고 보고하였다(上海에서 홍콩의 Alexander Perceval에게 보낸 편지, 1863년 3월 30일, JMA).

113) Whittall에게 보낸 편지, 1863년 6월 11일, JMA.

114) "지금 가장 좋은 아편은 6실링 6펜스에서 7펜스까지 팔리고 있는데, 우리가 가지고 있는 아편은 사람들이 좋아하지 않아서 팔지 못하고 있다"(唐順記가 Dixwell에게 보낸 편지, HM-30, HC).

115) (廣州에서) 홍콩의 자딘매디슨사에 보낸 편지, 1848년 6월 17일, JMA.

116) "W. Thompson을 조수로 임명했으면 좋겠다. 그는 좋은 조건을 갖추고 있어 이 곳의 아편을 책임 질 수 있을 것이다"(Donald Matheson에게 보낸 편지, 1846년 10월 13일, JMA).

117) Bellamy가 (홍콩의) 자딘매디슨사에 보낸 편지, 1852년 9월 25일, JMA.

118) (마카오의) J. MacMurd가 (홍콩의) 자딘매디슨사에 보낸 편지, 1856년 10월 13일, JMA.

119) Smith는 아편 이외에도 "400包의 상하이 면화를 1包당 16.40달러에 판매하였다"고 보고하였다(홍콩의 자딘매디슨사에 보낸 편지, 1862년 7월 17일, JMA).

120) (홍콩의) 자딘매디슨사에 보낸 편지, 1868년 8월 15일, JMA.

121) (厦門의) Henry Smith가 (홍콩의) 자딘매디슨사에 보낸 편지, 1868년 10월 12일, JMA.

122) Whittall이 (홍콩의) Alexander Perceval에게 보낸 편지, JMA.

123) (홍콩의) Whittall에게 보낸 편지, 1867년 6월 18일, JMA.

124) Allen의 보고, 鎭江, 1869년 5월 20일, 영국 외교 문건 : FO 17/531.

125) 『申報』, 1879년 9월 3일, 3쪽 ; 1879년 10월 11일, 3쪽.

126) 중국의 고유한 방식으로 외국의 경제적 침략을 방어한 효과에 관해서는 Rhoads Murphey의 『The Outsiders』(앤아버, 미시건, 1977), 제10장 참조.

127) Eitel, 495쪽.

128) (福州의) Larken은 1856년 8월 "두 척의 배에 가득 실어 런던으로 보내는 운임은 1t당 2파운드로, 며칠 안에 출항할 것이다. 다른 한 척은 아직도 많은 화물을 싣고 있는 중이어서 출발하지 못하고 있으며, 운임은 1t당 30실링이라고 하는데 놀랄 일도 아니다"라고 보고하였다(홍콩의 Joseph Jardine에게 보낸 편지, 1856년 8월 29일, JMA).

129) Eitel, 550쪽.

130) A. G. Dallas는 1852년 운임을 절약하기 위한 방안을 모색한 바 있다(홍콩의 David Jardine에게 보낸 편지, 1852년 5월 26일, JMA).

131) Eitel, 389쪽. 이와 같은 선박들에는 Kinshan 호와 White Cloud 호가 포함되어 있었다.

132) Keswick이 (홍콩의) Whittall에게 보낸 편지, 1866년 2월 4일. 德盛의 스카우트에 관해서는 제8장 참조.

133) Johnson, 비망록, 상하이, 1868, JMA. 劉廣京, 『Steamship Rivalry』, 112쪽.

134) 劉廣京, 『Steamship Rivalry』, 78~79쪽, 112쪽, 135쪽, 144쪽.

135) F. B. Johnson에게 보낸 편지, 1870년 7월 2일, JMA.

136) 앞의 편지.

137) (上海에서) Johnson이 (漢口의) R. Anderson에게 보낸 편지, 1872년 6월 18일, JMA.

138) (London에서) Swire가 (上海의) Lang에게 보낸 편지, 1875년 7월 2일과 8일, SP. 1873년 양쯔강의 화물 운임에 관해서는 劉廣京의 『Steamship Rivalry』, 112쪽 참조.

139) 『申報』, 1873년, 여러 곳에서 보임.

140) (上海에서) Forbes가 Edward Cunningham에게 보낸 편지, 1873년 5월 26일, FBF. 劉廣京의 『Steamship Rivalry』 144쪽에도 보임.

141) W. H. Medhurst, 「Trade Report for 1869」, 상하이, 영국 외교 문건 : FO 17/558B, 84쪽.

142) (上海의) Johnson이 (홍콩의) William Keswick에게 보낸 편지, 1871년 8월 30일, JMA.

143) 영국의 광저우 주재 영사인 Rutherford Alcock은 1857년 영국에서 휴가를 보내면서 쓴 비망록에서 "3개월 전에 …… 寧波 사람들이 廣東 사람들의 배에 도움을 청하여 포르투갈 깃발을 달고 있는 배를 연합해서 공격한 적이 있다. 선체는 유럽식이고 돛은 중국식으로 된 이 배는 대선단을 이룬 포르투갈 해적선으로서 부근의 연해에서 악명을 떨쳤다"고 기록하였다(Alcock의 비망록, 1857년 12월 31일, 영국 외교 문건 : FO 405/2, 119쪽).

144) "天津에는 화물을 공급할 수가 없다. 이 곳에는 거대한 범선 선단이 거의 전부를 독점하고 있다. 寧波라면 아마 장사가 될지도 모르겠다"(홍콩의 Alexander Perceval에게 보낸 편지, 1861년 4월 8일, JMA).

145) BPP, 『Report from Her Majesty's Consuls in China, 1864』, 71권, 芝罘, 50쪽.

146) C. B. Robertson의 보고, 廣州, 1865년 3월 30일, 영국 외교 문건 : FO 17/434.

147) William F. Mayers, N. B. Dennys, Chares King, 『The Treaty Ports of China and Japan』(런던, 1867), 476쪽.

148) Johnson, 비망록, 상하이, 1868년, JMA.

149) 중국 세관, 『Report on Trade, 1866』(상하이, 1867), 66쪽.

150) 영국 외교 문건 : FO 17/503, Report of Consuls Chares Winchster, Shanghai, 1868년 5월 6일.

151) (上海에서) H. Magniac(홍콩)에게 보낸 편지, 1872년 10월 26일, JMA.

152) (上海에서) Whittall(홍콩)에게 보낸 편지, 1872년 11월 15일, JMA.

153) 聶寶璋, 「從美商旗昌公司的創辦與發展看買辦的作用」, 『歷史研究』 2기, 110쪽(1964).

154) "나는 (唐翹卿이) 그 회사의 주식을 구입하였다는 사실을 알고 있으며, 그가 漢口 책임자를 맡을 것 같다"(F. B. Forbes가 Walter Scott Fits에게 보낸 편지, 1873년 7월 31일, FBF).

155) 劉廣京, 『British-Chinese Steamship Rivalry in China 1873~1885』(런던, 1964), 57쪽.

156)『申報』, 同治 13년 4월 28일(1874년 6월 12일), 2쪽.

157) 劉廣京, 『British-Chinese』, 57~58쪽.

158)『申報』, 光緒 원년 2월 9일(1875년 3월 16일), 1쪽.

159) 劉廣京, 『British-Chinese』, 58~60쪽.

160) 徐潤, 『年譜』, 24쪽.

161) 劉廣京, 『British-Chinese』, 60쪽.

162) NCH, 1877년 4월 21일, 400쪽.

163) Johnson이 James J. Keswick에게 보낸 편지, 1881년 5월 7일, JMA.

164) 앞의 편지.

165) 앞의 편지, 1881년 5월 18일.

166) 중국 세관, 『Report on Trade at the Treaty Ports, 1879』(상하이, 1880), 205쪽.

167) 劉廣京, 『British-Chinese』, 69~70쪽.

168) 앞의 편지.

169) BPP, 『Report from Her Majesty's Consuls in China, 1882』, 天津, 95쪽.

170) William Paterson에게 보낸 편지, JMA.

171) 앞의 편지, 1883년 3월 17일, JMA.

172) 앞의 편지.

173) 앞의 편지, 1883년 4월 5일.

174) 劉廣京, 『British-Chinese』, 68쪽.

175) (上海의) John Macrregor에게 보낸 편지, JMA.

176) Wright, 『Impressions』, 570쪽.

177) 홍콩에서 (上海의) John Macrregor에게 보낸 편지, 1883년 2월 17일, JMA.

178) 上海에서 (London의) Swire에게 보낸 편지, 1885년 9월 19일, SP.

179) 홍콩에서 (上海의) Paterson에게 보낸 편지, JMA.

제8장 이익을 좇아서

1) 梁嘉彬, 293쪽.

2) 앞의 책, 294쪽.

3) (廣州에서) J. Coolidge가 (Macao의) Jardin Matheson에게 보낸 편지, 1842년 1월 4일, JMA.

4) "殿官이 차가 곧 품절될 것이니 지금 사 두는 것이 좋겠다고 일러 주었다"(앞의 편지).

5) 梁嘉彬, 293쪽, 309~312쪽.

6) FO 682/287.

7) BJ-17, HC.

8) 러셀사가 국내의 위탁자에게 보낸 편지, 1832년 8월 21일, BL-6, HC.

9) Dennett, 『Americans』, 91~92쪽. 이 배들은 1833년부터 수입세가 면제되었다.

10) (廣州에서) 浩官이 (Boston의) Cushing에게 보낸 편지, 1833년 12월 22일, F-5, FC.

11) 廣州에서 (Mass. Watertown의) Cushing에게 보낸 편지, 1840년 3월 13일, HLB.

12) HLB, 여러 곳에서 보임.

13) (Calcutta에서) J. Church가 (廣州의) Heard에게 보낸 편지, 1831년 12월 11일, BM-6, HC.

14) 1832년 2월 10일, 이 배에는 1,300여 상자의 아편이 있었다(Forbes가 Boston의 Thomas Perkins에게 보낸 편지, 1832년 2월 10일, E-4, FC).

15) Indian Opium Account, H-7, HC.

16) Robert B. Forbes, 『China and China Trade』, 44쪽.

17) 러셀사가 미국 영사 E. M. King에게 보낸 편지, 1868년 5월 2일, Case 26, RA. Edward Cunningham이 John M. Forbes Jr.에게 보낸 편지, 1868년 6월 4일, Case 26, RA.

18) 徐珂, 『淸稗類鈔』, 17책, 102~104쪽.

19) 聶寶璋, 『旗昌』, 93쪽.

20) BJ-17, HC.

21) 『Diary』, FP-1, 36쪽, HC.

22) (廣州에서) Augustine Heard, Sr.에게 보낸 편지, 1850년 1월 26일, EM-7, HC.

23) P. S. Forbes에게 보낸 편지, 1860년 9월 26일, FC.

24) 중국 세관, 『Circular』, X, 514쪽.

25) 郝延平, 『Comprador』, 22~43쪽, 89~99쪽.

26) 德盛이 Keswick에게 보낸 편지, 1867년 12월 24일.

27) Keswick이 Johnson에게 보낸 편지, 1870년 1월 29일, JMA.

28) Keswick은 "德盛이 진 빚은 모두 얼마이며, 그의 근황은 어떠한가"라며 관심을 표명하였다(앞의 편지, 1871년 8월 8일).

29) Johnson이 Keswick에게 보낸 편지, 1867년 9월 28일, JMA.

30) 앞의 편지, 1868년 4월 10일, JMA.

31) 앞의 편지, 1868년 4월 11일.

32) 앞의 편지, 1868년 10월 26일.

33) 앞의 편지, 1868년 4월 11일.

34) 훗날의 발전에 대해서는 劉廣京, 『Anglo-American Steamship Rivalry in China, 1862~1874』(케임브리지, 매사추세츠, 1962), 135쪽.

35) "怡記가 廣州에 있는 그의 화물을 팔기를 원하니 유의하기 바란다"(Keswick이 홍콩 본사에 보낸 편지, 1864년 4월 20일, JMA).

36) "나는 당신이 梧州의 녹차 구입 건에 대해 반대하지 않기를 바란다. 이 거래는 대단히 유리하다. 1866년 怡記를 통해서 이루어진 거래가 얼마나 유리했는지 기억할 것이다"(Johnson이 Keswick에게 보낸 편지, 1868년 2월 12일, JMA).

37) 대출에 관해서는 (上海의) Keswick이 본사에 보낸 편지 참조, 1864년 7월 28일, JMA.

38) Keswick이 자딘매디슨사에 보낸 편지, 1865년 10월 24일, JMA.

39) (홍콩의) Whittall에게 보낸 편지, JMA. 劉廣京, 『唐廷樞』, 146쪽에도 보임.

40) (홍콩의) Whittall에게 보낸 편지, 1866년 2월 12일, JMA.

41) 앞의 편지. 劉廣京, 『唐廷樞』, 146쪽에도 보임.

42) Keswick이 (홍콩의) Whittall에게 보낸 편지, 1865년 6월 29일, JMA.

43) Keswick이 (홍콩의) Whittall에게 보낸 편지, 1865년 12월 2일, JMA.

44) 汪敬虞 「19世紀外國侵華事業中華商附股活動」, 『歷史硏究』 4기, 52쪽(1965). 저자는 怡和錢庄이 1864년에 창설되었다고 하였으나, 자딘매디슨사의 檔案에는 1864년에 계획하여 1865년 6월에야 문을 열었다고 하였다(上海의 Keswick이 홍콩의 Whittall에게 보낸 편지, 1865년 6월 29일). 怡記가 파산한 1866년 말부터 1867년 초까지 잠시 휴업하였다(앞의 편지, 1867년 1월 3일). 1867년 4월 23일 "서로 동의하에 해산하였다"(NCH, 1867년 5월 6일, 51쪽).

45) 영국 의회 문건, 『Report on Trade by the Foreign Commissioners at the Ports in China Open by Treaty to Foreign Trade for Year 1866』, 69권, 20쪽.

46) Whittall이 홍콩 본사에 보낸 편지, 1861년 4월 6일. 阿新과 陳永昌에 관한 내용은 앞의 편지 참조, 1860년 5월 5일, 1860년.

47) 앞의 편지, 1861년 4월 6일.

48) EA-2, HC.

49) (漢口에서) 唐隆茂가 Dixwell에게 보낸 편지, HM-30, HC.

50) 앞의 편지, 1863년 5월 19일.

51) 협의, Case 9, HCⅡ.

52) Dallas는 1852년 홍콩 본사에 泰記의 요구에 응하도록 건의하였다. "泰記는 우리가 구매하는 생사 가운데 3분의 1 또는 4분의 1을 나누어 줄 것을 요구한다. 만약 수확이 풍족할 것이라고 생각한다면 그는 이런 요구를 하지 않았을 것이다. 그는 우리가 2,000포 정도를 얻을 수 있을 것이라고 하는데, 정확한 예측이라고 생각한다. 그에게 일정한 분량을 나누어 주는 것이 좋다고 생각하니 결정을 알려 주고 환율에 대해 알려 달라. 나는 그가 500포 정도면 만족할 것이라고 생각한다"(Dallas가 David Jardin에게 보낸 편지, 1852년 7월 21일, JMA).

53) 앞의 편지, 1852년 8월 31일.

54) Whittall이 홍콩 본사에 보낸 편지, 1861년 7월 30일, JMA.

55) "나는 당신의 회사에서 영문을 읽고 쓸 줄 아는 중국인을 필요로 한다고 들었다. 내가 아는 한 젊은이가 이 곳에서 5년 동안 일을 했는데, 능력이 있으니 추천한다. 신청해도 되는지 알려 주기 바란다"(陳輝庭이 上海의 Keswick에게 보낸 편지, 1885년 7월 14일, JMA).

56) "당신 회사에서 직원을 구한다는 소식을 듣고 신청한다. 나는 6년의 학교 교육을 마친 뒤에 福州로 가서 Bathgate & Co.에서 근무하였다. 나는 충분한 능력을 갖추고 있다고 생각한다"(上海에서 蔡國卿이 Keswick에게 보낸 편지, 1885년 7월 14일, JMA).

57) Lockwood, 48쪽 참조.

58) John Heard Ⅲ에게 보낸 편지, 1858년 2월 28일, HL-13, HC.

59) 郝延平,『Comprador』, 123~124쪽.

60) 汪敬虞,『附股』, 56쪽, 70쪽.

61) 앞의 책, 71쪽.

62) 자딘매디슨사가 J. Macgregor에게 보낸 편지, 1889년 7월 22일, 개인 편지, JMA. LeFevour, 46쪽에도 보임.

63) P. S. Forbes에게 보낸 편지, 1865년 11월 10일, FC. 劉廣京,『Steamship Rivalry』, 27~28쪽.

64) 劉廣京,『Steamship Rivalry』, 25쪽.

65) 앞의 책, 26쪽. Robert B. Forbes,『Personal Reminiscences』(보스턴, 1882), 364~366쪽.

66) Robert B. Forbes가 Cunningham에게 보낸 편지, 1870년 4월 10일, FBF. 劉廣京,『Steamship Rivalry』, 90쪽.『申報』1874년 4월 10일, 3쪽. 徐潤,『年譜』, 24쪽.

67) (上海에서) John Heard Ⅲ에게 보낸 편지, 1858년 2월 28일, HL-13, HC.

68) (上海의) Whittall이 (홍콩의) Joseph Jardin에게 보낸 편지, 1859년 12월 20일, JMA.

69) 上海에서 (London의) Swire에게 보낸 편지, 1885년 3월 11일, SP. Endicott에 대해서는 郝延平,『Comprador』, 31~34쪽 참조.

70) (홍콩의) James Whittall에게 보낸 편지, 1865년 12월 18일, JMA.

71) 앞의 편지.

72) 러셀사의 John M. Forbes는 Cunningham에게 편지를 보내 "나는 지금 昌發의 지지를 얻기 위해 노력하고 있다"고 하였다(1868년 5월 27일, Case 26, RA).

73) 1870년 F. B. Johnson은 (上海의) Keswick에게 보낸 편지에서 "Russell 선장이 Corea 호를 운항할 때 昌發가 가장 영향력 있는 선하주였다고 한다"고 적었다(1870년 4월 11일, JMA).

74) Forbes가 Cunningham에게 보낸 편지, Case 26, RA.

75) NCH, 1875년 10월 7일, 358쪽.

76) Forbes가 W. S. Fitz에게 보낸 편지, 1873년 7월 8일, FBF.

77) 鄭觀應,『盛世危言』(1893), 5권, 34쪽 ; 劉廣京,『Steamship Rivalry』, 131쪽.

78)『申報』, 同治 12년 10월 1일, 7쪽 ; 2일, 5쪽.

79) Johnson이 (上海의) Keswick에게 보낸 편지, 1870년 3월 12일, JMA.

80) 앞의 편지, 1874년 3월 1일.

81) 郝延平,『Comprador』, 32~36쪽.

82) Case 1, 2. RA.

83) P. S. Forbes에게 보낸 편지, 1861년 6월 4일, FC.

84) John Heard Ⅲ에게 보낸 편지, 1858년 7월 10일, EM-7, HC.

85) EA-1, HC.

86) Augustine Heard Jr.에게 보낸 편지, 1861년 10월 22일, HL-36, HC.

87) 이 회사의 합작에 관해서는 EA-1, EA-2, EJ-1, EJ-2 참조, HC.

88) EA-1, HC.

89) P. S. Forbes에게 보낸 편지, 1861년 6월 4일, FC.

90) 이 합작 건에 대해서는 LeFevour, 148쪽 참조. 그러나 이 방법은 1851년에 시작된 것이 아니라 1849년 7월까지 거슬러 올라갈 수 있다(Dallas가 홍콩의 Donald Matheson에게 보낸 편지, 1849년 7월 5일, JMA).

91) 1855년부터 阿熙는 福州의 대리인이 되어 내륙에서 차를 구매하였다(Fisher가 홍콩의 Joseph Jardin에게 보낸 편지, 1855년 11월 5일, JMA).

92) (上海에서) Edward Whittall이 (홍콩의) William Keswick에게 보낸 편지, 1865년 10월 6일, JMA.

93) (上海에서) Dallas가 (홍콩의) Donald Matheson에게 보낸 편지, 1852년 7월 21일, JMA.

94) LeFevour, 57쪽.

95) (上海에서) Whittall이 (홍콩의) 자딘매디슨사에 보낸 편지, 1859년 5월 11일, JMA.

96) 앞의 편지, 1860년 7월 30일.

97) '雅記와 泰記의 나가사키 계정'이라는 제목하에 Keswick은 "나는 이 거래를 주의 깊게 지켜보았는데, 지나치게 복잡하고 혼란스러워 재무 제표를 만들 수가 없다"고 했다(上海에서 홍콩의 자딘매디슨사에 보낸 편지, 1863년 10월 24일, JMA).

98) EJ-2, HC.

99) EJ-1, HC.

100) (上海에서) Dallas가 (홍콩의) 자딘매디슨사에 보낸 편지, 1852년 7월 21일, JMA.

101) (上海에서) Edward Whittall이 (홍콩의) William Keswick에게 보낸 편지, 1865년 10월 6일, JMA.

102) FG-1, HC.

103) 영국 의회 문건, 『Commerical Report of Her Majesty's Consuls in China』, 1호 (1875), 鎭江, 205쪽.

104) (上海에서) Dallas가 (홍콩의) Donald Matheson에게 보낸 편지, 1849년 7월 5일, JMA.

105) Johnson이 William Keswick에게 보낸 편지, 1867년 12월 27일, JMA.

106) 앞의 편지, 1869년 3월 29일.

107) Cunningham이 F. G. Dexter에게 보낸 편지, 1861년 6월 1일, DP.

108) 앞의 편지.

109) 이 거래에서 화물의 일부를 태평천국군에게 도둑맞기도 하였다(앞의 편지, 1861년 6월 1일).

110) (上海에서) William Keswick이 (홍콩의) James Whittall에게 보낸 편지, 1866년 1월 6일, JMA.

111) Johnson이 (홍콩의) James Whittall에게 보낸 편지, 1867년 5월 6일, JMA.

112) 홍콩에서 (上海의) Johnson에게 보낸 편지, 1871년 8월 29일, JMA.

113) (上海에서) Johnson이 (홍콩의) 자딘매디슨사에 보낸 편지, 1871년 10월 4일, JMA.

114) 영국 의회 문건, 『Commerical Report of Her Majesty's Consuls in China』, 1호 (1875), 鎭江, 205쪽.

115) 劉廣京,『唐廷樞』, 156~158쪽.

116) 上海에서 (런던의) John Samuel Swire에게 보낸 편지, 1884년 11월 18일, SP.

117) 劉廣京,『唐廷樞』, 156~158쪽. 徐潤,『年譜』, 12쪽.

118) 劉廣京,『唐廷樞』, 147쪽.

119) 앞의 책, 160~161쪽.

120) 앞의 책, 148~151쪽.

121) 앞의 책, 162~169쪽.『Steamship Rivalry』, 141~143쪽.

122) Ellsworth C. Carlson, 『The Kaiping Mines』, 2장. 戈公振,『中國報學史』(상하이, 1927), 4장.

123) James Whittall은 "德盛은 내게 福州에서 더 많은 아편을 판매할 수 있다고 말했다"고 보고하였다(上海에서 홍콩의 자딘매디슨사에 보낸 편지, 1859년 9월 3일, JMA).

124) Johnson이 William Keswick에게 보낸 편지, 1869년 4월 13일, JMA.

125) 앞의 편지, 1869년 3월 29일.

126) James Whittall이 (홍콩의) 자딘매디슨사에 보낸 편지, 1861년 9월 3일, JMA.

127) Johnson은 上海에 "오늘 더성을 통해 새순사와 540냥 이하로는 팔지 않겠다는 협의를 하였다. 앞으로 북방 쪽에 더 많은 거래가 있을 것이라고 확신한다"고 보고하였다(William Keswick에게 보낸 편지, 1869년 4월 3일, JAM).

128) (天津에서) Dan Patridge가 (汕頭의) James Whittall에게 보낸 편지, 1861년 6월 10일, JMA.

129) Dan Patridge가 (山頭의) 자딘매디슨사에 보낸 편지, 1865년 7월 8일, JMA.

130) (上海에서) G. B. Dixwell이 (홍콩의) A. F. Heard에게 보낸 편지, 1865년 11월 29일, HM-30, HC.

131) (홍콩의) Keswick에게 보낸 편지, JMA.

132) (上海에서) James Whittall이 (홍콩의) 자딘매디슨사에 보낸 편지, 1861년 7월 30일, JMA.

133) 앞의 편지, 1862년 8월 2일.

134) (上海에서) Johnson이 자딘매디슨사에 보낸 편지, 1868년 9월 11일, JMA.

135) 鄭觀應, 『盛世危言后編』, 8권, 31~32쪽, 42~43쪽.

136) NCH, 1868년 12월 22일, 623쪽, 625~626쪽. 汪敬虞, 『附股』, 42~43쪽.

137) 鄭觀應, 『盛世危言后編』, 8권, 42~43쪽 ; 9권, 1쪽 ; 10권, 118~119쪽 ; 11권, 16~17쪽, 25쪽. 上海 직조 공장에 관해서는 嚴中平의『中國綿紡織史稿』(베이징, 1955) 103쪽 참조.

138) 『華字日報』, 1906년 5월 6일.

139) 徐潤, 『年譜』, 여러 곳에서 보임.

140) Shanghai S. N. Co.의 보고서, 1868년 2월 21일, 劉廣京, 『Steamship Rivalry』, 91쪽에서 인용.

141) Henrietta M. Larson, 「A China Trader Turns Invester」, 『Harvard Business Review』, 12권, 348~351쪽(1933~1934).

142) 앞의 책.

143) 앞의 책, 356쪽, [표 2].

144) Case Book, 130~131쪽, CP.

145) Dennett, 『Americans』, 579~580쪽.

146) 劉廣京, 『Steamship Rivalry』, 2장, 4장.

147) 자딘매디슨사, 『An Outline of the History of a China House for a Hundred Years, 1832~1932』(홍콩, 1934), 1~87쪽. 자딘매디슨사의 자세한 투자 명세서는 郝延平, 『Comprador』, 22쪽 참조.

148) 오거스틴허드사의 투자 명세표들은 Case 9, HCⅡ 참조.

제9장 최대의 이익을 위하여

1) 중국협회의 上海 지사가 (北京의) C. MacDonald 경에게 보낸 편지, 1898년 11월 3일, 영국 외교 문건 : FO 405/84, 274쪽.

2) 런던 중국협회 비망록, 영국 외교 문건 : FO 405/84, 273쪽.

3) 앞의 문장.

4) (홍콩에서) 오거스틴허드사가 (上海의) 중국협회에 보낸 편지, 1862년 8월 1일, EQ-5, HC. 1866년부터 러셀사의 편지에 竹坪이라고 호명된 사람이 바로 陳裕昌이다, RA.

5) 郝延平, 『Comprador』, 28~29쪽.

6) (홍콩에서) 오거스틴허드사가 (上海의) 중국협회에 보낸 편지, 1863년 3월 11일, EL-1, HC.

7) 『American Neptune』, 1957년 1월, 45~50쪽.

8) 비망록, HL-19, 486쪽, HC.

9) (上海에서) 자딘매디슨사가 중국협회에 보낸 편지, 1880년 7월 13일, JMA.

10) 汪敬虞, 『附股』, 42쪽.

11) Delano는 Franklin Delano Roosevelt 대통령의 할아버지.

12) 劉廣京, 『Steamship Rivalry』, 18쪽.

13) 劉廣京, 『Steamship Rivalry』, 29~30쪽. 汪敬虞, 『附股』, 40쪽.

14) (汕頭의) Otto Asverus가 자딘매디슨사에 보낸 편지, 1874년 11월 3일, JMA. 劉廣京, 『Steamship Rivalry』, 26쪽에도 보임.

15) (上海에서) A. F. Heard가 Augustine Heard Jr.에게 보낸 편지, 1862년 4월 18일, HL-36, HC.

16) 郝延平, 『Comprador』, 121쪽.

17) 顧豊盛은 顧春池라고도 하였다.

18) 徐潤, 『年譜』, 24쪽.

19) (上海에서) A. F. Heard가 Augustine Heard Jr.에게 보낸 편지, 1862년 4월 18일, HS-36, HC.

20) 앞의 편지. 顧豊盛의 생사 시세는 NCH, 『申報』에서 수시로 보인다(예를 들면, 同治 11년 7월 9일, 1쪽, 7월 16일, 7쪽).

21) 汪敬虞, 『附股』, 45쪽.

22) 徐潤은 '雨記'라고도 알려졌으며, 주주로 남아 있던 다른 사람들로는 福昌과 顧春, 李記를 들 수 있다(앞의 책, 45~46쪽). 徐潤의 自敍 『年譜』는 이 부분에 관해 자세하게 언급하지 않았다.

23) 앞의 책, 43쪽.

24) 앞의 책, 42~43쪽. 劉廣京, 『Steamship Rivalry』, 189쪽.

25) NCH, 1868년 5월 9일, 215쪽.

26) EL-1, HC.

27) 鄭觀應, 『后編』, 8권, 42~43쪽,

28) "이 배는 500t급으로 하루에 연료를 7½t밖에 소모하지 않으면서 9kn의 속도

를 낼 수 있다. 나는 여러 방면에서 이 배가 가장 적합하다고 생각한다"(上海에서 William Keswick에게 보낸 편지, 1868년 4월 10일, JMA).

29) 앞의 편지.

30) 앞의 편지, 1868년 4월 11일.

31) 劉廣京,『Steamship Rivalry』, 140~141쪽. 郝延平,『Comprador』, 122쪽.

32) 汪敬虞,『附股』, 44쪽.

33) 앞의 책.

34) NCH, 1882년 3월 1일, 238쪽과 1882년 3월 15일, 294쪽.

35) 汪敬虞,『附股』, 39~40쪽.

36) Edward Cunningham과 P. S. Forbes가 참여하였다(劉廣京,『Steamship Rivalry』, 127쪽, 205쪽).

37) 汪敬虞,『附股』, 46쪽.

38) 劉廣京,『Steamship Enterprise』, 439쪽.

39) 郝延平,『Comprador』, 100쪽. 汪敬虞,『附股』, 46쪽.

40) 汪敬虞,『附股』, 48쪽.

41) 앞의 책.

42) 東亞同文會,『支那經濟全書』(오사카, 1907년), 2책, 495쪽.

43) John M. Forbes가 (上海의) Edward Cunningham에게 보낸 편지, 1868년 5월 27일, Case 26, RA.

44) 汪敬虞,『附股』, 55쪽.

45) 앞의 책.

46) 앞의 책, 62쪽.

47) 又隆의 장부, 비망록, 홍콩, 1875년 2월, JMA.

48) 劉廣京,『Steamship Rivalry』, 35쪽 ; 汪敬虞,『附股』, 45쪽, 49쪽.

49) 汪敬虞,『附股』, 49~50쪽.

50) 앞의 책, 50~51쪽.

51) Memorandum of China Traders Insurance Society, HQ-1, HC.

52) 앞의 책.

53) 汪敬虞,『附股』, 50쪽.

54) 앞의 책, 53쪽.

55) NCH, 1881년 3월 1일, 207쪽 ; 1890년 6월 6일,709쪽 ; 1892년 4월 8일, 469쪽.

56) 汪敬虞,『附股』, 52~53쪽.

57) 앞의 책, 53쪽.

58)『申報』, 1879년 9월 3일, 3쪽.

59) 汪敬虞,『附股』, 54쪽.

60) 앞의 책, 53쪽.

61) 앞의 책.

62) 앞의 책, 58～59쪽. 徐潤,『年譜』, 73쪽.

63) 자딘매디슨사가 영국 영사 Hughes에게 보낸 편지, 영국 외교 문건 : FO 405/27, 82쪽.

64) 汪敬虞,『附股』, 59쪽.

65) NCH, 1887년 5월 13일, 515쪽. 汪敬虞,『附股』, 60쪽.

66) Box 1175, SP.

67) (上海에서) 자딘매디슨사가 (上海의) 영국 영사 Hughes에게 보낸 편지, 1883년 3월 7일, 영국 외교 문건, FO 405/27, 52쪽. 콩기름 회사와 중국피혁회사에 관해서는 汪敬虞,『附股』, 60～61쪽 참조.

68) (London의) Swire에게 보낸 편지, 1895년 7월 19일, SP. 그러나 이 문건은 더 이상 자세한 내용을 언급하지 않았다.

69) 汪敬虞,『附股』, 62～64쪽. 汪敬虞은 프랑스의 가스 회사가 중국 자본을 유치했는지에 대해서 의문을 나타냈지만, 자딘매디슨사의 1883년 자료에 따르면 중국을 포함한 여러 나라의 주주들이 참여했다고 한다(上海에서 자딘매디슨사가 영국 영사 Hughes에게 보낸 편지, 1883년 3월 3일, 영국 외교 문건 : FO 405/27, 82쪽).

70) 汪敬虞,『附股』, 65～66쪽. 汪敬虞은 제빙 회사에 대해서는 언급하지 않았다. 이 회사는 영국 회사였지만 중국 자본이 참여하였다(上海에서 자딘매디슨사가 영국 영사 Hughes에게 보낸 편지, 1883년 3월 3일, 영국 외교 문건 : FO 405/27, 82쪽).

71) (上海에서) 자딘매디슨사가 영국 영사 Hughes에게 보낸 편지, 1883년 3월 3일, 영국 외교 문건 : FO 405/27, 82쪽.

72) Wright,『Impressions』, 548쪽.『上海錢庄』, 37쪽.

73) 汪敬虞,『附股』, 56쪽.

74) 앞의 책, 68～69쪽.

75) 1882～1891년 上海에는 많은 외국 기업이 설립되었는데, 적어도 40%는 중국 자본이었다(중국 세관,『Decennial Report』, 1882～1891, 상하이, 340쪽). 1893년의 상황도 마찬가지였다(Murphey,『Shanghai』, 6쪽).

76) 이 기업들 가운데 면방직 공장이 6개, 제분 공장이 2개였으며, 대부분 上海에 설립되었다(汪敬虞,『工業史』, 2집, 1065쪽).

77) 汪敬虞,『附股』, 69쪽.

78) 앞의 책.

79) 홍콩에서 (上海의) William Paterson에게 보낸 편지, 1883년 1월 25일, JMA.

80) Fairbank, 『Trade and Diplomacy』, 1권, 317쪽.

81) 耆英은 1847년 중국인들이 의뢰한 중국 화물에 대해서는 국내 세칙을 적용하기로 하였지만 1848년 上海에서는 효력을 발휘하지 못하였으며, 江南 최고 당국에서는 조약 세칙을 따른다는 결정을 내린 바 있다(앞의 책, 318~319쪽).

82) 중국 세관, 1497호, 通函附件, 1908년 4월 28일, 367쪽.

83) 朱壽朋, 『光緒朝東華續錄』, 198권, 16쪽.

84) 서로 다른 세금에 대해 자딘매디슨사는 "Johnson이 일전에 말한 대로 여기서 福州로 운송할 때 외국 국기를 단 선박에 실린 중국 화물과 중국인들이 운반하는 화물의 관세에는 차이가 있다는 것을 알린다"고 하였다(上海에서 Thomas Dick에게 보낸 편지, 1869년 4월 27일, JMA).

85) Fairbank, 『Trade and Diplomacy』, 1권, 127쪽, 322쪽.

86) 앞의 책, 1권, 324쪽, 332쪽. (上海에서) Dallas가 (홍콩의) Davis Jardin에게 보낸 편지, 1848년 9월 19일. (上海에서) Alexander Perceval이 (홍콩의) Joseph Jardin에게 보낸 편지, 1856년 4월 7일에도 보임, JMA.

87) Dennett, 『Americans』, 583~584쪽. Arrow 호에 관해서는 Eitel, 307쪽 참조.

88) 廣州 영사 D. B. Robertson의 상업 보고서에 동봉한 W. Davidson의 편지, 1858, 영국 외교 문건 : FO 405/2, 353쪽.

89) Dennett, 『Americans』, 583~584쪽.

90) 鎭江 부영사 C. F. Allen의 보고서, 1869년 5월 20일, 영국 외교 문건 : FO17/531, 2쪽.

91) 天津 주재 영사 J. Morgan의 보고, 1869년 4월 16일, 영국 외교 문건 : FO 17/535, 2쪽.

92) Dragon 호가 자딘매디슨사로 관리 이전되면서 F. B. Johnson은 선주에게 4만 냥을 단기 대출해 주었다(上海에서 홍콩의 William Keswick에게 보낸 편지, 1870년 2월 16일, JMA).

93) 汪敬虞, 『附股』, 73쪽.

94) 중국 세관, 『Circular』, 1권, 669쪽 ; 3권, 272쪽.

95) Circular 846호, 1898년 9월 5일, 중국 세관, 『Origin』 2권, 138쪽.

96) 『交通史』 (난징, 1930), 12책, 155쪽.

97) NCH, 1884년 11월 19일, 579쪽,

98) 『申報』, 1874년 8월 20일, 5쪽.

99) 「Proposals for the Better Regulation of Commerical Relation」, 1876년 1월 23일, 중국 세관, 『Orign』, 6권, 367쪽.

100) 중국 세관, 『Circulars』, 3권, 68쪽.

101) 영국 의회 문건,『영사 보고, 鎭江』, 1881~1882, 3쪽.

102) (寧波에서) H. F. Merrill이 (北京의) Robert Hart에게 보낸 편지, 1891년 1월 4일, 중국 세관,『Orign』, 5권, 10쪽.

103) Patridge가 자딘매디슨사에 보낸 편지, JMA.

104) 鄭觀應,『增訂』, 3권, 1쪽.

105) NCH, 1865년 9월 16일, 146쪽.

106) NCH, 1879년 10월 17일, 388쪽.

107)『申報』, 1878년 5월 1일, 3쪽 ; 1879년 10월 14일, 3쪽.

108) 영사의 보고, 重慶, 영국 외교 문건, FO 405/152, 40쪽.

109) (寧波에서) H. F. Merrill이 (北京의) Robert Hart에게 보낸 편지, 1892년 3월 12일, 중국 세관,『Orign』, 5권, 10쪽.

110) Circulars, 215호, 1883년 4월 3일, 중국 세관,『Circulars』, 3권, 42쪽.

111) 1897년 汕頭에서는 영국인 명의의 아편 가공 공장이 세워졌다. 彭澤益 編,『中國近代手工業史資料』(베이징, 1957), 2책, 401~402쪽.

112)『增訂』3권, 1쪽. 厘金 제도에 대한 저서로는 羅玉東의『中國厘金史』(상하이, 1936)가 있음. 이 제도가 상업에 불리했다는 새로운 연구는 何烈,『厘金制度新探』(타이베이, 1972) 참조.

113) 波多野善大,『中國近代工業史研究』(교토, 1961), 268쪽.

114) 영국의 노동부가 외교부에 보낸 편지, 1882년 2월 20일, 영국 외교 문건 : FO 405/55, 11쪽.

115) 徐潤에 관해서는 Wright,『Impressions』, 566쪽 참조.

116) 영국의 노동부가 외교부에 보낸 편지, 1882년 2월 20일, 영국 외교문건 : FO 405/55, 11쪽.

117) 鄭觀應,『增訂』3권, 1쪽.

118) Fairbank,『Trade and Diplomacy』, 1권, 220~221쪽.

119) 汪敬虞,『附股』, 51쪽.

120) Marion J. Levy · 史國衡 공저,『The Rise of the Modern Chinese Business Class』(뉴욕, 1949), 52쪽.

121) Wright,『Impressions』, 178쪽

122) 鎭江 부영사 C. F. Allen의 보고, 1869년 5월 20일, 영국 외교 문건 : FO 17/531.

123) (上海에서) Dallas가 (홍콩의) 자딘매디슨사에 보낸 편지, 1851년 12월 18일, JMA. (上海에서) James Whittall이 (홍콩의) Joseph Jardine에게 보낸 편지, 1859년 12월 21일, JMA.

124) A. F. Heard가 John Heard에게 보낸 편지, 1860년 8월 16일, HL-16. G. F. Weller가 A. F. Heard에게 보낸 편지, 1862년 5월 15일, HM-49, HC.

125) NCH, 1883년 3월 11일, 525쪽.

126) F. B. Johnson은 1883년 "Craig는 우리가 汕頭에 파견한 대리인일 뿐이므로 회사의 명의를 사용할 수 없다. 이미 그에게 이 사실을 통고했으며, 그는 회사의 일반적인 대리 업무에서 '자딘매디슨사의 대리인'이라고 문서에 서명할 것이다. 또 모든 회사의 보험 증서나 문건에도 '대리인 Craig'라고만 표시할 수 있다"고 했다(홍콩에서 上海의 William Paterson에게 보낸 편지, 1883년 4월 5일, JMA).

127) NCH, 1884년 11월 19일, 577쪽.

128) 梁嘉彬, 『十三行』, 278~279쪽.

129) 『辭源』(타이베이, 1955), '洋行' 항목 참조.

130) 1923년 上海의 外國 商人 總商會는 華商 總商會에 편지를 보내 "우리는 중국 상인들이 '洋行'이라는 명칭을 사용하는 데에 대한 우려를 전하고자 한다. 위원회에서 이 일에 적당한 조치를 취해 비슷한 일이 일어나지 않도록 주의를 기울여 주기 바란다"고 하였다(內田直, 「洋行制度硏究」, 『支那硏究』, 50기, 189~190쪽, 1939년 3월). 이 편지가 중국 상인들로 하여금 '洋行'이라는 명칭을 쓰지 않도록 하는 데 얼마나 큰 영향력을 미쳤는지에 대해서는 명확하게 알 수 없다.

131) 張仲禮, 『The Income of the Chinese Gentry』(시애틀, 1962), 138~139쪽.

132) 앞의 책, 139~142쪽.

133) 투자 자본의 사용에 따라 이익이 변하는 문제에 관해서는 彭澤益, 「19世紀後期中國城市手工業商業行會的重建和作用」, 『歷史硏究』, 1기, 81~90쪽, 1965년 참조.

134) Allen, 『Opium Trade』, 62쪽.

135) 앞의 책, 62~63쪽, 수익률은 저자의 계산.

136) 중·미 차 무역의 이익과 경제적·사회적·문화적 관계에 대해서는 John K. Fairbank 編, 『American-East Asian Economic Relations』(하버드대학교 출판부)에 실린 郝延平, 「The Early Chinese-American Tea Trade」 참조.

137) Samuel Shaw, 『The Journals of Major Samuel Shaw』, Josiah Quincy 編(보스턴, 1847), 135쪽.

138) Dennett, 『American』, 11쪽.

139) Carl C. Culter, 『Greyhound of the Sea』(뉴욕, 1930), 169쪽.

140) Augustine Heard Jr., 『Old China and New』, 30쪽, GQ-2, HC.

141) 앞의 책, 30~31쪽.

142) 앞의 책, 31쪽.

143) 앞의 책, 30~31쪽.

144) (福州에서) Fisher가 Joseph Jardin에게 보낸 편지, 1856년 5월 4일, JMA.

145) 비망록, 1868년 5월, JMA. (上海에서) F. B. Johnson이 (홍콩의) William Keswick에게 보낸 편지, 1868년 5월 10일, JMA.

146) (上海에서) James Whittall이 자딘매디슨사에 보낸 편지, 1861년 1월 24일, JMA.

147) (홍콩에서) 楷宗隆이 자딘매디슨사에 보낸 편지, 1874년 5월 29일, JMA.

148) (上海에서) A. F. Heard가 (홍콩의) John Heard에게 보낸 편지, 1861년 1월 21일, EA-1, HC. 그러나 두 회사의 경영자들은 이 계획의 위험성이 너무 커서 결국 포기하였다. 『Lockwood』, 81～84쪽 참조.

149) 『沈文肅公政書』, 1권, 24쪽.

150) 『上海錢庄』, 29쪽.

151) 梁嘉彬, 『十三行』, 261～266쪽. 何炳棣, 『The Ladder of Success in Imperial China』(뉴욕, 1962), 299～301쪽. 경관은 1811년에 7,000상자, 1816년에 1만 2,000상자, 1821년에 1만 6,500상자, 1827년에 2만 2,834상자의 차를 판매하였다(Morse, 『Chronicles』, 3권, 159쪽, 191쪽, 207쪽, 244쪽, 313쪽, 350쪽, 371쪽 ; 4권, 9쪽, 72쪽, 147쪽).

152) NCH, 1883년 8월 3일.

153) 吳醒廉, 『香港華人名人史略』(홍콩, 1937년), 1권, 2～3쪽 ; Wright, 『Impressions』, 176쪽.

154) 外山軍治, 「上海紳商楊坊」, 『東洋史研究』, 1권, 4기, 17～34쪽(1945. 11).

155) 『上海縣續志』(상하이, 1918), 21권, 13쪽.

156) Augustine Heard Jr.에게 보낸 편지, 1862년 4월 18일, HL-36, HC.

157) 胡光墉의 일생에 관해서는 John C. Stanley, 『Late Ch'ing Fiance』(케임브리지, 매사추세츠, 1961) 참조.

158) 『上海錢庄』, 743쪽. 『上海縣續志』(상하이, 1918), 21권, 14쪽 ; 汪敬虞, 『工業史』, 2집, 955쪽 ; Wright, 『Impressions』, 560쪽 ; 何炳棣, 『Ladder』, 308～310쪽.

159) 劉大鈞, 『吳縣農村經濟』 ; 劉石吉, 『淸代江南商品經濟的發展與市鎭的興起』(대만대학교 석사 학위 논문, 1975), 54～55쪽에서 인용. 이 숫자들은 과장되었다.

160) Rutherford Alcock, 『The Capital of the Tycoon』(런던, 1863), 1권, 37～38쪽.

161) Larson, 350쪽.

162) 개인 회고록, 139～140쪽.

163) Hunter, 『Fan Kwae』, 156～157쪽.

164) 일기, 21쪽, FP-4, HC.

165) Hunter, 『Fan Kwae』, 156쪽.

166) Samuel Russell이 Augustine Heard에게 보낸 편지, 1837년 3월 31일, BM-9, HC.

167) 『申報』, 1875년 7월 3일, 1쪽.

168) 일기, 71쪽, FP-4, HC.

169) 앞의 책, 123쪽.

제10장 위험하고 불확실한 시장

1) 런던에서 (중국의) William Lang, John H. Scott, Edwin Mackintosh에게 보낸 편지, 1882년 9월 1일, SP.

2) 徐潤, 『年譜』, 14쪽.

3) 廣州에서 (보스턴의) Forbes에게 보낸 편지, 1841년 11월 22일, HLB.

4) 廣州에서 (보스턴의) J. M. Forbes와 R. B. Forbes에게 보낸 편지, HLB.

5) 앞의 편지.

6) 廣州에서 (보스턴의) J. M. Forbes에게 보낸 편지, 1840년 6월 28일, 1841년 10월 4일, HLB. 1840년 5월 31일 (뉴욕의) John C. Green에게 보낸 편지와 1840년 6월 1일 (보스턴의) J. P. Cushing에게 보낸 편지에도 보임, HLB.

7) (廣州에서) John C. Green에게 보낸 편지, 1840년 7월 5일, HLB.

8) 廣州에서 (보스턴의) J. M. Forbes에게 보낸 편지, 1840년 6월 28일, HLB.

9) 廣州에서 (런던 동인도회사의) Plowden에게 보낸 편지, 1843년 4월 2일, HLB.

10) 廣州에서 (보스턴의) J. M. Forbes와 R. B. Forbes에게 보낸 편지, 1843년 4월 5일, HLB.

11) 劉廣京, 『Houqua : The Sources and Disposition of His Wealth』, 9~10쪽.

12) 앞의 책, 12쪽.

13) 徐潤, 『年譜』, 82쪽.

14) FO 405/65.

15) FO 17/377, 101쪽. Robert 목사는 난징에서 15개월 간 머문 뒤 洪秀全 등과 의견의 차이를 보이기 시작하였다.

16) FP-2, HC.

17) A. Adkins의 보고, 1862 ; 鎭江 영국 영사 C. F. Allen의 보고에서 인용, 1869년 5월 20일, 영국 외교 문건 : FO 17/531, 2쪽.

18) 앞의 편지.

19) FP-3, 11쪽, HC.

20) 앞의 자료.

21) 上海에서 (홍콩의) David Jardin에게 보낸 편지, JMA.

22) 앞의 편지.

23) 張哲郎, 『淸代的漕運』(타이베이, 1969), 68쪽, 70쪽.

24) FO 17/200.

25) 앞의 자료.

26) (홍콩의) Joseph Jardin에게 보낸 편지, 1856년 6월 10일, JMA.

27) 『廣東財政說明書』, 5책, 22쪽.

28) (上海에서) Charles Fearon에게 보낸 편지, 1861년 6월 3일, HL-35, HC.

29) 자딘매디슨사에 보낸 편지, 1862년 10월 4일, JMA.

30) 영국 의회 문건, 『Commerical Reports from Her Majesty's Consuls in China, Japan and Siam』, 1865, 71권, 54쪽.

31) 영국 租界의 R. Alcock의 말을 인용, 1853년 3월 10일, 영국 외교 문건 : FO 17/204.

32) FO 17/340.

33) 앞의 자료, 1860년 4월 23일.

34) 영국 외교 문건, FO 17/456, 1866년 3월 3일.

35) Wright, 『Impressions』, 566쪽.

36) 郝延平, 『Comprador』, 194～195쪽.

37) (홍콩의) John Heard Ⅲ에게 보낸 편지, HL-16, HC.

38) 廣州에서 (보스턴의) R. B. Forbes에게 보낸 편지, 1841년 11월 22일, HLB.

39) 1853～1859년의 상황은 Morse, 『Conflict』, 464～466쪽 참조.

40) (上海에서) A. F. Heard가 (홍콩의) John Heard Ⅲ에게 보낸 편지, 1862년 5월 10일, HL-16, HC.

41) 上海에서 (Mass. Ipswich의) John Heard에게 보낸 편지, 1860년 9월 13일, HL-34, HC.

42) FO 404/8, 44쪽.

43) (漢口에서) Henry Beveridge가 (上海의) F. B. Johnson에게 보낸 편지, 1870년 7월 2일, JMA.

44) Morse, 『Conflict』, 464～466쪽.

45) 앞의 책, 466쪽.

46) (홍콩의) John Heard Ⅲ에게 보낸 편지, 1860년 7월 16일, HL-16, HC.

47) Charles Fearon에게 보낸 편지, 1861년 3월 5일, HL-35, HC.

48) Fisher가 (홍콩의) Joseph Jardin에게 보낸 편지, 1856년 5월 1일, JMA.

49) 앞의 편지, 1856년 5월 17일.

50) (水口에서) Macleod에게 보낸 편지, 1861년 8월 29일, JMA.

51) W. H. Medhurst, 상하이, 1862년 3월 18일, 영국 외교 문건 : FO 17/377, 145~146쪽.

52) 『The Hongkong Daily Press』는 1856년 2월 10일 "중국은 현재 무역액이 아주 적고 상황이 나빠 …… 큰 위기에 처하였다. 생사로부터 시작된 위기는 공급량이 급감하여 회복할 기미가 보이지 않는다. 무엇보다도 태평천국군이 江蘇와 浙江 등 여러 省을 점령하여 연료가 부족한 것이 주된 원인이고, 뽕나무는 취사용으로 다 베어지고 있다"고 보도하였다.

53) W. H. Medhurst에게 보낸 편지, 상하이, 1862년 3월 18일, 영국 외교 문건 : FO 17/377, 146쪽.

54) 영국 의회 문건, 『Commerical Reports from Her Majesty's Consuls in China, Japan and Siam, 1865』, 71권, 54쪽.

55) 앞의 자료.

56) (홍콩의) David Jardin에게 보낸 편지, 1852년 9월 27일, JMA.

57) (홍콩의) 자딘매디슨사에게 보낸 편지, 1859년 6월 14일, JMA.

58) David Jardin에게 보낸 편지, JMA.

59) Diary, 132쪽, FP-3, HC.

60) 『申報』, 1874년 11월 23일, 2쪽.

61) (홍콩의) 자딘매디슨사에 보낸 편지, 1849년 10월 23일, JMA.

62) (홍콩의) David Jardin에게 보낸 편지, 1852년 8월 31일, JMA.

63) 『申報』, 1874년 7월 6일, 1쪽.

64) 영국 의회 문건, 『Commerical Reports of Her Majesty's Consuls in China(1879)』, 1권, 상하이, 5쪽.

65) Keswick에게 보낸 편지, 1869년 6월 10일, JMA.

66) 앞의 편지, 1869년 9월 2일.

67) 徐潤, 『年譜』, 11~12쪽.

68) Commerical report, 1869년 4월 16일, 영국 외교 문건 FO 17/533, 2쪽.

69) JMA.

70) (上海에서) W. Paterson이 (홍콩의) 자딘매디슨사에 보낸 편지, 1884년 5월 18일, JMA.

71) Fairbank, 『Trade and Diplomacy』, 1권, 133~134쪽.

72) 은과 동전의 비교는 H. B. Morse, 『Currency, Weights, and Measures in China』(상하이, 1906) 참조.

73) Fairbank, Alexander Eckstein, 楊聯陞, 「Economic Change in Early Modern China」,

『Economic Devolopment and Cultural Change』 9:10 (1960. 10)에서 인용.

74) King, 『Money』, 169~181쪽.

75) NCH, 1856년 11월 29일, 70쪽.

76) King, 『Money』, 58쪽.

77) (홍콩의) Joseph Jardin에게 보낸 편지, 1856년 6월 10일, JMA.

78) (런던의) 외교부에 보낸 편지, 1868년 5월 29일, 영국 외교 문건 : FO 405/13, 127쪽.

79) 鄭友揆, 『Foreign Trade and Industrial Development of China』(워싱턴, 1956).

80) C. F. Allen의 Commerical report, 1869년 5월 20일, 영국 외교 문건 : FO 17/531.

81) (上海에서) F. B. Johnson이 (홍콩의) William Keswick에게 보낸 편지, 1868년 5월 20일, JMA. 『上海錢庄』29쪽에도 보임.

82) "지금처럼 영업을 잠시 쉬고 싶은데 낙관적인 사람들이 바로 시장에 뛰어들 준비를 하고 있어 신중하게 생각해 볼 여유가 없다"(上海에서 Keswick이 홍콩의 James Whittall에게 보낸 편지, 1864년 10월 7일, JMA).

83) 上海 부분에 관해서는 劉大均, 『The Growth Industrialization of Shanghai』(상하이, 1936) 참조.

84) Connolly, 『Canton』, 229쪽.

85) NCH, 1857년 5월 16일, 166쪽 ; 1867년 7월 19일, 153쪽.

86) (上海에서) F. B. Johnson이 (홍콩의) James Whittall에게 보낸 편지, 1867년 1월 16일, JMA.

87) Johnson이 자딘매디슨사에 보낸 편지, 1868년 9월 11일, JMA.

88) "이 돈을 갑자기 회수하자 그들은 문을 닫지 않을 수 없었다"(Gower가 Johnson에게 보낸 편지, 1867년 9월 3일, JMA).

89) 상세한 내용은 郝延平, 『Comprador』, 161~162쪽 참조.

90) (上海의) A. F. Heard에게 보낸 편지, HM-5, HC.

91) NCH, 1876년 2월 13일, 90쪽.

92) (上海에서) Dallas가 (홍콩의) Donald Matheson에게 보낸 편지, 1846년 3월 21일, JMA.

93) 앞의 편지, 1846년 5월 9일.

94) F. G. Dexter에게 보낸 편지, 1860년 6월 10일, DP.

95) "숙부가 다시 중국으로 돌아간 것은 몇 년 전에 벌어 온 돈을 친구인 R. B. Forbes의 건의로 투기 거래를 하여 손해를 보았기 때문이다"(John Heard Ⅲ, 일기, 21쪽, FP-4, HC).

96) NCH, 1867년 1월 8일, 348쪽 ; 1867년 7월 19일, 153쪽.

97) (홍콩의) Alexander Perceval에게 보낸 편지, 1863년 3월 30일, JMA.

98) NCH, 1865년 9월 16일, 146쪽.

99) NCH, 1864년 4월 16일, 62쪽. 이것은 上海에서 프로이센 상인이 목격한 것이다.

100) NCH, 1867년 5월 16일, 51쪽.

101) 1869년 4월 20일, 영국 외교 문건 FO 17/531, 9쪽.

102) (홍콩의) Joseph Jardin에게 보내는 편지, 1856년 7월 9일, JMA.

103) Augustine Heard Jr.에게 보낸 편지, 1862년 4월 18일, HL-36, HC.

104) (上海에서) Dallas가 (홍콩의) David Jardin에게 보낸 편지, 1852년 1월 13일, JMA.

105) 앞의 편지, 1851년 12월 18일.

106) 앞의 편지.

107) 앞의 편지, 1852년 1월 13일, JMA.

108) Thomas Larken이 (홍콩의) Joseph Jardin에게 보낸 편지, 1856년 8월 20일, JMA.

109) Charles Sinclair의 보고, FO 17/534.

110) NCH, 1864년 6월 4일, 91쪽.

111) NCH, 1870년 9월 22일, 228쪽.

112) (홍콩의) David Jardin에게 보낸 편지, 1851년 10월 4일, JMA.

113) 이 紋銀들은 "한 洋行의 매판이 주인 모르게" 운송한 것이었다(William Keswick에게 보낸 편지, 1865년 6월 19일, JMA).

114) Eitel, 550쪽.

115) (上海의) W. Patterson에게 보낸 편지, 1884년 1월 26일, JMA.

116) King, 『Money』, 236쪽 ; 『上海錢庄』, 74~76쪽 ; 楊蔭溥, 26쪽.

117) Violet Barbour, 『Capitalism in Amsterdam in the 17th Century』(볼티모어, 1950), 78~79쪽.

118) 일기, HP-1, HC.

119) NCH, 1864년 4월 16일, 62쪽.

120) NCH, 1867년 12월 24일, 426쪽.

121) 楊蔭溥, 25~26쪽.

122) NCH, 1883년 3월 28일, 352쪽.

123) Barbour, 74쪽.

124) Dallas가 (홍콩의) David Jardin에게 보낸 편지, 1852년 9월 15일, JMA.

125) 앞의 편지, 1852년 9월 27일.

126) 앞의 편지, 1852년 9월 15일.

127) 앞의 편지, 1852년 9월 27일.

128) 徐潤, 『年譜』, 11～12쪽.

129) JMA.

130) FO 17/483.

제11장 경영 손실과 파산

1) (런던에서) Augustine Heard에게 보낸 편지, 1855년 2월 10일, EM-6, HC.

2) 梁嘉彬, 『十三行』, 113쪽.

3) 1870년 행상들은 고정 가격제를 실시하여, 이익을 모두 합친 뒤 공동으로 채무를 상환하고 관리들에게 줄 선물을 구입하려고 하였다. 그러나 河泊은 행상이 하나의 단체로서 이미 파산한 행상의 세금을 대신 갚아 줄 것을 요구하였다. 따라서 같은 해, "파산한 지 이미 2년이 지난 廣順行 …… 그의 부동산은 관청에 압류되어 있지만, 관리들은 먼저 세금을 내야 한다고 하였다"(Morse, 『Chronicles』, Ⅱ, 56～57쪽).

4) 앞의 책, 2권, 255～264쪽.

5) 앞의 책, 4권, 73쪽.

6) 梁嘉彬, 『十三行』, 109～111쪽.

7) 앞의 책, 71～72쪽,

8) 앞의 책, 76쪽.

9) 대부분의 채무는 廣順行과 義豊行, 泰和行, 裕源行 등 4곳의 행상이 진 것이었다(Morse, 『Chronicles』, Ⅱ, 44～45쪽).

10) 앞의 책, 4권, 209쪽.

11) 梁嘉彬, 『十三行』, 150쪽.

12) BL-1, HC.

13) 앞의 자료.

14) Robert B. Forbes, 『회고록』, 247쪽. 浩官은 이어서 "앞으로 나는 대리인을 포브스사(Forbes & Co.)의 포브스로 바꿀 것이다. 그는 좀더 신중하게 나의 이익에 대해 처리할 것이라고 믿기 때문"이라고 하였다.

15) 앞의 자료, 247～248쪽.

16) 앞의 자료.

17) Forbes와 Cushing이 浩官에게 왜 그의 지시를 따르지 않았는지를 해명하자 浩官은 이를 이해하고 다시 Forbes의 권한을 회복시켜 주었다(廣州의 러셀사가 보스턴의 J. M. Forbes에게 보낸 편지, 1838년 8월 7일, 9월 15일, 9월 17일, FG, 12권). Cushing이 浩官에게 보낸 편지, 1838년 6월 25일. BSP, 12권. Forbes가 Joseph Coolidge

에게 보낸 편지, 1839년 3월 6일, F-8, FC.

18) 浩官이 R. B. Forbes에게 보낸 편지, 1838년 3월 8일, HLB.

19) 郝延平, 『Comprador』, 160쪽.

20) 『申報』, 1874년 9월 6일, 6쪽 ; 9월 9일, 2쪽 ; 9월 11일, 2쪽.

21) 『申報』, 1874년 9월 30일, 2쪽 ; 1882년 1월 17일, 3쪽.

22) 한 예로 Russo-China Bank의 매판 회계 담당자가 1907년에 도망친 일이 있었다(『華字日報』, 1907년 11월 18일).

23) (上海의) A. F. Heard에게 보낸 편지, 1866년 6월 28일, HM-23, HC.

24) 앞의 편지.

25) Henry Beveridge가 자딘매디슨사에 보낸 편지, JMA.

26) 『申報』, 1876년 5월 5일, 3쪽.

27) NCH, 1883년 3월 28일, 352쪽.

28) Julean Arnold, 『Commerical Handbook of China』(워싱턴, 1919, 1920), 2권, 254쪽.

29) (九江에서) H. G. Bridges가 (上海의) A. F. Heard에게 보낸 편지, 1862년 7월 28일, HM-23, HC.

30) "그와 잠시 이야기해 보았는데 아주 인상이 좋았다. 그는 여러 곳의 상황에 대해 아는 것이 많았고 …… 능력이 있었으며, 영어도 유창하게 구사하여 마음에 들었다"(앞의 편지, 1862년 8월 27일).

31) 九江에서 (상하이의) Heard에게 보낸 편지, 1862년 10월 2일, HM-49, HC.

32) NCH, 1887년 2월 8일, 367쪽.

33) NCH, 1883년 3월 28일, 352쪽.

34) 上海 자딘매디슨사의 한 직원은 1862년 10월 홍콩 본사에 "5상자의 백피토 가운데 3상자가 중량이 모자란 사건에 관해 보고한다. 3일 Whittall 씨 앞에서 무게를 재어 보았고, 13일에 다시 재어 보았는데 8일 동안 1상자당 10냥의 손해를 보았다. 지금 중국인 인부들의 접근을 막고 아편에 손대지 못하도록 주의하고 있다"고 보고하였다(Dan Patridge가 자딘매디슨사에 보낸 편지, 1862년 10월 16일, JMA).

35) "모두 알다시피 중국의 법률과 황제는 아편 거래를 불법으로 규정하였으니 이에 따르는 위험은 본인이 책임져야 할 것이며, 영국 여왕의 보호와 지지를 받지 못할 것이다"(『Chinese Repository』, 12 : 446쪽(1843), 중국 세관, 『Origin』, 6권, 6쪽에서 인용).

36) 영국 외교 문건 : FO 17/67.

37) (홍콩의) William Keswick에게 보낸 편지, 1871년 5월 17일, JMA.

38) "다음 시즌의 생사 수확에 대해서는 어떤 판단도 내릴 수가 없다"(앞의 편지).

39) JMA.

40) (上海에서) Whittall이 (홍콩의) 자딘매디슨사에 보낸 편지, 1862년 10월 4일,

JMA.

41) George Fisher가 Joseph Jardin에게 보낸 편지, 1856년 5월 4일, JMA.

42) 앞의 편지, 1856년 5월 17일.

43) 徐潤, 『年譜』, 11~12쪽.

44) "이 면화는 우리 창고에서 우리 배로, 우리 직원들이 중량을 재서 운반하였다. 우리 부두에서 배까지는 거리가 짧아서 손을 쓴 다음에 다시 포장한다는 것은 불가능하다. 이 안에서 물건을 훔치는 일은 발생할 수 없다. 게다가 같은 물건을 廈門에서 福州로 보냈는데, 거기서는 아무런 문제가 없었다"(자딘매디슨사에 보낸 편지, 1861년 3월 21일, JMA).

45) 영국 의회 문건, 『Commerical Reports of Her Majesty's Consuls in China(1879)』, 1호, 上海, 5쪽.

46) 上海에서 (홍콩의) David Jardin에게 보낸 편지, 1852년 7월 21일, JMA.

47) (上海의) 자딘매디슨사에 보낸 편지, 1876년 8월 2일, JMA.

48) 앞의 편지, 1876년 9월 9일.

49) 梁嘉彬, 『十三行』, 176쪽.

50) 『申報』, 1875년 6월 25일, 1쪽.

51) (廣州의) J. M. Forbes가 (Boston의) Samuel Cabot에게 보낸 편지, 1835년 4월 27일, Samuel Cabot의 자료.

52) (北海의) 영국 영사 W. G. Stronach가 (홍콩의) 자딘매디슨사에 보낸 편지, 1879년 7월 26일, JMA.

53) 『China』(런던, 1858), 25쪽.

54) NCH, 1867년 2월 8일, 368쪽.

55) NCH, 1867년 6월 1일, 85쪽 ; 8월 5일, 191쪽 ; 9월 28일, 277쪽 ; 10월 9일, 286쪽.

56) 徐潤, 『年譜』, 9쪽.

57) 앞의 책, 13~14쪽.

58) NCH, 1867년 8월 5일, 192쪽.

59) FL-18, HC.

60) 두 사람은 William Keswick와 T. G. Linstead였다(Circular, 홍콩, 1875년 4월 28일, EQ-7, HC).

61) "Boston Commonwealth街의 토지 6,972㎡를 Rollins Morse에게 현금 2만 6,145달러에 매각하기로 하였다"(신문의 파산 발표문, EQ-7, HC).

62) 『申報』, 1875년 4월 19일, 1쪽.

63) 檔案 설명, 19쪽, HC ; Augustine Heard Jr., GQ-2, HC에도 보임.

64) Heard & Co. 성립 선언 파일, EQ-7, HC.

65) Augustine Heard & Co. 檔案 설명 파일, 13쪽, HC.

66) 『申報』, 1879년 1월 9일, 2쪽.

67) NCH, 1879년 1월 10일, 35쪽.

68) LeFevour, 122～123쪽.

69) 梁嘉彬, 『十三行』, 108쪽.

70) 앞의 책, 113쪽.

71) 앞의 책, 125쪽.

72) 앞의 책, 126쪽.

73) 앞의 책, 136쪽.

74) 『The Canton Chinese』(보스턴, 1849), 114쪽.

75) 梁嘉彬, 『十三行』, 237쪽.

76) 앞의 책, 118쪽. Morse, 『Chronicles』, Ⅱ, 284쪽.

77) Edward Whittall은 1867년 1월 怡記의 채무에 대해 "그가 영국으로 보낸 차를 비롯하여 녹차의 계약 가격 및 실제 가격의 차액, 지난번에 우리가 번 이윤과 錢庄의 이자 등이 우리가 가지고 있는 담보"라고 하였다(James Whittall에게 보낸 편지, 1867년 1월 3일, JMA).

78) "우리는 이미 이지와 관련된 장부 정리를 끝냈다. 최근 3,000～4,000냥의 자산이 그에게 저당 잡힌 것을 발견하고, 이미 중국 당국에게 이 돈을 우리에게 돌려 달라고 요청하였다"(홍콩 본사에 보낸 편지, 1868년 9월 11일, JMA).

79) 胡光墉에 관한 자료는 Stanley의 『Late ch'ing Finance』 참조.

80) NCH, 1859년 10월 15일, 42쪽.

81) NCH, 1864년 6월 4일, 91쪽.

82) (上海에서) F. B. Johnson이 (홍콩의) William Keswick에게 보낸 편지, 1869년 4월 24일, JMA.

83) 『申報』, 1874년 3월 6일, 1쪽.

84) 『申報』, 1876년 2월 22일, 3쪽.

85) 『申報』, 1879년 6월 5일, 3쪽 ; 1879년 6월 17일, 3쪽.

86) (汕頭에서) Otto Asverus가 (홍콩의) A. Curtis에게 보낸 편지, 1874년 11월 16일, JMA.

87) NCH, 1883년 3월 28일, 352쪽.

88) 鄭觀應, 『後編』, 10권, 119쪽. 합동 법정 안건에 관해서는 NCH, 1884년 10월 29일, 473쪽 참조.

89) LeFevour, 122쪽. 아쉽게도 매판의 이름이 적혀 있지 않다.

90) 『華字日報』, 1905년 5월 1일.

91) 앞의 신문, 1905년 6월 3일.

92) 彭雨新, 28쪽.

93) 徐潤,『年譜』, 103쪽.

94)『華字日報』, 1908년 11월 21일.

95) 汪敬虞,『工業史』, 2집, 961~963쪽.

96) 匯豊銀行 北京 매판인 鄧君翔은 1927년 약 400만 냥에 달하는 채무를 남기고 도망쳤다(『華字日報』, 1927년 5월 4일, 6일, 7일, 9일).

97) 徐潤,『年譜』, 35쪽, 81~82쪽.

98) George William Edward,『Finance Capitalism』, 149~150쪽. Lockwood, 26쪽.

99) 베어링브러더스사는 18세기부터 런던의 자금 시장과 긴밀한 관계를 맺어 왔다. 1890년 지급 정지 위기의 직접적인 원인은 아르헨티나 정부가 계약을 위반했기 때문이다(Edward,『Finance Capitalism』, 36~37쪽).

100) Charles Winchester 영사의 보고, 상하이, 1868년 5월 6일, 영국 외교 문건 : PO 17/503, 51쪽 ; 徐潤 ,『年譜』, 14쪽.

101) 1910년의 금융 위기에 관해서는 Marie-Claire Bergere,『Une crise financiere a Shanghai a la fin de l'ancien regime』, 14쪽 참조.

102) 305쪽 참조.

103) 全漢昇,『從徐潤房産經營失敗看1883年的經濟恐慌』. 侯繼明, 于宗先 編,『近代中國經濟史』(타이베이, 1979), 496쪽.

104) 肯亮林,『統計』, 22쪽 ; 劉廣京,「1883年上海金融風潮」,『復旦學報』, 1983, 3기(1983. 5), 95쪽.

105) 張國輝,『洋務運動與中國近代企業』(베이징, 1979), 300~301쪽. 劉廣京,『1883年上海金融風潮』에서 인용.

106)『學林滬報』, 1883년 10월 18일. 劉廣京 ,『中國早期工業化的信貸設施』에서 인용.

107)『申報』, 1883년 10월 19일과 20일 ; NCH, 1883년 10월 24일.

108) J. B. Irving에게 보낸 편지, 1883년 10월 10일, JMA. 劉廣京,『中國早期工業化的信貸設施』, 503쪽에서 인용.

109) 徐潤,『年譜』, 35쪽. Stanley,『Late ch'ing Finance』, 76쪽 ; 劉廣京,『中國早期工業化的信貸設施』, 507쪽.

110)『申報』, 1884년 1월 12일과 23일.

111) 영국 의회 문건,『Consular Report, Chinkiang, 1884』, 197쪽.

112) 徐潤,『年譜』, 82쪽.

113) F. B. Johnson에게 보낸 편지, JMA. 劉廣京,『中國早期工業化的信貸設施』, 502~503쪽에서 인용.

114) J. B. Irving에게 보낸 편지, 1883년 10월 10일, JMA. 劉廣京,『中國早期工業化的信貸設施』, 503쪽에서 인용.

115) NCH, 1883년 10월 24일 ; 徐潤,『年譜』, 81쪽.

116) Stanley,『Late ch'ing Finance』, 17쪽.

117) NCH, 1883년 10월 24일.

118)『學林滬報』는 영국인 소유였지만 중국인이 편집인을 맡고 있어 항상 외국인들의 비판을 받았다. 이 신문의 1883년 10월 18일자 기사 참조.『上海錢庄』, 49~50쪽에서 인용.『申報』의 사설에서도 중국 전장들의 파산은 주식 투기 때문이라고 지적하였다(1883년 10월 19일과 21일).

119)『申報』, 1883년 10월 24일, 1884년 1월 12일 ; 劉廣京,『風潮』, 98~99쪽에서 인용.『學林滬報』, 1884년 2월 9일 ;『上海錢庄』, 51~52쪽에서 인용.

120) William Paterson에게 보낸 편지, JMA ; 劉廣京,『中國早期工業化的信貸設施』, 504쪽에서 인용.

121) Stanley,『Late ch'ing Finance』, 77쪽.

122) 徐潤,『年譜』, 82쪽.

123) 徐潤,『年譜』, 34~36쪽.

124) 李文治,『中國近代農業史資料』, 536쪽. Stanley,『Late ch'ing Finance』, 73~78쪽.『上海錢庄』, 47~49쪽.

125) 劉廣京,『中國早期工業化的信貸設施』, 499쪽.

126) 徐潤,『年譜』, 34~35쪽, 81~82쪽.

127) 劉廣京,『中國早期工業化的信貸設施』, 500쪽.『風潮』, 100쪽.

128) 劉廣京,『風潮』, 100쪽. Albert Feuerwerker,『China's Early Industrialization』(케임브리지, 매사추세츠, 1958), 190~207쪽.

129) 1894년 윤선초상국의 선박은 겨우 26척이었지만 자딘매디슨사는 22척, 버터필드사는 29척을 소유하고 있었다(劉廣京,『 British-Chinese』, 71~75쪽).

130) 이 수치는 王業鍵이 1908년의 경우를 대상으로 낸 통계이다.『Land Taxation in Imperial China 1750~1911』(케임브리지, 매사추세츠, 1973), 133쪽.

131) 張國輝,『洋務運動』, 300~301쪽 ; 劉廣京,『風潮』, 97쪽에서 인용.

132) NCH, 1883년 10월 24일 ; 劉廣京,『信貸』, 508쪽에서 인용.

133) NCH, 1885년 12월 16일 ; 劉廣京,『信貸』, 674~675쪽에서 인용.

134) 李慶云의 말. 孫毓棠『中國近代工業史資料』, 1집, 719쪽에 보임 ; 劉廣京,『風潮』, 99쪽에서 인용.

제12장 결론

1) 경제 혁명은 정치 혁명처럼 경계가 명확한 것은 아니다. 1776년에 시작된 '미국 혁명'은 1783년에 끝났지만 '산업 혁명' 또는 상업 혁명의 시간적 경계를 정한다는 것은 어려운 일이다. 중국에서 '상업 혁명'은 8세기 이후(고대 중국에서 근대 중국으로 넘어가는 시기)에 시작되어 400여 년 동안이나 계속되었다. 중국 상업사의 일반적 연구로는 陳燦의 『中國商業史』(타이베이, 1965), 특히 1장, 54∼71쪽 참조. 서양에서도 이런 경험은 오랫동안 지속되었다. Samuel B. Clough, 『Economic History of Europe』(보스턴, 1952) ; Robert S. Lopez, 『The Commerical Revolution of the Middle Ages, 950∼1350』(케임브리지, 잉글랜드, 1976) ; Laurence B. Packard, 『The Commerical Revolution, 1400∼1776』(뉴욕, 1927).

2) 역사에서 상황들이 결집된다는 것에 대해서는 Braudel, 『The Mediterranean and the Mediterranean World in the Ages of Phillip Ⅱ』, Sian Reynolds 역(뉴욕, 1975), 2권, 892∼900쪽 참조.

3) Magniac & Co.는 1824년에 설립되어, 1832년에 설립된 중국에서 가장 큰 영국 회사 Jardin Matheson & Co.의 선도적인 역할을 하였으며, 미국측의 가장 큰 회사인 Russel & Co. 역시 1824년에 설립되었다.

4) Braudel, 『The Mediterranean』, Ⅱ, 892쪽.

5) 상업은 항상 관리들의 감독하에 세금을 부과받았다. 정부는 고대의 소금과 鐵부터 후대의 차와 생사, 연초에 이르기까지 전매를 통해 독점권을 행사하였다.

6) 何炳棣, 「The Salt Merchants of Yang-chou」, 『Harvard Journal of Asiatic Studies』, 17 : 130∼168쪽(1954. 6).

7) 이 말은 19세기에 청 정부가 개항 항구의 상인들에게 아무런 제재를 가하지 않았다는 의미는 아니다. 적어도 항구 이외의 물건에는 세금을 부과했기 때문이다. 厘金은 여전히 장애로 작용하였다. 그 예로 1878년 NCH에 실린 汕頭 아편 行會에 관한 풍부한 자료 참조.

8) 지나치게 새로운 기회만을 찾다 보니 진행중인 유익한 상업 활동을 연기하거나 포기하는 경우가 많았다. Albert O. Hirschman, 『The Strategy of Economic Development』(뉴헤이번, 1958), 20쪽, 23쪽.

9) 上海는 Braudel이 말했던 "거래를 하는 지역(a place marchande)"이었다(『Afterthoughts』, 26쪽). 17∼18세기의 암스테르담이나 런던처럼 무역과 교환의 중심지로서 정보와 함께 화폐가 교환되었으며, 증권 거래소가 있었다. 홍콩은 19세기에 연해의 또 다른 중심지였다.

10) 유럽의 상업 혁명은 중세에는 지중해 북쪽 연해에서, 근대에는 대서양 연해에서 발전하였다. Lopez, 『The Commerical Revolution of the Middle Ages』, 3장 ;

Packard, 『The Commerical Revolution』, 1장과 2장 참조. 19세기 중국의 상업 혁명은 남동 연해에 집중되었는데, 이 세 곳의 상업 혁명은 모두 상업화가 내륙 깊숙한 곳까지 균형적으로 전파되지 못하였다. 네덜란드의 상업 발전에 관해서는 Barbour, 『Capitalism in Amsterdam』 참조.

11) 16세기 후기에 불행이 Antwerp를 압도했을 때, 왕권은 정치적 압력이 없는 상황에서 암스테르담으로 넘어갔다.

12) 上海, 漢口 등 전국적인 상업 중심지로 전국 각지에서 화물들이 유입되었다. "전국적인 상업 중심지(national marketplace)"는 단지 화물이 유입되어 교환하는 지역이고, "전국적인 시장(national market)"은 화물의 가격이 전국적인 수요 공급에 의해 결정되는 것을 말한다. 이에 관한 논의는 Moulder, 32~33쪽 참조. Feuerwerker, 『The Chinese Economy』, 47쪽에도 보임.

13) Braudel, 『Afterthoughts』, 99~100쪽, 최초의 민족 경제가 대두된 18세기 중엽에 영국 민족 경제의 발전에 관해 논의하였다.

14) Braudel, 『Capitalism』, ⅹⅲ쪽 ; 『Afterthoughts』, 6쪽, 50쪽.

15) 중국의 수출에 관해서는 Feuerwerker, 『The Chinese Economy』, 48~49쪽 참조. 통계는 저자가 한 것임. 중앙 정부의 세수입에 대해서는 같은 책 66쪽 참조.

16) 1864년 자딘매디슨사에서 중국 연해의 개인 무역 상인들을 일본 長崎의 관청보다 더 신뢰할 수 있다고 말했던 것은 주목할 만하다(上海에서 William Keswick이 홍콩의 James Whittall에게 보낸 편지, 1864년 10월 7일, JMA).

17) Oskar Lange, Braudel의 『Afterthoughts』, 44쪽에서 인용.

18) 엄격히 말하면, 소수가 독점할 수 있는 상황이 아니었다. 규모가 큰 회사들이 너무 많았고, 경쟁자들끼리 정보가 빨라 서로 독자적인 행동을 했기 때문이다.

19) 중국 상인과 외국 경쟁자들에 관한 연구로는 Murphey, 『Outsiders』, 10장 참조.

20) 1880년대에 무역에서 얻는 이익은 토지를 소유함으로써 얻는 이익보다 훨씬 컸다. 이는 토지 가격이 인구의 지속적인 증가로 인해 상승할 때 특히 그러했다. 토지에 대한 투자가 더 이익이라는 주장은 권세를 가지고 있는 대지주에게는 적용될 수 있을 것이다. 그들은 특권으로 이를 안전하게 지킬 수 있었기 때문이다.

21) 전통 중국에서 개인 재산은 존재하지만, 일반적으로 이 재산이 더 많은 부를 창조하기 위해 투자되는 것은 아니었으므로 '자본'이라고 볼 수는 없다. 19세기에 개인 재산이 유익한 자본으로 전환되기 전까지는 그러한 개인 재산에 중요한 경제적 의미가 있는 것은 아니다.

22) 이에 대한 최근의 평가는 劉廣京, 『Credit』, 499~500쪽과 『風潮』, 98~101쪽 참조

23) 서양 기술이 중국에 이전되는 문화 요건의 중요성에 대해서는 Shannon R. Brown, 「The Transfer of Technology to China in the Nineteenth Ccntury」, 『Journal of

Economic History』, 39 : 181~197쪽(1979. 3) 참조.

24) 학자이자 기업가인 張謇은 특수한 경우로 예외이다. Samuel C. Chu, 『Reformer in Modern China』(뉴욕, 1965).

25) 상업은 또 다른 면에서 산업화 발전에 중요한 의의를 지닌다. 무역의 성장은 근대 경제 부문에 적합한 치열한 변화를 이끌어 낸다는 점이다. 즉, 제조업의 공급을 자극하여 결국 산업화의 영역으로 인도하기 때문이다.

26) John Maynard Keynes는 『General Theory of Employment, Interest, and Money』 (뉴욕, 1936)에서 이 문제에 관해 상세하게 기술하였다.

27) 중국은 1404~1433년에 이루어진 최초의 세계 원정에서 인도와 페르시아만, 아프리카의 동해안까지 진출하였는데, 이는 포르투갈인들이 멀리 아프리카를 돌아 이 곳에 도착한 것보다 약 1세기가 빨랐다.

28) John King Fairbank, 『Ewo in History』 ; Maggie Keswick이 편찬한 『The Thistle』, 245~247쪽에 수록된 부분 참조.

29) 제국주의 침탈에 관한 하나의 정의는 외국인이 가난한 나라의 財富를 제국주의자 자신의 국가를 위해 사용했다는 것이다(侯繼明, 『Foreign Investment』, 93~94쪽, 131쪽, 254쪽).

30) David S. Landers는 「Some Thoughts on the Nature of Economic Imperialism」, 『Journal of Economic History』, 21.4 : 499~500(1961)에서 제국주의와 현지의 노동자 문제를 논의하였다.

31) 중국 경제는 제국주의가 요구하는 여러 종류의 곡식 재배를 포기하는 대신 한 종류의 경제 작물을 재배하게 되었다. 이에 관해서는 Brian Pearce가 번역한 Ernest Mandel의 『Marxist Economic Theory』 Ⅱ(뉴욕, 1968), 459~464쪽 참조.

32) 그러나 20세기 초 중국에 있던 외국 산업체에서는 분명히 경제 제국주의적 성격이 나타났다.

33) 그 이유는 중국과 서양 사이의 교환이 거의 쌍방에 의한 것이었고, 장기간에 걸친 무역 차액은 유럽에 불리하였으며, 무역품은 사치품을 포함하였기 때문이다. 자본주의 세계 경제 무역과 특정한 세계 시스템, 그 외 지역간의 무역 구별에 관해서는 Wallerstein, 『Modern World System』, Ⅱ, 108~109쪽 참조.

34) Wallerstein의 평가에 따르면 이러한 '긴밀한 결합'은 완전한 것이었다. 중·서 무역은 환어음과 지폐를 포함한 화폐에 의해 여러 방면에 걸쳐 편리하게 교환되었기 때문이다. 차와 아편은 서양의 주요 국가에도 중요하여 무역량이 증가하였으며, 희귀 물품에서 일반 화물까지 모두 포함되었다.

35) 강력한 국가가 없다는 것은 변두리 지역의 특징으로서, 이것이 서양으로 하여금 경제적 침탈을 하게 하였다는 것은 가능할 것이다. 또 중국은 여전히 원료 생산국

으로서 연해 경제는 갈수록 핵심 국가들을 위한 기초 제품들을 생산하게 되었다.

36) 이 부정적인 결과에는 무역 역조(중국 역사상 처음으로 나타난)와 고정 관세, 치외 법권, 수출 가격의 불안정, 중국에 불리하게 작용하는 무역 조건의 장기적인 추세 등이 포함된다.

37) 侯繼明, 『Foreign Investment』, 220쪽.

38) Moulder, 145쪽. 이 책의 제목은 『Japan, China and the Modern World Economy』이지만 책 전체를 통해 '세계 경제'라는 용어가 유난히 많이 사용되었다. Moulder는 실제로는 월러스틴의 '세계 경제' 관점 대신 의부론, 특히 프랑크의 '개발과 저개발' 이론에 대해 언급하였다.

39) 1945년 이래 臺灣의 발전 모습은 의부론의 여러 가설을 반박하였다. 국민당 정부는 해외 무역과 투자를 격려하였고, 많은 외국 회사에 대해서 정치적 독립성을 잃지도 않았다. James Gregor, Marie Hsia Chang, Andrew B. Zimmerman 공저, 『Ideology and Development』(버클리, 캘리포니아, 1982), 제5장 참조.

40) 예를 들어 중국은 외국 자본과 기술을 도입하기 위해 1979년 福建, 廣東 연해의 厦門·汕頭·珠海·深圳 네 곳에 '경제 특구'를 설치하였다. 1984년 4월에는 14개 연해 도시, 곧 上海·廣州·天津·大連·秦皇島·煙台·青島·連云港·南通·寧波·溫州·福州·甚江·北海가 외국 무역과 투자를 개방하였다(『人民日報』, 1984년 4월 8일). 이 연해의 대도시들 가운데 대부분이 19세기의 조약 항구들이다(예를 들면, 맨 앞에 열거한 5개 조약 항구는 1842년 난징조약에 의해 개방되었다).

■ 참고 문헌

서양어권 문헌

Alcock, Rutherford. *The Capital Of The Tycoon.* 2 vols. London, 1863.

Allen, G. C., and A. G. Donnithorne. *Western Enterprise in Far Eestern Economic Development: China and Japan.* London: Allen and Unwin, 1954.

Allen, Nathan. *The Opium Trade as Carried on in India and China.* 2d ed. Lowell, Mass., 1853.

American Neptune, The. Quarterly, 1941—.

Arnold, Julean. *Commercial Handbook of China.* 2 vols. Washington, D.C., Government Printing Office, 1919, 1920.

Atwell, William S. "Notes on Silver, Foreign Trade, and the Late Ming Economy," *Ch'ing-shin wen-t'i*3:1-33(Dec. 1977).

Barbour, Violet. *Capitalism in Amsterdam in the 17th Century.* Baltimore, Johns Hopkins Press, 1950.

Basu, Dilip K. "The Peripheralization of China: Notes on the Opium Connection," in W. Goldfrank, ed., *The World System of Capitalism.* Beverly Hills, Calif., 1979.

Bergère, Marie-claire. *Une crise financière à Shanghai à la fin de l'ancien régime.* Pari, Mouton, 1964.

Black, C. E. *The Dynamics of Modernization.* New Yoke, Harper & Row, 1966.

Bourne, F. S. A., et al. *Report of the Mission to China of the Blackburn Chamber of Commerce, 1896-1897.* London, 1898.

BPP: British Parliamentary Papers (Blue Books) *Frist and Second Report from the Select Committee of House of Commons on the Affairs of the East India Company.* 1830. *Correspondence Relating to China.* Vol. 36 (1840). *Report from Select Committee on Commercial Relations with China, Minutes of Evidence.* Vol. 5 (1847). *Returns of Trade.* Vol. 40 (1847). *Returns of Trade.* Vol. 39 (1849). *Commercial Report of Her Majesty's Consuls in China.* 1862-1885. *Report from Her Majesty's Consuls in China, Japan, and Siam, 1865.* Vol. 71 (1867). *Reports on Trade by the Foreign Commissioners at the Ports in China Open by Treaty to Foreign Trade for Year 1866.* Vol. 69 (1867-1868). *Report of the Delegates of the Shanghai General Chamber of commerce on the Trade of the Upper Yangtze River.* Vol. 65 (1870). *Consular Report, Chinkiang.* 1881-1884.

Braudel, Fernand. *Capitalism and Material Life, 1400-1800,* tr. Miriam Kochan. New York, Harper and Row, 1975.

————. *The Mediterranean and the Mediterranean World in the Age of Phillip II,* tr. Sian Reynolds. 2 Vol. New York, 1975.

————. *Afterthoughts on Material Civilization and Capitalism,* tr. Patricia Ranum. Baltimore, Md., Johns Hopkins University Press, 1977.

Brown, Shannon R. "The Transfer of Technology to China in the Nineteenth Century: The Role of Direct Foreign Investment." *Journal of Economic History* 39.1:181-97(March 1979).

Canton Register and Price Current, The. 1827-1843.

Cardoso, Fernando Henrique, and Enzo Faletto. *Dependency and Development in Latin America,* tr. Majory Mattingly Urquidi. Berkeley and Los Angeles, Calif., University of California Press, 1979.

Garlson, Ellsworth C. *The Kaiping Mines, 1877-1912: A Case Study of Early Chinese Industrialization.* Rev. ed. Cambridge, Mass., East Asian Research Center, Harvard University, 1971.

Chan, Wellington K. K. *Merchants, Mandarins and Modern Enterprise in Late Ch'ing China.* Cambridge, Mass., East Asian Research Center, Harvard University, 1977.

Chang, Chung-li. *The Income of the Chinese Gentry.* Seattle, University of Washington Press, 1962.

Chang, Hsin-pao. *Commissioner Lin and the Opium War*. Cambridge, Mass., Harvard University Press, 1964.

Chang, T'ien-tse. *Sino-Portuguese Trade from 1514 to 1644: A Synthesis of Portuguese and Chinese Sources*. Leyden, E. J. Brill, 1934.

Chaudhuri, K. N. "The East India Company and the Export of Treasure in the Early Seventeenth Century," *Economic History Review*, 2d ser., 16:23-38 (Aug. 1963).

————. "Treasure and Trade Balances: The East India Company's Export Trade, 1660-1720," *Economic History Review*, 2d ser., 21:480-502 (Dec. 1968).

————. "The Economic and Monetary Problem of European Trade with Asia during the Seventeenth and Eighteenth Centuries," *Journal of European Economic History* 4 (Fall 1975).

Cheng, Yu-kuei. *Foreign Trade and Industrial Development of China : An Historical and Integrated Analysis through 1948*. Washington, D.C., 1956.

Chinese Repository. Canton or Macao, 1832-1851.

Chu, Samuel C. *Reformer in Modern China: Chang Chien, 1853-1926*. New York, Columbia University Press, 1965.

Ch'üan, Han-sheng. "The Economic Crisis of 1883 as Seen in the Failure of Hsu Jun's Real Estate Business in Shanghai," in Chiming Hou and Tzong-shian Yu, eds., *Modern Chinese Economic History*. Taipei, Institute of Economics, Academia Sinica, 1979, pp. 493-498.

Clough, Samuel B., and Charles W. Cole. *Economic History of Europe*. Boston, 1952.

Coates, W. H. *The Old Country Trade*. New York, 1911.

Cochran, Sherman. *Big Business in China: Sino-Foreign Rivalry in the Cigarette Industry, 1890-1930*. Cambridge, Mass., Harvard University Press, 1980.

Cockcroft, James D., Andre Gunder Frank, and Dale L. Johnson, eds. *Dependence and Underdevelopment: Latin America's Political Economy*. Garden City, N. Y., Anchor Books, 1972.

Colquhoun, Archibald R. *Across Chryse: Being the Narrative of a Journey of*

Exploration through the South China Border Lands from Canton to Mandaley. 2 vols. London, 1883.

Connolly, James B. *Canton Captain.* Garden City, N. Y., Doubleday, 1942.

Cooke, G. W. China: Being *"The Times" Special Correspondence from China in the Years 1857-1858.* London, 1858.

Cutler, Carl C. *Greyhound of the Sea.* New York, 1930.

Dennett, Tyler. *Americans in Eastern Asia.* New York, Barnes and Noble, 1963.

Dermigny, Louis. *La Chine et l'occident: Le commerce à Canton au XVIIIe siècle, 1719-1833.* 3 vols. Paris, S.E.V.P.E.N., 1964.

Downs, Jacques M. "American Merchants and the China Opium Trade, 1800-1840." *Business History Review* 42:418-42 (Winter 1968).

Edwards, George William. *The Evolution of Finance Capitalism.* London, 1938.

Eisenstadt, S. N. *Modernization: Protest and Change.* Englewood, N. J., Prentice-Hall, 1966.

Eitel, E. J. Europe in China: *The History of Hongkong, From the Beginning to the Year 1882.* London, 1895.

Elvin, Mark, and G. William Skinner, eds. *The Chinese City Between Two Worlds.* Stanford, Calif., Stanford University Press, 1972.

Fairbank, John King. *Trade and Diplomacy on the Chinese Coast: The Opening of the Treaty Ports, 1842-1854.* 2 vols. Cambridge, Mass., Harvard University Press, 1953.

————. "Ewo In History," in Maggie Keswick, ed., *The Thistle and the Jade: A Celebration of 150 Years of Jardine, Matheson & Co.* London, Octopus Books, 1982.

Fairbank, John King, ed. *The Cambridge History of China,* Vol. 10, *Late Ch'ing, 1800-1911, Part 1.* Cambridge, England, Cambridge University Press, 1978.

Fairbank, John King, and Kwang-Ching Liu, eds. *The Cambridge History of China,* Vol. 11, *Late Ch'ing, 1800-1911, Part 2.* Cambridge, England, Cambridge University Press, 1980.

Fairbank, John King, Alexander Eckstein, and Lien-sheng Yang. "Economic

Change in Early Modern China: An Analytical Framework," *Economic Development and Cultural Change* 9:1-26 (Oct. 1960).

Fairbank, John King, Edwin O. Reischauer, and Albert M. Craig. *East Asia: The Modern Transformation.* Boston, Mass., Houghton Mifflin, 1965.

Fay, Peter Ward. *The Opium War, 1840-1842.* Chapel Hill, N C., University of North Carolina Press, 1975.

Feuerwerker, Albert. *China's Early Industrialization: Hsuan-huai(1844-1916) and Mandarin Enterprise.* Cambridge, Mass., Harvard University Press, 1958.

————. "Chinese History in Marxian Dress," *American Historical Review* 66:327-30 (Jan. 1961)

————. *The Chinese Economy, ca. 1870-1911.* Ann Arbor, Mich., Center for Chinese Studies, The University of Michigan, 1969.

Forbes, Frederick E. *Five Years in China, From 1842 to 1847.* London, 1848.

Forbes, Robert B. *Remarks on China and the China Trade.* Boston, 1844.

————. *Personal Reminiscences.* 2d ed. Boston, 1882.

Fortune, Robert. *Three Years' Wanderings in the Northern Provinces of China.* London, 1847.

————. *A Journey to the Tea Countries of China: Including Sung-lo and the Bohea Hills.* London, 1852.

Frank, Andre Gunder. *Capitalism and Underdevelopment in Latin America: Historical Studies of Chile and Brazil.* New York, Monthly Review Press, 1967.

————. *Latin America: Underdevelopment or Revolution. Essays on the Development of Underdevelopment and the Immediate Enemy.* New York, Monthly Review Press, 1969.

————. *Dependent Accumulation and Underdevelopment.* London, Macmillan, 1978.

Friedman, Edward. "Maoist Conceptualizations of the Capitalist World-System," in Terence K. Hopkins and Immanuel Wallerstein, eds., *Processes of the World-System.* Beverly Hills, Calif., Sage Publications, 1980.

Cras, Norman S. B. *Business and Capitalism.* New York, 1939.

Greenberg, Michael. *British Trade and the Opening of China, 1800-1842.* Cambridge, England, Cambridge University Press, 1951.

Gregor, A. James, with Maria Hsia Chang and Andrew B. Zimmerman. *Ideology and Development: Sun Yat-sen and the Economic History of Taiwan.* Berkeley, Calif., Institute of East Asian Studies, Univerity of California, 1982.

Hao, Yen-p'ing, "Cheng Kuan-ying: The Comprador as Reformer," *Journal of Asian Studies* 29:15-22 (Nov. 1969).

————. *The Comprador in Nineteenth Century China: Bridge between East and West.* Cambridge, Mass., Harvard University Press, 1970.

————. "The Early Chinese-American Tea Trade." in John K. Fairbank, ed., *American-East Asian Economic Relations,* Harvard University Press, forthcoming.

Hao, Yen-p'ing, and Erh-min Wang. "Changing Chinese Views of Western Relations, 1840-1895," in John K. Fairbank and Kwang-Ching Liu, eds., *The Cambridge History of China, vol. 11, Late Ch'ing, 1800-1911, Part 2.* Cambridge, England, Cambridge University Press, 1980.

Hart, Robert. "Proposals for the Better Regulation of Commercial Relations," dated Jan. 23, 1876, in IMC, *Origin,* VI, 352-401.

Hilton, Rodney, ed. *The Transition from Feudalism to Capitalism.* London, New Left Books, 1976.

Hirschman, Albert O. *The Strategy of Economic Development.* New Haven, Conn., Yale University Press, 1958.

Ho, Ping-ti. "The Salt Merchants of Yang-chou: A Study of Commercial Capitalism in Eighteenth-Century China," *Harvard Journal of Asiatic Studies* 17:130-68 (June 1954).

————. *Studies on the Population of China, 1368-1953.* Cambridge, Mass., Harvard University Press, 1959.

————. *The Ladder of Success in Imperial China: Aspects of Social Mobility, 1368-1911.* New York, Columbia University Press, 1962.

Homan, J. Smith, comp. *A Historical and Statistical Account of the Foreign Commerce of the United States.* New York, Putman & Co., 1857.

Hong Kong Daily Press. Hong Kong High Court Library, Hong Kong.

Hopkins, Terence K., and Immanuel Wallerstein, eds. *Process of the World-Svstem.* Beverly Hills, Calif., Sage Publications, 1980.

Hou, Chi-ming. *Foreign Investment and Economic Development in China, 1840-1937.* Cambridge, Mass., Harvard University Press, 1965.

Hsiao, Liang-lin. *China's Foreign Trade Statistics, 1864-1949.* Cambridge, Mass., Harvard University East Asian Research Center, 1974.

Hummel, Arthur W., ed. *Eminent Chinese of the Ch'ing Period, 1644-1912.* 2 vols. Washington D. C., Government Printing Office, 1943-1944.

Hunter, William C. The *"Fan Kwae" at Canton Before Treaty Days, 1825-1844.* London, 1882.

IMC: China, Imperial Maritime Customs. *Reports on Trade, 1864.* Shanghai, 1865.

————. *Reports on Trade, 1866.* Shanghai, 1867.

————. *Inspector General's Circulars.* 11 vols. Shanghai, 1879-1910.

————. *Reports on Trade at the Treaty Ports, 1879.* Shanghai, 1880.

————. *Decennial Report, 1882-1891.* Shanghai, 1892.

————. *Treaties, Conventions, etc. between China and Foreign States.* 2d ed. Shanghai, 1917.

————. *Documents Illustrative of the Origin, Development, and Activities of the Chinese Customs Service.* 7 vols. Shanghai, 1937.

Jardine, Matheson and Company. *An Outline of the History of a China House for a Hundred Years, 1832-1932.* Hong Kong, privatedly printed, 1934.

Jones, Susan Mann. "Finance in Ningpo: The 'Ch'ien-chuang,' 1780-1880," in W. E. Willmott, ed., *Economic Organization in Chinese Society.* Stanford, Calif., Stanford University Press, 1972.

————. "The Ningpo *Pang* and Financial Power at Shanghai," in Mark Elvin and G. William Skinner, eds., *The Chinese City between Two Worlds.* Stanford, Calif., Stanford University Press, 1974.

Keswick, Maggie, ed. *The Thistle and the Jade: A Celebration of 150 Years of Jardine, Matheson & Co.* London, Octopus Books, 1982.

Keynes, John Maynard. *General Theory of Employment, Interest, and Money.*

New York, Harcourt, Brace, 1936.

King, Frank H. H. *Money and Monetary Policy in China, 1845-1895.* Cambridge, Mass., Harvard University Press, 1965.

Knox, Theomas. "John Comprador," *Harper's New Monthly Magazine* 57:427-34 (1878).

Landes, David S. "Some Thoughts on the Nature of Economic Imperialism," *Journal of Economic History* 21. 4:499-500 (1961).

Larson, Henrietta M. "A China Trader Turns Investor: A Biographical Chapter in American Business History," *Harvard Business Review* 12:345-58 (1933-1934).

LeFevour, Edward. *Western Enterprise in Late Ch'ing China: A Selective Survey of Jardine, Matheson & Company's Operations, 1842-1895.* Cambridge, Mass., East Asian Research Center, Harvard University, 1968.

Levy, Marion J., Jr., and Shih Kuo-heng. *The Rise of the Modern Chinese Business Class: Two Introductory Essays.* New York, Institute of Pacific Relations, 1949.

Li, Lillian M. *China's Silk Trade: Traditional Industry in the Modern World, 1842-1937.* Cambridge, Mass., East Asian Research Center, Harvard University, 1981.

Lieu, D. K. *The Growth and Industrialization of Shanghai.* Shanghai, 1936.

Lindsay, H. H. *Report of Proceedings on a Voyage to the Northern Ports of China in the Ship Lord Amherst.* London, 1934.

————. *Is the War with China a Just One?* 2d ed., London, 1840.

Liu, Kwang-Ching. "Houqua: The Sources and disposition of His Wealth." Ms., 1958.

————. "Steamship Enterprise in Nineteenth Century China," *Journal of Asian Studies* 18:435-55 (Aug. 1959).

————. *Anglo-American Steamship Rivalry in China, 1862-1874.* Cambridge, Mass., Harvard University Press, 1962.

————. "British-Chinese Steamship Rivalry in China, 1873-1885," in C. D. Cowan, ed., *The Economic Development of China and Japan.* London, 1964.

————. "Credit Facilities in China's Early Industrialization: The Background and Implications of Hsu Jun's Bankruptcy in 1883," in Chi-ming Hou and Tzong-shian Yu, eds., *Modern Chinese Economic History*. Taipei, 1979.

Lockwood, Stephen C. *Augustine Heard and Company, 1858-1862: American Merchants in China*. Cambridge, Mass., East Asian Research Center, Harvard University, 1971.

Lopez, Robert S. *The Commercial Revolution of the Middle Ages, 950-1350*. Cambridge, England, Cambridge University Press, 1976.

Lubbock, Basil. *The Opium Clippers*. Boston, Lauriat Co., 1933.

McDonald, Angus, Jr. "Wallerstein's World Economy: How Seriously Should We Take It?" *Journal of Asian Studies* 38:535-40 (May 1979).

Mandel, Ernest. *Marxist Economic Theory*, tr. Brian Pearce, 2 vols. New York, Monthly Review Press, 1968.

Martin, R. Montgomery. *China; Political, Commercial, and Social; in an Official Report to Her Majesty's Government*. 2 vols. London, 1847.

Marx, Karl, and Friedrich Engels. *The Communist Manifesto*. New York, Monthly Review Press, 1964.

Matheson, James. *The Present Positions and Prospects of the British Trade with China*. London, 1836.

Mayers, William F., N. B. Dennys, and Charles King. *The Treaty Ports of China and Japan*. London, 1867.

Metzger, Thomas, "The State and Commerce in Imperial China," *Asian and African Studies* 6 (1970).

Morse, Hosea Ballou. *Currency, Weights, and Measures in China*. Shanghai, 1906.

————. *The International Relations of the Chinese Empire*, 3 vols.: vol. I, *The Period of Conflict, 1834-1860*. Shanghai, 1910.

————. *The International Relations of the Chinese Empire*, vol. II, *The Period of Submission, 1861-1893*. London, 1918.

————. *The International Relations of the Chinese Empire*, vol. III, *The Period of Subjection, 1894-1911*. London, 1918.

————. *The Trade and Administration of China*, 3rd ed. New York,

Longmans, Green, 1921.

————. *The Chronicles of the East India Company Trading to China, 1635-1834.* 5 vols. Oxford, Oxford University Press, 1926-1929.

Moulder, Frances V. *Japan, China and the Modern World Economy: Toward a Reinterpretation of East Asian Development, ca. 1600 to ca. 1918.* Cambridge, England, Cambridge University Press, 1977.

Murphey, Rhoads. *Shanghai: Key to Modern China.* Cambridge, Mass., Harvard University Press, 1953.

————. *The Outsiders: The Western Experience in India and China.* Ann Arbor, Mich., University of Michigan Press, 1977.

Myers, Ramon H. *The Chinese Peasant Economy: Agricultural Development in Hopei and Shantung, 1890-1949.* Cambridge, Mass., Harvard University Press, 1970.

NCH: *North-China Herald.* Weekly, Shanghai, 1850-.

Owen, David Edward. *British Opium Policy in China and India.* New Haven, Conn., Yale University Press, 1934.

Packard, Laurence B. *The Commercial Revolution, 1400-1776.* New York, Holt, 1927.

Parkes, Sir Harry. "An Account of the Paper Currency and Banking System of Fuchowfoo" *Journal of the Royal Asiatic Society* 13:179-90 (1852).

Perkins, Dwight H. "Government a s an Obstacle to Industrialization: The Case of Nineteenth-Century China," *Journal of Economic History* 27:478-92 (Dec. 1967).

————. *Agricultural Development in China, 1368-1968.* Chicago, Aldine, 1969.

Phipps, J. *A Practical Treatise on the China and Eastern Trade.* London, 1836.

————. *A Practical Treatise on the China Trade.* New York, 1895.

Pitcher, Philip Wilson. *In and About Amoy: Some Historical and Other Facts Connected with One of the First Open Ports in China.* 2d ed. Shanghai, 1912.

Pitkin, Timothy. *A Historical View of the Commerce of the United States of America.* New Haven, Conn., Currie and Peck, 1835.

Rostow, W. W. *The Process of Economic Growth.* New York, Norton, 1962.

Sayer, Geoffrey Robley. *Hong Kong: Birth, Adolescence, and Coming of Age.* London, Oxford University Press, 1937.

Shaw, Samuel. *The Journals of Major Samuel Shaw,* Josiah Quincy, ed., Boston, 1847.

Singh, S. B. *European Agency Houses in Bengal, 1783-1833.* Calcutta, Mukhopadhyay, 1966.

So, Alvin Yiu-cheong. "Development Inside the Capitalist World-System: A Study of the Chinese and Japanese Silk Industry," *Journal of Asian Culture* 5:33-56 (1981).

Spence, Jonathan. "Opium Smoking in Ch'ing China," in Frederic E. Wakeman. Jr., and Carolvn Grant. eds. *Conflict and Control in Late Imperial China.* Berkeley and Los Angeles, Calif., University of California Press, 1975.

Stanley, C. John. *Late Ch'ing Finance: Hu Kuang-yung as an Innovator.* Cambridge, Mass., East Asian Research Center, Harvard University, 1961.

Tawney, R. H. *Land and Labour in China.* London, Allen and Unwin, 1932.

Teng, Ssu-yü, and John K. Fairbank. *China's Response to the West: A Documentary Survey, 1839-1923.* Cambridge, Mass., Harvard University Press, 1954.

Tiffany, Osmond, Jr. *The Canton Chinese; or the American's Sojourn in the Celestial Empire.* Boston, 1849.

Viraphol, Sarasin. *Sino-Siamese Trade, 1652-1853.* Cambridge, Mass., East Asian Research Center, Harvard University, 1976.

Wakeman, Frederic, Jr. "The Canton Trade and the Opium War," in John K. Fairbank, ed., *The Cambridge history of China, vol. 10, Late Ch'ing, 1800-1911, Part 1,* Cambridge, England, Cambridge University Press. 1978.

Wallerstein, Immanuel. *The Modern World-System: Capitalist Agriculture and the Origins of the European World-Economy in the Sixteenth Century.* New York, Academic Press, 1974.

――――. "The Rise and Future Demise of the World Capitalist System:

Concepts for Comparative Analysis," *Comparative Studies in Society and History* 16:387-415 (Sept. 1974). (Later included in his collection of essays, *The Capitalist World-Economy,* Cambridge, England, Cambridge University Press, 1979).

—————. "From Feudalism to Capitalism: Transition or Transitions?" *Social Forces* 55:273-83 (Dec. 1976). (Later included in his collection of essays, *The Capitalist World-Economy*).

—————. *The Capitalist World-Economy.* Cambridge, England, Cambridge University Press, 1979.

—————. *The Modern World-System II: Mercantilism and the Consolidation of the European World-Economy, 1600-1750.* New York, Academic Press, 1980.

Wallerstein, Immanuel, ed. *World Inequality.* Montreal, Black Rose Books, 1975.

Wang, Yeh-chien. "The Secular Trend of Prices during the Ch'ing Period, 1644-1911," *Journal of the Institute of Chinese Studies of the University of Hong Kong* 5. 2:347-71 (1972). (Later included in Yü Tsung-hsien et al., eds., *Chung-kuo ching-chi fa-chan shih lunwen hsuan-chi* [Selected essays on Chinese economic development], 2 vols., Taipei, 1980).

—————. *Land Taxation in Imperial China, 1750-1911.* Cambridge, Mass., Harvard University Press, 1973.

—————. "The Growth and Decline of Native Banks in Shanghai," *Chingchi lun-wen* 6.1:111-42 (Mar. 1978).

—————. "Evolution of the Chinese Monetary System, 1644-1850," in Chi-ming Hou and Tzong-shian Yu, eds., *Modern Chinese Economic History.* Taipei, Academia Sinica, 1979, pp. 425-52.

Williams, S. Wells. *The Chinese Commercial Guide.* 5th ed. Hong Kong, 1863.

Wright, Arnold, ed. *Twentieth Century Impressions of Hongkong, Shanghai, and Other Treaty Ports of China: Their History, People, Commerce, Industries, and Resources.* London, 1908.

Wright, Mary Clabaugh. *The Last Stand of Chinese Conservatism: The*

T'ung-chih Restoration, 1862-1874. Stanford, Calif., Stanford University Press, 1957.

Yaggy, Duncan. "John M. Forbes: A Biography." Ph.D. dissertation, Brandeis University, 1972.

Yang, Lien-sheng. *Money and Credit in China: A Short History.* Cambridge, Mass., Harvard University Press, 1952.

중국 · 일본어 문헌

Chang Che-lang 張哲郎. *Ch'ing-tai ti ts'ao-yun* 情代的漕運 (The transporting of tribute rice during the Ch'ing period). Taipei, 1969.

Chang Kuo-hui 張國輝. "Shih-chiu shih-chi hou-pan-ch'i Chung-kuo ch'ien-chuang ti mai-pan hua" 十九世紀後半期中國錢庄的買辦化 (The compradorization of China's native banks in the second half of the nineteenth century), *Li-shih yen-chiu* 歷史研究 (Historical studies) 6:85-98 (1963).

————. *Yang-wu yun-tung yü Chung-kuo chin-tai ch'i-yeh* 洋務運動与中國近代企業 (The foreign affair movement and China's modern enterprises). Peking, 1979.

Ch'en Chao-nan 陳昭南. *Yung-cheng Ch'ien-lung nien-chien ti yin-ch'ien pichia pien-tung* 雍正乾隆年間的銀錢比價變動 (Fluctuation in the silver-cash ratios during the Yung-cheng and Ch'ien-lung periods). Taipei, Chung-kuo hsueh-shu chu-tso chiang-chu weiyuan-hui 中國學術著作獎助委員會, 1966.

Ch'en Chen 陳眞 and Yao Lo 姚洛, comps., *Chung-kuo chin-tai kung-yeh shih tzu-liao* 中國近代工業史資料 (Source materials on the history of modern industry in China). 6 vols. Peking, 1957-1961.

Ch'en Ch'i-t'ien 陳其田. *Shan-hsi p'iao-chuang k'ao-lueh* 山西票莊考略 (A brief study of the Shansi banks). Shanghai, 1937.

Ch'en Ts'an 陳燦. *Chung-kuo shang-yeh shih* 中國商業史 (A commercial history of China). 2 vols. Taipei, 1965.

Cheng Kuan-ying 鄭觀應. *Sheng-shih wei-yen* 盛世危言 (Warnings to a prosperous age). 6 chüan. 1893. Preface 1892.

————. *Sheng-shih wei-yen tseng-ting hsin-pien* 盛世危言增訂新編 (Warnings to a prosperous age, revised). 8 ts'e. Preface 1892.

————. *Sheng-shih wei-yen hou-pien* 盛世危言增訂新編 (Warnings to a prosperous age, second part). 15 chüan. Shanghai, 1920. Preface 1910.

Chia Shih-i 賈士毅. *Min-kuo ts'ai-cheng shih* 民國財政史 (A history of finance in Republican China). 2 vols. Taipei, 1950.

Chiao-t'ung shih 交通史 (A history of communication), ed. Chiao-t'ung pu 交通部 (Ministry of Communicatio) and T'ieh-t'ao pu 鐵道部 (Ministry of Railroad). 37 vols. Nanking, 1930—.

Ch'üan Han-sheng 全漢昇. "Ming-Ch'ing chien Mei-chou pai-yin ti shu-ju Chung-kuo" 明清間美洲白銀的輸入中國 (The importation of American silver to China during the Ming-Ch'ing times), in his *Chung-kuo ching-chi shih lun-ts'ung* 中國經濟史論叢 (Collected essays on Chinese economic history). 2 vols. Hong Kong, 1972.

Chung-kuo chin-tai huo-pi shih tzu-liao 中國近代貨幣史資料 (Materials on the monetary history of modern China). Chung-kuo jen-min yin-hang 中國人民銀行, comp., Ti-yi chi 第1輯. Pekng, Chung-hua, 1964.

Chung-kuo jen-min ta-hsueh Chung-kuo li-shih chiao-yen-shih 中國人民大學中歷史教研室, ed., *Chung-kuo tzu-pen-chu-i mengya wen-t'i t'ao-lun chi* 中國資本主義萌芽問題討論集 (Collected papers on the problem of incipient capitalism in China). 3 vols. Peking, 1957-1960.

Fang T'eng 方騰. "Yü Hsia-ch'ing lun" 虞洽卿論 (On Yü Hsia-ch'ing), *Tsa-chih yueh-k'an* 雜誌月刊 (Monthly miscellany), 12.2:46-51. (Nov. 1943), 12.3:62-67 (Dec. 1943), 12.4:59-64 (Jan. 1944).

Feng Kuei-fen 馮桂芬. *Hsien-chih t'ang chi* 顯志堂集 (Collected essays of Feng Kuei-fen). 1876.

Fu I-ling 傳衣凌. *Ming-Ch'ing shih-tai shang-jen chi shang-yeh tzu-pen* 明清時代商人及商業資本 (Merchants and commcrcial capital during the Ming-Ch'ing times). Peking, 1956.

Hatano Yoshihiro 波多野善大, "Chūgoku yushutsucha no seisan kōzō" 中國輸出茶の生産構造 (Production structure of Chinese tea for export), *Nagoya daigaku bungakubu kenkyū ronshū, II, Shigaku* 名吉屋大學文

學部研究論集, Ⅱ, 史學, 1:183-210 (1952). (Later included in his *Ch ūgoku kindai kōgiōshi no kenkyū* 中國近代工業史の研究 [Studies on early industrialization in China]. Kyoto, 1961, pp. 86-144).

Ho Lieh 何烈. *Li-chin chih-tu hsin-t'an* 厘金制度新探 (New inquiries into the likin system). Taipei, 1972.

Hsiang-kang Hua-tzu jih-pao 香港華字日報 (Hong Kong Chinese daily). Feng P'ing-shan Library, University of Hong Kong, Hong Kong.

Hsu Jun 徐潤. *Hsu Yü-chai tzu-hsu nien-p'u* 徐愚齋自敍年譜 (Chronological autobiography of Hsu Jun). 1 ts'e. 1927.

Hsu Jun et al. *Kuang-tung Hsiang-shan Hsu-shih tsung-p'u* 廣東香山敍氏宗譜 (The history of the Hsu clan in the Hsiang-shan district, Kwangtung). 8 ts'e. 1882.

Hsu K'o 徐珂. *Ch'ing pai lei-ch'ao* 清稗類鈔 (A classified collection of Ch'ing dynasty anecdotes). 48 ts'e. Shanghai, 1928.

Hua-tzu jih-pao. See *Hsiang-kang Hua-tzu jih-pao.*

Jen-min jih-pao 人民日報 (People's daily).

Ko Kung-chen 戈公振. *Chug-kuo pao-hsueh shih* 中國報學史 (A history of Chinese journalism). Shanghai, 1927.

Kuang-hsu ch'ao tung-hua hsu-lu 光緒朝東華續錄 (The Tung-hua records, continued: Kuang-hsu period), comp. Chu Shou-p'eng 朱壽朋. Shanghai, 1909.

Kuang-tung ts'ai-cheng shuo-ming shu 廣東財政說明書 (Descriptions of the financial administration of Kwangtug). 16 ts'e. 1910.

Kuo T'ing-i 郭廷以. *Chin-tai Chung-kuo shih-shih jih-chih* 近代中國史事日誌 (Daily historical events of modern China). 2 vols. Taipei, Cheng-chung, 1963.

Li Kuo-ch'i 李國祁, *Chung-kuo tsao-ch'i ti t'ieh-lu ching-ying* 中國早期的鐵路經營 (China's early railroad enterprises). Taipei, 1961.

Li Wen-chih 李文治, comp., *Chung-kuo chin-tai nung-yeh shh tzu-liao ti-i chi, 1840-1911* 中國近代農業史資料第一集, 1840-1911 (Source materials on the history of agriculture in modern China, 1st collection, 1840-1911). Peking, 1957.

Liang Chia-pin 梁嘉彬. *Kuang-tung shih-san hang k'ao* 廣東十三行考 (A study of the Canton thirteen hongs). Rev. ed. T'ai-chung, Taiwan, 1960.

Lin Man-hung 林滿紅. "Ch'ing-mo pen-kuo ya-p'ien chih t'i-tai chin-k'ou ya-p'ien, 1858-1906" 清末本國鴉片之替代進口鴉片, 1858-1906 (The substitution of domestic opium for imported opium during the late Ch'ing period, 1858-1906), *Chung-yang yen-chiu yuan chin-tai shih yen-chiu so chi-k'an* 中央研究院近代史研究所集刊 (Bulletin of the Institute of Modern History, Academia Sinica) 9:385-432 (July 1980).

Liu Kuang-ching 劉廣京. "T'and T'ing-shu chih mai-pan shih-tai" 唐廷樞之買辨時代 (Tong King-sing: His comprador vears), *Ch'ing-hua hsueh-pao* 清華學報, n.s., 2:148-83 (June 1961).

―――. "Cheng Kuan-ying *I-yen*: Kuang-hsu ch'u nien chih pien-fa ssuhsiang" 鄭觀應「易言」:光緒初年之變法思想 (Cheng Kuanying's I-yen: Reform proposals of the early Kuang-hsu period), *Ch'ing-hua hsueh-pao* 清華學報, n.s., 8.1-2:373-425 (1970).

―――. "I-pa-pa-san nien Shang-hai chin-yung feng-ch'ao" 一八八三年上海金融風潮 (The financial crisis at Shanghai in 1883), *Futan hsueh-pao* 復旦學報, She-hui ko-hsueh pan 社會科學版, 1983:3:94-102 (May 1983).

Liu Shih-chi 劉石吉. "Ch'ing-tai Chiang-nan shang-p'in ching-chi ti fachan yü shih-chen ti hsing-ch'i" 清代江南商品經濟的發展與市鎮的興起 (Commercial development and urbanization in Kiangnan during the Ch'ing period), M.A. thesis, National Taiwan University, 1975.

Liu Ta-chün 劉大鈞, ed. *Wu-hsing nung-ts'un ching-chi* 吳興農村經濟 (Rural economy of Wu-hsing), 1939.

Lo Yü-tung 羅玉東. *Chung-kuo li-chin shih* 中國釐金史 (History of likin in China). 2 vols. Shanghai, 1936.

Lü Shih-ch'iang 呂實強. *Ting Jih-ch'ang yü tzu-ch'iang yün-tung* 丁日昌與自強運動 (Ting Jih-ch'ang and the self-strengthening movement). Taipei, 1972.

Mao Tse-tung 毛澤東. *Mao Tse-tung hsuan-chi* 毛澤東選集 (Selected works of Mao Tse-tung). 6 vols. 10th printing. Peking, 1963.

Nieh Pao-chang 聶寶璋. "Ts'ung Mei-shang Ch'i-ch'ang lun-ch'uan kung-ssu ti ch'uang-pan yü fa-chan k'an mai-pan ti tso-yung" 從美商旗昌輪船公司的創

辨與發展看買辨的作用 (The function of the comprador as viewed from the history of the American firm of Shanghai steam Navigation Company), *Li-shih Yen-chiu* 2:91-110(1964).

Ou pao-san 巫寶三, Feng Tse 馮澤, and Wu Ch'ao-lin 吳朝林, comps., *Chung-kuo chin-tai ching-chi ssu-hsiang yü ching-chi cheng-ts'e tzu-liao hauan-chi* 中國近代經濟思想與經濟政策資料選輯, 1840-1864 (Selected matterrials of economic thought and economic policy in modern china, 1840-1864). Peking, 1959.

Pao Shih-ch'en 包世臣. *An Wu ssu-chung* 安吳四種 (Four works of Pao Shih-ch'en). 1872 preface.

P'eng Hsin-wei 彭信威. *Chung-kuo huo-pi shih* 中國貨幣史 (A history of Chinese currency). 2d ed. Shanghai, 1965.

P'eng Tse-i 彭澤益. "Shih-chiu shih-chi hou-ch'i Chung-kuo ch'eng-shih shou-kung-yeh shang-yeh hang-hui ti ch'ung-chien ho tsoyung" 十九世紀後期中國城市手工業商業行會的重建和作用 (Reconstruction and function of urban handicraft and commercial guilds in late nineteenth-century China), *Li-shih yen-chiu* 1:71-102 (1965).

P'eng Tse-i 彭澤益, comp. *Chung-kuo chin-tai shou-kung-yeh shih tzu-liao, 1840-1849* 中國近代手工業史資料, 1840-1949 (Source material on the history of handicraft inderstry in modern China, 1840-1949). 4 vols. Peking, 1957.

P'eng Yü-hsin 彭雨新. "K'ang Jih chan-cheng ch'ien Han-k'ou ti yang-hang ho mai-pan" 抗日戰爭前漢口的洋行和買辦 (The foreign firms and compradors at Hankow before the resistance war against Japan). *Li-lun chan-hsien* 理論戰錢 (Theoretical war front) 11:28 (Feb. 1959).

Shang-hai ch'ien-chuang shih-liao 上海錢庄史料 (Historical materials of the native banks in Shanghai), comp. Chung-kuo jen-min yin-hang Shang-hai shih fen-hang 中國人民銀行上海市分行 (The Chinese people's Bank, Shanghai Branch). Shanghai, 1960.

Shang-hai hsien hsu-chih 上海縣續志 (Gazetteer of the Shanghai district, continued). 30 chüan. Shanghai, 1918.

Shang-hai shih mien-pu Shang-yeh 上海市棉布商業 (The trade of cotton textiles in Shanghai city), ed. Chung-kuo she-hui k'e-hsueh yuan ching-chi yen-chiu so 中國社會科學院經濟研究所 (Economic Research Institute, Social Science

Academy). Peking, 1979.

Shang-hai yen-chiu tzu-liao 上海研究資料 (Materials for research on Shanghai), ed. Shang-hai t'ung-she 上海通社. Shanghai, 1936.

Shen pao 申報 (Shanghai newspaper). Shanghai, 1872—.

Shen Pao-chen 沈葆楨. *Shen Wen-su-kung cheng-shu* 沈文肅公政書 (Administrative correspondence of Shen Pao-chen). 1880.

Shigeta Atsushi 重田德, "Shimmatsu ni okeru Konan cha no seisan kōzō, gokō kaikō igo o chūshin to shite" 清末における湖南茶の生産構造—五港開港以後を中心として (The structure of tea production in Hunan in the late Ch'ing, especially after the opening of the five ports), *Jimbun kenkyū* 人文研究 (Studies on humanities) 16.4:369-418 (1962).

Sun Yü-t'ang 孫毓棠, comp., *Chung-kuo chin-tai kung-yeh shih tzu-liao ti-ichi, 1840-1895 nien* 中國近代工業史資料第一集, 1840-1895年 (Source materials on the history of modern industry in China, 1st collection, 1840-1895). 2 vols. Peking, 1957.

Tōa Dōbunkai 東亞同文會. *Shina keizai zensho* 支那經濟全集 (Chinese economy series). 12 vols. Vols. 1-4, Osaka, 1907; vols. 5-12, Tokyo, 1908.

Toyama Gunji 外山軍治. "Shanghai no shinshō Yō Bō" 上海の紳商楊坊 (The Shanghai gentry-merchant Yang Fang), *Tōyōshi kenkyū* 東洋史研究, n.s., 1.4:17-34 (Nov. 1945).

Ts'ai-cheng shuo-ming-shu. See *Kuang-tung ts'ai-cheng shou-ming shu.*

Tseng Kuo-fan 會國藩. *Tseng Wen-cheng kung shu-cha* 會文正公書札 (Tseng Kuo-fan's letters). Shanghai, 1876.

Tung-hua hsu-lu. See *Kuang-hsu ch'ao tung-hua hsu-lu.*

Tzu-lin Hu-pao 字林滬報 (Shanghai newspaper).

Tz'u-yuan 辭源 (Dictionary of terms). Taipei, 1955.

Uchida Naosaku 內田直作, "Yōkō seido no kenkyū" 洋行制度の研究 (A study of the foreign firm system). *Shina kenkyū* 支那研究 50:187-211 (March 1939).

Wang Ching-yü 汪敬虞. "Shih-chin shih-chi wai-kuo ch'in-Hua shih-yeh chung ti Hua-shang fu-ku huo-tung" 十九世紀外國侵華事業中的華商附股活動 (The activities of Chinese merchants in buying capital shares in the aggressive foreign enterprises in China during the nineteenth century). *Li-shih yen-chiu* 歷史研究, 4:39-74(1965).

————. comp. *Chung-kuo chin-tai kung-yeh shih tzu-liao ti-erh chi, 1895-1914 nien* 中國近代工業史資料第二輯, 1895-1914年 (Source materials on the history of modern industry in China, 2nd collection, 1895-1914). 2 vols. Peking, 1957.

Wang Erh-min 王爾敏, *Ch'ing-chi ping-kung-yeh ti hsing-ch'i* 清季兵工業的興起 (The rise of the armaments industry in the late Ch'ing period). Taipei, 1963.

Wang Yeh-chien 王業鍵. *Chung-kuo chin-tai huo-pi yü yin-hang ti yen-chin* 中國近代貨幣與銀行的演進, 1644-1937 (The development of money and banking in China, 1644-1937). Taipei, 1981.

Wu Hsing-lien 吳醒濂. *Hsiang-kang Hua-jen ming-jen shih-lueh* 香港華人名人史略 (The Prominent Chinese in Hong Kong). 2 vols. Hong Kong, 1937.

Yang Tuan-liu 楊端六. *Ch'ing-tai huo-pi chin-yung shih-kao* 清代資幣金融史稿 (Draft history of money and currency in the Ch'ing period). Peking, 1962.

Yang Yin-p'u 楊蔭溥. *Yang-chu Chung-kuo chin-yung lun* 楊著中國金融論 (Money in China by Mr. Yang). Shanghai, 1932.

Yen Chung-p'ing 嚴中平. *Chung-kuo mien-fang-chih shih-kao* 中國棉紡織史稿 (A draft history of Chinese cotton spinning and weaving). Peking, 1955.

Yen Chung-p'ing et al., comp. *Chung-kuo chin-tai ching-chi shih t'ung-chi tzu-liao hsuan-chi* 中國近代經濟史統計資料選輯 (Selected statistical materials for China's modern economic history). Shanghai, 1961.

Yü Chieh-ch'iung 余捷瓊. *I-ch'i-ling-ling I chiu-san-ch'i nien Chung-kuo yin-huo shu ch'u ju ti i-ko ku-chi* 一七〇〇——一九三七年中國銀資輸出入的一個估計 (An estimate of the export and import of silver in China, 1700-1937). Changsha, 1940.

Yü Tsung-hsien 于宗先, et al., eds. *Chung-kuo ching-chi fa-chan shih lun-wen hsuan-chi* 中國經濟發展史論文選集 (Selected essay on Chinese economic development). 2 vols. Taipei, Lien-ching, 1980.